普通高等教育"十一五"国家级规划教材
普通高等教育精品教材

U0816573

高等院校本科会计学专业教材新系

国际会计

第七版

常勋 常亮 著

International Accounting

东北财经大学出版社
Dongbei University of Finance & Economics Press
大连

图书在版编目（CIP）数据

国际会计／常勋，常亮著．—7版．—大连：东北财经大学出版社，2012.1（2021.12 重印）

（高等院校本科会计学专业教材新系）

ISBN 978-7-5654-0614-0

Ⅰ.国… Ⅱ.①常… ②常… Ⅲ.国际会计-高等学校-教材 Ⅳ.F234.5

中国版本图书馆 CIP 数据核字（2011）第 246218 号

东北财经大学出版社出版

（大连市黑石礁尖山街 217 号　邮政编码　116025）

教学支持：（0411）84710309

营 销 部：（0411）84710711

总 编 室：（0411）84710523

网　　址：http：//www.dufep.cn

读者信箱：dufep@dufe.edu.cn

大连永盛印业有限公司印刷　　东北财经大学出版社发行

幅面尺寸：170mm×240mm　　字数：458 千字　　印张：22

2012 年 1 月第 7 版　　2021 年 12 月第 31 次印刷

责任编辑：李智慧　　责任校对：尹秀英　孙　萍

封面设计：冀贵收　　版式设计：钟福建

定价：42.00 元

版权所有 侵权必究　举报电话：（0411）84710523

“高等院校本科会计学专业教材新系”

编写指导委员会

指导委员会

主任委员

葛家澍　徐政旦　郭道扬

委　员　（按姓氏笔画排列）

于长春　于玉林　于增彪　王立彦　王庆成　王光远　孙　铮　冯淑萍　汤云为
汤谷良　朱小平　刘永泽　刘明辉　刘贵生　李　爽　吴水澎　陈国辉　张为国
张文贤　张杰明　陆正飞　杨宗昌　罗　飞　欧阳清　秦荣生　郭复初　夏德仁
常　勋　蔡　春　魏明海

编写委员会

主任委员

王光远　刘明辉

委　员　（按姓氏笔画排列）

方红星　王　华　刘永泽　汤谷良　李建发　许景行　张天西　孟　焰　杨周南
罗　飞　赵德武　耿建新　盖　地　常　勋　魏明海

总序：中国会计教育的回顾与展望

ZONGXU ZHONGGUO KUAIJI JIAOYU DE HUIGU YU ZHANWANG

（一）

20世纪是会计学术和会计思想大发展的世纪，是会计大师辈出、经典会计作品大量问世的世纪，是会计由“艺术”走向“科学”的世纪；

20世纪是会计学科大发展的世纪，是会计由信息系统演变成控制系统的世纪，是受托责任会计由弱到强的世纪；

20世纪是会计制度和会计实务大发展的世纪，是公司会计规范化、注册会计师职业国际化的世纪；

20世纪更是会计教育和会计人才培养大发展的世纪，是会计学科大分化、大整合的世纪，是会计人从数字奴隶到数字主人的世纪。

发达国家如此，发展中国家同样如此。

20世纪会计的发展揭示了一条基本规律：凡经济发达的国家，会计没有不发达的；凡会计不发达的国家，也没有一个是经济发达的。

这条规律同时告诉我们：这个世界既不存在会计教育先进而会计制度、会计实务落后的国家，也不存在会计教育落后而会计制度、会计实务先进的国家。

这条规律还告诉我们：发达的经济工作、科学的管理工作强烈要求先进的会计教育制度和人才培养制度为之服务，而先进的会计教育制度和人才培养制度又反过来进一步促进经济的发展和管理水平的提高。

20世纪会计的发展也反复地证明一条历史发展的规律：“天下未乱计先乱，天下欲治计乃治”，这里的“计”指的就是会计。

西方如此，东方如此，中国当然也如此。

看百年中国，会计教育一正规、会计实务一上轨，就会政治清明、官守廉洁、国家昌隆、人民富足；会计教育一紊乱，会计实务一脱轨，就会贪污不治、官守腐败、贿赂风行、国衰民殃。

百年来的大量事实证明：不论是会计学术的发展、会计思想的发展、会计学科的发展，还是会计制度、会计实务的发展，其发达程度都有赖于会计教育和人才培养制度的先进程度，而会计教育的先进程度又取决于会计教育目标的正确定位、会计课程体系和教材体系的完善以及会计教育方法的科学化，这其中尤为重要的是会计本科教材建设的科学化。

（二）

会计历史发展的规律，我们的先辈们很早就有认识。

多年在美国、西班牙、秘鲁从事外交工作，又熟悉商业活动的蔡锡勇，于1905年出版了中国有史以来第一部专门论会计的书——《连环账谱》，破了中国会计的天荒；后来，留学日本并获商学学士学位的谢霖与孟森联合，于1907年出版了《银行簿记学》。这两部书使蔡锡勇、谢霖成为我国会计学术的鼻祖、会计教育的先行者。继蔡锡勇和谢霖之后，徐永祚、潘序伦两位大师又在20世纪三四十年代创立了两套教材体系：一套是改良型教材，另一套是引进西方型教材。这两套教材对我国会计教育事业具有重大的先行意义，对会计人才培养具有重大贡献。

新中国成立伊始，会计学术界通过对会计阶级性的讨论，掀起了会计教育思想的第一次解放，即顺应计划经济体制的需要，借鉴苏联模式，学习苏联经验，翻译苏联的教材，在中国人民大学试点开设四门会计专业课——会计核算原理、工业会计、工业企业经济活动分析、行业财务管理。正是利用这套教材，我们培养了新中国第一批会计人才。应当说，引进苏联的会计教材，对20世纪50年代我国会计专业的建设起了决定性作用。但我们也不得不承认，苏联会计是按照货币计价、账户、复式记账、成本计算、定期盘存和定期汇总等一套方法来进行的。直到20世纪80年代，苏联会计都是这样。就这套做法看，实际上只相当于西方国家的簿记工作，它的目的就是做到账证相符，并以此为基础编写报表；它一贯忽视估价，并错把簿记报表当做真实可信的会计报表；它一贯把企业当做一个生产单位、一个成本中心，忽视对利润的核算和管理。正是由于这套会计方法的局限，才导致我们面临工商企业的一摊烂账，面临会计信息的严重失真。

从1956年开始，我国学者提出了资金运动学说，倡导以资金运动的观点来建立复式记账原理和会计核算原理，于是就有了结合中国实际情况的会计专业教材。如高等财经院校会计教材编写组集体编写的《会计原理》，就较全面地反映了这方面的研究成果。这本教科书从1963年初版，历经30余年，发行数百万册，培养了一批又一批的会计人才。由厦门大学编写的《会计原理》和中国人民大学编写的《工业会计》、《工业企业经济活动分析》、《工业企业财务管理》等，也都吸收了我国学者的研究成果，为这一时期的会计人才培养和会计实践发展作出了积极的贡献。按照资金运动观点建立的这一教材体系，虽有很多特色，但仍未抓住会计的本质，因而它反映不出会计因时代不同而不断发展演变的特点。其实，记不记账、编不编报告，根本不在于是否有资金流动，而在于资金是自己的还是别人的，在于受托责任。财务会计反映的受托责任主要是财务报告的可信性和财经纪律的遵守情况；成本管理会计反映的受托责任主要是经济活动的经济性、效率性和效果性。长期地只讲资金活动，不问受托责任，严重削弱了会计发展社会主义生产力的作用。

（三）

十一届三中全会以后，伴随着新的会计思想解放运动的展开，会计教育和会计教材建设也进入了一个改革和发展的新阶段。首先是开始将西方大学会计专业教学课程引入我国的会计本科教育，如西方财务会计、西方管理会计、西方审计、会计电算化、国际会计、涉外会计等。

1983年，财政部确定以中南财经大学（原湖北财经学院）和上海财经大学（原上海财经学院）为会计教材改革试点学校，推出两套会计专业教科书。中南财经大学的教改方案以会计学原理、企业会计、企业成本、企业财务、管理会计、审计学为核心课程；上海财经大学的教改方案以基础会计、财务会计、成本会计、管理会计、审计学为核心课程。它们各自的培养目标略有不同，但两套教材都吸收了20世纪80年代对会计阶级性、会计本质、会计职能、会计对象、会计原则、会计定义等方面的研究成果，扬弃了按行业建立会计学科且知识陈旧的内容，立足改革，勇于创新，在实际教学过程中收到了较好的效果，培养了大批合格的会计人才。

20世纪80年代中后期，葛家澍教授和余绪缨教授联合主编了《会计学》，作为国家教委组织的经济类十门核心主干课程之一，这本教科书将财务会计与管理会计融为一体，并大胆引进了国际会计惯例的有关内容，吸收了当代会计理论研究的最新成果，从而使我国会计教材建设迈上一个新台阶。1988年，中国会计学会成立了会计教育改革研究组，葛家澍教授任组长。该研究组重点研究了我国会计教育的状况，研究了与社会主义市场经济相适应的会计专业培养目标、会计专业设置、会计课程结构与学科体系、会计教材建设、会计师资队伍建设等方面的问题，提出了许多具有指导意义的建议。

1994年，我国部分高校开设了注册会计师专门化，设计了财务会计、高级财务会计、成本管理会计、财务管理、审计、管理咨询等主干课程。也就是在这一时期，各高等院校的会计学院或会计系都对其原先不规范的课程体系进行了改革，形成了以会计学原理、中级财务会计、高级财务会计、成本会计、管理会计、财务管理、审计为核心课程的新体系。1996年，厦门大学和中国人民大学又分别承担了教育部“会计学类系列课程及其教学内容改革研究与实践”的课题，他们在完成课题研究报告的同时，又出版了一套会计专业主干课的新教材。

在20世纪的后50年，特别是后20年，我国在会计课程体系、会计教材体系建设上取得了重大进展，也初步实现了由“记账报账型会计”向“计划控制型会计”的转变；但由于在处理建立中国特色会计和向国际会计惯例靠拢这一重大关系上，思想不够解放，认识不够进步，因而对国际范围内的会计改革经验特别是会计教育改革的经验，未能作及时的引进、学习、消化、吸收，因而导致课程体系和教材体系中的内容存有不少严重问题。比如：会计教材内容达不到会计教育目标的要求；会计教材内容缺乏超前性和先进性；会计教材严重地滞后于轰轰烈烈的会计实践；会计教育仅注重知识的传授，不注重能力的培养；会计教育长期忽视职业道德教育等。所有这些，同发展中国的经济、发展中国的社会生产力要求相去甚远，于是在世纪之交，我们又面临着一个十分迫切的会计思想大解放问题，面临着一个十分迫切的会计现代化、科学化问题。早在1989年，著名会计思想家、会计教育学家杨时展教授就指出："中国会计的现代化，只能顺从于一个唯一的目的，即发展中国的社会主义生产力"，"我们不能不问中国的国情，不问是否为发展中国社会生产力所需，对国外的东西一切照搬。也不能不问对中国是否有用，只要是西方的东西，就从思想上一概排斥、一概反对。中国会计的现代化，首先要求……会计理论界有一个现代化的头脑和紧迫感，有一个明确的生产力意识……排除'左'的干扰；如果有'右'的，也要排除'右'的干扰，大步前进"。话很恳切，也很正确，但一直未引起应有的、足够的注意，十分遗憾。

(四)

就在我们不断地倡导和推进会计教育改革、完善会计教材内容和体系的同时，发达国家正在作力度更大、影响更为深远的会计教育改革。就美国而言，1984年，美国会计学会成立了未来会计教育改革组；1989年，成立了会计教育改革委员会，发布了多份委员会立场报告。杨伯翰大学、伊利诺斯大学、密歇根大学、宾夕法尼亚大学、南加州大学、芝加哥大学、斯坦福大学、哈佛大学等知名学府的会计系，也纷纷响应美国会计学会的号召，对面向21世纪的会计教育进行了大胆的改革试验，取得了很好的效果。杨伯翰大学会计系从交易循环审计的实践中体会到了这种审计模式的真谛，然后将其移植到会计教育改革中，设计出会计课程新体系，即将以往独立设置的中级会计、成本会计、管理会计、税务会计、审计、会计信息系统等融合成一个综合的24学分的核心课程，以培养出具有高度综合能力的会计人才，这里的"高度综合能力"包括书面表达能力，口头表达能力，良好倾听能力，团队沟通与合作能力，解决冲突的能力，组织和分派工作的能力，解决分散和无序问题的能力，阅读、评论和判断能力，有效利用时间和缓解压力的能力等。杨伯翰大学会计系把24学分核心课程分为四个阶段，前10周讲授基础原理，之后分成销售与收款、购货与付款、工薪与业绩评价、结转与存货、融资等五个交易循环分别讲授。

伊利诺斯大学会计系坚持认为会计是一个信息系统，因而应当按会计信息的生成、利用及控制来设计会计课程新体系，包括：会计与注册会计师(Ⅰ)、会计与注册会计师(Ⅱ)、会计计量及其结果、注册会计师决策、会计组织及其规则、会计控制系统、承诺与鉴证、财务报告准则、税收制度与税收规则、审计准则与审计实务、公营部门会计、国际会计、会计制度设计、简明信息控制系统、管理信息与控制系统、信息控制系统的组织与开发等。

杨伯翰大学和伊利诺斯大学的会计课程体系改革，给我们以一种全新的思路，它更多地强调以信息运行的规律或经济业务的流程来设计课程，强调会计专业课程的逻辑性和内在一致性，强调会计与整个管理和业务工作的融合，强调会计教育改革的科学化和大系统观。本质上说，它强调会计对受托财务责任与受托管理责任的计量、报告，强调对综合受托责任的计量、报告。不仅大学和学会在推进会计教育改革，作为人才需求方的会计师事务所也积极地参与改革，1989 年，当时的国际“八大”，就发布了一份《会计教育展望》的研究报告，对会计教育目标、教学内容和教学方式提出了一系列的改革意见。会计人才的供需双方同时关注和参与改革预示着：21 世纪会计教育的时代特征将更为明显，会计将会更为主动地去计划和控制企业的发展、社会的发展。

（五）

就我国会计课程体系和会计教材体系建设的目前情况看，其与发达国家的会计课程体系和会计教材体系建设相比有较大的差距，与发展中国社会生产力、发展中国社会主义市场经济、适应经济全球化等要求相比有较大差距，与科教兴国、建立创新机制、培养创新人才的目标相比有较大差距。因此，下大力气改革会计课程和教材体系是摆在我们面前的一项刻不容缓的重要任务。要做好这项工作，一方面，必须正视我国与西方发达国家之间在会计课程和教材体系建设上的差距，大胆地引进、借鉴发达国家的成功经验；另一方面，由于我国与西方发达国家之间在法律结构、经济制度、企业运作实务等方面存在着显著的差异，使得我们只能合理地借鉴西方发达国家的会计课程和教材体系，而不能“依样画葫芦”，完全照搬、照套。

有鉴于此，我们在充分结合中国国情，全面借鉴发达国家，特别是美国 20 世纪末会计教育、会计课程和会计教材改革先进经验的基础上，组织资深会计学家和著名会计院系知名中青年专家、教授，编写了这套在形式与内容上都有较大更新的本科会计专业 21 世纪新概念教材。

应当说明的是：在本套教材创编的后期阶段，适逢财政部对企业会计核算制度进行了重大改革，颁发了与国际趋同的《企业会计准则》和《中国注册会计师执业准则》。为了保证本套教材符合新制度的规定和要求，我们针对其所涉及的相关内容进行了调整和改写，全面反映了新规范的规定内容。

我们殷切地希望这套教材的创编和出版能够对我国的会计教育改革和专业人才培养起到积极的推动作用。这也正是全体创编人员之所以不畏艰辛、大胆探索的初衷和原动力所在。

王光远

第七版前言

第七版主要作了以下几处补充和修订：

（一）财务报告三级框架；

（二）日本在与国际会计准则趋同方面的成果；

（三）衍生金融工具的新定义。

对本书的不足和差错，请读者不吝指正。

常勋　常亮

2011 年 10 月

第六版前言

与第五版对比，本版的修订面也很宽广，主要有：

（一）C. W. Nobes 和 R. H. Parker 合著的《比较国际会计》2008 年第 10 版的新目录；

（二）美国财务会计准则委员会（FASB）的现行（2009）组成；

（三）《萨班斯—奥克斯利法案》的执行效果及 2007 年的更新；

（四）英国 6 个会计职业协会的统一问题；

（五）法国在现行《会计方案》框架下发布的新的“准则”和“解释”；

（六）德国已发布的会计准则、解释公告等的目录；

（七）日本已发布的财务会计准则；

（八）国际审计及鉴证准则委员会（IAASB）2008 年对国际审计准则（ISA）修改和重写后的准则目录；

（九）国际会计准则理事会（IASB）和美国财务会计准则委员会（FASB）关于全面改进《编报财务报表的框架》的联合项目的分阶段计划截至 2009 年 1 月的实际完成进度；

（十）IASB 关于制定和发布用以取代 IAS 31 的国际财务报告准则（IFRS）《共同协议》及中小企业会计准则的进展及变革情况；

（十一）《国际财务报告解释公告》（IFRIC）的更新目录；

（十二）关于国际会计准则委员会（IASC）理事会《章程》的修订近况；

（十三）关于美国财务会计准则（FAS）的更新；

（十四）IASB 对以公允价值计量的金融工具重分类规定的修订；

（十五）商誉的摊销及减值测试的变革。

最后，感谢天健华天会计师事务所资料室的吴美林同志对此次修订的电子版的编排所付出的辛勤劳动；感谢厦门天健华天会计师事务所为我们提供的使用高效的因特网的便利。

为方便教学，本书配有教师手册和电子课件，请授课教师登录东北财经大学出版社网站下载使用。对于本书的不足和差错，请读者们不吝指正。

2009 年 5 月于厦门大学

第五版前言

本版的修订改变了以往的方式，即不是先确定书中可能需要修订之处，再去寻找资料，而是广选有关的网站及新出版的文献，从中寻找所需要修订的资料。这样做，当然要投入更多的精力，花费更多的时间，这次修订过程，先后历时约五个月。内容更新、充实之处，又超过了第四版对第三版的修订。

这样做有一个机缘。今年1月，与我半生患难与共的老伴薛清渊同志因病医治无效先我而去。哀痛之余，就打算把修订的担子更多地交给刚从伦敦政治经济学院毕业取得会计与法律硕士学位的孙儿常亮。他因奔丧回国，在厦门停留了两个多月，是他建议改用现在的修订方式，主动扩充了我原用的网站，并利用他在学时使用的该院图书馆资料，用中文写成初搞，由我审阅后辑入。一部分工作是他返回伦敦后完成的，应该说，他完成了这次修订工作量的85%以上。

读者们读后就能察觉到，这次修订面遍及全书，突出的有第3章和第4章“比较会计模式”，对英国和日本的会计实务体系充实、更新最多，其次是德、美、法、荷和瑞典。同样突出的还有第5章“国际会计协调化和趋同化”，其中，对欧盟（EU）和国际会计师联合会（IFAC）的活动的资料补充最多。第6章“国际会计准则委员会与国际会计准则”的充实和更新也很突出，主要补充了对全面改进《编报财务报表的框架》的分阶段工作计划的近况，IASC全面重组后组织结构的调整以及IASB在制定IFRS和改进IAS方面的成果的介绍。显然，这些章节构成了全书的主要内容。

全书的统计数据，凡能查找到的，都更新至2008年1月。

值得一提的是，本书入选了“2007年度普通高等教育精品教材”。

最后，要感谢天健华证中洲会计师事务所厦门分所为我们提供了使用高效的因特网的便利，以及档案室的吴美林同志为收发我和常亮间的快速电邮提供的服务，也谨以此书修订工作的完成告慰我老伴的在天之灵。

书中的不足和差错，请读者们不吝指正。

2008年5月于厦门大学
时值从教60周年纪念暨85岁华诞

第四版前言

本版也许是历次版本中对内容更新、修订和充实最多的一次。如果说前几次修订只是关注补充最新的信息，这次则同时关注到原来的表述与新加内容的协调；前几次修订侧重于收集网上信息，这次则同时着力于收集相关的原始文献。有些地方由于收集到更翔实或更新的资料，改写了三四次之多。这样，对本书的质量，应该又有进一步的提高。

这次修订主要在第 5、6、7 三章。具体地说是：欧盟、IOSCO 和 IFAC 的协调化活动；IASC 重组后各机构的活动开展，包括 2005 年冬各机构的人事更替；IASB 的工作新成果；修订后 IAS 32 对金融工具定义的修订，修订后 IAS 39 在金融工具分类中把第一类“为交易而持有的”扩展为“以公允价值计量且其变动计入损益的”金融资产或金融负债，以及 IASB 于 2005 年 8 月对“公允价值选择权”加上的限制条件，根据 2005 年 8 月发布的 IFRS 7《金融工具：披露》重写了 7.9 节；对于 IAS/IFRS 和 SIC/IFRIC 及国际审计、鉴证公告截至 2006 年12月的目录，有较大的更新、订正和补充。

最后，要感谢厦门天健华天会计师事务所信息中心的王伟军、庄伟同志和档案资料室的吴美林同志在查阅网上资料和编排上给我的大力帮助，以及在英国留学的孙儿常亮用电邮寄来多份原始文献，并提出了他对一些问题的理解和观点。

对本版中可能存在的疏漏和差错，恳请读者批评纠正。

常　勋

2006 年 12 月于厦门大学

第三版前言

为了反映本书第二版出版后两年来国际会计的重大发展和变革，更新内容，在第三版的修订和补充中，比较全面地扩展了所关注的领域，因此第三版较第二版对第一版的修订涵盖和更新面更为广泛，在概念的表述上也更为清晰。同时，在体系上也作了一些调整。

本版最重大的增补是增加了第 8 章“会计惯例的国际比较”，将第二版的第 8 章和第 9 章改为第 9 章和第 10 章。其目的是使读者对重要的国际惯例和准则要求中的重大差异和协调趋向能从历史的演变上有一个总括的了解。本版内容的更新补充则主要在第 5、6、7 章，请读者关注。

本版中的系统评述所引用的信息，一般截至 2004 年年底，个别信息则截至 2005 年 3 月。对于书中仍存在的缺点和差错，恳请读者批评指正。

常　勋

2005 年 4 月于厦门大学

第二版前言

本书第一版出版后的这一年多来，正值国际会计准则委员会进行全面重组；美国为应对证券市场和会计市场的诚信危机，对监管机制和准则制定机制进行了结构性的重大调整和改革；一些重大会计课题的准则制定工作经历了较大的变革，有了较大的进展，因而需要更新内容。这次的修订偏重于增补，并充分利用了 IASC、IFAC、FASB 等的网上信息。由于时间匆促，有些信息难免疏漏或有差错，为此，我们注意标明了信息的出处和一些数据的截止时间，以便读者查对。大体上说，对 2002 年间的重大变动，已尽可能作了简要的表述，个别信息则截至 2003 年 4 月。此外，对发现的第一版中的疏漏和不足，在第二版中也作了更正。对于书中不妥之处，恳请读者不吝赐教。

常　勋

2003 年 5 月

第一版前言

我希望在世纪之交，写出一本能反映强劲的协调化趋向的国际会计新教材，这种努力凝结成本书的内容。很可能它是不够成熟的，因为许多问题现在正处于探讨和研究之中，还缺乏定论，更缺乏总结性的文献，在收集资料过程中使人真有日新月异之感，要吃透这些内容需要一定的时间，但时不可待，即使有些地方理解不深甚或不当，即使在本书出版之时，有些内容又显得滞后了，但毕竟它是有价值的。

这本书偏重于“比较国际财务会计”。其主要原因是，配合当前大学会计专业课程的设置。东北财经大学出版社出版的这套系列教材，按照筹划的方案：（1）被称为“国际会计三大难题”（“财务会计三大难题”）的合并财务报表、外币折算、物价变动会计都纳入《高级财务会计》，本书的主要内容，就偏重于主要国家（选定的）会计实务体系（会计模式）的比较和国际财务报告的论述，以及会计实务和财务报告的协调化动态。（2）“国际管理会计”和“国际审计”都在《管理会计》和《审计》中设专章论述。因此，本书涵盖的内容主要是国际财务会计。对当前最热门的课题“金融工具会计”，则设专章论述，这也是按照这套系列教材的筹划方案安排的。书中还专门论述了“国际税务和转移定价”。

书中不少地方是作者的管见，诸如：（1）把美英会计模式作为一方、欧洲大陆会计模式作为另一方的对比；（2）对发展中国家会计实务体系共性的概括；（3）对“重塑国际会计准则委员会的未来”的展望；（4）对金融工具会计的理解和论述。书中还会有许多不足之处，诚挚地希望读者们不吝赐教，给予批评指正。

在这里，首先要对财政部会计准则委员会在提供最新资料方面给予的鼎力支持，对会计准则委员会的冯淑萍秘书长，陈毓圭、沈小南副秘书长，特别是对该会秘书处的朱海林处长和于小旺、程晓佳同志对我提供的多方面帮助，表示衷心的感谢；对厦门大学会计系副教授肖华博士和黄海玉博士为我查询网上最新资料和所做的初步整理工作，也表示衷心的感谢；此外，还要感谢我的学生、美国加州大学 Anderson 分校助理教授张丽博士为我提供了宝贵资料。最后，要特别感谢我的同事——葛家澍教授多年来在互相交流信息和探讨问题中对我的一贯支持。

常　勋

2001 年 5 月

目录

MULU

第 1 章　国际会计的形成与发展 …… 1
学习目标 …… 1
1.1　会计的国际化 …… 2
1.2　会计职业界的国际化 …… 7
1.3　国际会计的定义 …… 12
讨论题 …… 17
练习题 …… 17
第 2 章　会计模式通论 …… 18
学习目标 …… 18
2.1　环境因素与会计模式 …… 19
2.2　会计发展模式 …… 23
2.3　全球会计模式的分类 …… 25
2.4　判断性分类 …… 25
2.5　实证性推断分类 …… 32
讨论题 …… 36
练习题 …… 37
第 3 章　比较会计模式（上） …… 38
学习目标 …… 38
3.1　美国会计模式 …… 39
3.2　英国会计模式 …… 49
3.3　法国会计模式 …… 58
3.4　德国会计模式 …… 66
讨论题 …… 75
练习题 …… 75
第 4 章　比较会计模式（下） …… 77
学习目标 …… 77

4.1 日本会计实务体系的特征 …… 78
4.2 荷兰会计实务体系的特征 …… 85
4.3 瑞典会计实务体系的特征 …… 90
4.4 发达国家会计实务体系（模式）综述 …… 93
4.5 捷克会计实务体系的特征 …… 95
4.6 墨西哥会计实务体系的特征 …… 98
4.7 发展中国家会计实务体系的一般特征 …… 101
讨论题 …… 104
练习题 …… 104
第5章 国际会计协调化和趋同化 …… 105
学习目标 …… 105
5.1 国际会计协调化和趋同化的含义 …… 106
5.2 致力于国际会计协调化和趋同化的六个主要国际组织 …… 108
5.3 联合国会计与报告国际准则政府间专家工作组的协调化和趋同化活动 …… 109
5.4 欧洲联盟：推动会计协调化和趋同化最具成效的区域性国家联盟 …… 111
5.5 经济合作与发展组织关于跨国公司会计和报告的指南 …… 125
5.6 证券委员会国际组织的协调化活动 …… 127
5.7 国际会计师联合会及国际审计准则 …… 131
5.8 推动国际会计协调化的其他职业界国际组织 …… 143
讨论题 …… 146
练习题 …… 146
第6章 国际会计准则委员会与国际会计准则 …… 147
学习目标 …… 147
6.1 三个阶段的发展战略 …… 148
6.2 IASC 的初期立场和努力成果 …… 151
6.3 重组前 IASC 的目标和组织结构 …… 154
6.4 关于《编报财务报表的框架》 …… 156
6.5 国际会计准则和解释 …… 166
6.6 IASC 与 IOSCO 协作的核心会计准则体系 …… 176
6.7 重塑 IASC 的未来 …… 179
6.8 IASB 在制定国际会计准则方面的进展 …… 186
6.9 对“重塑 IASC 的未来”的回顾与展望 …… 190
讨论题 …… 196
练习题 …… 196

第7章　金融工具会计 …… 197
学习目标 …… 197
7.1　关于金融工具会计准则 …… 199
7.2　金融工具和衍生金融工具的定义 …… 204
7.3　突破在表内确认衍生金融工具交易的难关 …… 212
7.4　突破第一关：衍生金融工具代表的权利、义务符合资产、负债定义 …… 214
7.5　突破第二关：因衍生金融工具问题对会计确认的再认识 …… 216
7.6　尚待突破的第三关：以公允价值计量所有金融工具 …… 220
7.7　期货、期权、互换等交易的会计处理 …… 227
7.8　套期活动会计 …… 235
7.9　金融工具在财务报告中的披露 …… 242
讨论题 …… 248
练习题 …… 249
第8章　会计惯例的国际比较 …… 251
学习目标 …… 251
8.1　会计惯例与会计准则 …… 252
8.2　会计惯例在整体上的国际比较 …… 253
8.3　会计惯例的分项国际比较与协调趋同 …… 257
讨论题 …… 266
练习题 …… 267
第9章　国际财务报表 …… 268
学习目标 …… 268
9.1　三种基本财务报表的国际差异 …… 269
9.2　对外国公司财务报表的披露要求和调整方法 …… 274
9.3　财务业绩报告的改革：列报全面收益 …… 276
9.4　增值表：一种在西欧流行的报表 …… 289
9.5　在财务报告中披露企业的社会责任 …… 290
9.6　合并财务报表实务的重大改革趋向 …… 293
讨论题 …… 299
练习题 …… 299
第10章　国际税务 …… 300
学习目标 …… 300
10.1　国际税务概述 …… 301
10.2　各国税制比较 …… 303
10.3　国际双重课税的避免 …… 312
10.4　国际避税与反避税 …… 315

10.5 国际税务计划 …… 318
10.6 国际转移定价 …… 320
讨论题 …… 325
练习题 …… 326
主要参考文献 …… 327

学习目标
1.1　会计的国际化
1.2　会计职业界的国际化
1.3　国际会计的定义
讨论题
练习题

第1章 国际会计的形成与发展

学习目标

通过本章学习，了解国际会计的形成与发展过程。本章分两个方面加以阐述，即“会计的国际化”与“会计职业界的国际化”。而后讨论了国际会计的不同定义，这些定义反映了在不同发展阶段的不同观点。

国际会计作为一门独立的会计学科，其形成和发展的过程，正是顺应第二次世界大战以后国际贸易、国际资本流动和国际经济合作强劲发展的要求，顺应跨国公司不断发展壮大的要求。在迈入21世纪的今天，全球经济一体化已成为不可逆转的趋势（尽管尚有迂回曲折），国际会计的发展无疑也将步入一个以协调化（harmonization）和趋同化（convergence）为显著特征的新阶段。如果说，20世纪70年代至80年代，会计的国际化与本国化之间的矛盾经历了一个相当显著的消长过程，至90年代，随着各类国际组织在会计协调化方面的努力和取得的成就，会计的国际化已经成为时代的强音。

1.1 会计的国际化

一般认为，国际会计成为一门崭新的学科，大致在20世纪70年代。在美国和西欧，把国际会计作为一个专门学科进行研究，也只是20世纪60年代的事。因此，从其形成和发展来看，仅有近40年的历史。国际会计学科形成的主要标志，当然是“会计的国际化”，亦即会计实务从一国的范围内，跨越国界而走向国际。

会计（确切地说是企业会计）跨越国界，当然是以企业的经营活动跨越国界为背景的。下面，将从企业所处的市场的国际化加以考察。

1.1.1 市场的国际化，特别是货币、资本市场的国际化

市场是商品经济的产物。市场的国际化，开端于国际贸易。在当代世界，经济发达国家对经济落后国家予取予夺的年代已一去不复返了。发展中国家正努力发展自己的民族工业，从在出口前对原料进行加工的“追加价值”中寻求利益，并从发达国家引进先进设备和技术，以发展本国的新兴工业。但是，发达国家凭借其高精尖技术的优势，凭借其在国际贸易网络中早已拥有的雄厚基础和力量，在世界经济中仍处于主导乃至在某些领域的垄断地位。尽管如此，不同国家在不同领域的相对优势，国际范围内的经济技术合作与交流，毕竟大大地发展了。

第二次世界大战以后，发达国家的企业除通过国际贸易将其有形的和无形的商品向海外输出外，其对外直接投资也迅速扩大。发展中国家在发展本国经济中面临资金短缺和技术落后的困难，这促使它们在不损害国家主权的前提下吸收和鼓励来自发达国家的投资；而那些在工业现代化方面取得一定成就的发展中国家，也无不走上发展外向型经济的道路，积极参与国际经济技术交流和合作，而且也进入对外直接投资的行列。在发达国家之间的直接投资和资本流动，也达到相当可观的规模。

伴随着国际资本流动而来的是货币市场和资本市场的国际化。国际金融机构，

如国际货币基金组织、世界银行、国际性的证券交易所等，已成为推动会计国际化的重要力量。当今，除了各国的传统金融市场外，还存在着相当活跃的欧洲美元、亚洲美元和欧洲货币市场，世界货币市场的发展，使得不仅跨国公司，而且国内公司也向国际货币市场融通资金。这就意味着，国际货币市场和资本市场对贷款人或筹资者提出了应提供在国际间可比且可信的财务信息的要求，这已成为会计国际化的一大动力。

金融工具证券化及其创新是当前国际货币市场和资本市场机制的重大发展。[①]这给国际会计实务带来了重大的新课题，也是一项重大的挑战。21 世纪初，国际会计界将如何继续解决这一难题，备受各方关注。

1.1.2

跨国公司的兴起和壮大

跨国公司（multinational corporations，又可译为多国公司）的兴起始于发达国家。当企业通过对国外的直接投资在东道国建立从事生产和（或）经营活动的机构时，它就可能进入跨国公司的行列了。在多国范围内从事经营活动和筹集资本，已成为跨国公司的两大特征。虽然人们在把企业归入跨国公司时，往往还加上"规模"这个标准，被视为跨国公司的企业，世界上早已突破 1 000 家，它们的年销售额每家都超过 2.5 亿美元。跨国公司生产的产品约占全世界生产总值的 1/4，国际贸易中大约有 1/4 的进出口交易额属于跨国公司集团的内部销售，而跨国公司的雇员人数，几乎相当于发达国家全部就业机会的 1/4。20 世纪 80 年代以来，全球跨国直接投资平均每年增长 29% 左右，比世界贸易额的增长幅度高 3 倍，比世界国民生产总值的增长幅度高 4 倍。1989 年全球跨国直接投资总额就达到1 960亿美元。跨国公司从总体上来说，其经济力量之巨大，由此可见。

各界对跨国公司贬褒不一。它是发达国家向发展中国家进行经济榨取的工具，还是帮助发展中国家发展本国经济的"天使"呢？我们认为，不能从这样两个极端来评价跨国公司，可以用"养鸡取蛋"这样一个形象的比喻来评价跨国公司的作用。一方面，垄断资本家是不会不"榨取"高额利润的，并且它还希望源源不断地"取蛋"；另一方面，既然"养鸡取蛋"的"工场"设在东道国，也就会给这些发展中国家带来解决一部分就业机会及带动当地工业和经济发展的机遇。在当代世界的国际直接投资中，发达国家之间也出现了凭借各自的产业优势相互渗透的局面，一方面形成了"你中有我，我中有你"的依存关系；另一方面也激发了相互间的矛盾和斗争（美国与欧洲和日本之间的经贸战就是突出的例子），当然更不

① 关于金融全球化的利与弊不在本书的论述范围之内。过去 20 年的经验表明，随着金融全球化的发展，国际金融市场一再发生难以预料的动荡，其带来的经济损失更是难以估量。1997 年下半年开始的"亚洲金融风暴"，充分说明了金融全球化也蕴含着巨大的风险，特别是全球金融投机资本的活跃，使人们不能不对金融自由化产生忧虑。如何对国际金融市场上数以万亿计的庞大游资建立有效的监督和约束机制，是国际社会和各国政府面临的重大课题。

用说发展中国家和发达国家之间（南北之间）的矛盾和斗争了。经济比较发达的国家总是把劳动密集型的“夕阳工业”和造成环境污染的“祸害工业”转移到发展中国家；发展中国家则希望从吸引外资中扩大本国资本的积累及引进先进的技术和设备，发展知识和技术密集型的高科技工业，并且要求跨国公司在治理环境污染等方面履行其社会责任。这种矛盾也反映到国际会计协调化的活动中，表现为南北双方作为跨国公司的母国和东道国具有各自不同的利益、站在不同立场上的斗争。

跨国公司基于其跨国经营和向国际筹资的需要，也成为会计国际化的重要推动力量。由于各个国家不同的经济、政治、社会和文化等背景，也基于它们奉行的有利于本国经济发展的政策，各国的会计实务之间还存在着不少差异。跨国公司一方面希望通过国际会计协调化来缩小这些差异，以便它进行全球性的经营管理；另一方面又十分重视利用各国现存的会计差异来谋求财务利益。但无论是哪一方面都丰富了国际会计的内容，各国会计模式和重要会计方法的比较研究，正是顺应跨国公司的需要和利益而发展起来的。

在世纪之交掀起的企业合并高潮，是以跨国公司间的跨国并购为特征的。在这次国际并购浪潮中，西欧公司最为活跃。无论是欧洲范围内的并购，还是西欧公司对美国公司的并购，必将对美英和西欧这两大会计模式的协调产生巨大的影响。

进入 21 世纪后，跨国并购的高潮开始退落。这一方面展示了在合并高潮之后，会有一个间歇期；另一方面也与日、美等国经济先后陷入衰退有关，通过企业合并制造经济泡沫的问题，也引起了人们的关注，但金融行业和信息行业中的国内企业和跨国企业的重大合并事例，仍令人瞩目。

1.1.3 会计世袭遗产的国际性

会计世袭遗产的国际性是会计国际化的历史基础。早在 14 世纪至 15 世纪，意大利商人的经商活动就跨越国界了。作为现代簿记方法鼻祖的复式记账原理，始于意大利城邦，而后传播到德国、法国和荷兰等国家，又从那里传播到英国。会计从来就是随着商业活动的扩展而传播的。在 17 世纪和 18 世纪，作为“日不落国”的大英帝国的商船，随同炮舰驶往世界大部分地区，使英国成为会计的国际传播者。英国的会计和审计方法传遍了其当时的殖民地（主要是现在的英联邦各国），而且也传播到美国。与此同时，法国则把会计传播到它的非洲殖民地，荷兰把会计传播到印度尼西亚和南非，德国也把会计传往瑞典等北欧国家以及沙皇俄国和日本。

随着英国的衰落和美国经济影响的增长，从第一次世界大战结束开始，特别是在第二次世界大战胜利后，美国确立了它在世界经济中的霸主地位，美国会计的影响向世界各地渗透。就我国而论，在旧中国，“中式簿记”就逐步让位于以美国会计为主的“西式簿记”了。美国会计不仅传播到菲律宾、墨西哥、巴西等发展中国家，在第二次世界大战以后又传播到战败的日本和德国，而且对现在的英联邦国家也产生了程度不等的影响。加拿大因为地缘和对美自由贸易的关系，它的会计几乎与美国亦步亦趋，英国的会计影响只是留下了一些残迹。

还必须指出，从历史的观点看，西方会计的发展及其在世界范围内的广泛传播，是与工业革命后现代企业组织和现代市场的发展相关联的。上文所述的市场的国际化和跨国公司的兴起，正是历史在现代的继续发展，并以国际货币市场和资本市场及跨国合并对会计国际化的强大推动力作为 20 世纪结束时的重大标志。

由此可见，在长期的历史进程中，会计的理论和方法都有一种国际渗透的趋向。

1.1.4 特定会计方法的国际性质

财务会计中的三大难题——合并财务报表、外币折算和物价变动会计，也常常被列为国际会计三大难题[①]。这是由于：

（1）它们的国际差异与协调化趋势备受国际会计界的关注。无论在基本方法和概念依据上，都存在着不同的观点和争论。在实务处理上，也存在着不少复杂的、难以妥善解决的问题。

也许更值得说明的是：财务会计三大难题与国际会计三大难题毕竟是有所区别的。

（2）把外币交易和外币报表的折算引进会计领域，是会计国际化带来的一个独特问题。这是因为，无论是国际贸易、国际投资、国际货币、资本市场中的交易和对筹资者的财务报告要求，还是跨国公司的国际经营活动，都涉及外国通货的使用和转换。这与合并财务报表和物价变动会计的基本方法起源于处理国内企业的合并和一国范围内的物价变动对财务报告的影响是不同的。

（3）对于外币报表折算的要求，主要是由于跨国公司作为母公司对国外子公司（和合营公司）的财务报表的合并。为合并目的而对国外子公司（和合营公司）的外币（往往是国外子公司所在东道国的当地货币）报表进行的折算，在方法上又显然与国际财务报表的合并要求密切相关。

（4）与国际财务报表合并有关的另一个问题是，在世界各国的物价变动趋向差别悬殊的情况下，跨国公司在合并遍布许多国家的国外子公司（和合营公司）的财务报表时，应该如何调整物价变动对国际财务报表合并的影响呢？这无疑是一个必须解决的课题。

---

① 可参阅常勋：《财务会计三大难题》，“序言”第 1 ~2 页，上海，立信会计出版社，1999；或《财务会计四大难题》第 3 版中的“《财务会计三大难题》序言”第 1 ~2 页，上海，立信会计出版社，2006。
“国际会计三大难题”是美国会计学者 J. T. 塞德勒在《国际会计的方法问题》一文中提出的，该文辑入 F. D. S. Choi（崔）所编的《多国会计：八十年代的研究结构》一书。

（5）国际财务报表的合并、外币报表的折算、国际物价变动影响的调整，已成为国际会计研究中相互联系和制约，既需协调一致但又存在矛盾的两难课题。我们认为，这应该是“国际会计三大难题”的严谨的含义。

在20世纪90年代前后，随着全球的金融自由化和金融工具创新的浪潮，利用市场价格、利率、汇率等因素变动的不确定性，在国际（也在国内）融资和投资，特别是在证券（债务证券和权益证券）融资和投资领域，多种多样的衍生金融工具引发的会计处理问题，对传统的会计概念和实务带来巨大的冲击，这是国际和各国会计准则制定机构在世纪之交有所突破但尚未解决的难题，本书著者那时就有把财务会计三大难题扩展到四大难题的意向①。

另一个相当重要的内容是国际税务会计。国际税务和各国税制、税法的差别早已成为跨国公司十分关注的利害攸关的重大问题。它可能给跨国公司带来巨额的财务利益，也可能使它遭受巨额的财务损失。而公司所得税的国际双重课税问题，则是国际税务会计的特有内容。

1.1.5 会计的国际化与国家化

从前面的论述中可以肯定，会计的国际化是大势所趋。但是，我们仍然不能忽视它与会计国家化的矛盾。显然，会计是与各国的政治经济体制、经济发展战略与政策、税收管辖权、历史文化背景、意识形态背景以及生产力发展水平等紧密联系的，各国会计的理论和方法也明显地体现着各自国家的特点。国家有制定法律的权力，它可以通过一系列政治、法律手段来约束经济活动，从而对会计产生影响。从某种意义上说，会计行为在一定程度上体现了国家的意志，它扎根于各国的政治、经济、思想、文化等社会因素中，因而会计具有国家性的一面。此外，各国出于各自的利益考虑，都希望按自己的模式来协调他国的会计制度与准则。例如，至今美国仍然强调本国的会计准则而只是有条件地接受国际会计准则和惯例，并且总是要充当国际会计活动中的“领头羊”；而法国、德国这两大欧盟国家则埋怨国际会计准则已过于美国化了。

国际会计界一向有两种观点：一种观点认为，会计是一种“国际商业语言”，会计无国界，不应保持国家特色；另一种观点则认为，会计的国家特色是无法磨灭的，但随着经济全球化的发展，可以“求同存异”。会计国际化的进程是否将通过第二种的“务实”观点，逐步实现第一种观点树立的最终目标呢？这是颇值得探讨的。

---

① 常勋在修订《财务会计三大难题》一书时，增加了“金融工具会计”一篇，将全书扩展为《财务会计四大难题》，该书第1版已于2002年4月由立信会计出版社出版，第2版于2005年1月问世，第3版于2006年8月出版，第4版已于2008年秋出版。

1.2 会计职业界的国际化

国际融资、投资活动和跨国公司的经营活动必然要求会计职业界提供国际性的服务，这是促使会计职业国际化的主要推动力。

1.2.1 会计职业界提供国际性服务的三个层次

三个不同的层次标志着会计职业国际化的不同程度。直至现在，规模巨大的、国际性的会计师事务所还是屈指可数的，为数众多的以本国为基地、以提供国内服务为主的会计师事务所，只是在临时性协作的基础上为它们的本国委托人提供国际性的服务。

1）最高层次是一体化的国际性会计师事务所（会计公司）

它们的组织模式是国际性的、典型的“合伙组织的合伙”，在世界范围内以同一名称经营会计服务。总部设在美国和英国的八大会计师事务所，经过相互间的兼并和兼并其他事务所，在 1997 年，已改组成六大会计师事务所。1998 年，普华和永道合并成立普华永道国际会计师事务所（PwC），“六大”又成为“五大”。[①] 它们在世界范围内分地区（如欧洲、北美、南美、远东和南太平洋、近东和非洲等）组成合伙组织，再结合成一个集中管理的国际合伙组织。

尽管这五大会计师事务所在业务经营和管理上有某些差别，但基本上是相似的。专业性的会计、审计和咨询服务都通过精细的内部控制程序和统一的培训计划来取得世界范围内的协调，业务的扩展和与委托人的联系都使用同一名称和同一语言进行，都采用公司化的经营管理方式，利润则在世界范围内的合伙人之间进行分配。

这五大会计师事务所按照 2000 年业务收入的排名序次是：

	2000 年
普华永道（Pricewaterhouse Coopers，PwC）	1
毕马威国际（Klynveld，Peat，Marwick，Goerdeler International，KPMG）	2
德勤（Deloitte Touche Tohmatsu）	3
安永国际（Ernst & Young International）	4
安达信全球（Arthur Andersen Worldwide）	5

① 普华、永道的合并系在 1997 年 10 月宣布的。两个星期后，毕马威、安永也宣布合并，但在 1998 年 2 月 23 日，后者又宣布合并计划终止。

【小资料 1—1】

从表 1—1 可以对比 1988—2000 年这 13 年间“五大”的业务收入以及人员、机构、遍布程度的增长变动情况。总的来说，“五大”的业务收入增长倍数平均超过 3 倍，而其人员和机构增长倍数都低于业务收入增长倍数。

表 1—1　　五大国际会计师事务所的规模比较（2000 年度与 1988 年度）

名称	业务收入（百万美元）					合伙人		员工		分布国家、地区		年度末
	2000 年		1988 年		增长倍数							
	金额	排序	金额	排序		2000 年	1988 年	2000 年	1988 年	2000 年	1988 年	
普华永道*	21 500	1	4 871	1	4.41	9 800	6 168	128 940	73 136	155	204	6 月 30 日
毕马威	13 500	2	3 900	3	3.46	7 350	5 050	77 000	57 450	155	115	9 月 30 日
德勤	11 200	3	3 761	4	2.98	缺	5 470	92 000	43 014	134	89	5 月 31 日
安永	9 194	4	4 278	2	2.15	5 555	6 100	53 305	62 831	136	100	6 月 30 日
安达信	8 400	5	2 820	5	2.98	3 459	2 016	55 258	33 568	84	103	8 月 31 日

* 1988 年数字为合并前普华和永道两家的合计数。

资料来源　表 1—1 统计数据是《国际会计公告》发布的，原载英格兰和威尔士特许会计师协会《会计》（Accountancy）杂志。2000 年数据引自《中国注册会计师》，2001（12），第 52 页；1988 年数据引自常勋、陈箭深的《国际会计》，7 页，厦门，厦门大学出版社，1996。

表 1—1 中 2000 年安达信的数据代表安达信未进入不正常经营前的情况。2001 年秋冬以来，美国接连曝光了安然等国际知名公司的财务欺诈案，“五大”之一的安达信陷入了严重的诚信危机，并因销毁对安然公司的审计档案被裁定妨碍司法公正罪成立。① 终于在 2002 年秋不得不退出美国审计市场，“五大”现在只剩下“四大”了（见表 1—2）。

表 1—2　　“四大”国际会计师事务所的规模比较（2006 年度）

序次	名称	2006 年业务收入（百万美元）	2005 年业务收入（百万美元）	合伙人	员工	分布国家、地区	办事处	成员所	年度末
1	普华永道	21 986	20 300	8 280	104 414	149	771	—	2006 年 6 月 30 日
2	德勤	20 000	18 200	8 000	99 900	120	670	—	2006 年 5 月 31 日
3	安永国际	18 400	16 900	7 217	82 299	140	700	—	2006 年 6 月 30 日
4	毕马威国际	16 800	15 690	7 094	84 041	148	730	148	2006 年 9 月 30 日

资料来源　英格兰和威尔士特许会计师协会：载《会计》，2007（6）。

① 虽然美国联邦法院陪审团后来又裁定罪名不成立，但安达信的解体已无法挽回。

2）第二层次是建立在“联盟”基础上的兼具国际和国内性质的会计师事务所

当今世界上大约有 30 多家这样的国际性会计师事务所。它们也以同一名称在国际范围内从事业务经营，入伙的各国会计师事务所成为其成员所，在“联盟”的基础上从事国际性业务的经营。入伙的成员所之间的财务处理，一般都建立在按工作收费的基础上，在专业性的服务上则通常设有一个国际秘书处来推动交流、培训和技术工作。它们在国际上以同一名称的身份和国际的职业工作标准从事业务活动，而在各自国家内则仍以本国事务所的身份从事业务活动，在本国建立自主的管理机构。因此，各成员所兼具国际和国内的双重性质。应该说，这是各国的国内会计师事务所向国际性事务所发展的比较灵活的方式。

【小资料 1—2】

按 2006 年业务收入排名的第 5～10 位国际会计师事务所

《国际会计公告》公布的 2006 年国际会计师事务所前 40 名排名资料中的第 5～40名，大都属于这一层次。其经营规模与“四大”国际会计师事务所之间还存在着显著的差距，最近，有将德豪和均富列为国际“六大”的，但后者的业务收入不过约是“四大”的 1/6。现将排名为 5～10 位的国际会计师事务所的各项数据列示于表 1—3。

表 1—3　**排名 5～10 位的国际会计师事务所的各项数据**

排名	名　称	2006 年业务收入（百万美元）	2005 年业务收入（百万美元）	合伙人	员　工	分布国家、地区	办事处	成员所	年度末
5	德豪国际	3 911	3 329	2 348	22 355	107	621	95	2006 年 9 月 30 日
6	均富国际	2 800	2 454	2 207	24 512	113	489	93	2006 年 9 月 30 日
7	罗申美国际	2 700	2 502	2 478	16 594	72	630	73	2006 年 9 月 30 日
8	日内瓦国际	2 491	2 185	1 286	10 216	61	332	227	2006 年 12 月 31 日
9	普雷西提国际	2 400	—	—	—	65	—	—	—
10	博泰国际	2 300	2 120	—	21 900	93	583	126	2006 年 6 月 30 日

资料来源　英格兰和威尔士特许会计师协会：载《会计》，2007（6）。

3）第三层次是国内性质的会计师事务所为从事国际业务而进行的临时性协作

为数众多的国内性质的会计师事务所为了对其国内委托人的国外经营机构提供业务服务，往往通过代理协议邀请其他国家的会计师事务所进行。它与代理事务所很少有直接的组织系统关系，而只是同意在尊重双方的业务要求和质量标准的基础上各自为对方工作。发出邀请的会计师事务所将向当地的委托人收费，并在约定的期限内把按双方约定方式计算的工作费用拨付给国外的代理事务所。这种代理关系可能发展为经常性的和相互的，但只是在有业务需要时才逐项签订代理协议。大多数国家的职业会计师协会都设有国际联络委员会，来推动这方面的工作。而这种代理安排往往是通过国际性的职业界会议来促进的，当然也可能通过双方直接联系。

1.2.2 会计职业界的国际组织

早在1904年，会计职业界就在圣路易斯举行了第1次国际会计师大会。从1952年在伦敦举行的第6次会议起，就确立了每5年一次会议的惯例。大会的程序规定：一般性的论文在全体会议上提出，特定技术性问题的国际性总结在技术性会议上提出。选派代表参加会议的各国职业会计师协会正式提交会议的本国意见书，则是进行国际性总结的基础。此外，自1962年于纽约举行的第8次会议以来，每次会议都同时举行许多技术问题的小组讨论（每组人数不超过25人），这对职业会计师执行和拓展国际性业务提供了很好的交流和协调机会。1972年于悉尼举行的第10次会议上，又决定建立常设技术委员会及秘书处，继续在会议闭幕后进行工作，并且创设了会计职业界国际协调委员会（ICCAP），它就是1977年于慕尼黑举行的第11次会议上创建的国际会计师联合会（IFAC）的前身。

国际会计师联合会成立后，每5年一次的国际会计师大会，即由它和那次会议东道国的会计职业团体联合举办。另外，1973年，由澳大利亚、加拿大、法国、前联邦德国、日本、墨西哥、荷兰、英国和爱尔兰、美国等9国的16个主要会计职业团体发起，在伦敦成立了国际会计准则委员会，从事国际会计准则的制定工作。1977年国际会计师联合会成立后，根据双方协商，国际会计准则委员会作为国际会计师联合会的团体会员，仍然负责并有权用自己的名义制定并公布国际会计准则。而国际审计准则，则由国际会计师联合会所属的国际审计实务委员会（IAPC）制定发布，在2003年IFAC的组织结构改革（参见5.7中的详细阐述）中，IAPC改组为国际审计与鉴证准则委员会（IAASB）。

可见，会计职业界不仅有自己的国际组织，而且对会计国际化的发展作出了重大贡献。

1.2.3 会计职业国际化的阻力

然而，会计职业的国际化也面临着阻力，使它的进展落后于会计的国际化。究其原因，主要是各国对会计师职业执照要求的规章大相径庭，使会计师职业执照的国际认可存在着重重障碍，而且也阻碍了职业会计师人才的国际流动。

发给职业会计师执照是各国司法管辖范围的主权。在涉及取得执照的学历条件、是否把后续教育作为更换执照的条件、可否有不同类型的执照以及职业考试等方面，各国都存在很大的差异。

1）取得执照的必要学历条件

对职业会计师学历的要求，国际上的差异十分显著。在美国的53个司法管辖区内，几乎全部要求学士学位（有的更规定为主修会计学的学士）。在德国（联邦德国），则需要有从大学获得的高级研究生学位。在英国和荷兰，进入会计职业界有两条途径：（1）大学教育；（2）在职培训加上通过全国职业协会开设的夜校课程或其他教育要求。在其他一些国家，则只要求高中毕业结合严格的培训和通过当地职业协会举办的业余课程学习。

2）有否把后续教育作为更换执照的条件

对于有否把后续教育作为更换执照的条件，各国的差别很大，有在规定必须通过后续教育定期更换执照的同时，严格到规定每年必须完成的正式教育的最低时数，甚至还直接规定会计和审计课程的时数；但也有根本无需进行后续教育的，在这种情况下，会计职业执照无异于是终身批准，根本没有定期更换执照的任何要求。

3）可否有不同类型的执照

美国的许多司法管辖区为几种不同类型职业会计师颁发不同类型的执照，如"注册纳税申报编制人"。这就发生了不明确情况，即能否认定他就是"注册会计师"。再如，有些司法管辖区除发给"注册会计师"的执照外，还就会计职业的专门服务发给副执照（如审计、税务、管理、咨询等）。不同执照的同时并存当然也会阻挠国际间的相互认可。

4）职业考试

除上述的学历要求和对专业业务的认可外，颁发职业执照通常需要包括一些条件。例如，通过统一的职业考试，遵循职业会计师协会制定的职业道德规范，以及最低年龄、国籍、在已取得执照的注册会计师督导下从事会计职业的年限等。除了在职业道德规范方面呈现出国际协调的趋势（国际会计师联合会也已制定公布了有关职业道德标准的准则）外，各国职业考试的结构和要求还存在着一定的差别。例如，有些国家的职业考试是一次连续完成的，有些国家则分为中间和最终考试。考试的范围和性质虽然相当类似，但侧重点则各具特色。例如，在美国，会计理论的比重较高，德国的考试强调需要应用的法律和规章，瑞士的最终考试的重点则是冗长的审计和财务分析案例。再者，有些国家只准许本国籍的公民才有取得职业执照的资格，在这种情况下，外国人当然不能参加职业考试了。

为了逐步排除上述障碍，就会计师的职业教育和颁发职业执照的标准寻求国际协调，国际会计师联合会在 1995 年 6 月发表了关于"会计职业资格认可"的理事会政策声明，① 从教育、考试和经验三个方面，为职业资格的国际认可确立"评价原则"，以帮助正在为相互资格认可进行谈判的国家，作出有根据的"程度对等"的决策。虽然多年来这些努力尚未取得很明显的成果，但两国会计职业团体对此进行的双边谈判已有进展，如中注协（CICPA）与英格兰及威尔士特许会计师协会

① "Recognition of Professional Accountancy Qualifications", Statement of Policy of Council, in IFAC Handbook of Technical Pronouncements on Ethics and Auditing, 2000, pp. 6～17.

(ICAEW) 于2008年1月在北京签署了两会间职业资格考试部分科目免试的协议。①

1.3 国际会计的定义

会计国际化和会计职业国际化的进程，界定并发展了国际会计的定义和这门学科的内容。

纵观国际会计学家在不同时期对国际会计所下的定义，就能充分地反映出它们之间的不同观点及其受会计和会计职业国际化进程的影响。

1.3.1 国际会计学家在早期对国际会计所下的定义

一开始，国际会计学家对国际会计的研究和发展就有着两种截然不同的观点。一种观点强调会计的国别差异，只是把国际会计限定为对各国会计理论和实务的比较分析，他们缺乏远见，不认为国别会计可能向国际协调化的方向发展。

另一种观点则显示了学者们对开拓国际会计研究领域的抱负、热忱和较高的期望，认为国际会计应该向“世界会计”的方向发展。

在20世纪60年代对国际会计的论述中可以举出两位学者对界定国际会计研究内容具有代表性的两种不同观点。

前者如美国学者科拉里奇（Kollarich）和马霍（Mahon）于1967年提出的定义②：

“国际会计是对所有国家的会计原则、方法和准则进行研究和分析。”

后者如美国齐默曼（Zimmerman）教授等于1968年提出的定义③：

“国际会计是最高层次会计的抽象，其目的在于打破国界，发展世界性的会计理论，并在任何一个国家的会计中加以应用。”

1.3.2 20世纪70年代国际会计研究中的三种不同观点

在20世纪70年代，有关国际会计的著作和其他文献，无论是在质量和数量上

---

① 协议规定，参加过中注协全国统一考试取得全科合格证的中注协会员报名参加ICAEW的ACA考试时，可以豁免会计、鉴证、公司和财务、法律、管理信息、税收原理、审计与鉴证、税法、财务会计等9个科目的考试，只需参加ICAEW的公司战略、财务管理、财务报告、公司报告、公司变革、案例分析等6个科目的考试；ICAEW会员报考中国注册会计师考试时，可以豁免财务成本管理和审计2个科目的考试，只需要参加会计、经济法、税法等3个科目的考试。

② 转引自王松年、钱嘉福：《国际会计的形成和发展》，载《财经研究》，1986（4），35页。

③ 转引自王松年、钱嘉福：《国际会计的形成和发展》，载《财经研究》，1986（4），35页。

都标志着它已成为一门独立的会计学科了。从这些著作和文献的内容来看，“世界会计观点”和“国别会计观点”的分歧依然存在，同时，还出现了把国际会计等同于跨国公司与国外子公司会计的观点。以下分别加以阐述，并提出我们的评论意见。

1）乐观主义者的“世界会计”观点

按照这一观点，国际会计被认为是可以为世界上所有国家采纳的全球体系，应该制定一套在世界范围内一致应用的公认会计准则。这样，跨国公司遵循这套准则编制财务报表，就是世界各国都通用的报表，这正是国际货币市场和资本市场所欢迎的。但是，在 20 世纪 70 年代，世界上会计惯例的国际分歧，还很难在协调的基础上产生这样一套理想的国际会计准则。国际会计准则委员会的努力也远远达不到树立这样高的权威。因此，这种设想在当时仍然是一个可望而不可及的目标。

2）悲观主义者的“国别会计”观点

按照这种观点，各国会计的差异是因不同的经济、政治、社会、法律、文化、地理等环境而形成的，是不大可能协调一致的。因此，国际会计应该是世界上所有国家的会计准则和惯例的集合体，要制定一套世界性的完整的能为各国接受的会计准则是不可能的。他们致力于对国别会计进行资料性和表述性的比较研究，并要求人们在学习国际会计时具有多种会计准则意识。像美国执业会计师协会出版的《25 个国家中的职业会计》（1964）、《30 个国家中的职业会计》（1979），美国会计学会（AAA）出版的 G. H. Scott（斯各特）的《88 个国际会计问题》（1979）这类著作，可以作为代表。

然而，把国际会计的研究停留在国别会计的基础上是缺乏活力的。对各国会计准则和惯例的差异也不能以静止的观点来看待，如果不否认会计的世袭遗产是国际性的话，那么，在当今世界的国际资本流动和国际经济技术合作不断发展、世界经济正走向一体化的情况下，原来相异的环境因素也会逐步趋同，各国的会计准则和惯例的差异会从对立走向协调。我们并不否定国别会计的比较研究价值，只是认为应该持动态的观点和发展的观点，从存异趋同中探索国际会计协调化的有效途径，这才是既不盲目乐观也不消极悲观的实事求是的研究态度。

3）实务主义者把国际会计视为跨国公司（母公司）与国外子公司会计的观点

这种观点认为，国际会计研究的课题几乎无不与跨国公司经营活动的要求有关，即使是带有宏观会计性质的各国会计模式的研究，也是跨国经营所要求的。这一方面说明了持这种观点的学者不是完全没有道理的，但也必须指出，各国会计模式的研究不能完全归属于跨国公司会计的范畴；另一方面跨国公司经营活动所要求研究的课题并不能等同于国际会计应研究的领域，也不局限于跨国公司与国外子公司之间的会计实务，还涉及法律问题、金融问题、税务问题等等。所以不能从“跨国经营所要求的”来界定国际会计。而且，实务主义者的观点也有损于国际会计领域的理论研究。

以上三种观点，美国会计学家 T. R. Wairich（韦里奇）、C. G. Avery（艾弗里）

和 H. R. Anderson（安德森）曾在《国际会计的不同定义》一文（发表于《国际会计杂志》1971 年秋季号）中概括为：（1）一个全球体系；（2）一种描述各国现行准则和惯例并提供与此有关的信息的方法；（3）母公司和国外子公司之间的会计实务。[①]

1.3.3 20 世纪 80 年代至 90 年代国际会计学家对国际会计所下的定义

从 20 世纪 80 年代至 90 年代，随着经济全球化的进程，特别是国际融资和投资活动的活跃，同时，也通过各种类型的国际组织的努力，国际会计协调化的趋向在不同程度上冲淡了国别差异，人们对国际会计协调化也形成了新的观念（参见第 5 章），“世界会计”与“国别会计”的观念对立逐步淡化。以下援引的两个具有代表性的对国际会计所下的定义，正反映了这一趋向。

1）美国学者 F. D. S. Choi（崔）和 G. G. Mueller（缪勒）所下的定义

美国崔教授和缪勒教授对国际会计所下的定义也许是最全面的。他们在合著的《国际会计》（1984 年第 1 版和 1992 年第 2 版）[②] 中写道：

“国际会计把本国导向的通用会计最广义地扩展到：（1）国际比较分析；（2）跨国经营交易和跨国企业经营方式下独特的会计计量和报告问题；（3）国际金融市场的会计需求；（4）通过政治的、组织的、职业界的以及准则制定等方面的活动，对世界范围内会计和财务报告的差异进行的协调。”[③]

崔、缪勒的定义被广泛引用。它反映了 20 世纪 80 年代至 90 年代国际会计发展的趋向：（1）在国别会计基础上的国际比较分析仍是国际会计的主要内容，同时，世界范围内对会计和财务报告差异的协调化努力，使协调化在国际会计中占有十分重要的地位；（2）协调化来自两方面的需求，即国际金融市场以及跨国经营活动。我们认为，这种需求实际上也就是对协调世界范围内会计和财务报告差异的要求。

2）M. Z. Iqbal（伊克彼）、T. U. Melcher（麦尔科）和 A. A. Elmallah（伊利马拉夫）所下的定义

美国伊克彼、麦尔科和伊利马拉夫三位教授在《国际会计：全球观》（1997 年版）中所下的定义是：

“国际性交易的会计，不同国家会计原则的比较，以及世界范围内不同会计准

---

① Frederick D. S. Choi，Gerhard G. Mueller，International Accounting. Englewood Cliffs，NJ：Prentice-Hall Inc.，1984，pp. 17 ~ 18.

② 此书第 3 版（1999）和第 4 版（2002）由 Choi、Frost、Meek 合著，第 5 版（2004）和第 6 版（2008）则由 Choi、Meek 合著。

③ Frederick D. S. Choi，Gerhard G. Mueller，International Accounting. Englewood Cliffs，NJ：Prentice-Hall Inc.，1984，p. 18.

则的协调化。”[1]

这个定义的特点是直截了当、十分简洁，但相当全面，也更突出了国际会计协调化。

1.3.4 国际会计的主要内容

以上引述的国际会计的定义，大体上界定了国际会计学科广泛和丰富的内容。纵观已出版的国际会计著作，可将国际会计的研究领域归纳为以下三个方面：

1）国际会计诸问题的研究

这几乎无不与跨国交易和跨国公司的经营活动相关联，而且还包括财务会计和管理会计，其中更多的内容属于财务会计。例如，在 F. D. S. Choi、G. K. Meek 合著的《国际会计》2008 年第 6 版中，有 3 章是属于管理会计的，即第 10 章“管理计划与控制”、第 11 章“金融风险管理”及第 12 章“国际税务和转移定价”，其他的内容大都属于财务会计。而国际管理会计也有作为管理会计的分支学科发展的趋向。

如前所述，国际财务报告、外币交易会计、以跨国公司合并国外子公司的外币报表为中心的外币报表折算和国际物价变动影响的调整，以及国际税务与国际转移定价，是国际会计的主要内容。此外，国际审计也是国际会计可能包含的内容，当然，它也可以作为审计的分支学科。

本书将大体上包括以上内容，但不论述“管理计划与控制”，对“金融风险管理”只在专门论述“金融工具会计”的第 7 章中涉及，本书也未设专章论述国际审计。

国内的国际会计著作，有把财务会计三大难题包括在内的[2]，这是为了适应当时国内大学会计课程体系中未分设中级财务会计和高级财务会计的情况，而现在又大都把外币交易会计和外币报表折算也纳入高级财务会计的内容，这套系列丛书也是如此。因此，本书就不再设专章论述外币折算、企业合并和合并报表以及物价变动会计了。

2）全球会计模式的分类和比较研究

这带有宏观会计的性质，有些国际会计著作偏重于会计模式的比较研究，而且往往以《比较国际会计》作为其书名，如 C. W. Nobes（诺比斯）和 R. H. Parker（帕克）主编的《比较国际会计》（1984 年第 1 版，最新版本为 2008 年第 10 版）。

当然，跨国公司为顺应其在东道国从事经营活动所应遵循的会计要求，对各国

---

① M. Zafar Iqbal, Trini U. Melcher, Amin A. Elmallah, International Accounting: A Global Perspective. South-Western College Publishing, an ITP Company, 1997, p. 2（大连，东北财经大学出版社，影印版，1998）。

② 常勋：《国际会计》，厦门，厦门大学出版社，1991 年第 1 版至 2008 年第 6 版。

会计模式的比较研究，也是应十分关注的。本书包含了这一方面的阐述，并作为主要的内容。

3）国际会计协调化和趋同化

20 世纪 80 年代后期至 90 年代，国际会计协调化强劲发展，进入 21 世纪后，又发展为趋同化。这将融合在本书的全部内容中，并且设有专章论述。

【小资料 1—3】

1. F. D. S. Choi（崔）、G. K. Meek（米克）合著的《国际会计》（2008 年第 6 版）目录：

（1）导论

（2）发展与分类

（3）比较会计：欧洲

（4）比较会计：美洲和亚洲

（5）报告和披露

（6）外币折算

（7）财务报告与物价变动

（8）全球会计与审计准则

（9）国际财务报表分析

（10）管理计划与控制

（11）金融风险管理

（12）国际税务和转移定价

2. C. W. Nobes（诺比斯）和 R. H. Parker（帕克）合著的《比较国际会计》（2008 年第 10 版）[①] 目录：

第一部分：背景

（1）导论

（2）国际差异的原因

（3）财务报告的国际分类

（4）国际协调

第二部分：上市公司财务报告

（5）上市公司财务报告背景

（6）国际财务报告准则的要求

（7）对 IFRS 的不同观点

（8）美国的财务报告

（9）国际财务报告的执行情况

（10）政治游说下的会计准则——美国、英国和国际的经验

① 本书第 5 版转录的是该书 2004 年第 8 版的目录，未及更新。该书第 9 版于 2006 年出版，2008 年第 10 版的全书体系和章节变更较大。

第三部分：欧洲和东亚的协调和转型

(11) 欧洲的协调和转型

(12) 东亚的协调和转型（日本和中国分析）

第四部分：公司的财务报告

(13) 背景介绍

(14) 为非上市公司制定财务会计准则

(15) 欧洲公司的会计规则（rules）和事务

第五部分：跨国公司的财务报告问题

(16) 热点问题（无形资产；资产计量；金融工具；或有事项；员工利益；递延税项；收入的确认；报告全面收益）

(17) 企业合并

(18) 外币折算

(19) 分部报告

第六部分：分析和管理问题

(20) 国际财务分析

(21) 国际审计

(22) 公司所得税的国际层面

(23) 管理会计

讨论题

1.1 为什么说市场国际化，特别是货币市场和资本市场的国际化是会计国际化的主要推动力？

1.2 跨国公司是否在百分之百地推动会计国际化？说明你的观点。

1.3 会计随商业活动的扩展而传播，你同意这种说法吗？从历史发展的进程谈谈你的看法。

1.4 哪些特定会计方法具有国际性质？

1.5 你对会计国际化和国家化之间的矛盾及其消长有何看法？

1.6 为什么说会计国际化是促使会计职业国际化的主要推动力？后者的发展又为什么落后于前者的发展？或者，你也可以就不同意“落后”的说法谈谈看法。

1.7 你对国际会计师联合会关于“会计职业资格认可”的理事会政策声明有何评论？你认为在近期内（比如说5年内）能实现会计资格的国际认可吗？

1.8 为什么说会计学家们对国际会计所下的定义反映了会计国际化和会计职业国际化进程的影响？

1.9 你倾向于把国际会计定义为全球会计，还是国别会计？

1.10 你赞成把国际会计等同于跨国公司与国外子公司之间的会计实务吗？

练习题

1.1 通过调研，初步了解“五大”、“四大”和其他国际会计事务所进入我国会计市场的情况，以及我国较大型的国内会计师事务所应对“入世”后我国会计市场进一步对外开放的策略。

1.2 你对21世纪初跨国并购的前景有何看法？

1.3 通过对国内出版的有关国际会计教材的浏览，比较它们的内容和各自的特点。

第 2 章 会计模式通论

学习目标
2.1 环境因素与会计模式
2.2 会计发展模式
2.3 全球会计模式的分类
2.4 判断性分类
2.5 实证性推断分类
讨论题
练习题

学习目标

本章旨在阐明各国环境因素的不同组合导致各种不同的会计模式，除各项社会经济因素外，还有文化因素。在论述了四种会计发展模式的基本概念后，分别介绍了全球会计模式的各种判断性分类和实证性推断分类，为在第 3 章继续讨论代表性的国别比较会计模式奠定概念基础。

“模式”是指某种事物或过程的已定型的标准形式。故会计模式可简括地表述为会计实践的示范形式，它是对已定型的会计实务的概括和描述，而并不排除属于同一模式的各国（和各地区）会计实务中仍存在某些非基本性的差异。不同的会计模式则是就其基本特征的差异而相区别的。

会计模式所描述的是会计实务，但实际上，不同模式的会计实务都体现了特定的会计理论和概念。小而言之，某一会计方法（如物价变动会计）可以有不同的模式，并各有其不同的理论和概念依据。大而言之，会计模式是对特定国家（和地区）的会计实务体系的概括和描述，它的内容是相当广泛和丰富的，可以包括会计目标、对会计信息的质量要求、会计原则、会计的组织和管理体制等等。人们在进行描述时并没有很明确的范围，特别是，哪些才是区别不同会计模式的不同特征的基本要素，看来在近期内还不可能求得观点上的一致。

人们普遍认为，会计模式的特征在很大程度上取决于其所处的外部环境。正是由于各国的经济、政治、社会、法律、地理、文化等环境不同，才会形成各具特色的不同的会计模式。在不同的环境因素改变之前，不同的会计模式是很难趋同的，而经济全球化则正在促进环境因素的趋同（包括各国政策上的协调），这正是会计国际协调化和趋同化的前提。

从这个意义上说，比较和分析各国会计实务的基本特征，把它们概括分类为若干会计模式，联系现存的环境因素及其演变趋向，探求求同存异的国际协调化的途径，当然是国际会计的重要内容。

2.1 环境因素与会计模式

如前所述，每个国家的会计实务都是其经济、政治、社会、法律、地理、文化等环境因素之间相互作用的结果。这些环境因素的不同组合，导致了各种不同的会计模式。以下是我们认为对不同会计模式的形成和发展起重大作用的环境因素，前几项属于经济、政治、社会、法律、地理等因素，可统称为社会经济环境因素，最后一项是文化因素。

2.1.1 对会计模式的形成和发展起重大作用的社会经济环境因素

会计学家们从企业经济的角度特别关心以下八项社会经济环境因素。

1）法律制度

法律规范人们（含法人）的行为。法律制度决定着人们与所在地区法律之间的相互作用和关系。西方世界已经形成成文法和不成文法（判例法）两种法律体系。在成文法国家中，法律是一系列无所不包的要求、必须遵守的法律条文。会计规程结合在国家法规之中，它们趋向于高度的指示性和程序性。与此相反，不成文法是在判例基础上发展的，它无意用无所不包的条文去囊括所有的情况。这种制度注重经验，允许援引判例。在不成文法系的国家里，会计规程并不包含在法规之中。它们往往是通过专业民间组织制定，这就允许他们具有更强的适应性和创造性。

2）企业资金来源

在资本市场发达的国家，如美国和英国，会计集中关注企业管理当局是如何经营公司的，关注它对获利能力和财务状况的披露，以帮助投资者结合相关的风险来评价企业创造未来现金流量的能力。披露之所以很广泛，是因为它与分散的公众所有权相一致。与此相反，在以信贷为基础的体制下，银行是企业资金的首要来源，会计集中关注通过稳健的会计计量以保护债权人。由于金融机构能够直接取得它们所需要的任何信息，因此对外的公开披露是有限的。长期以来，德国、日本和瑞士就是这种情况。

3）税制

在许多国家，税法有效地决定着会计准则，因为公司必须根据纳税的要求，记录和申报它们的收入和费用。例如，法国、德国和瑞典就是会计深受税法影响的例子。在其他国家，如荷兰，财务会计和税务会计是分离的：应税利润是根据财务会计利润对税法差异进行调整而得出的。而在美国，由于根据税法要求计算的应税利润与根据公认会计准则确定的会计利润背离过大，纳税申报和财务报表往往是分别编报的。

4）政治和经济联系

前已述及，在历史上，会计观念和技术通过征服、贸易和其他类似力量得以传播。15 世纪源于意大利的复式簿记，随后传遍了整个欧洲。英国殖民主义把会计师和会计概念输出到整个大英帝国。美国在第二次世界大战之后，把美国式的会计立法模式移植到日本。如今，东欧国家正在根据欧洲联盟的法规改造自己的会计。当代国际贸易和资本流动的增长所带来的经济全球化，是会计准则协调的一个强大动力。

5）通货膨胀

通货膨胀动摇了历史成本会计，并推动了一国将物价变动纳入财务报表的进程。以色列、墨西哥和南美洲的巴西等一些国家，都曾因经历了恶性通货膨胀，而在当时或至今仍采用一般物价水平会计。20 世纪 70 年代后期，美国和英国都要求报告物价变动影响，以应对持续的较高通货膨胀率。20 世纪 80 年代中期，通货膨胀压力降低，物价变动会计对历史成本计量模式的冲击就淡化了。

6）经济发展水平

这个因素普遍影响企业在特定经济中所进行的交易的类型，而交易的类型决定着企业所面临的会计问题。例如，以股份为基础的高级管理层报酬或资产证券化，对资本市场不发达的经济而言毫无意义。今天，许多传统的产业经济正转向高新技术和信息型经济，与制造业环境相关的会计问题，如有形资产的计价和折旧的计提，正在变得越来越次要。新的会计挑战正在出现，如无形资产会计和人力资源会计等。

7）教育水平

高度严密的会计准则和实务如果被误解和误用的话，就会毫无用处，甚至带来祸害。例如，除非读者通晓成本会计，否则一份关于成本性态变量的复杂的技术报告就毫无意义。有关衍生证券风险的披露除非能被读懂，不然也传递不了什么信息，甚至产生误导。

8）地理条件

例如，在一国内，发达地区和不发达地区由于经济发展水平上的过大差距，导致了会计观念和会计要求上的差异；邻国之间由于接近和交往促进了会计实务的协调等等。

以上各项因素在很大程度上互相关联。例如，英国的不成文法系导向被输出到澳大利亚、加拿大和美国等国，这四个国家都有高度发达的资本市场主宰着其财务报告的导向，财务会计与税务会计相分离。与此相反，大部分欧洲大陆国家和日本属于成文法系，筹资主要依赖于银行或政府，在这些国家，会计规则一般遵从税法。

2.1.2 文化因素对会计模式形成和发展的影响

开始研究文化与会计发展的关系，是20世纪70年代末的事。文化可以看作是社会共同的价值和观念。文化要素是一国制度（例如法律制度）架构的基础。

1）霍斯蒂德的四种国家文化维度

G. Hofstede（霍斯蒂德）归纳了四种国家文化维度（或社会价值观）：(1)个人主义（individualism）；(2)权力距离（power distance）；(3)不确定性规避（uncertainty avoidance）；（4）阳刚之气（masculinity）。霍斯蒂德的分析基于取自美国一家在40个国家开展经营活动的大型跨国公司雇员的资料。① 简单地说，个人主义（与集体主义相对应）更倾向于一种松散交织的社会构架，而不是相互依存、紧密联结的构架；权力距离是指在机构和组织中等级制度和权力的不公平分配能被接受的程度；不确定性规避是社会对不确定的未来感到不安的程度；阳刚之气（与阴柔之气相对应）是区分性别功能与强调业绩和看得见的成就（传统的男性价值观）的程度，而不强调关系和关怀（传统的女性价值观）。②

---

① G. Hofstede, Culture's Consequences: International Differences in Work-Related Values. Beverly Hills, CA: Sage Publications, 1980.

② 霍斯蒂德此后的著作又提出了第五个文化维度：孔子原教主义（Confusian dynamism）。它主张仅仅个人主义、权力距离和阳刚之气并不能完全涵盖所有的文化。不确定性规避是西方社会独特的特性，而孔子原教主义则是东方社会所特有的。见 G. Hofstede and M. H. Bond, "The Confusian Connection: From Culture Roots to Economic Growth," Organizational Dynamics 16, No. 1 (1988), pp. 4 ~ 21；以及 G. Hofstede, "Cultures and Organizations: Softwares of the Mind" (London: McGraw-Hill, 1991)。然而，第五维度的存在性也受到了质疑。见 R. Yeh and J. J. Lawrence, "Individualism and Confusian Dynamism: A Note on Hofstede's Culture Root to Economic Growth," Journal of International Business Studies (Third Qurater 1995), pp. 655 ~ 669。这些作者指出，只要把非本质的东西排除出去，孔子原教主义反映的文化维度是与个人主义相同的。还应该指出的是，霍斯蒂德并没有考虑其他的一些文化维度。例如，超越国界的宗教是商业实务、制度乃至会计的基础，语言则是另外一种文化输入。

2）盖瑞的连接文化和会计的架构

根据霍斯蒂德的分析，S. J. Gray（盖瑞）提出了一个连接文化和会计的架构。① 他提出的影响一国财务报告实务的四个“会计价值观的维度”包括：

（1）职业主义，相对于法律控制：倾向于运用个人的专业判断和职业自律，而不是遵守指令性的法律规定。

对独立的专业判断的偏好，符合对松散交织的社会构架的偏好，那儿更强调独立性、公平竞争和规则越少越好的信念，在那里，大量的专业判断也更容易得到容忍……职业主义似乎更容易被一个权力距离较小的社会所接受，那儿更注重平等的权利，位于不同权力层次的人们很少会感到威胁，更愿意信任人，并且认为，需要对强制执行法律的合理性加以证实。②

（2）统一性，相对于灵活性：在对不同情况作出反应时，更倾向于统一性和一贯性，而不是灵活性。

对统一性的偏好符合对强烈不确定性规避的偏好，它引发对法律、秩序和严格的行为守则的关注、对成文规章和法规的需求、对统一性的尊重，以及对终极、绝对真理和价值观的追求。统一性还符合对集体主义的偏好……包括其紧密联结的社会构架、对组织和秩序的信念以及对团体典范的尊重……统一性更易于在权力距离较大的社会推行，那儿似乎更能接受法律的强制性和统一性的守则。③

（3）稳健主义，相对于激进主义：倾向于以谨慎的方法进行计量，以应付未来事项的不确定性，而不是采取更为激进、冒险的方法。

对更为稳健地计量利润的偏好，符合强烈的不确定性规避，它源于对安全性的关注和对采用谨慎的方法以便应付未来事项的不确定性的迫切需要……对个人成就和业绩的强调似乎更不会采用稳健的计量方法。④

（4）保密性，相对于透明度：倾向于保守机密，把企业信息控制在应该知晓的范围之内，而不愿意向公众披露信息。

对保密性的偏好符合强烈的不确定性规避，它源于限制信息披露，以避免冲突和竞争、确保安全的需要……权力距离较大的社会似乎具有控制信息以维护权利的不平等的特点。保密性还符合对集体主义的偏好……它更关注的是与企业关系密切的集团，而不是外部集团……更注重生活质量、关心人民和环境的社会则会更加开放，尤其在相关的社会信息方面。⑤

---

① S. J. Gray, "Towards a Theory of Cultural Influence on the Development of Accounting Systems Internationally", Abacus (March 1988), pp. 1 ~ 15.

② S. J. Gray, "Towards a Theory of Cultural Influence on the Development of Accounting Systems Internationally", Abacus (March 1988), p. 9.

③ S. J. Gray, "Towards a Theory of Cultural Influence on the Development of Accounting Systems Internationally", Abacus (March 1988), pp. 9 ~ 10.

④ S. J. Gray, "Towards a Theory of Cultural Influence on the Development of Accounting Systems Internationally", Abacus (March 1988), p. 10.

⑤ S. J. Gray, "Towards a Theory of Cultural Influence on the Development of Accounting Systems Internationally", Abacus (March 1988), p. 11.

3）盖瑞的会计价值观与霍斯蒂德的文化维度之间的关系（见表2—1）

表2—1　**会计价值观与文化维度之间的关系**

文化维度（霍斯蒂德）	会计价值观（盖瑞）			
	职业主义	统一性	稳健主义	保密性
个人主义	+	-	-	-
权力距离	-	+	?	+
不确定性规避	-	+	+	+
阳刚之气	?	?	-	-

注：表2—1中，“+”表示因素之间有正向关系；“-”表示逆向关系；“?”表示关系的性质尚待确定。盖瑞假设个人主义和不确定性规避对会计的影响最大，其次是权力距离，最后是阳刚之气。

资料来源　Choi节选自Nabil Baydoun and Roger Willett，“Culture Relevance of Western Accounting Systems to Developing Countries”，Abacus（March 1995），p. 71。

应该肯定，霍斯蒂德和盖瑞的上述研究，对从更宽阔的视野来理解不同国家会计模式的发展，是颇有启迪的。

2.2 会计发展模式

在西方市场经济国家，可以把各国的会计发展概括为以下四种模式：

（1）宏观经济模式；

（2）微观经济模式；

（3）独立范畴趋向；

（4）统一会计趋向。

G. G. Mueller（缪勒）最先提出这些会计发展模式并界定其依据的概念。① 他在其编著的《国际会计》（1967）一书中所作的先驱性研究影响甚广，并且成为对世界会计模式分类的依据。

2.2.1 宏观经济模式

企业和经济的两个中心命题是：（1）各个企业确定正式和非正式的目标，然后，在其经营中坚持使这些目标最大化；（2）国家制定正式和非正式的全国性政策，然后采取管理程序去实施这些政策。企业的目标要比国家的经济政策狭隘。企业要实现更多的具体目标，这些目标对于认定的利益集团是可以量化的。因此，企业的目标通常是追随而不是引导国家的经济政策。

① G. G. Mueller，International Accounting. New York：Macmillan，1967.

在会计发展的宏观经济模式下，企业会计实务是从国家的经济目标中派生出来的，并为其服务的。它又基于以下三个命题：

（1）企业是国民经济的基本单元；

（2）企业最好通过从事密切符合国家经济政策的活动方式来实现自身的目标；

（3）如果企业紧随国家的经济政策，也就是最好地服务于公共利益。

瑞典的会计几乎完全遵循宏观经济模式。

2.2.2 微观经济模式

在微观经济模式下，会计发端于微观经济原则。在会计的微观经济框架中：

（1）各个企业是经营活动的中心；

（2）企业的主要目标是生存；

（3）企业生存的最佳策略是经济优化；

（4）作为企业经济学的一个分支，会计从经济分析中派生出其概念与应用。

这种发展模式的核心会计概念是：会计过程必须从真实意义上保全投入企业的资本。这一概念主要强调三点：

（1）如果真实资本基础亏蚀，则企业将不可能生存；

（2）鉴于企业本身是经营活动的中心，企业的永久性投入资本必须得到重大关注；

（3）有效地区分资本和收益，对于评价和控制企业的经营活动十分必要。

大多数的会计微观经济模式的支持者坚信：建立在重置成本基础上的会计计量体系最符合微观经济原理，而且管理的着重点应放在所有的会计报告上。荷兰的会计就是会计微观经济模式的典型例子。

2.2.3 独立范畴趋向

为应对现实世界的复杂性和无处不在的不确定性，判断和估计是企业经营活动中不可或缺的部分。成功的企业家需要直觉，而测算和误差通常只是应对经营环境急剧变化的一种方法。经营者需从经验和实践中形成自己的概念和方法。如果经营活动是会计的主要服务对象，而且会计为经营活动提供有效和高效率的服务，那么会计和经营实务应该遵从相同的发展模式。

因此，会计被看作是一项服务，它从所服务的经营过程中派生出自己的概念和原则，而不是从经济学等其他学科中派生出自己的概念和原则。会计成为一门在判断、测算和误差不断累积的基础上发展起来的独立学科。

美国和英国的会计是作为独立范畴发展的，也许这是美、英模式在会计发展中领先的重要原因。

2.2.4 统一会计趋向

在统一会计趋向下，会计被标准化并用做中央政府管理控制的工具。计量、披露和列报上的统一性，使得会计信息更易于被政府计划部门、税务当局乃至企业经理人员用来控制各种类型的经营活动。一般说来，统一趋向常见于政府强烈干预经济计划的国家，解体前的苏联和当时实行集中计划经济的其他社会主义国家，可称为典型的代表。在这些国家里，会计被用来计量业绩、配置资源、征收税款、控制价格等。拥有统一会计方案的法国则是统一会计趋向最明显的西方国家。

2.3 全球会计模式的分类

在会计模式（会计惯例、准则、制度和概念）分类的基础上研究各国的会计实务体系，是国际会计的重要内容。全球会计模式的分类工作，是通过两种分析方法完成的：

（1）判断性分类；

（2）实证性推断分类。

尽管这两种分析方法有着实质性的差别，但至今它们所得出的结果都大致相符。

2.4 判断性分类

对全球会计实务体系进行判断性分类的首创工作也应归功于缪勒。此外，我们还将介绍美国会计学会提出的比较会计体系的框架形态和据以作出的“影响地区”分类，诺比斯的具有独到创见的分类，应用最广的阿伦的分类，以及盖瑞的以文化框架为依据的分类。

2.4.1 缪勒创始的分类

对世界各国的会计实务体系进行分类研究，也是 G. G. Mueller（缪勒）教授在对会计发展模式作出概念性的分类后，于 1968 年创始的，见于他在《国际会计杂志》1968 年春季号发表的《美国的公认会计原则与其他各国公认会计原则的对比》一文。①

缪勒的分类主要以公认会计原则为标志，根据主观判断，辨别出 10 组不同的会计实务体系。他把这 10 个组别与企业在经营中所处的不同环境相联系，每一组至少在一个重要的方面不同于其他各组。10 个组别如下：

（1）美国/加拿大/荷兰；

（2）英联邦（不包括加拿大）；

（3）德国（当时为联邦德国，下同）/日本；

（4）欧洲大陆（不包括联邦德国、荷兰和斯堪的纳维亚各国）；

（5）斯堪的纳维亚各国；

（6）以色列/墨西哥；

（7）南美洲；

（8）近东和远东的发展中国家；

（9）非洲（不包括南非）；

（10）共产主义国家。

上述分类方案曾被各国会计师协会和国际会计师事务所广泛利用，也与嗣后的分类研究基本上一致。②

2.4.2 美国会计学会的分类

美国会计学会（AAA）国际会计工作和教育委员会在 1975—1976 年的报告中指出：世界的会计模式可以根据“影响地区”分类，根据不同国家和地区的影响作为会计计量和财务报告基础的会计原则的历史和文化及社会经济等因素，通过分析后作出结论，区分出以下 5 个明显的“影响地区”（这份报告发表于 1977 年的《会计评论》第 52 卷增刊）③：

（1）英联邦；

（2）法国—西班牙—葡萄牙；

（3）荷兰；

（4）美国；

（5）共产主义国家。

美国会计学会国际会计工作和教育委员会这份报告的贡献还在于：正如该委员

---

① G. G. Mueller, “Accounting Principles Generally Accepted in the United States versus Those Generally Accepted Elsewhere”, International Journal of Accounting, Spring 1968, pp. 91 ~ 103.

② 但在上述的 10 个组别中，将以色列、墨西哥归为一组曾受到质疑。看来，这也许与两国所经历的高通货膨胀和相应的会计对策有关，符合缪勒的“至少在一个重要方面不同于其他各组”的判断标准。

③ American Accounting Association Committee, “Report of the American Accounting Association Committee on International Accounting Operations and Education, 1975 - 1976”, Accounting Review 52 (Supplement, 1977), pp. 65 ~ 101.

会提出的，它的目标是“在国际范围内，为会计体系的比较研究提出方法论的纲要”。在考虑了许多系统和子系统之后，最终形成了如表2—2所示的“比较会计体系的框架形态”。在这个框架中，把环境因素分为8个参数，构成5种不同的形态。从中可以了解该委员会考虑的因素范围以及所假设的框架形态的风格。这份报告的缺陷是，由于报告的各个部分是委员会成员分头撰写的，最终并没有编纂成一个整体。报告发表后，也没有任何继续的行动。

表2—2 **比较会计体系的框架形态**

参数	形态 1	形态 2	形态 3	形态 4	形态 5
P1—政治体制	传统的寡头政治	极权主义的寡头政治①	现代化的寡头政治	监护的民主政治	民主政治
P2—经济体制	传统的经济	市场经济	有计划的市场经济	计划经济	
P3—经济发展阶段	传统的社会	经济起飞前	经济起飞	趋向成熟	大量消费
P4—财务报告目标	←微观的→			←宏观的→	
	投资决策	经营管理成绩	社会计量	部门计划和控制	全国政策目标
P5—准则的来源或认可	行政法令	立法行动	政府行政机构	政府民间联合	民间
P6—教育、培训和发给	←政府→		←民间→		
职业执照	非正规的	正规的	非正规的	正规的	
P7—职业道德准则的执行	行政部门	政府行政机构	司法部门	民间	
P8—委托人	政府	公众	←企业→		
			公营	私营	

2.4.3 诺比斯的具有创见的分类

C. W. Nobes（诺比斯）教授在考察各国会计惯例的基础上，提出了对世界范围内的会计实务体系的分类系统②，这个分类系统被划分为5个层次，如图2—1所示。他借用生物学中的术语，把第1个层次称为“纲”，指他所考察的财务报告惯例。在第2层次“亚纲”中，他把世界范围内的财务报告惯例区分为以微观为基础和以宏观统一为基础的两类。然后，在第3层次“族”中，进一步把以微观为基础的财务报告惯例区分为“侧重商业经济学和注重理论”以及“侧重商业惯例和实用主义”两类；把以宏观统一为基础的财务报告惯例区分为“根据税制、根据法律”和“根据经济学理论”两类。在第4层次“种”中，又把“起源于英

① 使用“极权”和“寡头”这样的文字，当然含有西方学者的偏见。

② C. W. Nobes, “A Judgmental International Classfication of Financial Reporting Practice”, Journal of Business Finance & Accounting (Spring 1983), pp. 1 ~ 19；诺比斯还对他的分类进行检验并寻求实证支持。

国”的侧重商业惯例和实用主义的财务报告惯例区分为受“英国影响”和受“美国影响”两类；把根据税制、法律的财务报告惯例区分为“根据税制”和“根据法律”两类。第5层次的“个体”，则列出各国财务报告惯例在这个分类系统中的归属。例如，澳大利亚的财务报告惯例在第4层次“种”中属于受英国影响的，但它与属于受美国影响的加拿大的财务报告惯例在第3层次中则同样属于侧重商业惯例和实用主义这个“族”。这样，澳大利亚的财务报告惯例最接近英国模式，但与同英国模式几乎是孪生兄弟的爱尔兰相比则略逊一筹；如与接近美国模式的加拿大相比，就稍远了；但如果与属于另一个“族”（侧重商业经济学和注重理论）的荷兰模式相比，它又较接近于加拿大了；再上溯至第2层次，与属于以宏观统一为基础这个“亚纲”的法国模式、德国模式或瑞典模式相比，它又稍接近于荷兰模式了，如此等等。而从第2层次至第4层次，则又系统地标明了各类会计模式的基本特征。根据这个分类系统，在世界范围内，可以说存在着荷兰会计模式、英国会计模式、美国会计模式、法国会计模式、联邦德国会计模式、瑞典会计模式这六种相区别的模式。

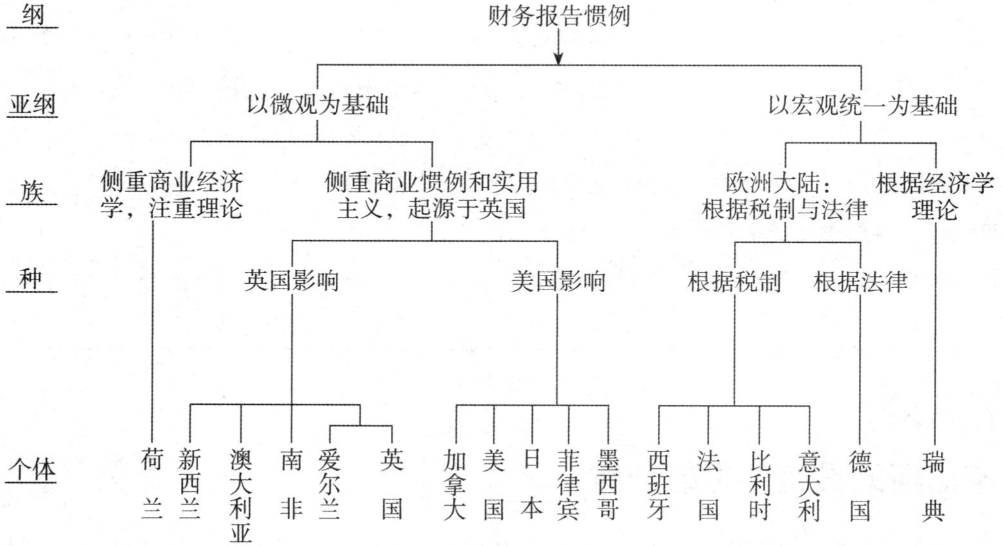

图2—1 诺比斯根据财务报告惯例对会计实务体系的分类（1983）

诺比斯的分类系统展示了各国会计实务体系的“亲疏”关系，这种“亲疏”关系隐含着历史、文化、地理、经济纽带、法制、理论等多重因素的影响。这种分层次的分类系统是他的创举，具有一定的概念基础，予人以启迪。但他在分类系统中借用生物学中的术语却遭到非议。例如，A. D. Reberts（1995）认为：借用生物学的术语，隐含着其间具有的“进化”概念，这对描述财务报告实务的发展是不合适的。另外，以国家而不是以企业为目标进行分类研究，也会引起误解，因为同一国家的企业在特定时期内可能使用一种制度，也可能使用几种不同的制度。①

① A. D. Reberts, “The Very Idea of Classification in International Accounting”, Accounting Organizations and Society, 1995 (20), 7/8.

鉴于这些批评，诺比斯在1998年改进了上述分类系统，主要是：

（1）在研究中主要关注的不再是不同的国家，而是提供财务报告的公司；

（2）所划分的层次不再借用生物学的术语，而是使用财务报告实务的分类用语,分为“类（class）”、“属（family）”和“体系（system）”，并以举“例（examples）”的方式列示不同国家的不同公司的财务报告所属的类别。

改进后的分类系统如图2—2所示。

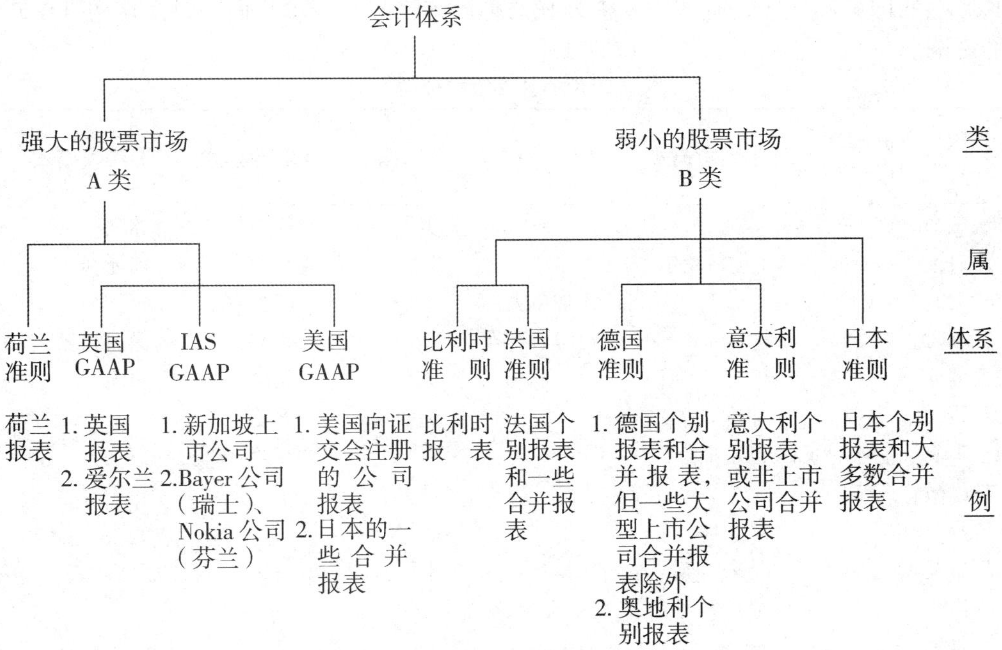

图2—2　诺比斯对财务报告实务的改进后分层次分类（1998）

资料来源　C. W. Nobes（1998），“Towards a General Model of the Reasons for International Differences in Financial Reporting”，Abacus，Vol. 34，No. 2；转引自：Christopher Nobes & Robert Parker（2002，2004），Comparative International Accounting，7th Edition，p. 67；8th Edition，p. 69。

2.4.4 阿伦的流传颇广的分类

P. H. Aron（阿伦）博士对会计模式的国际分类也许是流传最广的。他以维护谁的利益作为分类的标志，把世界各国的会计实务体系分为以下5个主要模式：

（1）强调公司应按“真实和公允（true and fair）”的观点提供财务报告，主要是为了保护投资人和债权人利益的不列颠会计模式（英国会计模式）；

（2）通过“公认会计原则”，主要是为了保护证券市场投资人利益的美国会计模式；

（3）服从税制需要的法国—西班牙—意大利会计模式；

（4）以公司利益为导向的北欧（以德国为代表）会计模式；

（5）服务于集中计划经济的苏维埃（苏联）会计模式。

这种对各类会计模式的基本特征的高度概括，是阿伦分类的特色。他在为 L. J. Seider（塞特）和 D. R. Carmichael（卡米歇尔）主编的《会计师手册》（1981 年版）撰写的“国际会计与财务报告”一章中，对这 5 种会计模式作了简要而精辟的论述[1]，并且列表（见表 2—3）表述了各种会计模式的典型代表性国家及受其影响的国家和地区，有些国家被列在两种模式之间，表示它们同时受这两种模式的影响。

表 2—3 **阿伦的会计模式分类**

法国—西班牙—意大利模式		不列颠模式		美国模式	北欧模式	苏维埃模式
法国*		英国*		美国*	德国*	苏联*
西班牙*		（包括爱尔兰）			荷兰	匈牙利
意大利*			加拿大		瑞士	波兰
比利时			澳大利亚		挪威	保加利亚
葡萄牙			以色列		瑞典	中国
希腊		印度		墨西哥	丹麦	
土耳其		巴基斯坦		委内瑞拉	芬兰	
黎巴嫩		中国香港		日本		
埃及		新加坡		菲律宾		
阿尔及利亚		马来西亚		中国台湾		
摩洛哥		尼日利亚				
扎伊尔		加纳				
刚果		肯尼亚				
巴西		南非				
厄瓜多尔		津巴布韦				
哥伦比亚		百慕大				
秘鲁		巴哈马				
	阿根廷					
	智利					

注：有 * 号的为该模式有典型代表性的国家或地区。

2.4.5 盖瑞的以文化框架为依据的分类

盖瑞基于其联系会计与文化的研究（参见前述），发展了一种判断性分类方

① Paul H. Aron，“International Accounting and Financial Reporting”，in Lee J. Seidler and D. R. Carmichael, eds.，Accountants' Handbook，pp. 40. 4 ~ 40. 18. John Wiley & Sons Inc.，1981.

法。他根据“会计制度的权威性和实施特点（A）”以及“计量和披露特点（B）”这两类因素，在 A 类中以“法律控制↔职业主义”和“灵活性↔统一性”为主轴，在 B 类中以“保密性↔透明度”和“激进主义↔稳健主义”为主轴，各区分为 4 个象限，把 10 个文化区归入不同的象限，如图 2—3 所示。① 像诺比斯的分类一样，盖瑞所划分的类别容纳了不同程度的相同点和差异的系统关系，而不是彼此孤立的。一个象限内的某些地区之间比其他象限更为接近。同时，文化区之间的距离说明它们在所使用的标准上的接近程度。

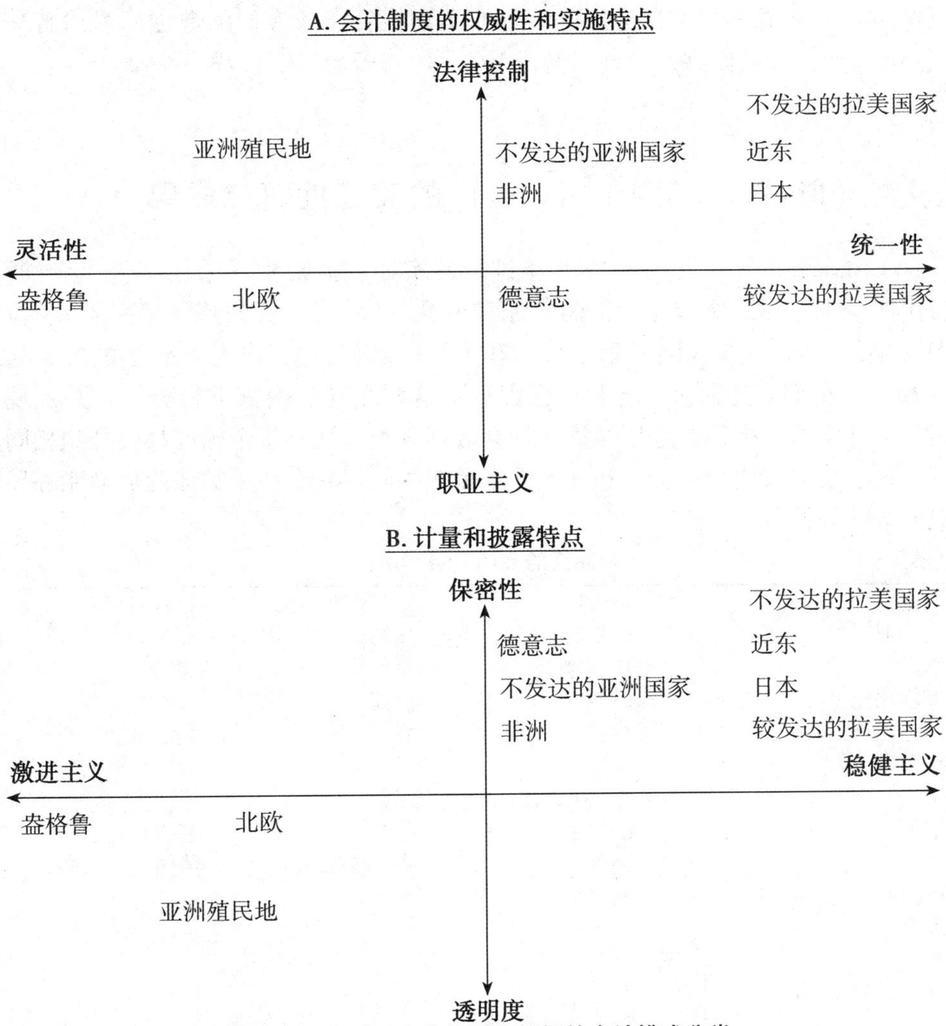

图 2—3　盖瑞以文化框架为依据的会计模式分类

注：在图 2—3 中，“盎格鲁”指英、美及其影响的文化区；“德意志”指德国及其影响的欧洲大陆文化区。

① S. J. Cray, “Towards a Theory of Cultural Influence on the Development of Accounting Systems Internationally”, Abacus 24, No. 1 (1988), pp. 12 ~ 13.

2.5 实证性推断分类

以下再介绍实证性推断分类。

建立分类体系的另一种方式是分析实际运用的会计和报告准则或实务。在20世纪70年代，许多研究者运用因素分析得出了现存会计实务在统计意义上的“集群（clusters）”。这些研究所运用的会计原则和报告实务方面的数据库是由普华国际（PwI）会计公司提供的，分三辑于1973年、1975年和1979年发表。①

2.5.1 傅朗克（Frank）和耐尔（Nair）的实证性研究成果

W. G. Frank（傅朗克）在1979年进行的实证性推断中（采用1973年数据），区分出四个组，亦即傅朗克所称的“原型或会计模型”：英联邦（第一组）、拉丁美洲（第二组）、欧洲大陆（第三组）和美国（第四组）。各分组包括的国家如表2—4所示。傅朗克还通过经济和社会因素对这些相同的国家进行分组，并发现不论运用会计实务数据还是运用经济和社会数据分类，几乎每个国家都会分到相同的组别。这项研究表明财务会计和环境因素是相关的，它支持了类似的环境能够导致类似的会计的假设。

表2—4 **傅朗克的会计分组（1973）**

第一组	第二组	第三组	第四组
澳大利亚	阿根廷	比利时	加拿大
巴哈马	玻利维亚	哥伦比亚	德国
埃塞俄比亚	巴西	法国	日本
爱尔兰	智利	意大利	墨西哥
斐济	印度	西班牙	荷兰
牙买加	巴基斯坦	瑞典	巴拿马
肯尼亚	巴拉圭	瑞士	菲律宾
新西兰	秘鲁	委内瑞拉	美国
罗得西亚*	乌拉圭		
新加坡			
南非			
特立尼达和多巴哥			
英国			

*独立后为津巴布韦。

资料来源 W. G. Frank, “An Empirical Analysis of International Accounting Principles”, Journal of Accounting Research, Autumn 1979, p. 596.

① Pricewaterhouse International, Accounting Principles and Reporting Practice-A Survey. London: PwI, 1973, 1975, 1979.

R. D. Nair（耐尔）和傅朗克在 1980 年所作的一项后续研究中，① 从两个方面拓展了傅朗克的研究。首先，PwI 会计公司提供的 1975 年的数据被加入傅朗克所采用的 1973 年的数据中。这些追加的信息使他们能够考察分组在时间上的稳定性。其次，每项数据库都按照会计中的一般划分被区分为计量和披露项目。根据 1973 年的计量数据再一次得出如表 2—4 中的四个原型，但是，对披露的分组却有所不同，并没有显示出上述的组别。从 1975 年的数据获取的计量分组也大致类似于表 2—4 的分组，但运用 1975 年数据的披露分组则与 1973 年的披露分组不一样，与 1975 年的计量分组也不同。

现列示耐尔—傅朗克 1973 年和 1975 年的披露分组（见表 2—5、表 2—6），供读者们对比，从中可以看出其不稳定性。由于 1973 年和 1975 年的计量分组大体一致，与傅朗克的会计分组也基本类同，故不再列示。

表 2—5　**耐尔—傅朗克的披露分组（1973）**

第一组	第二组	第三组	第四组	第五组	第六组	第七组
澳大利亚	玻利维亚	比利时	加拿大	阿根廷	瑞典	瑞士
巴哈马	德国	巴西	墨西哥	智利		
斐济	印度	哥伦比亚	荷兰	埃塞俄比亚		
牙买加	日本	法国	巴拿马	乌拉圭		
肯尼亚	巴基斯坦	意大利	菲律宾			
新西兰	秘鲁	巴拉圭	美国			
爱尔兰	西班牙					
罗得西亚	委内瑞拉					
新加坡						
南非						
特立尼达和多巴哥						
英国						

资料来源　R. D. Nair and W. G. Frank, "The Impact of Disclosure and Measurement Practices on International Accounting Classifications", Accounting Review, July 1980, p. 433.

从耐尔和傅朗克的研究中可以推断出，计量应该与披露区分开来，会计的这两个方面可能受到了不同因素的影响，并沿着不同的路线发展。另一个推论是，会计计量看来比披露更具稳定性。考虑到计量问题通常比披露问题更难改变，就不难理解这一点。②

---

① R. D. Nair and W. G. Frank, "The Impact of Disclusure and Measurement Practices on International Accounting Classifications", Accounting Review, July 1980, pp. 426 ~450.

② 对普华国际（PwI）会计公司的数据的研究受到了批评。这一方面是由于 PwI 公司的数据被指出有错误；另一方面被指出这项研究混淆了会计实务与会计要求的差别。而且，研究者所运用的研究方法同等重要地处理计量和披露项目，但两者的重要性明显不同，因此在分析中，次要项目可能干扰主要项目。可参见：C. W. Nobes, "An Empirical Analysis of International Accounting Principles: A Comment", Journal of Accounting Research, Spring 1981, pp. 268 ~270。

表 2—6　**耐尔—傅朗克的披露分组（1975）**

第一组	第二组	第三组	第四组	第五组	第六组	第七组
比利时	澳大利亚	巴哈马	百慕大	阿根廷	丹麦	意大利
玻利维亚	埃塞俄比亚	德国	加拿大	印度	挪威	瑞士
巴西	斐济	日本	牙买加	伊朗	瑞典	
智利	肯尼亚	墨西哥	荷兰	巴基斯坦		
哥伦比亚	马来西亚	巴拿马	爱尔兰	秘鲁		
法国	新西兰	菲律宾	罗得西亚			
希腊	尼日利亚	美国	英国			
巴拉圭	新加坡	委内瑞拉				
西班牙	南非					
乌拉圭 扎伊尔	特立尼达和多巴哥					

资料来源　R. D. Nair and W. G. Frank, "The Impact of Disclosure and Measurement Practices on International Accounting Classifications", Accounting Review, July 1980, p. 433.

如将表 2—4 中的实证性推断分类与阿伦的判断性分类对比，第一组（英国模式）、第三组（法国—西班牙—意大利模式）、第四组（美国模式）是类同的，显著的差别在于出现了拉丁美洲组（第二组）；再有，把当时的联邦德国列入了美国模式。对于前者，可能是由于这些国家的高通货膨胀和较低的经济发展水平；对于后者，很可能是由于样本中选入的大都是跨国公司，比如说，在编制的合并财务报表中，德国的国内公司遵循的德国准则是十分独特的（参见第 3 章对德国会计模式的介绍），但以德国为基地（母国）的跨国公司在合并国外、国内子公司报表时，遵循的则是国际或美国准则。

2.5.2 杜普尼克和萨尔特的研究成果

1995 年，T. S. Doupnik（杜普尼克）和 S. B. Salter（萨尔特）运用他们从各国专家的披露中获取的数据，对 50 个国家的会计实务进行了分类。① 其基础数据涵盖了 1990 年的计量和报告实务这样广泛的范围。他们的统计方法使得他们能够把各国归入越来越窄的集群，这一点符合诺比斯的分层级的方法。其结果如表 2—7

① T. S. Doupnik and S. B. Salter, "External Environment, Culture and Accounting Practice: A Preliminary Test of a General Model of International Accounting Development", International Journal of Accounting 30, No. 3, 1995, pp. 189 ~ 207.

所示，得出了2个、6个和9个集群的分组，杜普尼克和萨尔特还考察了他们的会计分组与环境和文化因素之间的关系。应该注意到，2个集群的分组与诺比斯的微观基础和宏观统一是一致的，微观基础组已经分化为英国和美国影响组，这与诺比斯的研究以及耐尔和傅朗克的研究都是一致的。特定的环境因素能够用来解释这种分组。首先，2个集群的分组隐含着一国法律制度（成文法与不成文法）对其会计实务持续的决定作用。此外，研究者发现微观基础组比宏观统一组更加严重地依赖于资本市场，但其不确定性规避的特性更少。如前述，解释拉丁美洲组从其他宏观统一国家中突显出来的因素是那些国家的高通货膨胀和普遍较低的经济发展水平。

表2—7—A　**杜普尼克和萨尔特的会计实务分组**　（上半部）

<table>
<tr><th rowspan="2">国家或地区</th><th colspan="3">集　群　数　目</th></tr>
<tr><th>2个</th><th>6个</th><th>9个</th></tr>
<tr><td>日本</td><td rowspan="7">↑
宏
观
统
一
↓
以上　A2</td><td>B6</td><td>C9</td></tr>
<tr><td>德国</td><td>B5</td><td>C8</td></tr>
<tr><td>芬兰
瑞典</td><td>以上　B4</td><td>以上　C7</td></tr>
<tr><td>埃及
沙特阿拉伯
比利时
阿拉伯联合酋长国
利比里亚
泰国
巴拿马</td><td rowspan="2">以上　B3</td><td>以上　C6</td></tr>
<tr><td>葡萄牙
西班牙
哥伦比亚
意大利
韩国
丹麦
挪威
法国</td><td>以上　C5</td></tr>
<tr><td>阿根廷
墨西哥
巴西
智利</td><td rowspan="2">以上　B2</td><td>以上　C4</td></tr>
<tr><td>哥斯达黎加</td><td>C3</td></tr>
</table>

杜普尼克和萨尔特还分析了计量与披露实务之间的关系。他们发现，会计实务相对更为稳健的国家一般披露的程度较低，反之亦然。这个结论与盖瑞按照这2个维度进行的分类“稳健主义/保密性和激进主义/透明度”（参见图2—3下半部）相一致。

表 2—7—B **杜普尼克和萨尔特的会计实务分组** （下半部）

国家或地区	集群数目		
	2 个	6 个	9 个
马来西亚 南非 津巴布韦 中国香港 新加坡 纳米比亚 爱尔兰 英国 赞比亚 澳大利亚 巴布亚新几内亚 新西兰 特立尼达和多巴哥 尼日利亚 斯里兰卡 博茨瓦纳 牙买加 菲律宾 中国台湾 荷兰 荷属安第列斯 卢森堡	↑ 微 观 基 础 ↓		以上 C2
百慕大 以色列 加拿大 美国	以上 A1	以上 B1	以上 C1

以上两项实证性推断相距 15 年，其结论并没有很大的差别。在稍前的讨论中，我们已经提出了披露比计量实务更容易改变，国别层次上的会计实务与跨国层次上的会计实务会有所区别的看法。这里有必要指出，以上这种“长期稳定”的局面主要适用于西方国家，那里的社会经济环境没有发生急剧的变革。假如样本中包括诸如东欧、前苏联和中国等正在通过体制改革建立市场经济的国家，研究的结论也许就有所不同了。还值得提出的是，经济全球化，特别是资本市场全球化将对未来的会计发展模式产生的重大影响，也许在 21 世纪的某一时期，将会显示出不同的结果。

讨论题

2.1　本章界定了八项被认为影响会计发展的社会经济环境因素。请解释每一个因素是如何影响会计实务的。

2.2　对于第 1 题中的八项因素，按照它们对会计发展产生影响的重要性从高到低排序，然后论证你所排列的最高项目和最低项目。

2.3　各国之间会计实务的区别用文化、经济和法律制度中哪一个解释更好？为什么？

2.4　本章中所讨论的四种会计发展模式在1967年最先被提出，这四种模式现在仍然适用吗？为什么？

2.5　假设荷兰是会计发展的微观经济模式的最佳代表，而美国则代表着独立范畴趋向。这两种发展模式中存在一种比另一种更成功的情形吗？如何衡量这两种不同模式的成功之处？

2.6　为什么计量实务相对稳健的国家同时在披露上倾向于保密，而计量方法不太稳健的国家则在披露上倾向于透明？

2.7　对现存会计实务体系的判断性分类应归功于缪勒、诺比斯和盖瑞。如何区分这三种分类？

2.8　比较耐尔和傅朗克与杜普尼克和萨尔特对现存会计实务体系的实证性推断分类。

2.9　参阅图2—1和图2—2（诺比斯对会计实务体系的分类），说明微观基础国家的会计与宏观统一国家的会计之间的根本区别是什么？它们有何相同点？

2.10　各国会计与财务报告趋同或协调的前景如何？哪些因素可能对促进或阻碍这种变革产生影响？

练习题

2.1　本章界定了八项影响会计发展的社会经济环境因素：法律制度、企业资金来源、税制、政治和经济联系、通货膨胀、经济发展水平、教育水平以及地理条件。

（1）请从这八个方面对我国进行描述；

（2）挑选一个除了我国之外的国家，从这八个方面进行描述。

2.2　根据诺比斯（见图2—1、图2—2）和盖瑞（见图2—3）的分类：

（1）请分析这些分类在哪些方面是互相吻合的。

（2）在这两种分类方法中，哪些国家被排除在外？

2.3　国家会计的分类工作运用了两种方法：（1）判断性分类；（2）实证性推断分类。

请界定并简要讨论每一种方法的大致情形。你赞成对会计分类进行进一步的实证检验吗？

2.4　本书区别了四种比较会计发展模式。当然，这四种模式互有重叠，因而还没有发现完全分开的形式。比如，在属于独立发展趋向模式的美国，在其公认会计准则中，存货的后进先出法只是在允许使用于税务会计时，才可用于财务会计，但这却是会计发展的统一会计趋向的很好例证。你认为我国的会计应属于哪一种会计发展模式？并请分别找出我国的三项具体财务会计准则或惯例，说明其与其他模式的重叠之处。

2.5　我们不妨把会计发展较好的状况大致划分为以下三类：（1）高度发达且复杂；（2）发展较好且成熟；（3）合理地发展且有自己的特色。

请针对上述三种发展类型，分别举出几个不同的国家。收集足够的参考资料，以便验证每一个选定国家的归类是否恰当。

第 3 章 比较会计模式（上）

学习目标
3.1 美国会计模式
3.2 英国会计模式
3.3 法国会计模式
3.4 德国会计模式
讨论题
练习题

学习目标

本章和第 4 章阐述比较会计模式。本章介绍的是在世界范围内具有代表性和广泛影响的美国、英国、法国和德国的会计实务体系。要求读者在学习时通过比较分析，掌握各自的基本特征，从“存异”中理解其不同的环境因素影响和历史传统；从“趋同”中理解国际会计协调化的动向，为继续学习第 5 章“国际会计协调化和趋同化”打好基础。

在第2章已对会计模式分类的研究成果进行论述的基础上，本章拟就按阿伦把世界各国的会计实务体系所分的5个主要模式，选择4个具有典型代表性的国家，简要介绍其会计实务体系的基本特征，它们是美国、英国（联合王国）、法国和德国，这构成本章的内容。对5个主要模式之一的服务于集中计划经济的苏维埃会计模式，则由于东欧各国的变革和前苏联的解体而不复存在；我国也以建立社会主义市场经济为改革的最终目标，摒弃了集中计划经济体制，故不再予以论述。

对经济发达国家，除以美、英、法、德作为4种模式的代表外，我们还在下一章选择了具有不同特征的日本、荷兰和瑞典3国简述其会计实务体系。此外，还在东欧各国变革后的会计实务体系中，选择捷克略作介绍。在发展中国家中，选择经济较为发达，同时在国际会计中较有影响的墨西哥，介绍其会计实务体系。

3.1 美国会计模式

美国的会计实务体系被公认为当今在世界范围内影响最大的会计模式。阿伦把“公认会计原则”作为美国会计模式的基本特征，应该说是恰当的。因此，对美国会计模式的概述也将以此为重点。

3.1.1 在官方的支持和干预引导下由民间机构制定会计准则

美国是世界上着手制定会计准则最早的国家。1929年至1932年的经济危机导致美国证券市场的崩溃，美国国会于1933年和1934年先后通过了《证券法》和《证券交易法》，联邦政府根据《证券交易法》成立了证券交易委员会（SEC），它是被授权可对证券上市交易的公司和证券公开发行的非上市公司（统称为公众公司）[①] 制定其在提供财务报告时应遵循的规则的官方机构。SEC独立行使其监管权力，议会和总统都不能直接影响它的政策。SEC的5名专职委员由总统任命，并经参议院确认。作为监管程序的一个组成部分，SEC发布《会计系列文告》、《财务报告文告》以及《工作人员会计公告》。S-X规则包括必须提交给SEC的财务报告编制规则，其中，美国和加拿大公司的年报采用格式10-K，除加拿大以外的其他所有外国公司均采用格式8-K。

证券交易委员会成立后，决定自己不去直接制定会计准则，而把这一权力委托给民间的会计职业界，它自己则保持监督和最终修订权。1938年4月，证券交易委员会在它发布的第4号《会计系列文告》（ASR）中明确表态，同意接受按“具

① 股份有限公司按其发行股份的方式可区分为公众公司（public company，又译公募公司）和私人公司（private company，又译私募公司）；公众公司中在证券市场挂牌进行股票交易的，则是上市公司（listed company）。故公众公司是公开募集股本的上市和非上市公司的统称。

有实质性权威支持”的会计准则编制的财务报告。这就使正在积极从事会计准则制定工作的美国注册会计师协会（AICPA）得到了官方的正式支持。它的会计程序委员会（CAP，1936—1958）于1939年发表了美国的第一份公认会计准则文告——第1号《会计研究公报》（ARB），开创了由民间机构制定会计准则的范例。

众所周知，美国的公认会计准则是由美国注册会计师协会会计程序委员会发表的《会计研究公报》、其后继者会计原则委员会（APB，1958—1973）发表的《意见书》以及财务会计准则委员会（FASB，1973年至今）发表的《财务会计准则公告》和《财务会计准则解释》所构成的。财务会计准则委员会在成立时是以美国注册会计师协会、财务经理协会、财务分析师协会、全国会计人员协会、证券业协会、美国会计学会等6个组织创建的财务会计基金会（FAF）① 为其母体的，它的成立改变了由会计职业界独揽会计准则制定工作的局面，由此形成了由证券业界、工商业界、金融业界、学术界共同参与的比较广泛的基础。后来，基金会理事会扩大到包括（按英文字母为序）美国会计学会、美国注册会计师协会、财务分析师协会、财务经理协会、政府财务官员协会、管理会计师协会（全国会计人员协会重组后成立）、州审计师审计官及司库全国协会、证券业协会等8个组织。

就在财务会计准则委员会成立后不久，证券交易委员会又通过第150号《会计系列文告》，重申了它“继续采取期望由民间负责制定和改善会计原则的政策”，并且明确地表示了“财务会计准则委员会在其公告和解释中制定的会计原则、准则和惯例”被认为“具有实质性权威支持”的态度。

长期以来，评论者普遍认为，证券交易委员会与财务会计准则委员会之间的合作和协调关系是成功的。证券交易委员会通过它的会计系列文告，对它认为必须立即制定准则的会计问题或它不同意民间准则制定机构的见解的会计问题，正面阐明自己的立场，来干预和引导会计准则的制定工作；财务会计准则委员会则十分尊重证券交易委员会的表态，努力作出符合官方要求的反应。这样，就巩固了这种在官方的支持和干预引导下由民间机构制定会计准则的体制。这种体制一直保持到2002年7月美国对上市公司的监管机制、对会计准则的制定机制、对会计职业界的监管机制进行的结构性大改革，我们将在稍后专门论述。

3.1.2 财务会计准则委员会与财务会计准则

财务会计准则委员会（FASB）的现行组成（2009）如下：

（1）专职委员（board member）5人，任期5年，可直接继任5年；在任期必须割断与原任职的或拥有股权的机构的一切经济和组织联系。

① 当时，财务会计基金会的理事会由11人组成：美国注册会计师协会5名（其中，有1名为理事会当然主席），财务经理协会2名，其余4个组织各有1名。

①主席 Robert. H. Herz：原普华永道国际会计师事务所高级合伙人。

②Thomas J. Linsmeier：原密西根州立大学会计系主任，教授；SEC 顾问。

③Leslie F. Seidman（女）：会计界人士。

④Marc A. Siegel：实业界人士。

⑤Lawrence W. Smith：毕马威国际会计师事务所（KPMG）注册会计师。

（2）员工（staff）68 人，来自于职业界、实业界、学术机构和政府机构。

（3）兼职研究员（fellow）3 人，兼职担任项目经理（project manager）。

FASB 的职能在该委员会的《使命报告》中有清晰的表述。

【小资料 3—1】

财务会计准则委员会使命报告

财务会计准则委员会的使命是构建和改进财务会计和报告准则，以便指导和教育公众，包括财务信息的发布者、审计者和使用者。

会计准则对于经济的有效运行至关重要，因为有关资源配置的决策在很大程度上依靠可信、简洁和可理解的财务信息。各个主体的经营和财务状况等有关财务信息，还被公众用来作出许多其他类型的决策。

为实现其使命，财务会计准则委员会致力于：

（1）通过集中关注相关性和可靠性这两个首要的特征以及可比性、一贯性的质量特征，增进财务报告的有用性；

（2）使准则及时反映经营方法的改变和经济环境的变动；

（3）认真考虑可以通过准则制定过程加以改进的财务报告的任何重大的不足之处；

（4）在提高财务报告质量的同时，增强会计准则的国际可比性；

（5）增进对财务报告所含信息的性质和目的的一般了解。

财务会计准则委员会制定有关财务报告的广泛的概念和准则，同时还提供执行准则的指南。

资料来源 ［美］F. D. S. Choi、C. A. Frost、G. K. Meek：《国际会计学》，3 版，周晓苏、方红星主译，常勋审校，82 页，大连，东北财经大学出版社，2000。

美国的详细的规则性的财务会计准则和由美国注册会计师协会制定发布的审计规章，也许比世界其他国家的会计准则和审计规章的总和还多。以财务会计准则公告而言，包括会计程序委员会的 51 个《会计研究公报》（其中第 1 ~ 42 号已汇编修订为第 43 号《会计研究公报》）、会计原则委员会的 31 个《意见书》，以及至 2008 年 1 月财务会计准则委员会已发布的 163 个《财务会计准则公告》、48 个《财务会计准则解释》、55 个《技术公报》和超过 500 个 EITE（紧迫问题工作组）发布的一致意见中仍继续有效的项目[①]；而美国的“公认会计原则（GAAP）”还包括 SEC 发布的《会计系列文告》（ARS）和《工作人员会计公报（Staff

① 这 4 类公认会计准则中，有的经过修订后仍沿用原来的编号，也有的已被废止而留出空号。财务会计准则和解释采用连续编号，《技术公报》和 EITE 则采用分年度连续编号。

Accounting Bulletin)》以及 AICPA 下设的会计准则执行委员会（ACSEC）的立场公告等，难怪美国企业界纷纷抱怨“准则超载”了。这终于促使 FASB 在 2004 年启动了“会计准则汇编和整合”这一巨大工作项目。我们将在 3.1.10 中予以说明。

作为美国会计模式的基本特征的“公认会计原则（generally accepted accounting principles，GAAP)”是编制财务报告时必须遵循的所有会计准则、规程的总和。财务会计准则是公认会计原则的最主要的组成部分。在会计文献中，对“会计原则”、“会计准则”这些词语的使用，并没有严格的界定。

3.1.3

年度审计和公布财务报告的法定要求主要适用于公众公司

美国体制的另一个重要特点是：公司系根据州的法律成立，而不是联邦法律。美国的 52 个州和领地在其管辖范围内或多或少地具有要求设置不同的会计账册和记录并提供某些财务报告的粗略的公司法令，但许多法令不具有严格的强制性，向地方机构提供的公司财务报告并不向公众公布。特拉华州是许多美国公司在那里注册的州，它的州公司法甚至没有提到设置会计记录和提供财务报告的要求。

因此，对年度审计和公布财务报告的法定要求实际上只存在于联邦一级。这些要求只适用于股票在证券交易所上市交易或在场外市场发行的公司，以及股东超过 500 人而且资产超过 100 万美元的私人公司。这些要求由证券交易委员会监管，目前适用于约10 000家公司（仅占近 370 万家美国公司的 3.24%）。由此可见，对相当大部分的美国公司并不要求进行年度审计或公布其财务报告。尽管没有正式的法律要求，许多中、小型公司仍然编制经过审计的年度财务报表，这是由于银行或其他金融信贷机构、公司董事会或公司高级管理当局的要求，或者是作为对良好的商业惯例的响应。而且，各州的法律规章也不一定要求执行审计业务的审计师必须是属于联邦一级的美国注册会计师协会的会员——注册会计师，当然，这只适用于在该州注册的企业。

在这样的外部环境因素下，美国公司财务报告的目标，主要是为证券（股票和债券）投资者提供决策有用的信息，而公认会计准则的制定，也以维护这些投资人的利益为前提。

3.1.4

强大的会计职业界组织

如上述，美国是联邦制国家，但会计职业界的全国统一组织美国注册会计师协会（American Institute of Certified Public Accountants，AICPA）却是力量强大的和具有高度权威的。自 1939 年至 1973 年，它所属的会计程序委员会和会计原则委员会先后是美国公认会计准则的制定机构；它在 2002 年 7 月末美国《2002 年公众公司会计改革和投资者保护法案》批准生效之前，是财务会计准则委员会的母体财务会计基金会的最主要的支柱。美国注册会计师协会作为注册会计师的行业自律组织，它发布的审计准则和规章对会计职业界曾有效地发挥了规范和制约作用。它发布的10条公认审计准则（generally accepted auditing standards，GAAS）提供了独立审计的总体框架，规范了诸如审计人员的能力和独立性、外勤工作的执行以及报告审计结果等程序问题。具体的审计文告名为“审计准则公告（statements of auditing standards）”，它与GAAS一起构成注册会计师必须遵循的权威指南。它还负责“职业道德守则”的监管工作以及组织注册会计师资格统一考试的工作。

注册会计师对企业财务报表的审查，是以“公允表述”和“一贯遵循公认会计原则”为前提的，企业总是希望注册会计师能对审查的财务报表提出无保留意见，以证实报表的可信性。美国注册会计师协会的以上立场，也是对公认会计准则的权威性的有力支持。

3.1.5 以财务会计概念框架指导会计准则的制定

迄今为止，财务会计准则的制定还主要是采取通过对会计实务的调查研究从惯例中进行筛选的方式，而不是通过对财务会计的环境、目标和基本特征等因素推导得出的。许多准则的制定，往往还是不同利益集团利害关系的调和、折中和妥协的产物。然而，美国的会计准则的制定机构也一向重视会计方法的概念依据，避免在个别会计准则中出现概念混淆和矛盾的情况，强调“经济实质重于法律形式”。美国是不成文法国家，经济案件的判例也往往考虑案情的经济实质。因此，可以说，美国的会计准则体现了实用主义和理论研究的结合。对一些复杂的会计问题，在制定准则之前，常常组织专门的机构并聘请有名望的专家主持，来进行专题研究。而在美国所开创的从准则制定机构内部的“讨论备忘录”到公开发布的《征求意见稿》再到最终的准则《公告》的公认会计准则制定过程，以及通过征集评论函件和举行听证会等方式让各利益集团充分参与的做法，即“阳光下”的准则制定过程，已经成为一种典范。

但无论如何，美国的准则制定机构关于需要建立一个财务报告目标以及与其相关联的基本概念协调一致的系统，来指导公认会计准则的制定，在经过数次尝试后，由财务会计准则委员会付诸实践了。它在1976年正式宣布要执行一项探讨财务会计和财务报告的概念框架（conceptual framework，或译为概念结构）的长期计划，从1978年至1985年，先后发布了关于财务报告的目标、会计信息的质量特征、财务报表的要素及其定义、会计确认与计量等方面的6个《财务会计概念公告》（SFAC），并以此来指导新的会计准则的制定，并且据以着手修订旧的会计准则。

美国FASB的财务会计概念框架，在国际范围内具有广泛的影响（如国际会计准则委员会于1989年也发布了在体系上类似的《编报财务报表的框架》，可参阅第6章）。关于财务报告的目标、会计信息质量和财务报表要素的各项公告得到国际上的普遍认同，但在SFAC 5中关于确认标准，特别是关于多种计量属性的表述，国际会计界褒贬不一。像国际知名的会计学家美国宾夕法尼亚大学沃顿学院 D. 索洛蒙斯教授就对此提出了尖锐的批评，他批评这一公告关于“使用不同计量属性的情况将继续下去”的建议，是“仅仅满足于描述现行实务而不加分析、评价和判定其恰当理由”；批评 FASB“不应那么短视，而应该高瞻远瞩”，并惋惜“通向21世纪的道路”的机会失去了！①

相隔约12年后，FASB在1997年6月发布了《在会计计量中使用现金流量信息》概念公告征求意见稿，又在1999年3月31日发布了修订稿《在会计计量中使用现金流量信息和现值》，建议用折现现金流量来确定现值，作为计量某些资产的一项属性，并于2000年2月根据修订的征求意见稿发表了第7号财务会计概念公告，专门论述现金流量信息和现值的使用。

【小资料3—2】

美国的财务会计概念公告

（1）财务报告的目标	1978年11月
（2）会计信息的质量特征	1980年5月
（3）企业财务报表的要素	1980年12月
（4）非营利事业组织财务报告的目标	1980年12月
（5）企业财务报表中的确认和计量	1984年12月
（6）财务报表的要素	1985年12月
（7）在会计计量中使用现金流量信息和现值	2000年2月

3.1.6 高质量会计准则（high quality accounting standards）

在美国会计学会（AAA）与财务会计准则委员会（FASB）联合举行的财务报告问题研讨会② 1997年年会上，当时的美国证券交易委员会（SEC）主席 A. Levitt（列维）发表了题为《高质量会计准则的重要性》的演讲，③ 提出了需要高质量会计准则的问题，列维的观点可概括为：

（1）要建立发达而健全的资本市场，必须有效地保护投资人，使投资人能够得到上市公司经营活动的真实、完整、公允并具有透明度的财务图景，这就是公司

① 参阅D. 索洛蒙斯：《对财务会计准则委员会概念结构的评价》，原载 Journal of Accounting（June 1986）。译文（常勋译）载《经济资料译丛》，1987（1），见《西方财务会计参考资料》，264～275页，北京，中央广播电视大学出版社，1987；或《会计创新及国际协调——常勋教授论（译）著文集》，51～61页，大连，东北财经大学出版社，2004。

② 这个研讨会自1991年开始，每年举行一次。

③ Authur Levitt，“The Importance of High Quality Accounting Standards”，Accounting Horizon，March 1998.

通过财务报表披露的信息。

（2）鉴于当前资本市场已经全球化，因此，不仅要求本国会计准则高质量，而且要求在世界范围内具有公认的高质量的国际会计准则。

（3）高质量国际会计准则必须符合以下三项目标：

①准则必须包括公认的综合性的会计基础概念中的核心部分。

②准则必须高质量。列维把高质量理解为："能导致可比性、透明度和提供充分的信息披露。利用这些信息，投资人在公司的不同会计期间能有意义地分析公司业绩。"

③准则必须严格地加以解释和应用。

对高质量会计准则的要求，在美国会计界引起了强烈的反响。美国会计学会通过财务会计准则委员会、美国投资管理研究协会（Association for Investment Management and Research，AIMR）、美国管理会计师协会（IMA），就"什么是高质量会计准则的属性和特征"等问题展开了热烈的讨论。[①]

对高质量国际会计准则的要求，还标志着美国SEC和FASB转向积极介入国际会计准则的制定活动，我们将在第6章再加以阐述。

3.1.7
《2002年公众公司会计改革和投资者保护法案》的重大结构性改革

2001年冬至2002年夏，美国的不少国际驰名公司如安然、世通、施乐等的财务欺诈案接连曝光，以及"五大"等知名国际会计师事务所，特别是安达信的卷入，震撼了全球股市，使社会公众对上市公司、证券市场和会计职业界的信心一落千丈。诸如公司的治理机制、证券市场的监管机制、会计准则的制定机制、CPA的行业自律机制，都被认为存在着严重的结构性问题。2002年7月25日，美国国会通过了《2002年公众公司会计改革和投资者保护法案（Public Company Accounting Reform and Investor Protection Act of 2002）》（以下简称《法案》），即《2002年萨班斯—奥克斯利法案（Sarbanes-Oxley Act of 2002）》。7月30日由布什总统签署为法律正式生效，该法不仅对《1933年证券法》和《1934年证券交易法》进行了多处修订，而且标志着对现行机制进行了全面的结构性大调整和大改革。[②]

该法凸显了"投资者利益至上"的原则。除强化SEC的监管权力和作为公司治理机制基石的独立董事制度外，就会计准则的制定和对独立审计的监督机制来说，这次结构性改革的一个显著特点是削弱历史形成的AICPA的强势地位。现简

---

① 可参阅葛家澍：《美国关于高质量会计准则的讨论及其对我们的启示》，载《会计研究》，1999（5）。辑入葛家澍：《会计基本理论与会计准则问题研究》，550～564页，北京，中国财政经济出版社，2000。

② 可参阅陆建桥：《后安然时代的会计与审计》，载《会计研究》，2002（10），33～42页；常勋：《整治诚信危机中的结构性调整和改革问题》，载《财会通讯》，2003（2），3～7页。

括地概述如下：

（1）在财务会计准则的制定方面

①如前所述，美国是由官方授权民间机构制定会计准则的典范，FASB 以由专家专职制定准则的超然独立的形态出现，但它的母体财务会计基金会仍然是以 AICPA 为主、连同其他职业协会等组成的，SEC 对财务会计准则的制定实际上只保留否决权。《法案》则要求，今后 FASB 制定的准则需经 SEC 认可。《法案》还终止了 AICPA（和其他职业协会）对 FASB 的财务支持，改由公众公司支付法定的“会计支持费”作为 FASB 运作的资金来源，此举旨在切断鉴证中介机构对 FASB 的影响，以维护会计准则制定的独立性。

②FASB 一向以其“规则基础（rule-based）”的准则制定工作而自豪，对诸如国际会计准则等“原则基础（principle-based）”的会计准则的可操作性持批评态度。然而，安然等财务欺诈丑闻充分暴露了：“会计规则”越具体，在操作中就越会留下可规避和利用的“灰色地带”和漏洞，为精心造假者留下空间。鉴于《法案》要求 SEC 具体研究美国采用原则基础的会计体系问题，FASB 迅速采取了积极行动，于 2001 年 10 月 21 日发布了关于《美国准则制定趋向原则基础的建议》公开征求意见稿，并已形成初步意见。

这一改革显示了美国由民间机构制定会计准则的机制中官方机构（SEC）的监管权力的加强；而美国一旦在制定会计准则工作中转向原则基础，对国际会计协调化将是一个积极的因素。

（2）在对独立审计的监督机制方面

《法案》规定，建立一个独立于 CPA 行业的公众监管机构——公众公司会计监督委员会（Public Company Accounting Oversight Board，PCAOB），负责对 CPA 行业的监督。PCAOB 属于非营利法人组织，而非政府机构，但置于 SEC 的严格监管之下。其主要职责包括：审计准则的制定、会计师事务所的注册、对 CPA 行业的监督、对审计失败事件的调查和处罚。可以说是把大部分重大权力从 AICPA 的行业自律权力中剥离出去，使 AICPA 只保留行业的职业道德建设（含监管）以及维护 CPA 的正当权益（包括对 CPA 审计失败责任的鉴定）的职责了。PCAOB 运作的资金来源也像 FASB 那样，来自公众公司支付的“会计支持费”，但为处理会计师事务所注册申请和处理年度报告所发生的费用，则来自会计师事务所缴纳的注册费和年费。

目前，该《法案》已经实施了 7 年，无论是国际上还是在美国国内，对《法案》是否矫枉过正和过于激进，所构建的权责架构能否达到预期的成效，都有着不同的评论和质疑，美国的一些上市公司提出，执行《法案》中的规定会大大增加成本，尤其是《法案》要求上市公司必须具备完善的内部控制系统和设立“审计委员会”等；而对于那些计划在美国证券市场融资的国外公司而言，因遵循《法案》产生的成本，也将会导致它们最终不选择美国的证券市场。因此，有观点认为，《法案》致使美国公司和美国资本市场的国际竞争力下降。

据2008年12月《华尔街日报》的一份调查显示：在《法案》制定前的1999年，共有269家公司申请在美国上市；而在《法案》实施后的2008年，申请上市的公司仅有8家。

与上述观点相反，另一种观点提出：《法案》对投资者的保护依然是不足的。对投资者的保护以及对上市公司的监管还应该体现在各州的《公司法》中。美国的《公司法》由各州自行制定，因此各州对上市公司的监管力度也大不相同。①。这种观点认为，作为联邦法案的《萨班斯—奥克斯利法案》，虽然其法律效力在各州的《公司法》之上，但其仍很“虚弱无力”。

2007年，SEC对《萨班斯—奥克斯利法案》的部分内容作了一些更改。

更新后的《法案》明确了上市公司CEO、CFO在确保会计信息准确性方面所承担的个人责任。CEO、CFO必须签署保证书，担保年度和季度财务报表的准确性以及公司的持续经营能力。如因违反会计准则而导致公司财务报表重编，CEO、CFO必须返还当年度的所有奖金。

更新后的《法案》要求上市公司必须披露所有表外交易的内容和影响。

修订前的2002年《法案》要求公司提供“对财务报告的内部控制报告书”，内容包括：管理当局的责任、评价内部控制系统以及年度评价结果。该“报告书”需由CEO和CFO共同签署，由注册会计师进行审计，并专门对此出具审计报告。2007年更新的《法案》为了减轻上市公司的负担，不再对“报告书”的内容进行规定，而是采用“原则基础”——要求董事会“确保上市公司的内部控制是有效的”。

更新后的《法案》强制每一家上市公司都必须成立全部由独立董事组成的审计委员会。委员会负责任命注册会计师，决定其报酬并监督其工作。审计委员会的另一项重要职能就是设立正式的程序，以保护揭发公司违法、违规事件的内部人员（whistleblower）。

更新后的《法案》对执行上市公司审计的注册会计师的要求是十分苛刻的：它禁止注册会计师同时提供除了税务服务以外的其他任何服务，并规定执行业务的合伙人必须每5年轮换的原则。《法案》同时也明确区分了“会计责任”和“审计责任”，规定：如果董事“强迫、操纵、误导或欺骗性地影响”注册会计师，从而导致发布了实质性错误的财务信息，公司的董事应负全部的法律责任。

3.1.8

税务会计与财务会计相背离

美国所得税法的会计要求与公认会计准则在许多方面是不一致的。特别是在收

① 对于美国各州《公司法》的不同监管力度的例证，最著名的是“特拉华州效应”。因该州的《公司法》赋予公司管理层极大的权力，作为美国面积第二小的州却吸引了超过66%的美国上市公司来此注册（如麦当劳、迪斯尼等）。而该州25%的收入来自于公司的注册费用。

入、费用的确认上，公认会计准则主要采用应计制，而所得税法则主要依据实现制。美国政府十分重视利用所得税作为刺激投资和调节分配的经济杠杆，这也是导致税务会计与财务会计相背离的重要原因。例如，在资本资产（固定资产）折旧问题上，美国政府为了刺激投资，使企业主尽早回收其投入的资本，一向允许在纳税申报中采用加速折旧法，而企业在其财务报表中则可以仍采用直线折旧法，1981年国会通过的《经济复苏税务法案（Economic Recovery Tax Act）》引入了“加速成本回收制（accelerated cost recovery system，ACRS）”，对资本资产规定了3、5、10年的经济回收期，又导致企业在编制纳税申报表和财务报表时可能采用不同的折旧年限。这个法案仍然规定可采用定率—递减余额法（定率为直线折旧率的2倍或1.5倍）这一加速折旧法。1987年1月1日生效的《1986年税制改革法案（Tax Reform Act）（1986）》中的“修订的加速成本回收制（modified ACRS）”对经济回收期作了很大的修订，把资本资产分为8类，增加了7、15、20、27.5、31.5年等5个经济回收期，使纳税申报和财务报表中的折旧费有可能按同样的折旧年数摊提，以避免过大的背离。所得税法的会计要求和公认会计准则之间的不一致，再加上美国有关所得税、销售税、货物税、财产税等税收的大量税务规章中提出的会计要求，促使税务会计从财务会计中分离出来，成为会计实务的一个独立分支。再者，由于按照税法要求计算的应税收益与以公认会计准则为依据的报告收益之间存在着大量的暂时性差异，使“所得税的跨期摊配”成为财务会计中的一大课题。而美国公司的资产负债表中，则往往出现数额可观的递延所得税借项或贷项。

3.1.9 财务报告的其他重要特征

1）重视短期偿债能力分析

美国是发达资本主义国家中短期融资市场和证券市场最发达的国家，企业管理当局的经营思想也侧重于短期目标，这些都对财务会计具有比较深刻的影响。例如，在财务分析中对企业短期偿债能力的重视，而且在商业习惯上要求企业保持相当高的流动比率（200%）和速动比率（100%）及利息保障倍数（6.5倍），这在世界范围内都是相当突出的。

2）强调充分披露（full disclosure）原则

美国公司公布的财务报表在国际上可以说是透明度最高的，公认会计准则中也常常提出披露方面的要求。如前所述，“可比性、透明度和提供充分的信息披露”是高质量会计准则的重要标志。

3）不赞同利润平稳化（income smoothing）

FASB一向不赞同甚至反对通过会计方法达到“利润平稳化”的目的，这种指导思想往往体现在公布的会计准则中，并且不乏由此而招致美国跨国公司管理层的反对的事例。例如，对 FAS 8《外币交易会计和外币财务报表折算》（1975）中对不区分未实现和已实现汇兑损益的规定，反对递延未实现汇兑损益的观点，[①] 就受到企业界的不少批评，但 FASB 坚持自己的观点，在 1984 年发布的取代 FAS 8 的 FAS 52《外币折算》中更加坚定了这一立场。

3.1.10 美国财务会计准则委员会对公认会计原则的整合

2004 年，美国财务会计基金会（FAF）批准启动了“美国财务会计准则委员会会计准则汇编”（以下简称“汇编”）这一被称为 FASB 有史以来最大的工作项目，旨在将构成美国 GAAP 各级次的所有会计准则进行整合，以简化会计准则。“汇编”没有改变美国 GAAP 的现有内容，而是将散见于上千部会计规范中的规定重新组织，构成约 90 个会计主题，采用一致的结构体系，分别按照确认、计量、披露等类别重新展现。FASB 主席 R. H. Herz（赫兹）在 2005 年 6 月美国 SEC 和财务报告协会第 24 届年会的讲话中，就公开表示有必要对会计准则按一定的级次予以简化并重新组织。至 2007 年，这一巨大工作项目已经完成。

2008 年 1 月 15 日，美国 FASB 发布新闻公告，正式进入“汇编”为期一年的校验期。在此期间，所有利益关系人都可使用网上汇编研究系统，为该“汇编”是否准确反映现行非政府主体的公认会计原则（GAAP）提供反馈意见。

该“汇编”在经过一年的校验期后，经过 FASB 理事会的批准，与美国 SEC 发布的有关会计规定一起构成美国 GAAP 的唯一权威来源，未被包括在“汇编”中的其他会计规定将失去权威性。“汇编”将进行适时更新。通过使用该“汇编”，会计人员在解决会计问题、查找权威文献时花费的精力和时间将大大减少，会计规范的可用性将得到增强，违规风险也将随之降低。这将成为美国会计准则制定历史上的一个里程碑。

3.2 英国会计模式

由于英国（联合王国）[②] 的会计实务体系在英联邦国家内具有广泛的影响，它被普遍地称为英国会计模式。在历史上，英国的会计曾对美国会计的发展有过重大的影响，而美国会计的发展在 20 世纪 60 年代又推动了英国的会计发展，因此，英

① FAS 8 中写道：“汇率总是在变动，会计不应给予人们汇率稳定的印象。”可参阅常勋：《高级财务会计》，210 ~ 211页，沈阳，辽宁人民出版社，1995。

② 联合王国的全称为大不列颠及北爱尔兰联合王国，由英格兰、苏格兰、威尔士和北爱尔兰组成。尽管联合王国有一套统一的法律制度、货币和财政政策以及社会规则和法规，但四国之间也存在着一些重要的个体差异。“英国”一般用来指联合王国。“英国”、“盎格鲁”以及“盎格鲁—萨克逊”一般可以相互替代地用来表述联合王国。

国会计模式与美国会计模式颇有类同之处。嗣后，英国会计模式又在欧洲联盟（其前身欧洲经济共同体）的一体化进程中处于与欧洲大陆国家的会计模式相互协调的过程中。

基于英国在欧盟中的地位，应该能对全球会计协调化发挥桥梁的作用。

以下概述英国会计模式的基本特征。

3.2.1 通过《公司法》管理公司事务，包括对公司财务会计和报告的要求

这是英国会计模式区别于美国会计模式的最主要特征。《公司法》是全国性的法律，目前执行的是2006年全面修订的《公司法》。英国最早的《公司法》可追溯至1844年，后于1907年、1948年、1967年、1976年、1981年、1985年和1989年有过几次重大的修订。

1）1948年的《公司法》

1948年的《公司法》规定，所有注册的公司，不论是股份公开发行的还是不公开发行的，都要公布它们的利润表和资产负债表（对财务报表应包含的内容也作了规定），公司必须编制合并财务报表，也指明了公司董事的权利和义务，而且，它还首次提出了“真实与公允（true and fair）”这一高于一切的指导思想。

英国（联合王国）与爱尔兰共和国在1973年1月1日加入欧洲经济共同体，自此以后，英国《公司法》的修订，就反映出与欧洲经济共同体理事会指令的协调趋向。

2）1981年修订的《公司法》

1981年修订的《公司法》规定了资产负债表和损益表的格式，提出了与欧共体第4号指令所提出的十分类似的5项会计原则：

（1）持续经营假设（presumption of a going concern）；

（2）一致性（consistency）；

（3）谨慎（prudence）；

（4）应用权责发生制（use of the accrual basis）；

（5）分开确定任何总数的组成部分（separate determination of the components of any total）。

1981年修订的《公司法》还规定了有关会计计量的会计规则，即“历史成本”及“替代方案（alternative）”。前者规定了历史成本会计的传统规则，后者则必须是现值，并在其基础上调整折旧。在当时，这可以说已为英国发布的第16号标准会计惯例《现行成本会计》（1980）增添了法律支持。

3）1989年修订的《公司法》

在1985年的《公司法》根据英国当时的近期立法作了补充和修订的基础上，

1989 年修订的《公司法》又认可了欧盟的第 7 号指令，要求编制合并财务报表。尽管在英国，1948 年的《公司法》已经规定公司必须编制合并财务报表，但对于编制的具体方法并没有提出具体的要求，而且对于子公司的定义依然是“持有超过 50% 的股权”。第 7 号指令（Seventh Directive）强调：判定子公司的标准是“有效控制（effective control）”而不是简单的持股比例。

1989 年修订的《公司法》要求公司（除《公司法》定义的中小规模公司）的董事披露年度报表要按照现行的会计准则编制，并对任何违反准则的情况都做出了解释。

4）2006 年全面修订的《公司法》

主要涉及以下内容：

（1）将某些判例作为成文法规；

（2）允许公司选用英国《公司法》（及美国 GAAP）或国际规章编报个别或集团报表；

（3）在某些极端案件中，要求审计师承担刑事责任。

从中可见这次修订的重大影响。

英国《公司法》中有关财务会计和报告的要求，的确构成了英国会计准则制定的基础，因为会计准则的要求不能违反《公司法》的规定。英国不存在像美国证券交易委员会那样的对公司财务会计准则的制定保持着监督和最终修订权力的政府机构，但从 2004 年起，英国贸易和工业部（department of trade and industry，DTI）已授权独立的监管机构——财务报告理事会（financial reporting council，FRC）负责会计准则的制定（参见 3.2.2）。

除《公司法》外，上市公司的财务报告还应该遵从伦敦证券交易所的规定（London Stock Exchange Handbook）以及《金融服务市场法案（Financial Service Market Act)》的要求。

3.2.2 会计准则的制定

1）会计职业界制定会计准则的过程

直到第二次世界大战时，英国的会计实务完全由法律支配并由每个会计师作出职业判断，由于法律只涉及原则性的规定，在会计实务中就存在着多种选择的余地，具有很大的任意性。1942 年，英格兰和威尔士特许会计师协会（ICAEW，英国最大的会计职业组织）开始制定和发布《会计原则推荐书（Recommendation on Accounting Principles)》，它与当时美国的《会计研究公报》很类似，具有浓厚的实用主义色彩，容纳了多种会计处理方法，但它并不具有像美国《会计研究公报》那样的权威性和对会计职业界的约束力，因此起不了多大的规范作用。

20世纪60年代，英国发生了多起财务报表失去“真实和公允”的重大案例①，引起很大的震动。英国会计职业界迫切地感到在会计准则的制定工作上远远落后于“大西洋彼岸”（指美国）。1970年，英格兰和威尔士特许会计师协会和不列颠诸岛的其他会计职业团体——苏格兰特许会计师协会、特许注册会计师协会及管理会计师特许协会联合组成了会计标准筹划指导委员会（ASSC），于1971年起开始发布标准会计实务公告（statement of standard accounting practice，SSAP）。爱尔兰特许会计师协会也参加在内。标准会计实务公告对组成会计标准筹划指导委员会的所有职业团体的成员都具有约束力。1974年，这些既联系又独立的会计职业团体又组成了会计职业团体协商委员会（CCAB），以共同加强会计职业界的地位。1976年，不列颠的另一个会计职业团体——财政与会计工作者特许协会也参加了，会计标准筹划指导委员会于这年2月改组为会计标准委员会（Accounting standard Committee，ASC）。至1982年，会计标准委员会又吸收除执业会计师以外的工业界的、政府部门的和从事审计业务的会计专家以及若干非会计人士参加，以扩大其社会基础。

2）由独立的民间机构制定会计准则

由于英国贸易和工业部委托迪尔林委员会（Dearing Committee）对由会计职业界制定准则的模式进行考察，委员会建议会计准则的制定应该由独立的民间机构来完成，法律不应直接介入会计准则的制定。依照以上的建议，1990年8月，会计标准委员会（ASC）被以财务报告理事会（Financial Reporting Council，FRC）为母体的会计准则委员会（Accounting Standards Board，ASB）所取代。财务报告理事会的25名理事及若干观察员，来自代表财务报表使用者、编制者和审计者这些金融业界和证券业界、企业界和会计职业界的人士，ASB设有专职的主席和技术顾问，其兼职委员中也不仅包括会计职业界，而且有其他界别的会计、财务专家，以树立超然独立的形象。这个过程，与美国成立超然独立的财务会计准则委员会，也有类似之处。

3）政府对会计行业的监管及对会计、审计准则的制定进行的改革

鉴于2001年美国知名公司财务欺诈的影响，英国也像美国那样进行了全面的机制改革。英国贸易和工业部于2002年宣布对会计行业的监管，对会计、审计准则的制定进行全面的考察。考察的结论于2003年公布，主要是明确了财务报告理事会（FRC）作为独立监管者的角色，由它负责会计、审计准则的制定、监督和执行，以及监管会计职业团体。为了更好地履行其职责，财务报告理事会于2004年进行了改组，改组后的理事会下设以下五个分支机构：

（1）会计准则委员会（Accounting Standards Board，ASB）

它负责本国会计准则的制定。在欧盟《国际会计法令2005》生效后，ASB宣

---

① 其中最突出的一宗也许是AEI公司的事例。该公司在1967年10月宣布的年度利润预测约1 000万英镑，而公布的年终决算报表却报告了450万英镑的亏损。就在这时，GEC公司兼并了AEI公司，而根据GEC公司的会计政策作出调整后，这样一笔巨额的亏损又立即消失了。这一事例和其他事例激起了公众舆论对英国会计职业界的责难，需要制定一套“合理的、具有逻辑性的、自相一致的”会计准则，就成为当务之急。

布不再制定和发布本国的准则，而只是制定和发布将国际准则运用于英国的相关准则。自 FRS 20 起，ASB 已经这样做了，至 2006 年 3 月，已发布了与 IFRS/IAS 同名或参照 IFRS 制定的FRS 20 ~ FRS 29等 10 个财务报告准则。

（2）财务报告检查小组（Financial Reporting Review Panel，FRRP）

由于英国的会计准则有法律效力，财务报告检查小组负责检查公司执行会计准则的情况。如发现有违反的情况，在与公司董事会沟通失效的情况下，检查小组有法律赋予的权力要求法庭责令公司（董事）重新按照会计准则的要求编制财务报表。为此所发生的一切费用，由董事个人承担。

（3）会计行业监督委员会（Professional Oversight Board for Accountancy，POBA）

它负责监管审计行业、监督对大型企业审计的质量、监管会计职业团队。

（4）审计实务委员会（Auditing Practices Board，APB）

它于 2002 年 4 月成立，负责制定高质量的审计准则，以确保公众对财务信息质量及审计的信心。除制定本国的审计准则外，审计实务委员会亦致力于与国际审计准则的协调。

（5）会计行业调查与纪律委员会（Accountancy Investigation and Discipline Board，AIDB）

它负责会计职业团体（ICAEW，ICAS，ACCA，CIMA 和 CIPFA）会员的违纪情况（尤其是事关公众利益的）。

（6）精算准则委员会（Board for Actuarial Standards）

其目的是制定独立于精算职业界的高质量精算准则。财务报告理事会还将会计行业监督委员会的职权范围扩大至对精算职业界的规制与管理，以及扩大了会计行业调查与纪律委员会的职权范围，以涵盖涉及到精算人员的公共利益时间。

4）英国的会计准则

至 1990 年 7 月会计标准委员会被取代前，ASC 已发布了 25 个标准会计实务公告（至今仍有 11 个继续有效），涉及的范围也与美国的会计准则相类似。会计准则委员会（ASB）发布的会计准则被称为“财务报告准则（financial reporting standards，FRS）”，第 1 号财务报告准则《现金流量表》于 1992 年 3 月发布，至 2006 年 3 月，已发布了 29 个财务报告准则，另有 1 个《小主体财务报告准则》（于 2002 年 6 月生效，修订本于 2005 年 1 月生效）。论者认为，英国的会计准则属于“原则基础”。

英国 ASB 在国际会计准则委员会（IASC）全面重组、国际会计准则理事会（IASB）开展工作（见第 6 章的阐述）后，欧盟给予大力支持，在欧盟《国际会计法令 2005》生效后，ASB 即宣布今后不再发布英国本身的准则，而只制定和发布将国际财务报告准则（IFRS）应用于英国的准则，自 FRS 20 起，ASB 已经这样做了，至 2006 年 12 月已发布了与 IFRS/IAS 同名或参照 IFRS 制定的 10 个 FRSs（FRS 20 ~ FRS 29）。经查阅网上信息，至 2009 年 3 月，已发布的 FRSs，仍为

29个。

5）财务报告三次框架

会计准则委员会（ASB）建议采用三层级的财务报告框架，目的在于平衡财务报告提供者和使用者的需要。事实上，该财务报告框架已经在英国国内进行了深入、长期的征求意见过程。

第一层级：上市公司将依然使用欧盟采纳的国际财务报告准则。其他负有公众责任的公司（比如：其负有的债务在公开的市场上进行交易、持有存款、管理他人的资金等）也将被划入本层级（一些非常小的金融机构将予以豁免）。

第二层级：除了那些获准使用英国《小企业财务报告准则》（Financial Reporting Standard for Small Entities，FRSSE）的企业，其他所有英国企业将采用基于《中小企业国际财务报告准则》的一套新会计准则（相对目前英国的会计准则更为精简）。该准则需符合英国和欧盟的相关法律/法令，并将税务报告剔除。

第三层级：最小规模的公司将持续使用英国《小企业财务报告准则》。

3.2.3 关于"真实和公允"观点

如上所述，"真实和公允"观点，是英国《公司法》提出的对公司财务会计和报告要求的指导思想。阿伦在其对世界范围内会计模式的分类中，把它列为英国会计模式的基本特征。

对于"真实和公允"，在官方文献中并没有正式的定义。论者认为，看来是有意提得这样笼统，以避免公司逃避责任。在H. P. Holzer（霍尔泽）等著《国际会计》一书的第10章"会计在英国"中，作者G. A. Lee（李）认为，"真实和公允"的观点在英国会计界被理解为：必须披露所有"真实的（truthful）"、"诚实的（honest）"重要信息，而不管其有利或不利；必须不抱偏见、不故弄玄虚、不隐瞒重大事实，同时，也不能在需要时把《公司法》要求的详细披露搁在一边（without bias，mystification，or concealment of material facts and to overside，if necessary，the detailed disclosure requirements of the Companies Acts）。从历史上看，"真实和公允"的观点则来源于传统的、英国人对财产所有者承担"经管责任（stewardship）"所奉行的信条。[①] 应如何正确理解"真实和公允"是编制财务报告"高于一切"的指导思想呢？首先，遵守法律及会计准则的规定来编制财务报告是达到"真实和公允"的条件之一。如果出现即使遵守法律及会计准则亦达不到"真实和公允"的情况，会计师可以运用自己的专业判断，甚至违反法律

① Geoffrey Alan Lee，"Accounting in the United Kingdom"，in H. Peter Holzer and Others，International Accounting，pp. 253～294，Harper & Row，Publishers，Inc.，1984.

（或会计准则）的规定进行报告，以求达到这一“高于一切”的原则。与“真实和公允”相对应的会计准则是《财务报告准则第5号：报告交易的实质（FRS 5: Reporting the Substance of Transactions)》。该准则明确提出了公司应该报告交易的（商业）实质，而不是（法律）形式。

据《会计读物（Accountancy Books)》于2004年的一份调查《A Survey of UK Reporting Practice》显示：超过1/4的公司引用“真实和公允”这一原则，不遵循《公司法》的某些要求来编制财务报告（例如，不按照《公司法》的要求对无形资产进行摊销，因为重估后发现无形资产并没有损耗。因此，如果简单地遵守了法律的规定，反而无法达到“真实和公允”这一目标）。

应该看到，在法律中规定“真实和公允”高于一切的原则反映了英国会计职业界的长期强势：法律对公司的财务报告提出了笼统的要求，同时也需要倚重会计师的职业判断。

“真实和公允”的观点，同样也指导着英国的审计准则。

还值得指出的是，英国会计“真实和公允”的观点，已为欧共体第4号指令所接受。现在，所有欧盟国家的法律都要求公司的财务报告按照“真实和公允”这一指导思想编制。

3.2.4 英国的会计职业界

前已述及，英国（联合王国）的会计职业界，并没有组成全国统一的组织，而是分别组成按地域的特许（御准）会计师协会和全国性的特许注册会计师协会，还有管理会计师特许协会、财政与会计工作者特许协会。这些会计职业团体通过会计职业团体协商委员会相联系（但各自独立），其会员合起来超过10万人，执业会计师则约占4.5万人，是一支相当大的力量。按照《公司法》注册成立的公司的对外财务报告必须委托会计师进行审计，税务当局则要求纳税人提交经审计的报表。所以，英国的独立审计和会计职业界影响范围之广，与美国相比是有过之而无不及的。

应用的审计标准和指南（guideline）是由会计职业团体协商委员会（CCAB）的审计标准委员会发布的。英国的审计标准和指南以及会计准则，在数量上都比美国少得多。

【小资料3—3】

参加英国会计职业团体协商委员会（CCAB）的会计职业协会

（1）特许注册会计师协会（Association of Chartered Certified Accountants, ACCA）

（2）管理会计师特许协会（Chartered Institute of Management Accountants, CIMA）

（3）财政与会计工作者特许协会（Chartered Institute of Public Finance and Accountancy，CIPFA）

（4）苏格兰特许会计师协会（Institute of Chartered Accountants in Scotland，ICAS）

（5）爱尔兰特许会计师协会（Institute of Chartered Accountants in Ireland，ICAI）

（6）英格兰和威尔士特许会计师协会（Institute of Chartered Accountants in England and Wales，ICAEW）

这种由于历史渊源等原因形不成统一的会计职业界组织，在很大程度上导致了资源浪费和不同组织间的沟通和协调问题。虽然对统一问题曾有所酝酿，但 ICAEW 与 ICAI 的合并，谈判了 15 年多没有结果；2004 年，ICAEW 与 CIMA 和 CIPFA 又酝酿合并，当年 12 月，三家协会分别召开理事会会议，经过讨论，都支持合并，但具体的合并建议（如合并后名称、组织结构等等）则在进一步商谈中施而不决；至于 ICAEW 与 ACCA 的合并，可能是难以实现的。ACCA 总裁 A. Blewitt 则表示，ACCA 正在加强与 CIPEA 的合作。现在，ACCA 和 CIMA 各自独立营运非常成功，又各自有服务对象，ACCA 主打“国际牌”，国际会员众多；CIMA 以服务公司内部管理为主要目的。在以上的格局下，统一问题也就逐渐淡出了。

3. 2. 5 重新构造公司对外财务报告

C. W. Nobes（诺比斯）在根据财务报告惯例对会计体系的分类中，把英国会计视为实用主义的起源。英国会计标准委员会制定的会计准则称为“标准会计实务”，即从会计惯例筛选出来的“标准”，突出地说明了这一点。但会计标准筹划指导委员会也在 1975 年提出了一份重新构造公司对外财务报告的设想，内容涉及公司报告的目标、报告信息的质量要求、确认标准、计量方法、列报规范等方面。这份题为《公司报告（The Corporate Report）》的讨论稿，与美国财务会计准则委员会的财务会计概念框架一样，同样说明了英国的会计准则机构在准则制定中探求概念框架的努力。但时隔多年，ASB 才在 1993 年发布关于财务报告原则的征求意见稿，并在 1999 年发布了《财务报告原则公告（Statement of Principles for Financial Reporting）》，其体例与美国 FASB 的财务会计概念框架十分类似，但比较简括。所表现的英国特色为：

（1）在“引言”部分，明确指出公告“以真实和公允观点为其基础”。

（2）对“财务报表的目标”，除供报表使用者“作经济决策”外，还突出地提出供使用者“评价企业管理当局的经管责任”。

（3）对财务报表的质量特征，只简要提出：①相关性；②可靠性；③可比性；

④可理解性。[①]

（4）对财务报表的要素，只分为“资产”、“负债”、“业主权益”、“利得”、“损失”5要素，所下的定义也较简括。[②]

（5）关于财务报表中的确认（recognition）、计量（measurement）和列报（presentation），提出了初始确认中按交易成本计量，初始确认以后对账面金额（carrying amount）的计量，可以以历史成本或现行价值为计量基础；在财务报表中应列报的是现金流量信息（而非营运资本信息）[③]。

以上的特色主要是与美国FASB的《财务会计概念公告》对比而言的。应该说，英国ASB的《财务报告原则公告》更接近于国际会计准则委员会（IASC）于1989年发布的《编报财务报表的框架》。

【小资料3—4】

英国《财务报告原则公告》的各章

引言（Introduction）

（1）财务报表的目标（The objective of financial statements）

（2）报告主体（The reporting entity）

（3）财务信息的质量特征（The qualitative characteristics of financial information）

（4）财务报表要素（The elements of financial statements）

（5）财务报表中的确认（Recognition in financial statements）

（6）财务报表中的计量（Measurement in financial statements）

（7）财务信息的列报（Presentation of financial information）

（8）在其他主体中的权益的会计处理（Accounting for interest in other entities）

资料来源 ASB，Statement of Principles of Financial Reporting，ASB Publications，1999.

3.2.6 关于在会计计量中支持现行成本会计

英国会计标准委员会1980年发布的第16号标准会计实务公告，在物价变动会计中要求采用现行成本会计，以取代原先在1974年发布的要求采用一般购买力会计的第7号标准会计实务公告。而且规定，现行成本财务报表不仅可以作为历史成本报表的补充，而且可以作为基本财务报表。这主要是受英国政府指派对物价变动会计进行调查研究的桑狄兰兹（F. Sandilands）委员会主张采用现行成本会计的影

① 当然，从另一方面看，FASB在SFAC 2中提出的“会计质量分级”，描绘出更为翔实的图景。因此，深得国际会计界的赞誉。“会计质量分级的图示”可参阅FASB，SFAC 2（1980），p. 15，或Frederick D. S. Choi、Gerhard G. Mueller，International Accounting（1984），p. 54，其中文译本（常勋、陆祖汶等译，1990）p. 58。

② FASB的SFAC 3中则分为“资产”、“负债”、“业主权益”、“业主投资”、“业主派得”、“全面收益”、“收入”、“费用”、“利得”、“损失”等10要素。可参阅常勋：《现代西方财务会计》，24~27页，北京，中央广播电视大学出版社，1995。

③ FASB的SFAC 1~SFAC 6是在1978—1985年间发布的，当时，在编报的财务报表中，FASB还没有要求以现金流量表取代财务状况变动表。

响。但事实上，会计标准筹划指导委员会在前述的《公司报告》中早已提出了采用“现行价值会计（current value accounting）”的建议，并且主张调整报表不应作为补充报表，而应列为正式报表。可以说，英国会计界在会计计量上比美国会计界更富有革新思想，这可能与当时英国高达24%的通货膨胀率这一环境因素有关。当20世纪80年代中期英国通货膨胀率下降（最低达到4%）后，第16号标准会计实务公告也于1988年7月被废止了（尽管如前所述，1981年修订的《公司法》定有以现行成本作为对历史成本进行修正的“替代方案”的法定基础）。

但如何将欧共体第7号指令（及1981年修订的《公司法》）中的“替代方案”运用到实际中，英国的会计界、实务界以及学术界经过了多年的争论。会计准则委员会于1999年颁布的FRS 15中定义：“现值”应是一个理性的选择模式，即在重置成本（replacement cost）、可变现净值（net realized value）及贴现价值（economic value）中选取。该准则同时规定：一旦企业选择“现值”计量某资产，每年都要对所有同类的资产进行重估价。由重估资产而产生的（未实现的）利得和损失，要求在另外一份报表——当期全部已确认利得和损失表（statement of total recognized gains and losses）中确认。该表和传统的资产负债表、损益表、现金流量表一起构成基本的财务报表。

3.2.7 关于社会经管责任和增值表

如前所述，公司报告的目标，不限于为投资者和债权人提供决策有用的信息，而且明确地提出“社会经管责任（public accountability）”。在西欧国家特别是在英国流行的增值表，所反映的增值额应“在出资者（股东和债权人）以及雇员、政府之间进行分配并将一部分重新投入企业”的思想，正是报告公司的社会经管责任的体现。我们将在第9章进一步阐述增值表的结构。

3.3 法国会计模式

法国的会计实务体系是地中海沿岸的欧洲国家如意大利、西班牙、葡萄牙、希腊和比利时（不沿地中海）、土耳其（跨欧亚）等国的会计实务体系的代表，在法国、西班牙、葡萄牙的非洲和南美洲前殖民地国家中仍具有深刻影响，而它实行的统一会计方案在西方国家中又独树一帜。

现简述法国会计模式的基本特征如下。

3.3.1

以税务为导向的会计

法国传统的会计模式是法国重商主义的产物。拿破仑法典曾明确规定，会计的原则和方法必须遵守国家的税法，因此，可称之为“以税务为导向的会计（tax oriented accounting）”。阿伦在对世界范围内的会计模式进行分类时，把“服从税制需要”作为法国—西班牙—意大利会计模式的基本特征。

在20世纪30年代，法国会计所遵从的法律规定，除税法外，还包括公营公司法。第二次世界大战以后，会计立法的主要来源同时转向《商法典》和1967年《公司法》，这使法国会计模式和德国会计模式在基本特征上有趋同的迹象，但法国会计模式以税务为导向的特色还是很突出的。法国在1914年通过的第一部所得税法就规定，所得税会计必须同递交股东的财务报表一致。这样，税法的任何变动都将影响公司财务报表的内容和形式。此外，在这种情况下，财务报表中的报告收益和纳税申报中的应税收益基本上是一致的，在法国国内企业的资产负债表中，几乎不会出现由于暂时性差异引起的递延所得税项目，这对经营范围限于国内的当今法国中、小型企业而言，情况仍然如此。

法国会计模式之所以以税务为导向，除法律要求外，法国证券市场相对于美国和英国而言不很发达，则是重要的环境因素。在法国经济中，众多的中、小型企业与大型企业并存，相当数量的国有企业与私有企业并存，企业资本主要来源于国家投资和企业间的相互投资，即使是大型企业，其股票上市向社会公众发行的也相对较少，社会公众乐于在银行储蓄或购买和持有政府债券。因此，来自公众投资者的财务信息需求不很强烈，“纳税”则成为企业编报财务报表的主要目标。

3.3.2

由政府制定颁布全国统一的《会计方案》

在西方世界中，法国是独树一帜地由政府制定颁布全国统一的《会计方案（Plan Comptable）》的国家，就法国本国的会计实务体系而言，这应该是它区别于其他西方国家的会计实务体系的最大特色。

法国的第一个《会计方案》是在1947年9月由国家经济与财政部批准颁布的。1957年进行了修订，在欧共体第4号指令的影响下，1982年又进一步作了修订，1986年再次扩充，在合并财务报表领域实施欧共体第7号指令的要求。自1982年修订的方案开始，它成为对所有工商企业强制执行的方案。

最近的修订在1999年，它不像1982年方案那样是“扩充”，而是把有关成本和管理会计的部分删去，把有关合并财务报表的部分分开，在其他方面，则是对1982年方案的重新编排。我们将在阐述法国的会计改革时详细介绍，先在这里据以概述《会计方案》的目标、内容和披露要求。

1）《会计方案》的目标

提供比较精确的会计信息，以便：

（1）促进更合理的国家经济政策和财政政策的制定；

（2）有助于消灭财政收支不平衡；

（3）向公众报告国民财富的真实分配，尽量减少社会误解；

（4）提供研究市场动向的信息；

（5）促进健康的竞争；

（6）有助于发展公平的税制；

（7）向股东、供应者和银行提供更适合于检验它们所作出的判断的机会；

（8）有助于政府当局进行控制（管理）方面的检查；

（9）对财务成果提供清晰而恰切的看法；

（10）有可能分析和判断制造成本（1999 年方案已略去）。

纵观以上列示的目标，可见，《会计方案》的制定，更多地体现了对宏观政策的保证和监督。

2）《会计方案》的内容

一般地说，《会计方案》包括：

（1）全国性的统一账户名称表（见表 3—1）；

（2）对术语的定义和解释；

（3）必要时，对如何记录具体的事项和交易，说明其应作的分录（借记和贷记的账户）；

（4）会计计量（计价）原则；

（5）财务报表的标准格式；

（6）可采用的成本计算方法（1999 年已从方案中删除）。

《会计方案》在运用上是相当灵活的，根据企业的规模来确定其适用范围。例如，上市公司适用的是“扩展”方案，大、中型企业适用的是“标准”方案，小型企业则适用“简略”方案，并且考虑了行业特点，制订了一些适用于具体行业的会计方案。

【小资料 3—5】

表 3—1 **法国统一账户名称表的分类**

资产负债表账户	经营性账户
1. 资本（业主权益、借款和应付债务） 2. 固定资产 3. 存货和在产品 4. 应收和应付债务（流动性） 5. 财务（流动性）	6. 费用 7. 收益

注：在上述大类下进一步细分，如“2. 固定资产”类可进一步细分为“211 土地”、“2114 矿址”和“21141 石场”等。

资料来源 根据［英］诺比斯和帕克（2002）《国际会计》第 7 版的叙述（第 219 页）制表。

3）《会计方案》的披露要求

1982年的修订方案就要求在财务报表内披露大量的表下注释，从以下列举的项目中可见其包括的范围之广，与美英会计模式的充分披露要求相距已不远。

（1）对公认会计原则的偏离；

（2）对应用的计价规则的说明；

（3）对外币项目的会计处理；

（4）关于固定资产变动和折旧的附表；

（5）对各项备抵的详细说明；

（6）对任何重估价的详细说明；

（7）与租赁有关的或有负债；

（8）按到期日划分的负债项目；

（9）对递延账项、由于外币折算而形成的递延项目以及非常项目的分析；

（10）关于所得税对财务报表影响的详细说明；

（11）对以抵押品担保的负债项目的披露；

（12）关于说明如何分配损益的附表；

（13）分类列示的职工平均人数；

（14）持有的有价证券一览表；

（15）关于按行业和地理区域划分的营业额的分析。

这是一个值得注意的动向。它说明，法国会计已经从“以税务为导向”的传统开始向也重视反映经济现实的趋向转变。

以下说明与《会计方案》的执行有关的问题。

4）在制订对执行和扩展《会计方案》所需的会计准则中利用民间力量

尽管法国的统一会计方案是由政府制订颁布的，它也利用民间力量来参与这项工作，由国家会计委员会（Conseil National de la Comptabilite，CNC）负责发布执行和扩展《会计方案》所需的会计准则。它是政府高级官员以及会计职业界和工业界、商业界、工会、经选任的其他精通会计事务的人士组成的，所发布的会计准则建议并不是强制的，但这些文告所涉及的都是一些比较复杂的重要问题。例如：

（1）资金来源和运用表；

（2）研究和开发成本的会计处理；

（3）增值税的处理；

（4）收入与支出的摊配；

（5）资产负债表表外的合同；

（6）投资减税的处理；

（7）欧洲经济共同体农业交易；

（8）租赁；

（9）利润分配方案；

（10）给予职工福利津贴的会计处理等等。

因此，这些建议对《会计方案》的贯彻是很有作用甚至是必要的。

5）所得税申报与《会计方案》

法国强制性的统一会计方案在实务中已被广泛接受，一个重要的原因是所得税申报中要求采用的各种表式都是以全国统一的账户名称表为根据的。也可以说，统一会计方案的制订，正是以税务的需求为导向的。这样，法国的会计教育和培训就都是以《会计方案》和税法及其他有关法律为依据的。在法国，会计的专业课程计划主要不是设在工商管理或经济学院，而是设在法学院。

《会计方案》同样地具有法律效力。

6）《商法典》与《会计方案》

法国的统一《会计方案》统驭着法国的财务会计和报告实务，但先于《会计方案》的《商法典》对财务会计和报告实务的重大影响不容忽视。在历史上，《商法典》起源于1673年和1681年的科尔伯特（路易十四时期的财政大臣）条例，1807年，拿破仑将其颁布，作为他创立的以成文法为基础的法律体系的一部分。这一历史渊源，正说明《会计方案》在法国成文法系中的地位，可以说《会计方案》是以《商法典》为依托的。

现今，《商法典》中的商务法规包含了大量的会计与报告的条款。该条款要求按年度编制资产和负债明细表，财务报告必须展示真实和公允的观点，某些会计记录在特定的法律诉讼中被赋予免受其他法规节制的特权。会计记录被确立为法定的控制手段，为证明和证实法定目的服务（而不是作为决策的信息来源）。这种特征的后果之一是所有的会计记录须经官方鉴定。日记账、存货记录和其他重要会计文件必须依次编号并经政府商务登记处签署。特殊规则适用于必须进行按规定验证的电算化记录，包括顺序编号和序时。

企业都必须建立"会计手册"，它至少包括整个会计制度的详细流程图和解释，对所有数据处理程序及其控制的描述，以及对年度财务报表所遵循的会计原则和进行法定要求的年度盘存所采用的程序的总括性说明。

总括以上的阐述，我们不妨说：法国国内企业编报各自的财务报表时，应遵循的是《会计方案》、《商法典》和《所得税法》。

3.3.3

法国证券交易委员会的影响

如前所述，法国企业传统上较少依靠资本市场，与美国和英国相比，法国和欧洲大陆国家的证券市场都不够发达。法国在1967年成立的证券交易委员会(COB)，具有重要但只是有限的影响。其主要任务是监管全国性和地方性的证券交易市场，并对在法国证券交易市场上市交易和准备上市交易股份的公司提出对财务报表的审计要求。法国证券交易委员会的主席由总统任命，该委员会每年向总统提交报告，这种安排使它独立于其他政府部门。

法国证券交易委员会是要求法国企业编制合并报表的较早倡导者，并力图使法国接受国际会计和报告准则。为此，它致力于改进法国上市公司的会计和报告，并成功地提高了法国企业合并财务报表的信息质量。此外，法国证券交易委员会还对一些过度稳健和“混淆不清”的会计惯例提出过尖锐的批评，认为这实质上是侵害投资者利益的。法国证券市场的进一步发展势必冲击现有的法律规定和会计惯例，而法国证券交易委员会的影响和权威也会进一步扩大和提高。

3.3.4 法国的会计职业界——分离为注册会计师协会和法定审计师协会

由于企业资本来源封闭和政府对会计的直接管理，导致法国会计职业界的分离和相对薄弱。在历史上，法国已形成两个会计职业团体——法国注册会计师协会（OECCA）和法定审计师协会（CNCC），尽管它们的会员事实上有重叠的情况。

法国注册会计师协会成立于1942年，重建于1945年。该协会自组建以来一直置于经济与财政部的管辖之下，其主要工作包括法定审计以外的所有公共会计业务。它通过国家会计委员会参与会计准则的制定，并负责发表指导会计实务的技术指南。

法定审计师协会成立于1969年，受司法部管辖。由于法律规定股份公开发行的公司的财务报表必须经过法定审计师协会成员的审计，因此该协会的成员均为法定审计师。为了与欧共体第4号指令相协调，法国已规定，法定审计师必须在其审计报告中就“真实与公允反映”的情况表明意见。

法定审计的责任大体上与其他国家对公司财务报告审计的责任相类似，但法国法定审计师对于他们在审计过程中发现的犯罪嫌疑行为，必须向国家检察官报告。

3.3.5 极度稳健和形式胜于实质

由于法国的法律规定了企业及其负责人需承担很大责任，尤其是要对企业破产的后果负责，公司董事会就往往通过多提折旧、为或有损失和特定抵税项目建立准备、低估资产价值等多种手段，来建立“秘密准备（secret reserve）”，在会计上奉行极度稳健的政策。法国的法律还规定，股份有限公司的年度净利在减去以前年度的亏损（如果有的话）后，每年至少要按1/20提取“法定公积（legal reserve）”，直至达到已发行股本的1/10为止。至于从利润中提留“通用（无特定目的）公积（general reserve）”，更是惯常的做法。这种“准备会计（reserve accounting）”也见诸德国会计模式，可以说是欧洲大陆国家的通例。

形式胜于实质，同样是欧洲大陆各国的会计通例，其原因是由于复杂的商法和公司法，也由于税法。在法国，税法允许从收入中扣减的费用必须是在会计上确认的费用，企业如果为了纳税利益而把一定的收入递延，只限于在会计上已作为递延收入处理的项目。法国的商法也要求企业的财务报表必须同它的账户记录一致。

极度稳健与形式胜于实质，是欧洲大陆国家会计模式与美国会计模式之间的非常显著的差别。任意建立秘密准备和提留通用公积的做法，都不为美国的公认会计准则所容许。在美国的会计术语中，早已废止“准备（reserve）”这个词了。同时，在这方面，也显示出欧洲大陆国家会计模式与英国会计模式之间的差别。尽管通过欧盟的协调化努力，欧洲大陆国家的“准备会计”和极度稳健的惯例已有所遏制。

3.3.6 积极推广社会责任会计

早在1975年，法国在《关于公司法改革的报告》中就建议公司每年公布“社会资产负债表”，即“社会报告”。1977年又先后颁布有关法令，要求拥有300人以上的企业必须提供下列信息：雇用情况；工薪待遇及与之相关的劳动力再生产成本；健康和安全条件；职工培训；行业关系以及企业内部的其他生活条件。同时还要求企业注意改善生态环境，如处理废水、废气、废渣，降低能源消耗，减少稀有资源的耗用及对社会环境治理提供服务和捐赠等。要求提供的信息非常详细和具体，在西方国家中处于领先地位。我们在第9章还将对披露社会责任作进一步的阐述。

3.3.7 跨国合并报表开突破税务导向的先河

法国对编制跨国合并财务报表的要求，由于考虑国外子公司的税务影响，已规定要确认递延所得税，并且规定公司可以选择采用递延法或负债法，全部或部分地确认暂时性差异。而且，对于为风险、或有事项及特定抵税项目等建立准备以降低账面收益的这一传统惯例，则规定在编制合并报表时对抵税项目的准备需加以调整订正。这不能不说法国在跨国合并报表的编制中已经突破了会计服从税法要求的传统。

3.3.8 1996年启动的法国会计改革

1996年法国的会计改革是在如下的背景下促成的。法国跨国公司的发展推动了法国经济国际化的进程，特别是跨国公司的融资、投资活动必然面向国际货币市场和资本市场，从而对会计的国际协调产生了迫切的要求。这就要对执行和扩展

《会计方案》所需的会计准则作出及时的反应，而全国会计委员会（CNC）所发布的只是“建议”，并不具有强制性的法定效力，而且它的机制松散，不能对已发布的会计准则作出及时的修订或解释。1996 年 8 月，法国政府发布了关于会计规范化工作监管改革的法律草案，据此，全国会计委员会调整了它的工作机构，减并为“会计原则与国际关系”、“非营利性单位”和“企业”3 个部分，并且增设一个“紧急事件委员会（Comited' Ugence）”，以便对一些需要快速反应的问题进行处理。其人数也由近 100 人减至 52 人，并聘任了专任主席。与此同时，法国议会于 1996 年立案并于 1998 年完成立法程序，另行组建了会计法规委员会（Comite de la Roglementation Comptable，CRC），负责制定具有法律效力的强制性的会计准则。它是一个权力机构，由 10 人组成，其中：政府权力机构的代表 4 人，经济与财政部长（或他的代表）为监管委员会主席，司法部长（或他的代表）为副主席，其他 2 名成员为预算部长（或他的代表）和证券交易委员会主席（或他的代表）；全国会计委员会的代表 6 人，包括委员会主席 1 人，成员中的注册会计师协会主席和法定审计师协会主席各 1 人以及工商企业界的代表 3 人，现已改为 12 人，主席为经济、财政与工业部长，成员有司法部长、负责预算的国务秘书、证券交易委员会主席，以及负责公民事务的官员 1 名、刑事法庭代表 1 名、国家审计局代表 1 名、全国会计委员会的民间代表 1 名、政府官员 1 名和企业界代表 3 名。并规定，会计法规委员会必须遵循《会计法》的要求制定准则，准则需要得到经济与财政部的批准，而且经济与财政部具有修改会计准则的权力。

1999 年 6 月 22 日，法国经济与财政部发布《决定》，将法国的《会计方案》一分为二：一个是只对单一公司适用的《会计方案》；另一个是适用于集团的《合并会计的原则与方法》。《会计方案》从原来的 400 多页减缩为不到 200 页，内容包括：

（1）会计的目标与原则；

（2）资产、负债、收入和费用的定义；

（3）记录和计量原则；

（4）会计账户的设立、结构和运行；

（5）会计报表体系。

《合并会计的原则与方法》是在《会计方案》基础上规范企业合并和合并报表编制的更为简短的文本（共 60 页），规定了：

（1）合并的范围和方法；

（2）合并的原则；

（3）计量和报告的方法；

（4）合并报表体系；

（5）关于第 1 年编制合并报表的说明。[①]

---

① 可参阅周红：《对法国和中国新制度的比较分析》，载《会计研究》，2001（7），27～33 页。

3.3.9 在现行《会计方案》框架下发布的新的“准则”和“解释”

在现行《会计方案》框架下所发布的新“准则”和对准则的“解释”如下：

1）关于企业合并的“规定”（regulations），1999 年 CRC 发布了 2 套规定：一套适用于公司；另一套适用于银行。2000 年又发布了保险企业的合并规定。这几套规定发布的目的在于实现与国际会计准则的接轨，但还是有很多地方没有实现。

2）2001 年，CRC 鉴于许多法国上市公司采用国际会计准则和美国的会计准则，虽经法国议会在 1998 年通过法律准许，但又作出决定：应以按照本国《会计方案》编制的财务报表作为基本报表。

3）2003 年 CRC 发布了 13 个新“规定”。

4）鉴于欧盟 2005 年国际会计规定，法国证券监管组织 COB 于 2009 年发布了推荐书，建议法国上市公司的财务报告应按照国际会计准则编制，具体而言，包括以下 10 个部分：

（1）IFRS 7《金融工具：披露》。

（2）IAS 39《金融工具：确认和计量》。

（3）IAS 36《资产减值》。

（4）IAS 19《雇员福利》。

（5）IAS 1《财务报表列报——债务分类为流动性和非流动性》。

（6）企业联合和合并。

（7）IFRS 5《持有的待售非流动资产和终止经营》。

（8）IFRS 8《经营分部》。

（9）新的“准则”和“解释”。

①“准则”和“解释”在欧盟的应用；

②年度修正；

③IFRIC 11（对 IFRS 2）《集团与库存股交易》；

④IFRIC 12《公共服务特许经营安排》；

⑤IFRIC 13《顾客诚信计划》；

⑥IFRIC 14《限定保险赔偿的资产的限额，最低筹资要求及相互作用》；

⑦IFRIC 15《房地产建筑协议》。

（10）《有关豁免合并的欧盟建议》。

3.4 德国会计模式

德国的会计实务体系是北欧各国如荷兰、丹麦、瑞士、瑞典、挪威、芬兰等国的会计实务体系的代表，加上德国的成文法体系在世界范围内的影响，因此，人们普遍地把该会计实务体系称为德国会计模式。

德国会计模式指的是德国统一前联邦德国的会计实务体系。德国统一后，这个会计实务体系成为全国的统一体系。现简述德国会计模式的基本特征如下。

3.4.1
会计服从于法律要求

德国的法律体系，是欧洲大陆成文法体系的典型。德国宪法一方面强调一系列的“自由原则”，为建立市场经济制度提供法律前提；另一方面又强调“社会原则”，由此导出国家为保证经济的健康和协调发展以及社会的公平和安全而干预经济的合法性。这就形成了政治法律制度影响社会和市场经济的显著特征：经济政策法制化。在会计方面，就表现为商法或公司法对企业经营活动和财务报告的详细规范；同时，税法和税则则是各纳税主体必须遵循的。在这样的法律环境下，不需要也没有专门的政府机构来负责制定会计方案和准则（如法国那样），更说不上由会计职业界或独立的民间机构来制定会计准则（如英国和美国那样）了。

概括地说，德国会计服从于以下三方面的法律要求：

1）税法

企业会计基本上取决于税法、税则的要求。企业的会计记录必须符合十分具体的税务法规的会计要求，否则，税务当局就可能拒绝把它作为课税的依据，同时有权尽可能地对应税收益全部地或部分地进行估计。这对于企业把会计记录保持在税务当局可以接受的基础上，是一种强大的推动力。这样，为纳税目的而编制的财务报表就必须与对外发布的财务报表完全一致。

2）商法

《商法》主要适用于所有组织形式的企业。《商法》要求所有企业都必须保持会计记录，按照税法的有关规定编制年度财务报表，同时还规定了记账的一般规则、计价原则、会计资料的保管、财务报表的格式和内容等等。值得指出的是，德国在1985年12月通过了《会计指令法》，作为《商法》的第三篇，已经大量地采纳了欧共体第4号、第7号、第8号指令的内容。

德国《商法》中会计要求的一个特征是对大、中、小型股份公司（见表3—2）的财务报告规定了不同的编报和披露要求。例如，在资产负债表和损益表的编制上，不同规模的企业可采用不同分类级别的报表表式，中、小型企业无需编制资金表或现金流量表；在报表附注中，对小型股份公司允许简化披露或不披露，非股份公司（一般在规模上均属小型）则可以不编报表附注。这样做的目的是在市场竞争中保护中、小型企业的利益。

除《商法》外，1969年8月颁布的《公告法》也对企业规模按表3—2列示的

3 项标准作了划分：凡大型公司的财务报表必须进行审计并同时在联邦司法部公告和地方性商业登记册上公告；在标准以下的公司，可以只在地方性的商业登记册上公告；对符合《商法》规定的小型股份公司（银行和保险公司除外）和非股份公司，也可以不进行审计。独资企业则不适用《公告法》。

【小资料 3—6】

表 3—2 **德国股份公司的规模划分**

股份公司规模	规模划分标准		
	资产负债表总额*（百万欧元）	销售收入**（百万欧元）	年度平均职工人数***（人）
小型	≤3.438	≤6.875	≤50
中型	>3.438，≤13.75	>6.875，≤27.5	>50，≤250
大型	>13.75	>27.5	>250

*资产负债表总额是指资产负债表日的报表总额（如有反映于借方的亏损，则应将亏损额减去）。

**销售收入是指资产负债表日以前 12 个月的销售收入总额。

***年度平均职工人数是 3 月 31 日、6 月 30 日、9 月 30 日、12 月 31 日职工人数的简单算术平均数。

如果某企业在连续两个资产负债表日的以上 3 项标准中有 2 项在相应规模之内，则该公司就属于这一规模。

如果股份公司的股票或其他外发有价证券在欧盟成员国内的证券交易所已经允许正式上市交易或纳入有序的场外交易，或已经申请正式上市交易或进入有序市场，则总是属于大型股份公司。

资料来源 Nobes and Parker, Comparative International Accounting, 7th edition, p. 249.

3）公司法

德国的公司法包括：适用于有限责任公司的《有限责任公司法》、适用于股份公司和两合公司的《股份公司法》。《股份公司法》因其适用面更广而更为重要，它颁布于 1965 年，其中包括广泛的会计要求，对股份公司会计具有较大的约束力，有以下各方面的规定：

（1）固定资产应按原始成本减去相应的折旧表述；

（2）流动资产应按成本、可变现净值或重置价格中最低的价格计价；

（3）无形资产只有在从第三方取得时才可资本化；

（4）所有的负债，包括未实现的损失在内，必须全面计提；

（5）未实现的利润可不予确认。

我们在论述法国会计模式时已经指出，在“会计服从于法律要求”这一基本特征上，法国会计模式与德国会计模式相似。

【小资料3—7】

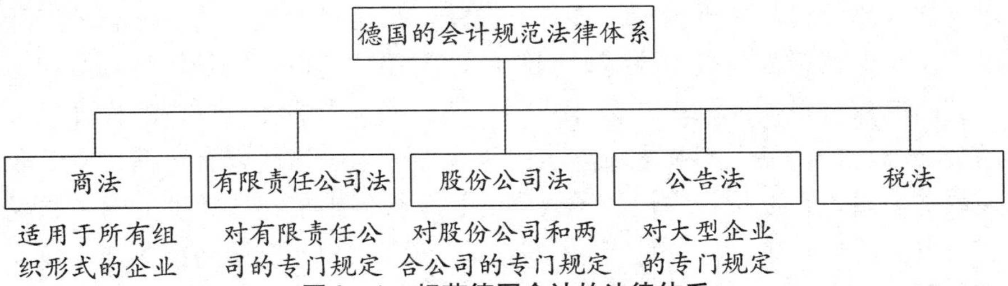

图3—1　规范德国会计的法律体系

资料来源　根据任永平的《中德财务会计比较研究》（博士学位论文）改制，见论文第28页。[①] 其原出处为：Meyer，Bilanzierung nach Handdels-und Steuerrecht，12. Auflage，verlag nwb，1997，s. 40。

3.4.2

以公司利益为导向——极端稳健和不要求充分披露

德国会计的极端稳健性，其实质是公司可以合法地低估利润和资产，在对外财务报表中提供尽可能少的信息。正是在这个意义上，阿伦把德国会计模式最基本的特征概括为“以公司利益为导向”。德国的证券市场在发达资本主义国家中是不够发达的，其重要原因是，政府对银行的管制比较宽松，促进了银行业的发展，企业从银行筹措资金比发行股票和债券更加简便，因此，公司需要的经营资金主要向银行借贷，S. Lawrence（劳伦斯）在其编著的《国际会计》中写道：“贷款筹资方式的运用，限制了面向众多的分散投资者而去制定财务系统和实务的需要。”[②] 银行可以通过对外财务报告之外的途径直接了解公司的会计记录，它和公司管理当局同样担心，股东如果掌握公司的真实利润信息，就会要求多分股利，从而会削弱公司的财力，所以，从银行的利益而言，也不要求公司对外充分披露会计信息。

德国公司财务报表中“准备”之多，与法国公司相比有过之而无不及。我们已经指出，这是欧洲大陆国家会计实务体系的共同特征。这些经法律允许设立的准备包括法定公积（statutory reserve）、可任意支配（通用）公积（free reserve，general reserve）、为未来纳税设立的特别准备项目（special reserve items subject to future taxation）、养老金准备（provision for pensions）、维护支出准备（provision for maintance）等等。此外，税法还允许通过额外计提固定资产折旧和存货跌价准备，来低估利润和资产价值。德国政府认为，准备和公积[③]可用于投资以支持社会经济的发展，这样，就给予公司作出上述决策的自由。

---

① 这篇论文经修订后已正式出版。可参阅任永平：《中德财务会计比较研究》，大连，东北财经大学出版社，2001。

② Steve Lawrence，International Accounting. International Thomson Business Press，1996；引自东北财经大学出版社影印版，1998，18页。

③ “reserve”一般可译为“准备”，但在利润分配时提留的“准备”常译为“公积”，本书采用这样的译法。

如前所述，按照企业规模的划分，德国的中、小型公司可以编制简化的财务报表，对于报表附注更是可以少披露甚或不披露。只有对大型公司，才有较广泛的披露要求。由于财务报表是按纳税基础编制的，附注披露被看做是体现真实和公允的手段，披露的内容包括所采用的会计原则、纳税利益影响经营成果的程度、未确认的养老金义务、按产品系列和区域列示的销售额、未确认的或有负债，以及职工的平均人数等。附于财务报告中但不予公告的管理报告则描述该年度的财务状况和业务发展、重要的期后事项、预计未来发展，以及研究和开发活动。此外，该管理报告同样需要进行审计。

3.4.3

按总费用法编制的损益表

德国《商法》对损益表有两种规定格式：(1) 按总费用法编制的表式；(2) 按销售成本法编制的表式。后者是为了在欧盟内的协调而采用的，也是国际通用的格式；前者则是德国和欧洲大陆国家长期以来采用的传统格式。总费用法下的损益表计算过程如下：

销售收入 ± 在产品和产成品的增减变动 + 其他资产化成本 + 其他经营收入 − 材料费用 − 人工费用 − 其他资产价值耗损 − 其他经营费用 + 股权投资收益 + 利息或类似收益 − 长期金融资产和短期有价证券价值减损 − 利息或类似费用 = 正常经营成果

按总费用法和按销售成本法编制的损益表的实质差别在于对所反映的企业业绩的不同观点。前者认为：在损益表上，不仅要包括按销售收入反映的销售业绩，还应该包括已完成部分生产过程或全部生产过程但尚未发售的在产品和产成品，以及企业制造的供自己使用的产品的生产业绩，同时在费用部分则应扣除这一期间所发生的所有费用即“总费用”。而后者则认为：在损益表上反映的企业业绩只应包括已实现的销售收入，即只包括销售业绩，从而在费用部分应扣除的只应是与当期销售收入有关的费用，即销售成本。当然，按两种方法编制的损益表的最终结果即企业的经营成果都是一样的。

克劳斯·麦考金纳在其撰写的《西德的财务报告》一文中，就在比较英国和德国的损益表后，对以上的两种观点进行了概括，即英国的损益表是“面向销售”的，而德国的损益表是“面向生产”的。①

3.4.4

德国的会计职业界和会计准则建议

德国的会计职业界及其组织德国注册会计师协会的力量都不够强大。按照

① 可参阅［英］C. W. Nobes、R. H. Parker 等：《比较国际会计》，黄世忠、陈箭深等译，142 页，北京，中国商业出版社，1991。

《公告法》，需要公告经法定审计师（必须是注册会计师）审计的年度财务报告的，不过13 000家左右，但有些股份不公开发行而只由少数股东持有的规模较大的公司，也往往委托独立执业的注册会计师进行审计。无需审计的公司则都委托注册税务顾问办理纳税申报，所以，实际上是注册税务顾问代替注册会计师承担了纳税申报的业务。

在德国，成为注册会计师的教育要求是世界上最高的，需要从大学获得高级研究生学位。可见，进入会计职业界的限制颇为苛刻。

德国注册会计师协会也从事制定会计准则建议，但这些准则建议不过是对《股份公司法》的相应规定的解释，并无独立的规范和指导作用，从而也就缺乏权威性。对这些会计准则的内容，可列举数例：

（1）在编制合并报表的要求中排除国外子公司①；

（2）购入商誉的最低摊销率为每年 20%；

（3）养老金负债不一定完全确认；

（4）有些性质上属于递延费用的项目，在它们发生的当年就可以从收益中全部注销；

（5）无需进行所得税跨期摊配，因为，作为纳税基础的金额通常就是对外财务报表中的报告金额；

（6）留存收益通常是在以某种形式表示的准备账户中记录。

从中也可以看到德国会计实务是建立在纳税基础上的，并且奉行了极端稳健的原则。

3.4.5 一些独特的会计惯例

德国会计实务除极端稳健、不要求充分披露以及形式胜于实质等特征外，有一些会计惯例在西方国家中也是独特的。例如，前面已提到的在合并报表中全面合并的只包括国内子公司而把国外子公司排除在外，国内公司划分流动负债和非流动负债的惯用期限不是 1 年而是 4 年等。评论者认为：把流动负债定义为其到期期限不超过 4 年的负债，与德国企业重视长期经营目标的管理思想有关，而把国外子公司的报表排除在全面合并之外，主要是为了避免外币报表折算中将导致的合并收益随汇率波动而波动的影响，但这对作为跨国公司的集团显然是不可行的。对此，根据 1998 年通过的《企业控制和透明法》，德国已允许跨国经营的集团可以按照国际会计准则和美国的财务会计准则（在美国证券市场上市时）另外编制一套合并报表，而且，对遵循国内会计惯例编制的国内子公司的个别报表在并入跨国集团的合并报表时需要进行调整。近年来，德国也对税法，特别是对建立“准备”的问题做出

① 在 1998 年德国完成接受欧盟第 7 号指令的立法程序之前。

了修订，这将会导致德国的财务报告与纳税申报出现一定的差异，势必导致会计处理上的变革（参见后述）。

德国会计有执行统一账户表的传统，这也是为了便于政府征税的需要。根据《股份公司法》的要求，德意志联邦工业联合会于1971年发布了供工业企业使用的新的统一账户表，这个账户体系与法国的统一账户名称表比较接近，但它没有强制性，只是由企业自由选择使用。因而，它并不能作为德国会计模式的主要标志。

3.4.6 1998年以后德国会计体系的变革

自20世纪90年代末，德国的会计实务体系发生了较为重大的变革：会计准则的制定由政府部门（德国司法部，Ministry of Justice）移交到了民间独立机构；德国的《商法》及《股份公司法》都作出了修订：允许，乃至要求国内的上市公司对其合并报表使用国际性的会计准则（包括国际会计准则和美国的财务报告准则）。

21世纪初，德国继续修订其《商法》和《股份公司法》，旨在使本国的会计规定和国际性的会计准则实现进一步的趋同。该次修订也使得公司在编制合并报表时不再受税法的影响。在以下内容中，我们除了简要介绍上述的变革之外，还将涉及欧盟于2005年生效的《国际会计准则法令（European IAS Regulation 2005)》对德国上市公司的影响，以及2007年发布的《德国会计现代化法案草案（German Accounting Law Modernisation Act Bill)》与会计相关的重大变化。

1）会计准则的制定、生效及执行

如前所述，德国会计职业界所作的会计准则建议不过是对法律相应规定的解释。德国会计准则委员会（German Accounting Standards Committee，GASC）于1998年成立，它是独立的民间机构，负责本国会计准则的制定及与国际性会计准则的协调工作。GASC所制定的会计准则需要经过德国司法部的批准并在联邦公报(Federal Gazette）上公布才具有法律效力。

2002年10月，德国会计准则委员会发布了《概念框架征求意见稿》以供公众讨论。制定概念框架主要有两个目的：一是为制定新的会计准则提供概念依据；二是为未在现行法律和会计准则中涉及的会计问题提供指导。概念框架不是准则，因此不具有任何法律效力。德国的概念框架和国际会计准则委员会所制定的概念框架在重要方面是基本一致的，但由于德国法律的要求，难免会出现有所不同的地方(比如对资产和负债的计量方面，德国的概念框架允许更多的备选方法)。

2004年，在司法部的支持下，德国财务报告执行小组（Financial Reporting Enforcement Panel）成立。该小组由15名来自会计职业界和企业界的代表组成，负责调查上市公司违反会计准则规定的行为。执行小组不具有制裁违规上市公司的权力，只能将违规情况告知政府的金融管理局（Financial Services Authority）。简而言之，执行小组负责监督会计准则的执行，而金融管理局则负有确保上市公司执行准则的责任。

截至2008年6月，德国正式发布生效的有会计准则17个（GAS 1 ~ GAS 17）、解释公告2个（AIC 1和AIC 2）征求意见稿23个、讨论稿4个。其中，涉及企业合并和合并财务报表相关方面的准则达到了6个。列示如下：

【小资料3—8】

德国已发布的会计准则、解释公告等的目录

1）会计准则

（1）GAS 1《合并财务报表的免除——依照商法292A条款》，被《德国第2号修正会计准则》（German Amendment Accounting Standard No. 2，GAAS 2）所取代

（2）GAS 2《现金流量表》

2–10《金融机构的现金流量表》

2–20《保险企业的现金流量表》

（3）GAS 3《分部报告》

3–10《金融机构的分部报告》

3–20《保险企业的分部报告》

（4）GAS 4《使用购买法编制合并财务报表》

（5）GAS 5《报告风险》

5–10《金融机构和金融服务机构的风险报告》

5–20《保险企业的风险报告》

（6）GAS 6《中期报告》被GAS 16所取代

（7）GAS 7《集团权益和综合确认的经营结果》

（8）GAS 8《合并财务报表中对联营企业投资的会计方法》

（9）GAS 9《合并财务报表中对合营企业投资的会计方法》

（10）GAS 10《合并财务报表中的递延税项》

（11）GAS 11《关联方交易的披露》

（12）GAS 12《非流动无形资产》

（13）GAS 13《或有事项原则和对错误的更正》

（14）GAS 14《外币折算》

（15）GAS 15《管理报告》

15a《集团管理报告和依照“购买法”作出叙述性的解释》

（16）GAS 16《中期财务报告》——取代了GAS 6

（17）GAS 17《董事会成员薪酬的报告》

2）解释公告

（1）AIC 1《按照IAS 1〈财务报告的列报〉对资产负债表中“流动”和“非流动”项目的区分》

(2) AIC 2《对电子、电力设备处理产生的债务》

3) 征求意见稿 (ED)(23 个)

4) 讨论稿 (4 个)

资料来源 德国会计准则委员会官方网站(除德文外，有英文)，http://www.standardsetter.de/drsc/news/。

2) 规范德国会计的法律体系的变化

在 2005 年德国实施欧盟"国际会计准则法令"之前，其法律体系历经了一系列的变革，逐渐放宽了对本国上市公司使用国际性会计准则的限制。1998 年德国《商法》引入了新的一节 (Section 292a)，允许在德国证券交易所上市的公司使用国际会计准则或者美国会计准则来编制合并财务报表。对于在"新经济板块 (New Economy Segment)"和在"小规模板块 (SMAX)"上市及谋求上市的公司，《商法》规定必须用英文提供由国际会计准则或美国会计准则编制的财务报表。该规定旨在增加公司信息披露的透明度，以吸引外国投资者。

2002 年 2 月，德国公布了对《商法》及《股份公司法》进一步改革的草案，主要变更了《商法》中对上市公司合并财务报表的相关要求。比如，在合并报表中还要提供业主权益变动的信息，删除了《商法》中影响合并财务报表的税务规定，还规定了上市公司(即使是作为子公司)必须提供合并报表等。同年发布的《公司治理规则 (Corporate Governance Codex)》强调了对上市公司年度财务报告进行审计的重要性，并推荐上市公司采用国际性会计准则编制合并财务报表。对《公司治理规则》的遵循完全取决于上市公司的自愿。

2005 年，所有在德国证券交易所上市的公司都必须依照国际会计准则编制合并财务报表。德国司法部和财政部亦允许非上市公司的合并财务报表按照国际会计准则编制，但对于各公司的法定财务报表仍需要按照德国的会计惯例编制，依照国际会计准则编制的报表只能作为补充。

德国司法部在 2007 年 11 月发布了《德国会计现代化法案(草案)》，以征求公众的评论，该草案将大大影响德国公司的非合并报表的报告实务。其总体目标是：促进德国会计法的现代化，减轻中小公司遵循法规的负担；考虑个体报表与国际会计准则的融合，消除以前由于欧盟指令和"相互认可"导致的多种会计方法对德国法律的影响。预定的变更将使德国《商法》中的会计要求和国际财务报告准则实现基本的趋同。法案同时也会影响到审计行业、监管机构及审计委员会。与会计相关的重要变化是：更多地确认无形资产(由此形成的所有者权益的增值不能作为股利的分配)；母公司控制的特殊目的实体需纳入合并范围；确认递延税项资产(之前是禁止确认的)；对超过初始确认成本的交易性金融资产以公允价值计量；对计提的准备以贴现金额计量；引入精算假设来计量养老金负债；不要求小规模非上市公司发布按照德国会计惯例编制的财务报表。对该草案的评论截至 2008 年 1 月，司法部依据收到的反馈意见进行修改，且修改后的草案已提交给德国国会的两议院进行辩论。

德国议会于2009年最终通过了《德国会计现代化法案》。在该法案下的相关会计规定被认为是《中小企业国际财务报准则》的替代方案。该方案于2010年1月1日正式生效。

该法案豁免了年收入小于50万欧元，且利润低于5万欧元的个人经营者保留会计记录。小型公司（指员工人数小于50人，资产规模低于480万欧元，以及年收入不到480万欧元的公司）可不进行财务报表审计，且可仅提供资产负债表。中等规模公司（指员工人数小于250人，资产规模低于1 920万欧元，以及年收入不到3 850万欧元的公司）的披露要求较少，且可以合并资产负债表项目。

该法案新增的相关会计规定有：

（1）公司允许资本化内部产生的无形资产，且可获得即期的税务扣除；

（2）金融机构允许以公允价值计量“为交易持有”的金融工具，公允价值的变化可确认为一项“特殊准备”；

（3）公司控制的特殊目的实体必须纳入合并范围。

讨论题

3.1 根据“公允反映”或“遵循法规”导向区别不同国家的企业财务报告，应该关注哪些显著的特征？

3.2 描述一些国家是如何利用秘密准备在不同年度之间“拉平”收益或“隐匿”收益的。

3.3 你认为美国SEC和FASB的关系是否是成功的范例？由民间机构制定会计准则，其权威性是否一定要有官方机构的支持？

3.4 你对美国《2002年公众公司会计改革和投资者保护法案》有何评价？

3.5 成文法系国家对财务会计和报告要求的关键部分包括在法律本身之中，而其他部分则从职业准则或建议中得出。试问：广泛的法定要求是否能导致高质量的财务报告？请予说明。

3.6 大型公司通常在世界各地的证券交易所上市其股票，这会产生哪些会计问题？

3.7 你认为在今后的发展中，英国会计模式能成为沟通美国会计模式和欧洲大陆会计模式的桥梁吗？

3.8 在法国，财务会计准则和实务主要有3个权威性的依据：（1）《会计方案》；（2）专业意见和建议；（3）股票交易法规。这3个中哪一个对法国的会计实务影响最大？

3.9 为什么资产负债表项目“递延所得税”很少出现在德国的财务报表中？

3.10 据说英国会计报告由于受到欧洲联盟的影响，已经失去了某些传统的盎格鲁根基。你是否同意此观点？有什么证据能支持你的意见？

3.11 在美国，一些私人公司和/或小型公众公司免予遵守特定的具体财务会计准则公告。这种豁免可能导致对大型公司和小型公司的两套要求不同的公认会计原则。这种发展合乎需要吗？为什么？

练习题

3.1 本章提供了4个发达国家的会计实务体系的概貌。

对于每一个国家，列举：

（1）全国性会计准则制定机构和准则的名称及演变。

（2）负责监督财务会计准则施行的机构的名称及演变。

3.2 实证研究支持会计差异影响经营决策的观点。这种影响对跨国经营活动尤为突出。

（1）请从跨国经营决策的角度列举存在国际会计差异的优点和缺点。

（2）根据你的判断，从跨国经营和公司管理的角度，美、英、法、德这 4 个国家中哪一个国家的财务会计环境最为宽松？

3.3 英国和美国有着相同的会计渊源及历史与语言联系。术语“盎格鲁—美利坚”会计模式有时用来指它们是在导向、目的和方法上都相似的会计模式，但这两个国家的会计之间仍然存在差异。

（1）指出本章所讨论的美国和英国会计模式的主要区别。

（2）在计量报告收益时哪一个国家总是更为稳健？你认为这是为什么？

3.4 下面列举的是分析家采用的某些财务比率：

（1）流动性——来自经营活动的现金流量对流动负债的比率。

（2）偿债能力——负债资产比率。

（3）获利能力——资产回报率。

假设你正在比较美国和德国的公司的财务比率，你认为这两个国家的公司会各自关注什么比率？

第4章 比较会计模式（下）

学习目标
4.1　日本会计实务体系的特征
4.2　荷兰会计实务体系的特征
4.3　瑞典会计实务体系的特征
4.4　发达国家会计实务体系（模式）综述
4.5　捷克会计实务体系的特征
4.6　墨西哥会计实务体系的特征
4.7　发展中国家会计实务体系的一般特征
讨论题
练习题

学习目标

本章继续选择日本、荷兰和瑞典三国分别介绍其会计实务体系，使读者能进一步了解美、英、法、德四大会计模式在发达国家中的影响，并进而综合地分析了美英会计模式为一方、欧洲大陆会计模式为另一方的主要差异，以及双方并立的现状和未来的协调化趋势。接着从东欧国家中选择了捷克，介绍从集中计划经济转变为市场经济过程的会计变革，从中体现了欧洲大陆会计模式的主要影响。最后，在介绍了较接近于美国会计模式的墨西哥这一经济发展水平较高的发展中国家的会计实务体系后，又概述了发展中国家会计实务体系的一般特征。这样就能使读者对全球的比较会计模式有一个较全面的了解。

在本章，我们先选择日本、荷兰和瑞典这三个发达国家介绍它们的会计实务体系，这是因为它们各具特色。但由于它们在世界范围内并不具有广泛的影响，而且在不同程度上兼受第3章所述会计模式的影响，故不将其称为会计模式。随后，则在变革后的东欧国家中选择捷克略作介绍。最后，对发展中国家的会计实务体系，除选择墨西哥这个在国际会计中较有影响的国家外，还对发展中国家会计实务体系的主要特征作一概述。

4.1 日本会计实务体系的特征

日本会计实务的发展体现了会计在各个国家之间的输入和输出。明治维新使得日本对外敞开了国门，因此西方国家的法律/法典也开始影响日本。这段时间欧洲大陆国家对日本的影响十分深远：1889年的《民法典》就是法国和德国共同影响的产物，而1881年的《商法》更是由德国人执笔制定的，德国的影响一直延续到1899年的《商法》。

第二次世界大战失败以后，日本的会计实务体系又深受美国会计模式的影响，从而，有一种掺和的迹象。尽管在世界范围的会计模式分类中，一般都从发展趋向把它归入受美国会计模式影响的国家。在日本，也存在着传统与外来影响的矛盾，外来影响只能逐步地被接受，因此，日本的会计发展是缓慢的。[①]

要了解日本的会计还必须了解日本的文化、商业实务和历史。日本是一个有着强烈文化和宗教根基的传统社会。日本个人和企业关系中的群体意识和相互依赖性，与西方国家个人和团体之间相互独立、疏远的关系截然相反。日本的企业相互持有权益，常常联合地拥有其他企业。这种交叉方式的投资形成了巨大的产业集团——财团（keiretsu）。银行通常是这些产业集团的一部分。这种大量运用银行信贷和债务资本为大型企业融资的情况在西方是极为罕见的，而且企业的管理当局必须首先应对银行和其他金融机构，而不是股东。日本的中央政府也会严格控制企业的活动，这意味着对企业经营事务包括会计的强烈的官僚式控制。有关企业活动的信息首先被保持在公司内部以及银行和政府等其他“圈内人”的范围之内。

以下概述日本会计实务体系的基本特征。

4.1.1 会计实务基本上服从法律要求

除税法外，形成了商法与证券交易法各有管辖范围的双轨体制。日本学者把这

① 例如，关于合并财务报表的会计准则到1975年才发布，要求企业集团在1976年必须编制，有关外币折算的准则到1979年才制定发布，关于中期财务报表的编制准则到1990年才开始。

种格局称为“三角法律体系”。①

会计实务服从法律要求，是欧洲大陆国家会计模式的特征，在这方面，日本的会计实务体系有别于美国会计模式。

1）税法

在日本，《公司税法》及有关税务规章对会计实务具体规定了处理方法，并要求在会计记录和纳税申报中采用同一种方法。例如，不能在会计记录中采用直线折旧法而在纳税申报中采用加速折旧的递减余额法，从而日本公司的报告收益和应税收益之间，也很少出现暂时性差异。而且，大藏省（财政部）的《审计意见书管理规则》中还明确规定，允许注册会计师就《证券交易法》的角度对符合税法和有关税务规章的财务报表表示“无保留意见”，即使它不符合日本的公认会计准则，也可以这样。

为了防止企业出于调节利润的目的，对折旧、递延资产摊销、资产估价损失、各类准备的提取等需要通过主观判断确定的费用，都规定了一个限额，作为在计算应税收益时不准超出的上限。

2）商法

无论是否是公开发行股票的股份公司（Kabushiki Kaisha）以及公开发行的公司，都应遵循《商法》中规定的会计和财务报告要求。总数超过100万家，属于法务省的管理范围。早于1899年的《商法》已经要求提供资产负债表、损益表和关于如何分配利润的报告。这些文件要求经过法定审计人员的查证，但法定审计人员通常是提出报告的公司的成员，而不是独立执业的注册会计师。审计的目标是“查错防漏”，并非对财务报告的“真实公允”发表意见。

2004年前对《商法》的修订都只限于要求股份公司提供非合并的报表；2004年后的《商法》已经要求公司提供合并资产负债表和损益表。而且《商法》的修订权，已经由原来的议会移交到法务部，属于部门规章的范畴，以后对《商法》的修订也变得更加容易。如上所述，2004年前的《商法》很大程度上受德国法律的影响，2004年修订后对合并报表的要求反映了美英会计的影响。

日本《商法》的立法理念倾向于保护债权人利益，如上所述，这与企业的筹资主要依靠银行信贷有关，而且日本的大企业集团往往以银行为支柱。《商法》对企业净资产中属于“资本维护”的部分有严格的限定，禁止动用这部分净资产作为股利或奖金分配。《商法》对可分配利润“限额”的规定，在股份公司会计中有着十分重要的影响。

3）证券交易法

日本的《证券交易法》仿效美国的《证券法》和《证券交易法》，在第二次世界大战之后的占领时期从美国引入日本，颁布于1947年3月。受其管辖的3 000家左右股份公开发行的大公司，属大藏省管理。按照《证券交易法》，对财务报告

① ［日］新井晴光（Kiyomistsu Arai）：《日本会计》，5页，东京，工商管理研究会、早稻田大学，1994。

中的披露要求，要比《商法》广泛得多。这些公司的注册报表和年度报告必须经独立执业的注册会计师审计。

按照《证券交易法》的财务报告规程编制的财务报表，与按照《商法》的要求编制的财务报表对比，虽然在最终结果（反映在当期损益和期末股东权益总额上）上是一样的，但在格式、使用的术语及披露的具体内容上则存在着一定的差别。根据《证券交易法》的要求编制的财务报表，更趋向于便利投资者根据报表信息对公司的经营和财务业绩进行分析。

在日本，凡是证券上市交易或公开发行的公司，都必须按照《商法》和《证券法》的要求分别编制财务报表，并分别报送有关部门。

4.1.2 由官方制定会计规定到以官方为主体、结合民间力量制定会计准则

以上提到，日本早期的会计惯例必须遵循“三角法律体系”的要求，而其在第二次世界大战中战败后，美国对日本的经济体系进行了很大程度的改革和重组：日本原先15个大型的企业集团被拆散，它们的股票通过证券市场向公众发行。因此，必须制定相关的法律（如《证券交易法》于1948年制定），其中自然包含了对报告和披露公司财务信息的要求以及对会计信息鉴证者的要求。以下简述第二次世界大战中日本金融市场法律及会计准则制定机构所受美国的影响：

（1）1948年制定了《证券交易法》，我们已经对其进行了简要的叙述。

（2）1948年制定了《注册会计师法》，成立了日本注册会计师协会（JICPA）。

（3）1948年成立了负责监管日本证券市场的证券交易委员会（Securities and Exchange Commission），但日本的证券交易委员会的监管职能已于1953年移交给大藏省。

（4）负责制定会计准则的企业会计系统调查委员会（Investigation Committee on Business Accounting System，ICBAS）于1949年成立。同年7月，该委员会发布了一份系统地就基本会计原则做出表述的文告《企业会计原则》①。它分为“一般原则”、“损益计算书原则”和“资产负债表原则”三个部分，它深受AICPA于1932年发布的《Statement of Accounting Principles》的影响。该委员会于1952年更名为企业会计评议会（BADC），隶属于大藏省。

【小资料4—1】

日本《企业会计原则》中的一般原则

（1）企业会计所提供的关于企业财务状况及经营业绩方面的报告必须真实。

（2）企业会计应根据正规的簿记原则，对一切会计事项作出正确的会计账簿记录。

---

① 1954年7月、1963年11月、1974年8月、1982年2月作过四次修订。

（3）必须明确区别关于资本的会计事项和关于营业损益的会计事项，特别不能将资本性盈余和利润性盈余混淆。

（4）企业会计必须通过财务报表向利害关系人明确地提供必要的会计事实，使他们对企业状况不致作出错误的判断。

（5）企业会计对其采用的会计处理的原则及手续，务必前后期保持一致，不能任意变动。

（6）在有可能对企业财产产生不利影响时，必须相应地进行妥善的会计处理。

（7）为向股东大会提出报告，或者为用于信贷、纳税而必须编制不同形式的财务报告，这些内容必须根据可靠的会计记录编制，不能出于经营方面的考虑而歪曲事实。

资料来源 马颂英（译）：《日本企业会计准则》，原载《会计研究》，1982（2），对《企业会计原则》的第三次修订稿，《会计研究》1983 年第 2 期又发表了对《企业会计原则》的 1982 年的订正部分。两者的综合译文转引自常勋（编）：《西方财务会计参考资料》，64 页，北京，中央广播电视大学出版社，1987。

企业会计评议会成员由大藏省有关官员及具有代表性的学术界、政府、工商界、银行界、证券交易所、会计执业界选派，最终由大藏省任命，并由大藏省提供运作资金。它发布的会计、审计准则都编辑成册，可略举其一些主要内容：

（1）企业会计原则；

（2）编制合并财务报表的会计准则；

（3）对包括在半年报中的中期财务报告的意见；

（4）外币交易的会计准则；

（5）税务规定对会计的影响；

（6）成本计算准则；

（7）员工退休福利准则；

（8）金融工具准则；

（9）审计准则及现场工作的工作规则；

（10）报告的工作规则。

1962 年制定颁布的《成本计算准则》是一个重要的文告。其主要对成本计算的目标与一般原则、实际成本的计算、标准成本的计算、成本差异的计算与分析、成本差异的会计处理等五个方面作了规定。

日本企业会计评议会制定会计准则的职能于 2000 年 7 月被大藏省新成立的金融管理局（Financial Service Agency）所取代。除了制定会计准则，金融管理局还负责修订与证券交易相关的法律、规定，以及监管注册会计师。企业会计评议会改组为企业会计委员会，作为金融管理局下设的咨询机构。这种以官方为主导并结合民间力量制定会计准则的模式，是第二次世界大战后日本会计实务体系的特色。

4.1.3
转向主要依靠民间力量制定会计准则

在包括日本注册会计师协会、东京证券交易所等10家民间机构的发起下，日本于2001年7月成立了财务会计准则基金会（Financial Accounting Standards Foundation），由它资助日本会计准则委员会（Accounting Standard Board of Japan，ASBJ），以取代企业会计委员会（BAC），其组织架构与当时美国的FASB基本相同。

基金会由董事会和受托人共同管理：董事会负责筹集资金及制订运作计划；受托人主要负责挑选会计准则委员会的成员。目前董事的人数为14人，只有1人是全职董事。会计准则委员会由2名全职成员和11名兼职成员构成，通过成立一系列的技术委员会（Technical Committees）来制定会计准则，如有关租赁准则的租赁会计技术委员会、有关资产减值准则的资产减值会计技术委员会等。

4.1.4
日本会计准则与国际会计准则的趋同进程

日本会计准则的制定转向了主要依靠民间力量的机制。其背景大致有二：一是随着日本海外投资的扩展，日本会计实务接受国际影响的速度加快，提高了对会计准则的可信度和企业会计信息的透明度的要求，ASBJ力求比它的前身BADC具有更大的独立性。二是为了促使日本能在当时正在全面重组的IASC中占有一席之地，建立与国际会计准则理事会（IASB）相似的组织架构，能更迅速、有效地与IASB合作。日本进入IASB后，在阐明关于日本乃至亚洲的环境特点和会计要求方面，发挥了积极的作用；2004年10月，ASBJ在与IASB举行的会谈中，同意正式启动使IFRS与日本会计准则之间的差异最小化的共同项目；2005年1月，双方即宣布了正式启动这项减少IFRS与日本会计准则之间的差异的分阶段计划，此后即就多项议题进行了几次协商；2006年2月，ASBJ还发表了《关于日本在日本会计准则与国际财务报告准则趋同中取得的进展的声明》。

然而，日本同时也明确表示不能保证日本国内的会计准则能和国际会计准则实现完全的趋同。日本会计准则委员会在2003年《趋同文告》中提到：趋同是最终达到的目标，但在实现这个目标以前，日本国内应该先达成对趋同议题的一致意见，因此趋同并非第一要务。

金融管理局于2004年4月发布了一份文件，列举了目前存在于日本公认会计实务和国际会计准则中的7处主要不同之处：

（1）金融工具（对金融工具的终止确认，日本要求取得法律的认可）；

（2）企业合并（日本允许在极少数情况下使用权益集合法，对合并商誉必须摊销）；

（3）资产减值（日本和国际会计准则委员会采用不同的《减价测试》准则）；

（4）养老金（日本要求对损失和利得进行摊销）；

（5）研发费用（日本要求必须费用化）；

（6）合并报表（日本要求独立列示“少数股东权益”）；

（7）投资用房产（日本要求用历史成本计量）。

金融管理局允许在日本的国外上市公司采用国际会计准则编制财务报表，但不允许本国的上市公司采用国际会计准则编制财务报表。

目前，国际会计委员会和日本会计准则委员会已达成以下共识：尽可能于2008年消除日本公认会计原则和国际财务报告准则间的主要差异，其余的差异将于2011年6月30日前得以消除。国际会计准则委员会与日本会计准则委员会同意双方加强合作，以确保新发布的国际会计准则生效后，在日本能得以接受。

日本在与国际会计准则趋同方面的成果见表4—1。

表4—1 **日本在与国际会计准则方面的成果**

项　目	日本会计准则委员会的活动
建造合同	于2007年12月发布新的准则
会计政策的一致性（对于联营公司）	于2008年3月发布新的解释公告
金融工具（公允价值披露）	于2008年3月发布修订后的准则
退休后福利的计量	于2008年7月发布修订后的准则
存货成本	于2008年9月发布修订后的准则
投资性房地产公允价值的披露	于2008年11月发布新的准则
企业合并（第一阶段）	于2008年12月发布修订后的准则
无形资产（在研发进程中）	于2008年12月发布修订后的准则
分部报告	于2008年3月发布新的准则
其他综合收益的呈报	于2009年12月发布新的准则
企业合并（第二阶段）	预计于2011年第三季度发布征求意见稿（尚未见到）

4.1.5 会计职业界和审计要求

相比美国和英国，日本会计职业界并不强大，据日本注册会计师协会2001年的一份统计资料显示：至2000年年底，日本只有13 226名执业注册会计师和149家会计师事务所。这一方面和日本极其严格的注册会计师考试有关（见下文），另一方面则是和日本的“终生雇用文化”有关。美、英的注册会计师除了从事审计业务外，企业和金融机构对注册会计师的需求也使得会计职业界得到很大的发展。

而日本的公司往往自己培训所需的会计人员，并且提供终生雇用，因此他们并不依赖会计职业界培养的注册会计师。

日本注册会计师协会（日本公认会计士公会，JICPA）成立于1949年，日本会计职业界虽然远不如美国会计职业界那么强大，但日本注册会计师协会的组织活动和美国注册会计师协会（AICPA）十分类似。注册会计师遵循的审计准则和惯例也和美国的相类似，最重要的共同特征是，对公司财务报表的审计意见都是从是否“公允表述”和“一贯符合公认会计准则”的概念来作出职业判断的。

日本注册会计师资格的考试制度，也许属于世界各国中最严格的。需要通过三次考试，才能取得执业资格，第一次考试属于预考性质，其目的是判断应试者是否具备参加第二次考试的学历要求；第二次考试是关键性的，其目的在于判断应试者是否具备注册会计师应具备的专业知识；第三次考试旨在进一步判断应试者是否具备注册会计师必要的、较高层次的专业应用能力。各个层次考试的免试条件都有严格的规定。

日本的审计准则由大藏省的顾问机构——企业会计评议会（BADC）制定。BADC现已更名为企业会计委员会（BAC）。由企业会计委员会制定的《审计准则》和日本注册会计师协会制定的《准则指南》被合称为日本的公认审计准则。

日本的注册会计师可以从事法定审计业务。《商法》中规定：资产总额达5亿日元以上或负债总额达200亿日元的公司必须经过法定审计；保险公司、信贷银行、信用合作社等金融机构也必须要求法定审计。《证券交易法》中规定的法定审计包括日本的上市公司、日本证券从业联合会的成员公司、公募债券达5亿日元以上的公司及股东人数达500个的上市公司。企业在一些比较重大的问题上往往需要注册会计师的参与，如公司投资项目的评价、企业合并与重组，以及非营利组织的审计等。

受美国《萨班斯—奥克利法案》的影响，日本于2003年对《注册会计师法》进行了修订，新设立了监管注册会计师行业的注册会计师与审计监管委员会（CPA and Auditing Oversight Board）。

4.1.6 其他重要特征

1）“形式胜于实质”和“实质重于形式”的观念相掺杂

总的趋向则是从前者向后者转化而更接近于美国会计模式。例如，20世纪80年代以前，库存股份也和德国的会计惯例一样按成本列示为一项资产，以后就改为和美国的会计惯例一致从业主权益中减除；对联营公司的长期股权投资的会计处理，从1983年4月1日开始的财务年度①起，从成本法改为权益法等等，但掺杂的

① 日本企业的财务年度大都结束于3月31日，与日本政府的财政年度相一致。

迹象仍然存在。

2）高度的举债经营方式

日本公司的高度的举债经营方式，也许是在世界各国中占首位的。这与重视公司短期偿债能力的美国会计惯例，形成了鲜明的对照。例如，依据经验法则，日本公司只要求不低于1.2∶1的流动比率（流动资产对流动负债），美国公司则要求保持在2∶1的水平；对于负债对资产比率，美国公司要求不超过50%（负债总额占资产总额的比重），日本公司则可高达（只要不超过）85%；对于利息保障倍数（未扣除利息的税前收益对利息支出的倍数），美国公司要求高达6.5倍，日本公司只要1.6倍。之所以差别如此悬殊，是因为日本企业所处的融资环境与美国大不相同，大型公司一般只和一家银行保持非常密切的关系。而美国、英国的公司往往选择多家银行进行融资，借此可比较获得有利的利率，但这些银行在公司陷入财务困境的时候，都争先要求公司偿债，以免作为最后一个遭殃者（the last suffer）。

第二次世界大战后，日本的大公司集团（Keiretsu）是以中心银行、经营性公司或制造业公司为核心，加上其他类型公司组成的巨型网络。在这样的网络（集团）中，核心公司并不持有其他公司的多数股权，集团通过公司间相互持有少数股权，相互为董事会成员，以及共享人力资源来维系。因此，日本的短期债务到期通常可展期（roll-over），而当Keiretsu的成员公司发生财务危机时，集团内的银行不会要求立即偿还债务，反而会延长债务的偿还期，短期融资可以通过这样的方式实际成为长期融资。

3）在利润分配中先提留法定公积和任意公积

这和德国等欧洲大陆国家是相同的，而与美国不同。日本要求遵循欧洲大陆法律体系的法定要求，反映了对债权人的保护。依照《商法》的规定，公司必须提取至少现金股利的10%作为法定公积，直到提取的金融至少达到法定资本的25%，法定公积不允许作为股利分配给股东。《商法》中对债权人的另一项保护是规定了分配的股利的最高金额。

4.2 荷兰会计实务体系的特征

在阿伦的分类中，荷兰被归入以德国会计实务体系为代表的北欧会计模式；在诺比斯的分类中，荷兰则被列为以微观为基础、侧重商业经济学、注重理论的典型代表。两者从不同的角度指出了荷兰会计实务体系的特征。

4.2.1 会计准则和实务以法律规定为基础，但财务会计有别于税务会计

荷兰与其他北欧国家相类似，其会计实务是以法律为基础的，最基本的法定财

务报告要求包含在《民法典》中。荷兰《商法》要求公司所设置的会计记录必须提供反映公司财务状况和经营业务的全面的信息，并以简要的词句具体地规定了应公布的财务报表的内容。由于法定条款总是原则性的，荷兰注册会计师协会多年来为补充《商法》的规定而制定了有关会计和审计准则的多项建议。

1970年，荷兰颁布的《年度报表法》带来了重大的变化，《年度报表法》从1971年5月1日结束的财务年度开始生效，其中包括对荷兰公司的财务报告的详细规定，如指出：

（1）年度财务报表应显示当年的财务状况和成果的公允图景，其中的所有项目必须进行适当地归类和表述；

（2）必须按照“稳妥的商业惯例”（亦即为工商界所接受的会计原则）编制财务报表；

（3）必须披露有关表述资产和负债以及确定经营成果的依据；

（4）应在一致的基础上编制财务报表，对会计原则变动的重大影响应予披露；

（5）应在财务报表及其附加的注释中披露上期的比较财务信息。

这些法定原则，构成了荷兰会计准则的基础。不仅如此，荷兰还是世界上唯一明确规定对《年度报表法》的实施进行法定检查的国家。如果认为某一公司没有满足《年度报表法》规定的要求，任何利害关系集团都可以采取法律行动，投诉于阿姆斯特丹法院企业合议庭，迫使该公司按照法院裁决重编它的财务报表，为此，委派了两名注册会计师到这个法院作为专家。

但有一点却是荷兰会计不同于德国会计的显著特征，那就是荷兰《年度报表法》和《所得税法》的会计要求并不完全一致。因此，财务会计和税务会计有所区别，报告收益与应税收益之间的暂时性差异，要通过所得税跨期摊配的程序来调节。在这方面，荷兰与美国的会计惯例相类似。

4.2.2 由官方和民间结合的三方“会计准则委员会”制定会计准则

《年度报表法》把根据法定原则制定会计准则的具体工作，交给包括政府、公司和第三方在内的关注会计原则和准则的团体，组成了一个其成员包括政府官员、公司以及职业会计师、工会代表的三方“会计准则委员会”。该委员会把所有早先的关于会计准则的建议汇编成册，于1981年10月出版了荷兰《会计指导原则草案》，作为荷兰财务会计和报告的基础。它涉及的内容非常广泛。

【小资料4—2】

荷兰《会计指导原则草案》内容概要

（1）目标和基本原则；

（2）计价（估价）方针；

（3）各种报表的各部分之间的关系；

（4）包括和披露信息的标准；
（5）制度变动以及这些变动影响的会计处理；
（6）固定资产和折旧；
（7）共同分享权益及来自共同分享权益的收益；
（8）长期投资及投资收益；
（9）其他耐用资产；
（10）存货及其消耗成本；
（11）应收项目；
（12）暂时投资的和可以任意获得的流动资产；
（13）其他资产；
（14）股东权益；
（15）一般的负债；
（16）准备；
（17）债务；
（18）其他负债；
（19）损益账户；
（20）在注释中披露的信息；
（21）每股收益额。

资料来源 转引自常勋等：《国际会计》（《会计大典》第七卷），85～86页，北京，中国财政经济出版社，1999。

荷兰三方“会计准则委员会”后改称为三方“年度报告委员会（Council for Annual Reporting，CAR）”。

4.2.3 因执行欧盟指令对法定会计要求的改变

像法国会计和德国会计那样，荷兰会计也因执行欧共体第4号指令和第7号指令发生了重大的改变。

1983年荷兰为执行欧共体第4号指令对其法定会计要求作出了第一次重大的改变，于1984年1月1日生效。其主要表现在：

（1）对资产负债表和损益表的格式作出更详细的规定，扩大了报表注释。荷兰公司被允许采用第4号指令规定的任何格式，与英国允许在指令范围内尽可能多的灵活性相类似，而与法国和德国对表式的选择加上诸多限制不同。

（2）引入“法定准备（legal reserve）”。荷兰法律现在承认以下的法定准备：

①重估价准备（通常扣抵递延所得税）；

②对投资会计采用权益法时形成的负商誉；

③采用权益法会计时子公司的未分配利润；

④以发行股票抵付（未经审计的）的保证准备；

⑤相等于股份发行成本和研究开发成本资本化（反映为无形资产）的金额。

所以，荷兰的“法定准备（legal reserve）”概念与法国和德国的“法定公积（legal reserve）”概念并不相同。如前所述，在法国和德国，法定公积是指在利润分配中必须保留的固定比例（累积到有足够的未分配公积为止）。这种以保护债权人为目的的观念，在荷兰并不强烈。

1988 年荷兰在《民法典》中也作出修订，以执行第 7 号指令关于编制合并财务报表的规定。

荷兰的会计实务多少较接近于英美模式，这与荷兰有些大公司，特别是世界著名的跨国公司[①]，多年来都关注国际投资者的利益的观念有关。

4.2.4 会计职业界和审计要求

荷兰注册会计师协会在会计准则的制定中发挥了积极的作用。《年度报表法》发布（1970）后，法定审计成为强制性的，只有注册会计师和其他专家（通常是外国的注册会计师）可以进行法定审计。在荷兰，约束注册会计师的道德规范是很严格的，取得注册会计师资格的途径主要是通过注册会计师协会的范围广泛的学习，把实践经历作为取得执照的必要条件，有相应专业学位的大学毕业生只是可以缩短必要的学习时间罢了。

早在 1895 年，荷兰会计师协会就成立了。以后的立法却成立了两个新的会计团体：荷兰注册会计师协会（NIVRA）和会计管理咨询师协会（AA）。只有注册会计师才允许执行法定审计，并自动成为注册会计师协会会员；会计管理咨询师只能对中、小型公司进行会计和咨询服务而不能执行法定审计业务，但由于执行欧盟第 8 号指令关于注册会计师资格的规定，对会计管理咨询师也给予对中、小型公司执行法定审计的资格。1993 年又通过法案，允许注册会计师及会计管理咨询师执行法定审计，取消了企业规模上的限制。但这两个团体依然由于教育和考试要求上的差别继续存在，注册会计师需要具备以前规定的较高学历和考试水平；而会计管理咨询师只要达到第 8 号指令要求的最低水平即可，原来的会计管理咨询师则要通过一定的考试才能取得执行法定审计的资格。

4.2.5 在北欧会计模式中最富有与美国会计模式相协调的色彩

荷兰会计实务体系在强调“稳妥的商业惯例”和采用“准备会计”等方面，

① 例如飞利浦电器公司、雀巢食品公司、英荷壳牌石油等。

保持着它的以公司利益为导向的北欧会计模式的基本特征。但是，正如前面已述及的，《年度报表法》在规定“必须按照稳妥的商业惯例”的同时，又提出了年度财务报表应显示财务状况和成果的“公允”图景，而“真实与公允”则正是英国会计模式的基本特征；它关于披露的要求，显然与德国除股份公开发行的公司外不要求充分披露的会计惯例不同，而类似于要求充分披露的英国和美国的会计惯例。在“形式”与“实质”的问题上，荷兰会计也开始转变“形式胜于实质”的观念。例如，对库存股份从作为一项资产处理向作为业主权益的扣除项目转变，在20世纪80年代初，荷兰的许多大公司就这样做了。

4.2.6 现行重置成本计量是荷兰会计实务体系注重理论指导的例证

荷兰在会计实务中流行现行重置成本计量，被认为是富有创新意义的最大特色。规模较大的荷兰公司大都按现行重置成本记录存货和固定资产，相应地在收益表中列示以现行成本为基础的销货成本和折旧费，在资产负债表的业主权益部分列示重置成本计价“准备”。例如，著名的跨国企业飞利浦公司从1951年起就在公布的财务报表中采用重置成本计量。[①] 荷兰会计实务的这一发展，主要是受到阿姆斯特丹大学的 Th. Limmberg（林伯格）教授在20世纪20年代就提出的重置价值理论的影响，而不是出于通货膨胀的压力，荷兰就没有制定过有关因消除通货膨胀而采用现行成本会计的准则，而前述的荷兰《会计指导原则草案》，则早已提出支持按现行重置成本进行会计计量的计价方针。荷兰会计界在会计计量理论上的突破也使它摆脱了北欧会计模式中任意低估资产价值的过分“稳健”的做法。

4.2.7 近期对国际会计趋同化的主要行动

（1）2001年10月，荷兰通过了允许荷兰公司使用IAS或美国GAAP编制财务报表的法案，以减轻谋求在国外证券市场上市的荷兰公司需要按照荷兰会计准则和IAS或美国GAAP编制两套财务报表的负担。同时，也是为欧盟要求欧盟上市公司从2005年起使用IAS做准备。

（2）从2002年起，荷兰年度报告委员会发布了一系列与IAS和IFRS趋同的新的“年度报告指南（Annual Reporting Guidelines）”，如《会计政策的改变》、《会计估计的改变》、《重要差错》、《资产负债表日后事项》、《投资性房地产》、《损益表》（修订）、《关联方》、《养老金》等。

① 但是，飞利浦公司却在1992年其创建100周年之际，宣布废止重置成本计量而恢复历史成本计量。这也许与以下的情况有关：由于技术和产品的加速更新换代以及消费市场的多变，现行成本计量模式下形成的未实现利润最终往往未能实现，严重地影响了收益确定的基础。

（3）2007 年 2 月，荷兰金融市场管理局（Authority of Financial Market）公布对荷兰上市公司 2006 年度财务报告进行检查，检查集中于对 IAS 12《所得税》和 IAS 7《现金流量表》的应用情况。

（4）2007 年 2 月，荷兰金融市场管理局宣布成立由 12 位国外的 IFRS 专家组成的财务报告委员会（Financial Reporting Committee），其任务是对管理局应用及执行 IFRSs 的情况提供咨询。

由此可以看出荷兰对国际会计趋同化采取的积极态度和实际行动。

4.3 瑞典会计实务体系的特征

阿伦的会计模式分类把瑞典的会计实务体系归入以公司利益为导向的北欧会计模式；诺比斯的会计模式分类则把瑞典的会计实务体系列为以宏观统一为基础、根据经济学理论的典型代表。也许，后者更能说明瑞典会计实务体系的基本特征。

4.3.1 税法和国家的特定经济政策支配瑞典公司的财务会计和报告惯例

国家以经济学理论为依据制定的经济政策和所得税法的会计要求，几乎完全支配着瑞典公司的财务会计和报告惯例。瑞典的财务会计和报告惯例之所以基本上能直接反映国家的经济政策，是通过这样的措施来实现的，即给予完全根据政府要求记账的纳税者大量的激励和补助。这样，在瑞典，应税收益基本上就是报告收益，因而无需采用所得税跨期摊配的程序确认递延所得税。在这一点上，瑞典和德国的会计惯例是雷同的。

对于税法和国家经济政策没有作出的规定，瑞典会计惯例的其他依据是：

（1）1975 年起生效的《公司法》（修订后更符合欧共体指令的要求）；

（2）1977 年 1 月 1 日起生效的《会计法》（1975 年 3 月颁布）；

（3）从 1976 年 7 月开始活动的瑞典会计准则委员会（该委员会是一个政府机构）制定的会计准则；

（4）瑞典特准会计师协会（FAR）发布的会计惯例建议。

上述《公司法》要求的公司年度报告与其他欧盟成员国类似，即包括资产负债表、收益表、财务状况变动表（现金流量表）及对财务报表的注释以及一份管理报告。财务报表一般要求每一公司单独编制，如果适宜，也可以在合并的基础上编制。

会计准则的规定不能与法律相抵触。例如，瑞典特准会计师协会于 1980 年发布的有关权益法会计的建议，就曾因与《会计法》的规定相抵触而被废止，改而采取在表下注释中披露公司在其联营公司和子公司的未分配收益中所享权益的折中办法。

4.3.2 以公司利益为导向的“准备会计”——“未税准备”

瑞典的会计实务体系当然也保持着以公司利益为导向的北欧会计模式的特征，因而采取非常“稳健”的会计政策，通过“准备会计”和低估资产价值来隐匿公司利润。这些会计惯例都为税法和国家经济政策所容许。税法允许公司建立“未税准备”，尤为瑞典会计的特色。公司通过存货计价（如计提跌价损失准备）、加速折旧以及对工薪支出、未来投资、瑞典银行冻结存款等的预计损失，均可形成“未税准备”，实质上也就是未税收益。对于折旧费，在《公司法》限定的条件下（例如对不动产、厂场及设备进行重估价时），可以分两部分报告：一部分列入收益表作为扣减经营收益的费用；另一部分则转入特定准备，或是从准备中转出一部分作为当年折旧费。对于非常项目，公司也可能凭其意愿，把它们包括在收益表中，或是不计入收益而只把它们披露在表下注释中。这样，就可以左右公司收益的确定，以达到“利润平稳化”的目的。

4.3.3 会计职业界和审计要求

瑞典的会计职业界包括资历较高的特准会计师（FAR）以及几类资历较低的审计师（SRS）。审计师协会在1899年就成立了，特准会计师协会则在1923年成立。瑞典特准会计师协会制定和发布会计惯例建议，并发布对其会员具有约束力的审计建议。2006年9月1日，两会已完成合并。合并后，新组织的名称为特准会计师和审计师协会（FARSRS），共有约4 000名会员。

在瑞典，对有限责任公司以及合作社团都要求进行审计。在瑞典独立审计的审计报告中，列有一段超出其他国家的独特表述，即关于“董事会和常务董事被解除（或不能解除）对所审计的年度报表的责任”的效力的声明。

瑞典组建了两个准则制定机构。瑞典财务会计准则理事会（Swedish Financial Accounting Standards Council，SFASC）负责制定上市公司会计准则，瑞典会计准则委员会（Swedish Accounting Standards Board，SASB）负责制定非上市公司会计准则。非上市公司一般属于中、小企业，SASB准则虽然与SFASC准则类似，但显著地免除和简化了一些要求；此外，非上市公司应用SFASC准则的情况也日益普遍。SFASC准则基本上是依据IAS/IFRS制定的，但也有些差别，这主要是由于SFASC准则必须遵从瑞典《年度报告法（Swedish Annual Reporting Act）》的规定。

4.3.4

关于《理解瑞典财务报表入门》

在20世纪80年代至90年代，瑞典特准会计师协会每年都出版《理解瑞典财务报表入门》，这也是一种独特的做法。每年一版的入门指南中，有介绍瑞典财务报表本身的结构特征的，也有与其他主要国家的会计和报告惯例相联系和对比的。例如，在1981年的版本中，就载有重新表述瑞典的财务报表以反映美国的公认会计原则的指南，见小资料4—3中的表4—2。

【小资料4—3】

表4—2 **瑞典特准会计师协会关于把瑞典的财务报表按美国公认会计原则重新表述的指南**

对一组瑞典财务报表进行全面的重新表述以反映（比如说）美国的公认会计原则(GAAP)，需要对多年来已经应用的原则进行深入的调查研究。下列的指南并不意味着提供一条按GAAP重新表述的捷径，但它们的确包含在绝大多数情况下的最重要的调整项目、对未税准备的重新分类以及其他一些可能在年度报告中作出披露的基础上进行调整的项目。

	调整	
	净收益	股东权益
财务报表中报告的净收益或股东权益	×××	×××
调整项目		
未税准备：		
加：资产负债表项目的45%		×××
加（减）：当年转入（或从中转出）的准备的43%	×××	
未计提的养老金*		
减：未计提金额的43%		×××
联营公司中的权益		
加：在当年未分配收益中的权益	×××	
加：在累积的未分配收益中的权益		×××
递延汇兑损益		
加（减）：递延损益的43%	×××	×××
调整后金额	×××	×××

注：(1) 当前的实际所得税税率为57%，正常的累积实际所得税税率（在未税准备的整个累积期内）为55%。
(2) 关于未计提的养老金对作为调整基础的净收益的影响，通常缺乏足够的资料。
(3) 对瑞典联营公司的调整当然应包括这些公司的未税准备中的权益等等。

*这是因为，美国公认会计原则要求确认按保险统计计算的未来养老金负债，而瑞典的会计惯例则不予确认（本书著者注）。

资料来源 转引自［美］F. D. S. Choi、G. G. Muller：《国际会计》，2版，常勋、陆祖汶等译，94页，上海，立信会计图书用品社，1992。

4.4 发达国家会计实务体系(模式)综述

在第3章，我们介绍了以美国、英国、法国、德国的会计实务体系为代表的四大会计模式；在本章，我们又选择了日本、荷兰和瑞典三国，介绍了这三个各具特色的会计实务体系，从中也可以看出四大会计模式对不同国家的不同领域和不同程度的影响。这就便于我们对发达国家（从一定意义上也可以说是代表全球）的会计实务体系的基本特征以及“趋同”和“存异”的趋势，作一概述。

4.4.1 美英会计模式和欧洲大陆会计模式并立

从以上的国别会计实务体系的叙述中，可以看出，美国和英国（英语国家）会计模式作为一方，法国和德国（欧洲大陆国家）会计模式作为另一方，其间的差异还是相当显著的；而美、英会计模式之间，法、德会计模式之间，可以说已呈现一种“趋大同、存小异”的势头。我们不拟再进一步分析这种态势，但还想进一步综述一下以美英会计模式为一方，以欧洲大陆会计模式为另一方的“存异趋同”的图景。

1）环境因素的主要差异

美英为一方与欧洲大陆为一方，存在着显著的环境差异。其中对会计实务体系的发展和变革最具影响的是：

（1）美国和英国同属不成文法系国家，而欧洲大陆国家则属成文法系国家。在美英，证券法和公司法虽然也是制定会计准则的依据，但会计准则可以不具有法定的强制性而只具有取得相关权力机构支持的权威性，会计准则可以由会计职业界或以会计职业界为主干的民间机构制定发布。而在成文法系国家，会计准则和惯例直接以法律为基础，往往以官方为主（吸收民间机构参与）制定，并以法规的形式发布；或者，由民间机构制定的会计准则，只能是相关会计法规的“解释”和“操作细则”，不具备法定效力。相应地，美、英会计职业界具有强大的威望和势力，而在法、德等欧洲大陆国家，会计职业界相对来说就不够强大。

由于在成文法系国家，会计规定的变革必须通过立法程序，这就缺乏像不成文法系国家那样宽松的环境，使其反应不能及时，变革也比较缓慢。

（2）美国和英国的资本市场最为发达，企业面向社会公众筹资（通过证券市场发行股票和债券），因此，其财务报告的目标，主要是保护社会公众投资者的利益，要求“公允表述”（美）和“真实公允”（英），并且财务报告的透明度要高，要求充分披露；而欧洲大陆国家，主要依靠大银行筹集资金（德国是典型代表），或在一定程度上依靠政府投资（如法国的国有企业或公私混合所有制企业），其财务报告的目标主要是以公司利益和主要债权人利益为导向，而双方在利害关系上是基本一致的；欧洲大陆国家（和日本）的“准备”会计和财务报告一般不要求充分披露（只对股份公开发行的公司才有较为充分的披露要求），为维护公司的竞争优势而在一定程度上保持商业秘密的传统观念还相当普遍，财务报告在遵循法律（合法性）和公允表述（公允性）方面也存在着一定的矛盾。

（3）美国和英国的跨国经营活动和跨国公司最为发达，相对来说，欧洲大陆国家的跨国公司和经营规模就较小。长期以来，欧洲大陆国家的会计立法就缺乏对编制合并财务报表的规定，或对合并报表的编制规定了与美国不同的程序和方法。例如，德国不要求合并国外子公司的报表，股权投资超过被投资方50%以上权益的才采用权益法等等。与美英惯例（国际惯例）相一致的欧共体第7号指令在欧洲国家立法过程中的困难正是例证。至今，法、德等欧洲大陆国家在立法上仍然保持着为向国际资本市场融资而按国际会计准则编制的合并报表和按国内会计立法要求编制的公司个别报表之间的差异。而我们在荷兰会计实务体系中看到的比较接近于美英模式的情况，也正好说明这一点。

2）会计实务中的主要差异

前面的论述已有涉及，归纳起来，大致有：

（1）公允表述与遵循法律之间的矛盾

在美英会计模式中，“公允”优先，允许为达到“公允”而不符合具体的法定要求，只要对其理由和影响作出披露；而在欧洲大陆国家，第一位是“合法”，受欧共体第4号指令的“真实公允”要求的影响，为达到“公允”但“不合法”的，表内的列报仍要求“合法”，而只能在报表注释中对“公允”的情况加以披露。由于这种矛盾在短期内不可能协调，以致IASB在2003年12月对IAS 1《财务会计的列报》进行改进时，不得不正视这一重大差别，从而在列报方面作出不同的要求，我们将在9.1.4中详加说明。

由此，在会计实务中，也反映出“（经济）实质重于（法律）形式”和“（法律）形式优于（经济）实质”的会计原则上的差异。

（2）“适度”稳健与“极度”稳健的原则

稳健原则的运用，在美英会计模式中只是“适度”稳健，主要体现在“只预计损失，不预计收益”的惯例上，对资产的估价则要求“公允”而不能任意低估；而在欧洲大陆国家，通过不同程度的“任意”低估资产价值，尽管在接受欧共体第4号指令后有所遏制，但“极度”稳健的传统观念，不是很容易改变的。例如，在计提存货跌价准备（在美国称为存货跌价备抵）时，美国的公认会计准则要求以“市场价格的下跌已不可逆转”为前提，这样，对暂时的市价波动和订有固定价格的销售合同的存货（尽管市价已经下跌），就不允许计提存货跌价备抵；而在北欧各国，会计准则则无此限制，有的对市价变动风险较大的存货（比如出口商品），即使在财务报告日市价没有下跌，也可以计提存货跌价准备。

（3）充分披露与不要求充分披露

如前述，财务报告中的充分披露体现了保护社会公众投资者利益的要求，欧洲大陆国家往往出于保护公司和主要债权人（如银行）的利益，除对股份公开发行的公司外，则不要求充分披露。以此也可以看出，当一国的资本市场逐步发达时，财务报告的目标就会转向主要是保护社会公众投资者的利益，对财务报告的充分披露要求就会提高，法国和德国会计的近期发展就表现出这种趋向。

（4）在利润分配中是否提留公积

在利润分配中预先提留公积（法定的和任意的）的制度，是欧洲大陆国家会计实务体系中通常的做法，而且在世界范围内还有着重大的影响；在美英会计模式中，企业对于因特定目的而需要保存一部分留存收益不作分配时，只能是暂时的，不能提留永久性的公积，这种留存收益的暂时分拨（appropriation）在特定目的达到或不再需要时，应立即转回留存收益（未分拨的），供利润分配之用。这种做法当然也是立足于维护公众投资者利益的。

综上所述，美英会计模式为一方与欧洲大陆会计模式为另一方，其差异不是在短期内就能趋同的，连同受其不同程度的影响和交叉影响在内的国家，形成了当前全球范围内形形色色的国别会计实务体系。如第1章所述，随着欧洲大陆国家资本市场的国际化和欧洲跨国公司面向全球的兼并浪潮，我们也不能忽视美英会计模式与欧洲大陆会计模式的国际趋同趋向。

4.4.2 欧盟在两大会计模式趋同化中的作用

这里特别要提出的是欧盟在地区会计趋同化中的重大作用。我们已多次提到欧盟第4号、第7号（乃至第8号）指令在推动欧盟各成员国会计的国际趋同化中的影响，尽管各国在接受和执行的程度上还有差别。特别值得我们重视的是：英国作为欧盟的成员国，其会计模式对欧洲大陆国家会计实务体系的影响和掺和作用。第4号指令把英国会计模式的“真实和公允”观念引入欧洲大陆国家，是一件具有深远影响的大事，随着时间的推移，在以美英会计模式为一方、欧洲大陆会计模式为另一方的两大会计模式的趋同化进程中，这种影响将越来越被人们所认识。

4.5 捷克会计实务体系的特征

我们选择捷克作为经历了具有历史意义的政治骤变的东欧国家代表，来考察其会计实务体系的变革①。

4.5.1 历史性的变革

捷克正处在由集中的计划经济向完全的市场经济的转型之中。第二次世界大战结束以前，捷克（当时捷克与斯洛伐克是一个国家）的会计实务受德国模式的影响。第二次世界大战结束后，1946年共产党上台执政，随着集中计划经济的建立，会计实务转向苏联模式，即集中的计划经济模式。政府部门出于集中管理上的需要，通过统一的会计账户表、详细规定的会计方法以及统一的财务报表等手段，要求所有企业必须遵从。财务报告以生产报表为核心，成本计算强调以实际成本为基础，统一的财务和成本制度采用统一的历史成本计价。但是，价格是通过计划确定和严格管制的，并不反映供给和需求的市场经济关系，计划定价的依据一般是“成本加成法”，企业如果亏损则由政府弥补，企业在经营管理上缺乏自主权，会计的作用非常有限，企业的财务信息视为国家机密，财务报表从来不公布，只接受国家的检查监督，从来不进行独立审计。

1989年共产党政权解体后，捷克斯洛伐克快速走向市场经济。1993年，捷克斯洛伐克分解为两个国家——捷克共和国和斯洛伐克共和国，和平分解并没有在政治和经济上产生太大的影响。

1989年以来，捷克斯洛伐克和分解后的捷克政府（和斯洛伐克政府）很快调整了法律和管理结构，以刺激经济和吸引外资，并取消了价格管制；重新制定了《商法》和《会计法》，以适应市场经济和推行西方的准则，会计重新转向西方。1993年，布拉格证券市场开始正常运作。有评论者认为，这些变革并不是在寻求新的东西，而更像是恢复到第二次世界大战以前的情况②，那时，捷克斯洛伐克的资本主义经济就相当发达了。在东欧国家中，捷克（和斯洛伐克）的经济发达水平相对来说还是较高的。

捷克经济的私有化包括：向原业主归还产权，通过公开拍卖的方式将20 000多家商店、饭店和其他小型企业出售给捷克公民，以实现小型经济私有化；为实现大型经济的私有化，捷克创新地采用了一种订购凭证制度，允许成年的捷克公民按照面值购买投资凭证，这些凭证可用来获取宣布私有化的大型工业企业的股份。以后又有将近1 600家捷克公司在布拉格股票交易所上市，这个数字在国际金融公司

---

① 我国从集中计划经济体制向社会主义市场经济体制的转型，是在中国共产党改革开放的战略方针的指引下渐进地分阶段进行的，并已取得了举世瞩目的成就。这与东欧各国经过政治骤变和苏联经过政治上的解体而实现的变革是不同的，是转型期国家的另一类型的范例。当前西方出版的《国际会计》教科书对此也作了评述，尽管我们读来有失之偏颇之感，但也值得参阅。而本节对捷克的经济体制和会计实务体系的变革的评述，也可供我们在我国的经济体制改革和会计改革进程中借鉴。

② Willie Seal, Pat Sucher, Ivan Zelenka, “The Changing Organization of Czech Accounting”, European Accounting Review 4, No. 4, 1995, p. 667.

排列的27家新兴的股票市场中，仅次于印度。① 此外，捷克公司正越来越多地利用国际资本市场来筹集资本性投资。

1995年，捷克成为“前共产主义国家”参加经济合作与发展组织（OECD）的第一个成员国。2004年5月1日，捷克已成为欧洲联盟的完全成员国。

4.5.2 变革后规范会计实务的法律体系

1）商法

捷克的法律在历史上即源自欧洲大陆的成文法系，以民法典系统为基础。1991年捷克斯洛伐克议会通过了新的《商法》，从1992年1月1日起施行。分解为两个国家后，在捷克和斯洛伐克继续有效。新《商法》以德国的商法为模式，引进了一大批与企业有关的立法。这些立法中包括对年度财务报表、所得税、审计和公司股东大会的要求。

2）会计法

《会计法》于1991年通过，自1993年1月1日起生效，它为会计设定了要求。基于欧盟的第4号指令，该法规定运用统一的账户表进行会计记录和编制财务报表。统一账户表在捷克并不新奇，因为在集中计划经济体制下也要求运用。新的统一账户表是以法国的统一会计方案为蓝本的，接受了来自法国经济与财政部及会计职业界的帮助。

财政部负责会计原则的制定。以财政部令的形式发布公认的计量和披露实务标准，企业必须遵从。因此，捷克的会计实务同时受到《商法》、《会计法》和财政部令的影响。股票交易的影响至今还相当小。

此外，尽管其《商法》源于德国，但对税法并不具有直接的影响。《会计法》中的“真实和公允”观念来自欧盟第4号指令②，这就意味着纳税和财务报表所要求的会计处理不完全相同，这又有别于以税务为导向的法国会计模式。

3）审计师法

审计由《审计师法》规范，该法于1992年通过。根据该法成立了审计师协会（Chambers of Auditors），负责审计师的注册、教育、考试和惩戒以及制定审计准则和审计实务规范，如审计报告的格式等。所有的股份公司（联合股份公司）和大型的有限责任公司（上年营业额超过4 000万捷克克朗，或净资产超过2 000万捷克克朗的有限责任公司）都要求进行年度报表审计。审计是为了证实账目的处理符合适用的法令（合法性），以及财务报表真实、公允地反映了该公司的财务状况和经营成果（公允性）。

---

① The Economist, July 26, 1997, p. 90.

② Pat Sucher, Whillie Seal, Ivan Zelenka, “True and Fair View in the Czech Republic: A Note on Local Perceptions”, European Accounting Review 5, No. 3, 1996, p. 551.

4.5.3 新组建的会计职业界

如上所述，捷克的审计师协会是根据《审计师法》成立的。由于这些审计师要独立地承担审计业务，其专业胜任能力的培训和提高是十分迫切的。此外，捷克还组建了会计人员联合会，其成员主要是在企业或公共部门工作的会计人员。

4.5.4 其他重要特征

1）捷克的财务报告，在资产负债表和损益表之外，对“附注”有明确的披露要求。附注应包括对会计政策的描述以及与评价财务报表相关的其他信息。后者的例子如职工信息、分部收入和或有项目。此外，附注还必须包括现金流量表。一般地说，无论公司是否在布拉格股票交易所上市，对它们的基本要求是相同的。但小型公司和其他企业可以简化披露并且无需审计。财务报表需提交公司的年度股东大会批准。

2）对合并财务报表的编制要求，遵从欧盟的第 7 号指令。因企业合并或私有化而产生的商誉，规定在 15 年内摊销。对联营公司采用权益法会计。

3）研究和开发成本只有与已经成功完成的项目有关并且能产生未来收益的，才可以资本化。租赁资产一般不予资本化。递延所得税仅仅在会计折旧与税法折旧存在差异时，才予以确认。可以为已知的或预计将发生的损失或风险（如坏账）提取准备。

4）要求在利润分配中先提取法定公积：按年从盈利中计提，直至股份公司达到其权益的 20%、有限责任公司达到其权益的 10% 为止。任意公积提取与否及提取比例，由公司董事会决定。

综上所述，可以把捷克的会计实务体系，归属于欧洲大陆模式，变革后的东欧各国会计也都可以归属于欧洲大陆模式，并且紧随欧盟积极与国际准则趋同的步伐。前苏联解体后的俄罗斯联邦和独联体各加盟共和国的会计实务体系，一般地说，也比较接近欧洲大陆会计模式，俄罗斯的大型公司已开始采用 IFRS，国家杜马还通过决议，要求那些采用美国 GAAP 的大型公司从 2008 年起采用 IFRS。

4.6 墨西哥会计实务体系的特征

在发展中国家中，墨西哥属于经济比较发展的国家，在西班牙语国家中，它人口最多，也是拉丁美洲第二人口大国（次于讲葡萄牙语的巴西），从 20 世纪 30 年代以来，保持着比较稳定的政局。

4.6.1 墨西哥的经济环境及其对会计的影响

20世纪30年代以来，墨西哥面临着严重的经济衰退和通货膨胀，1994年比索（墨西哥货币）贬值后，1996年经济开始复苏。

墨西哥主要是自由市场经济：政府拥有或控制的公司在石油和公用事业中占主导地位，而私人企业则在制造、建设、采矿、娱乐和服务行业中领先。近年来，政府还对其在非战略性行业持有的股份进行了私有化。像大部分拉丁美洲国家一样，10年来的自由化改革有助于降低通货膨胀率，提高经济增长率，并奠定更为健康的经济基础。改革包括取消保护主义的贸易壁垒，对外开放以吸引外国投资，以及签署地区性的贸易协定。对墨西哥而言，重要的协定是1994年与美国和加拿大签订的北美自由贸易协定（NAFTA）。美国在墨西哥的进出口中占了3/4，在所有外国直接投资中占了约60%。[①]

家族控制的企业集团主导着墨西哥的私营经济，在一定程度上限制了经济的发展。墨西哥的股票市场也比较小，因为企业宁愿通过举债，而不愿通过发行股票来筹集权益资本。然而，这种趋势正在改变，越来越多的墨西哥企业开始进入美国的资本市场。

由于家族控制的企业占主导地位，墨西哥公司对自己的信息保密。墨西哥会计的另一个重要特点是，为应对通货膨胀而运用综合的一般物价水平会计。

美国对墨西哥经济的影响扩展到会计领域。许多墨西哥会计职业界的早期领导人都是凭借"美国会计"成长起来的。美国的教科书和专业文献（英文原版或翻译成西班牙语）在会计教育中广泛运用，并作为会计问题的指南。北美自由贸易协定加速了墨西哥、加拿大和美国职业会计机构更加密切合作的趋势。如今，这三个国家的会计准则制定机构（墨西哥注册会计师协会、加拿大特许会计师协会和美国财务会计准则委员会）正在尝试尽可能协调一致地开展工作。

4.6.2 由注册会计师协会制定会计准则和审计准则

墨西哥的《商法》和《所得税法》要求保持综括的会计记录，并据以编制财务报表，但它们对财务报告的影响一般很小。在墨西哥，墨西哥注册会计师协会发布会计准则和审计准则，会计准则由该协会下属的会计原则委员会制定；审计准则则由它下属的审计准则与程序委员会制定。墨西哥注册会计师协会作为全国和其他

① U. S. Department of State, "Background Notes: Mexico", April 1997, p. 6.

地方注册会计师协会的联合会，是一个独立的、非政府的专业协会。墨西哥的会计职业成熟、有组织，并受到企业界的高度重视。

尽管法律制度建立在民法的基础上，但墨西哥的会计准则制定采取的是美英模式，而不是欧洲大陆模式。准则制定程序很完善，准则最终完成之前，要发布“建议准则”的征求意见稿，以供审核和听取公众的评论。政府承认会计准则的权威性，这主要来自全国证券委员会，它负责管理墨西哥股票交易所。墨西哥的会计原则对公司的大小并无区分，因而适用于所有的企业单位。在某些情况下，全国证券委员会针对上市公司发布规则，以限制公认会计原则中的一些特定选择。

关于编制财务报表及进行审计的要求，因公司的类型和规模而异。所有按墨西哥法律组建的公司都必须聘任至少 1 名法定审计人员就年度财务报表向股东出具报告。法定审计人员不一定必须是注册会计师，但当公司使用独立审计人员时，一些会计师事务所的成员则经常去充当法定审计人员。达到特定标准的公司或合并集团每年必须向财政部的联邦税收审计司提交纳税申报审计报告。该报告包括已审计的财务报表、附表和由审计人员出具的表明在遵守税法方面没有发现异常情况的说明。这项审计必须由墨西哥注册会计师执行。最后，在墨西哥股票交易所上市的公司必须向交易所和全国证券委员会提交经墨西哥注册会计师审计的年度合并财务报表。

4.6.3 财务报告接近美英模式

从 1990 年起，墨西哥公司的会计年度必须与日历年度相一致，还必须编制比较合并财务报表，包括：（1）资产负债表；（2）收益表；（3）股东权益变动表；（4）财务状况变动表（现金流量表）；（5）附注。

财务报表必须对通货膨胀作出调整。该项调整的影响列示在股东权益变动表中。财务状况变动表的格式与现金流量表类似，它分为经营活动、投资活动和筹资活动三个部分。但是由于它也是按照不变比索编制的，因而所得出的“现金流量”并不代表在历史成本会计下所理解的现金流量。

附注是财务报表（审计报告所涵盖的）不可分割的部分，内容比较广泛。墨西哥的财务报表基本上体现了充分披露的要求，从总体上来说，是以“公允表述”为导向的。

【小资料 4—4】

墨西哥财务报告附注要求披露的内容

（1）公司的会计政策；

（2）重大的或有事项；

（3）巨额资产购买或租赁合同下的承诺；

（4）长期债务和外币风险的细节；

（5）股利的限制；

（6）担保；

（7）职工养老金计划；

（8）关联方交易；

（9）所得税。

资料来源 Pricewaterhouse，“Doing Business in Mexico”，Pricewaterhouse World Firm Services，BV 1995，p. 125.

4.6.4 其他重要特征

1）墨西哥采用一般物价水平会计。对非货币性资产的历史成本，采用按照全国消费物价指数（NCPI）推导的数据算出的现行购买力比索进行重新表述。股东权益的组成项目也采用NCPI进行重述。持有货币性资产和负债的利得或损失包含在当期收益中并用不变比索表述，使之与存货和固定资产的处理一致。

2）会计惯例多数与美国基本上相同，如合并财务报表的编制、外币折算方法、研究和开发支出费用化、融资租赁区别于经营租赁、或有损失在很可能发生和可以计量时应予计提、采用负债法处理递延所得税、运用保险统计的计算方法预提养老金负债等等。这一方面有地理环境与美国接壤和密切的贸易、投资关系等因素的影响，另一方面也与墨西哥的经济发展水平与发达国家相比差距较小有关。

3）但是，在利润分配上，墨西哥却与欧洲大陆国家相似，要求每年应先按净收益提取5%的法定公积，直到达到外发股本的20%为止。

4.7 发展中国家会计实务体系的一般特征

关于发展中国家的较全面而简括的定义是：“正在力求通过工业化开发其资源的贫穷或非工业国家。”① 遍布在非洲、亚洲和拉丁美洲，习惯上也统称为第三世界国家。

4.7.1 发展中国家的现状

在发展中国家中，其贫困落后的程度与发展本国经济的努力和成就，有着显著的差别。例如，非洲大陆撒哈拉沙漠以南的许多国家、南亚的孟加拉国、拉美的格

① 这是Collins dictionary中所下的定义，转引自Steve Lawrence，International Accounting. International Thomson Business Press，1996，p. 195；大连，东北财经大学出版社，影印版，1998。

林纳达等，是世界上最贫穷的地区和国家；而盛产石油的中东国家、东南亚各国、中国、拉美的墨西哥和巴西等国，则在不同程度上不那么贫穷，有些在工业化和发展本国经济中获得了较好或突出的成就，被列为“新兴的工业化国家”①。从总体上看，发展中国家的国内生产总值（GDP）的增长率远高于发达国家，但有一些发展中国家（主要在非洲）则政局不稳，甚至内战不断，民不聊生，满目疮痍。一般地说，就发展本国经济而言，它们都面临着不同程度的人口压力、环境污染压力以及政治上效率低下（甚至腐败）的压力，面对着基础设施落后以及资金和技术力量不足的困难，有的还陷入币值不稳和高通货膨胀以及财政赤字扩大和内债外债沉重的困境。而实行经济改革和对外开放，利用外国资本和技术来推动本国经济的发展，则是发展中国家普遍采用的政策。另一方面，为了谋求第三世界的共同利益，抗御发达国家掠取过高的投资和贸易利润，发展中国家正在联合起来进行斗争，以谋求建立公平公正的国际经济新秩序。

【小资料 4—5】

亚洲发展中国家与发达国家 GDP 增长的对比

亚洲金融危机爆发前，具体来说在 1994—1996 年间，是亚洲发展中国家经济发展的黄金时期，令全世界为之瞩目。表 4—3 展示了有关这三年 GDP 增长情况的对比。金融危机过后，一般地说，许多亚洲国家还是保持着较高的经济增长率。

表 4—3　　GDP 增长率的对比（%）

年度	发达国家			亚洲发展中国家	全世界平均
	北美	欧盟	日本		
1994	4.1	2.8	0.7	8.6	3.7
1995	3.6	3.2	2.1	7.6	3.8
1996	3.5	3.1	缺	7.3	4.2

资料来源　Deloitte & Touche Review, 18 Septernber 1995, pp. 1 ~ 2。转引自 M. Zafar Iqbal, Trini U. Melcher, Amin A. Elmallah, International Accounting. South-Western College Publishing, 1997, p. 531；大连，东北财经大学出版社，影印版，1998。

4.7.2 发展中国家会计实务体系的一般特征

由于发展中国家的经济发展水平和面临的问题存在着很大差别，很难全面地描述它们的会计实务体系的共同特征，但还是能比较概括地提出一些共同的基本特征的。

① 例如，亚洲的新加坡、韩国和中国香港、中国台湾地区被称为亚洲经济发展中的“四小龙”，新加坡现已进入发达国家的行列，中国和墨西哥等也被列为新兴工业化国家。近年来，中国、印度、巴西、俄罗斯被西方国家称为新兴国家中的“金砖四国”。

1）会计实务体系处在不断变革之中，许多国家称之为会计改革，它是整个经济改革的重要一环。

2）各国的会计实务体系，一方面受到历史传统的影响，特别是独立后的前殖民地国家受其原先的殖民统治者的会计实务的影响。例如，非洲的前法国殖民地，拉美的前葡萄牙、西班牙殖民地，英联邦中的前大英帝国殖民地；再如，从集中计划经济转变为不同的市场经济制度的国家，在会计变革中，仍然留有历史传统的烙印。而另一方面，由于改革开放，又不可避免地受到主要投资来源国的会计影响，在向世界全方位开放的国家，欢迎国际会计趋同化，以利于吸引外资、到国际金融市场融资和参与国际经济交流合作。

3）在改革开放的进程中，在不同程度上涌现出现代化的大型企业，其中不少是外商投资企业（包括跨国公司投资的子公司和合资公司），这与广大的、在技术装备和经营管理上陈旧落后的中、小型企业形成很大的反差，不得不在不同程度上对它们的会计实务作出不同的要求。

4）鉴于发展中国家的政治多数倾向于集权制，会计规范大都采取政府法规和准法规的形式，同时，由于会计职业界力量相对薄弱，除极少数国家（如上节介绍的墨西哥）外，难以由民间机构制定会计准则，许多发展中国家基于改革开放的要求，援用国际会计准则，或是在参照国际会计准则的基础上制定本国的会计准则。

5）在编制财务报表中“保密”观念和充分披露的要求相矛盾，政府干预在不少国家比较严重，“合法性”一般高于“公允性”，这种现象随着市场经济的发展，特别是货币市场和资本市场的发展将逐渐淡化。不同国家市场经济发展的不同水平，形成了发展中国家会计实务体系的差别的重要标志。

6）强调实际成本计算，倾向于尽可能不确认未实现损益。

7）在利润分配中，大多数国家倾向于欧洲大陆模式，规定必须先按净利润的一定比例提取法定公积，直至达到企业资本的一定比例为止。其目的是把一部分财力持续保留在公司内。

4.7.3 发展中国家当前会计实务中的独特问题——通货膨胀会计

如前所述，许多发展中国家都经历了或仍面临货币严重贬值的高通货膨胀的困扰，且不论非洲一些战乱频繁的国家，像拉美的大国如巴西、阿根廷、智利等都不例外，它们的通货膨胀率都曾高达三位数。通货膨胀会计成为这些国家会计实务的独特问题。[①]

① 虽然在20世纪70年代发达国家也经历了持续物价上涨的年代，那时物价变动会计也是会计实务中面临的一大问题。但80年代中期以后，发达国家的物价上涨率大幅度回落，有关物价变动的会计准则大都停止施行了。

发展中国家采用的计量通货膨胀影响的方法，一般都采用一般物价水平会计，而保持历史成本的计量属性，也就是按货币的现行购买力水平（利用政府公布的物价指数）来对按已经贬值的货币购买力进行调整。这种调整不稳定的币值的想法，与有些国家的确是因为通过多发（甚至滥发）货币来弥补巨额财政赤字而导致物价全面上涨的现实环境相吻合，并且由于依然不改变财务报表项目的历史成本计量属性，易于为会计人员和社会所理解。

在实务中，这种以一般物价水平为基础，调整历史成本财务报表的做法，不同国家各有别具匠心的设计。例如，通货膨胀会计的巴西模式，就被国际会计界广为赞许。①

讨论题

4.1 为什么说日本会计的发展是缓慢的？这是由于哪些因素而形成的？

4.2 日本的会计实务基本上服从法律要求，你怎样理解这种“三角法律体系”的关系？

4.3 荷兰的《年度报表法》对荷兰会计实务体系带来哪些重大变化？它还具有什么突出的独特规定？

4.4 在诺比斯的会计模式分类中，荷兰会计被列为以微观为基础、注重理论的典型代表。对此，提出你的评论。

4.5 在诺比斯的会计模式分类中，瑞典会计被列为以宏观统一为基础、根据经济学理论的典型代表。对此，提出你的评论。

4.6 你是否认为当代发达国家会计实务体系，存在着美英模式和欧洲大陆模式的并立？按照你的观点，其主要差异在哪些方面？有没有趋同化的可能性？

4.7 从捷克的会计实务体系中，你对从集中计划经济转向市场经济体制国家的会计变革有什么体会？

4.8 试论墨西哥会计实务体系的特征。为什么可以把它归入美英会计模式？

4.9 你对本章中归纳的发展中国家会计实务体系的一般特征是否赞同？有什么修正或补充？

练习题

4.1 以下是一份假设的企业资产负债表和损益表的有关数据（单位：千元）：

流动资产总额	142 000	流动负债总额	100 000
资产总额	212 000	负债总额	158 000
扣除利息的税前利润	76 000	利息支出	28 000

（1）请分别计算：流动比率；资产负债率；利息保障倍数。

（2）试分别根据美国和日本的商业惯例，就这些比率反映的举债经营程度和对偿债能力的判断，作出评论（包括其背景）。

4.2 对比法国、德国、荷兰、瑞典这四个欧洲大陆国家的会计实务体系，列出其异同点。

4.3 根据本章中归纳的发展中国家会计实务体系的共同特征，就我国会计改革的现状，写一篇短文，论述我国与这些共同特征的异同之处，以及在此之外独具的特征。

① 可参阅常勋：《国际会计》，5版、6版，厦门，厦门大学出版社，2006、2008。

第5章 国际会计协调化和趋同化

学习目标

5.1 国际会计协调化和趋同化的含义

5.2 致力于国际会计协调化和趋同化的六个主要国际组织

5.3 联合国会计与报告国际准则政府间专家工作组的协调化和趋同化活动

5.4 欧洲联盟：推动会计协调化和趋同化最具成效的区域性国家联盟

5.5 经济合作与发展组织关于跨国公司会计和报告的指南

5.6 证券委员会国际组织的协调化活动

5.7 国际会计师联合会及国际审计准则

5.8 推动国际会计协调化的其他职业界国际组织

讨论题

练习题

学习目标

通过本章学习，既要求读者深刻领会国际会计协调化的含义和迈向趋同化的强劲趋势，也要求读者了解各种国际性政府间机构（如联合国会计与报告国际准则政府间专家工作组、经济合作与发展组织会计工作组）、区域性国家联盟（如欧洲联盟）、官方机构国际组织（如证券委员会国际组织），以及民间国际组织（特别是会计职业界的国际组织，如国际会计师联合会和国际会计准则委员会以及区域性会计师联合会等）对国际会计协调化和趋同化所作的努力和成果。本章介绍除国际会计准则委员会以外的各主要国际组织，第6章将专门介绍国际会计准则委员会及国际会计准则。

在前两章阐述比较会计模式时，我们既介绍了各国会计实务体系的基本特征和差异，又注意描绘了各国间会计协调化和趋同化的趋势。国际会计协调化与各国会计本土化之间的矛盾，一向是鼓吹国际会计协调化和持保留观点的人们之间的争论。然而，从20世纪80年代至90年代以来，随着国际货币市场、资本市场的壮大及跨国经营特别是跨国投资、筹资活动以及各国政府间的经济、技术合作的发展，会计作为国际通用的商业语言，其趋向于协调的要求，也与日俱增。在世纪之交，协调化已经成为时代的强音，并迈向趋同化，我们在第1章中就着意指出了这是“大势所趋”。本章在进一步论述国际会计协调化和趋同化的含义后，将着重介绍重要的国际组织所进行的会计协调化和趋同化努力，这些努力一方面顺应了时代的潮流，另一方面也的确加速了协调化迈向趋同化的进程。

5.1 国际会计协调化和趋同化的含义

5.1.1 对协调化的各家之说

C. W. Nobes（诺比斯）在他和R. H. Parker（帕克）合著的《比较国际会计》第1版（1981）中认为：国际会计协调是指“通过对会计惯例的差异程度加以限制从而增加其可比性的过程”。① 直至第7版（2002）、第8版（2004），仍沿用这个定义。

L. S. Arpan（阿潘）和L. H. Radebaugh（拉德波夫）认为（1981）：“协调就是一种缩小各种标准和实务差异以形成一套严密的可接受的标准和惯例的过程。”②

J. M. Samuels（萨缪尔斯）和A. G. Piper（皮佩）在其合著的《国际会计：评论》（1981）中则写道：“协调就是意图归纳不同的制度，是把多样化的实务并入和组合成能产生共同协作结果的有序结构的过程，是减少差异的过程。可比性、标准化或统一性与协调化是不同的概念。”③

F. D. S. Choi（崔）、C. A. Frost（福罗斯特）、G. K. Meek（米克）在其合著的《国际会计》第3版中下了一个浅显简括的定义：“协调化是对会计实务的差异设定限度，以增加其可比性的过程。”书中继续写道：“协调后的准则减少了逻辑上

① ［英］C. W. Nobes、R. H. Parker：《比较国际会计》，黄世忠、陈箭深等译，中文1版，414页，北京，中国商业出版社，1991。
② ［美］L. S. Arpan、L. H. Radebaugh:《国际会计与跨国公司》,陈颖源等译;转引自常勋等:《国际会计》(《会计大典》第七卷),92页,北京,中国财政经济出版社,1999。
③ J. M. Samuels，A. G. Piper，International Accounting：Survery；转引自常勋等：《国际会计》，92～93页，北京，中国财政经济出版社，1999。

的冲突，并改进了不同国家间财务信息的可比性。”① 在2002年第4版中仍使用这个定义，但略去了引述的对可比性的诠释，改为讨论“标准化”与“协调化”这两个不尽相同的术语。

综合以上的引述，可以归纳出以下几个层面的观点：

（1）协调化是一个过程；

（2）协调化是限制和缩小会计差异的过程；

（3）协调化是形成一套可接受的标准（准则）和惯例的过程；

（4）协调化是能产生共同协作结果的有序结构的过程；

（5）协调化是促进各国会计实务和财务信息的可比性的过程。

协调化的作用在于：

（1）各国会计准则和惯例的协调化将有助于进行国际商贸与经济合作活动；

（2）国际会计协调化促进了外国企业在国际货币市场融资，特别是在国际资本市场发行证券时需提供的财务报表的可比性；

（3）各国会计的协调化有利于跨国投资，便于跨国公司合并其分布在世界各地的子公司的财务报表。

5.1.2 协调化与可比性、标准化、统一性和趋同化

对会计“协调化”的表述，经常涉及“可比性”、“标准化”乃至“统一性”这些概念，近年来，又广泛使用“趋同化”这一概念。

“协调化”和“标准化”这两个术语，人们在习惯上也会交替地加以使用，“标准化”又往往与“统一性”连在一起。因为标准化常常意味着要求执行非常严格的选择范围很小的规定，甚至可以在所有情况下执行单一的规定或准则。可以这样认为，标准化很难容纳国别差异，这在当前还是难以做到的，更不用说统一性了；而协调化则富有弹性和开放性，它是一个调节国别会计差异的过程，而随着协调化的进展，国别差异将不断缩小并在某些方面消失。至于最近被广泛使用的“趋同化”这个词，可以理解为标准化迈向统一性的接近程度。这些词常用来描绘各国会计惯例通过国际会计准则的制定和推行日渐“趋同”，以最终实现“统一”的目标。

财务报表（其提供的财务信息）的可比性是比协调化更明确的概念。只要财务报表的使用者能在不导向错误决策的前提下分析和利用这些信息，这些信息就是可比的。因此，可比性容许一定限度差异的存在，但要求对这些差异进行调节而使所提供的信息可比，所以，信息的可比性常用来解释会计协调化。反过来说，会计协调化的结果最直接的表现就是所提供的财务信息的可比性，对国际会计协调化的

① F. D. S. Choi, C. A. Frost, G. K. Meek, International Accounting, 3rd Edition. Englewood Cliffs, NJ: Prentice Hall Inc., 1999, p. 248.

最直接的要求也就是国际财务报告的可比性，这正是国际资本市场和货币市场所要求的。这里，“趋同化”常用来表达高度的可比性。

根据以上的评述，可以认定，在20世纪80年代至90年代中期，“标准化”、“统一性”和“可比性”与“协调化”是不同的但相关的概念。但作者认为，这种论断不是绝对的和一成不变的，协调化的含义之所以富有弹性，正是因为在不同时期的不同国际环境条件下，协调化可以有不同的含义，“趋同化”概念正是在这样的背景下被广泛使用的。回顾过去40年间国际会计准则（IAS）的开发过程，可以说是最具说服力的例证。

综上所述，会计的国际协调化主要表现在：

（1）国际准则和国家准则（包括会计准则、审计准则）的协调化，这也是协调化的远期目标。

（2）国际货币市场，特别是国际资本市场对贷款和证券上市的财务信息披露要求的协调化，这应该是协调化的近期目标。

5.2 致力于国际会计协调化和趋同化的六个主要国际组织

国际会计协调化和趋同化（会计的国际协调化和趋同化）是通过各种国际性政府间机构、区域性国家联盟以及官方机构国际组织、民间国际组织或专设机构来推动的。它们的努力和共同合作，在不同领域和不同程度上取得了重大的成果。

推动国际会计协调化和趋同化的六个主要全球性国际组织是：

（1）联合国会计与报告国际准则（ISAR）政府间专家工作组；

（2）欧洲联盟（EU，其前身为欧共体）；

（3）经济合作发展组织（OECD）会计工作组；

（4）证券委员会国际组织（IOSCO）；

（5）国际会计师联合会（IFAC）；

（6）国际会计准则委员会（IASC）。

在以上的国际组织中，联合国会计与报告国际准则政府间专家工作组现实际上只是一个权威性的国际论坛；欧盟是致力于区域性协调的最有力的国家联盟；经济合作发展组织是代表发达国家利益的，这当然决定了其会计工作组的立场；证券委员会国际组织是各国证券监管官方机构的国际组织；国际会计师联合会和国际会计准则委员会是会计职业界的民间性质的国际组织，前者先后设立了国际审计实务委员会（IAPC）、国际审计与鉴证准则委员会（IAASB），负责制定国际审计准则，后者作为前者的团体会员，独立承担了制定国际会计准则的任务。

本章将依次介绍(1)～(5)这些国际组织致力于国际会计协调化的情况，并在第6章专门介绍国际会计准则委员会及国际会计准则。

5.3 联合国会计与报告国际准则政府间专家工作组的协调化和趋同化活动

20 世纪 70 年代初，在成员国（主要是发展中国家）的强烈要求下，联合国开始参与国际会计协调化。这一方面是由于国际经济、技术合作的发展，要求各国的会计实务和财务报告能提供比较协调一致的可比信息；另一方面，则由于以发达国家为母国的跨国公司向发展中国家的扩展，越来越影响这些东道国的经济和政治利益，发展中国家普遍要求对跨国公司经营活动加强管制以保护东道国的利益，从而也就日益关注跨国公司应予公布的报告资料。1973 年，联合国秘书长应经社理事会（ECOSOC）的要求，任命了一个权威人士小组，负责研究跨国公司对世界发展和国际关系的影响。

5.3.1 跨国公司行为规范中的会计披露要求

该权威人士小组在 1974 年报告中建议，在经社理事会所属的政府间组织“跨国公司委员会（TNC）”的赞助下，定期召开专家小组会议，研究和制定标准化的会计和报告规则。1976 年，由联合国秘书长任命了会计和报告国际准则专家组，对跨国公司“行为规范（code of conducts）”中有关会计准则部分进行研究，并在次年提交了《跨国公司会计和报告国际准则》的报告。但这个报告在 1978 年提交跨国公司委员会讨论时，未获通过，其主要理由是该专家组的成员不是各自国家的政府代表。因此，在 1979 年，联合国又成立了有 34 个成员国代表参加的会计和报告国际准则特设政府间专家工作小组，并同意国际会计准则委员会、国际会计师联合会、国际自由工会联合会和国际商会派来观察员。它在 1982 年提交了一份名为《跨国公司行为规范中的会计披露要求》的重要报告，要求跨国公司向经营活动所在国的公众披露有关组织结构、政策、业务活动和经营情况的清楚、充分和全面的既包括财务项目也包括非财务项目的信息，并采取常规的年报形式。

【小资料 5—1】

跨国公司行为规范中的会计披露要求

跨国公司应通过适当的传递方式，向经营活动所在国的公众披露有关组织结构、政策、业务活动和经营情况的清楚、充分和全面的信息。披露的信息应包括财务和非财务项目，采取常规的年报形式，通常应在财务年度结束后的 6 个月，并在任何情况下不得超过 12 个月的期限内提供。此外，在财务年度之内，跨国公司在适当的情况下，应提供半年财务信息的概要。

（1）在适当的情况下，将予披露的年度财务信息应该采用合并报表的形式，并附加合适的说明附注，而且至少应包括：①资产负债表；②收益表（包括经营成果和销售收入项目）；③净利润或净收益分配表；④资金来源与运用表；⑤重要的长期性新资本投资；⑥研究和开发支出。

（2）非财务信息至少应包括以下各项：

①跨国公司的组织结构，注明母公司的名称与所在地，它的主要子公司以及在子公司中的直接或间接控股比例，包括子公司相互间持有的股份；

②子公司的主要业务活动；

③包括平均职工人数的就业信息；

④编制与合并所公布的信息时使用的会计政策；

⑤制定内部转让价格采用的政策。

（3）在可行情况下，跨国公司作为一个整体所提供的信息应按照下列标准分解：

①根据适当地理区域或国家列示主要子公司的业务活动、销售收入、经营成果、重大的新投资项目和职工人数；

②根据主要生产行业列示销售收入和重大的新投资项目。

分解的方法以及所提供信息的细节，应依据跨国公司经营活动的性质、规模和内部关系来决定，同时应充分考虑它们对有关地区或国家的重要意义。

提供信息的范围、详细程度和次数，应该考虑到跨国公司作为一个整体的性质与规模、保密要求、对跨国公司竞争地位的影响，以及提供信息所需的费用。

必要时，以上要求的信息应该是在跨国公司经营活动所在国的法律、规章和行政惯例所要求的信息之外的。

5.3.2

IASR 政府间专家工作组的活动——作为权威性的国际论坛

这份报告基本上体现了跨国公司对外报告的国际惯例，但是，这个特设工作小组未能就联合国对会计领域的未来工作提出一致的建议。1982 年，经社理事会经大多数成员建议重新建立了常设的会计与报告国际准则（ISAR）政府间专家工作组，每年定期举行会议。根据跨国公司委员会的建议，会议只是回顾会计领域的发展，而不是制定会计准则。这样，联合国就不打算采用由它来设立机构制定准则并强制推行的方式，而只是“积极协助各国、各地区开展和完善……会计和报告准则的制定工作”。这个常设的政府间专家工作组也采取自愿参加的原则，至 2007 年已召开过 24 届会议。在 2006 年的第 23 次会议上，共有西欧国家、日本、俄罗斯、中国和许多第三世界国家在内的 65 个国家参加，在 2007 年的第 24 次会议上，共有 62 个国家参加，美国、英国、加拿大、澳大利亚等 4 个国家只是作为观察员出席，此外，国际会计准则委员会、国际会计师联合会等国际组织和欧盟的代表也作为观察员与会。这一年一度的会议，为交流国际和各国会计领域的工作以及对广泛的会计问题展开讨论，开辟了一个具有权威性的国际论坛，这无疑会推动国际会计协调化和趋同化的进程。然而，其发挥的作用也仅此而已。

进入21世纪以来，ISAR政府间专家工作组特别关注其他组织当时尚未关注的重要问题，如环境会计、会计教育、中小企业会计和公司治理透明度等问题。它还在许多领域实施技术援助项目，如在俄罗斯联邦、阿塞拜疆、乌兹别克斯坦进行的会计改革和重新培训，在讲法语的非洲地区设计和推进的远距离会计业务学习计划等。

5.4 欧洲联盟：推动会计协调化和趋同化最具成效的区域性国家联盟

欧洲联盟（EU）是当今世界上区域经济合作最为紧密并逐步从经济一体化向政治一体化方向发展的重要的国家联盟。它的前身是欧共体（欧洲共同体，EC），由3个独立的共同体于1965年4月根据12国签订的《布鲁塞尔条约》组成，独立的3个共同体为欧洲煤炭钢铁共同体（根据《巴黎条约》于1950年成立）、欧洲原子能共同体（根据《欧洲原子能条约》于1957年成立）和欧洲经济共同体（EEC，根据《罗马条约》于1957年成立）。欧共体的12个成员国是法国、德国、荷兰、比利时、意大利、卢森堡、丹麦、英国、爱尔兰、西班牙、葡萄牙、希腊，前面的6个国家为最早的成员国。根据1991年2月签订的《马斯特里赫特条约》，1993年11月1日，欧共体正式改组为欧洲联盟（欧盟）①，成员国扩大至15个国家，3个新成员国是瑞典、芬兰和奥地利。欧盟正在积极东扩，2004年5月1日，其在东欧发展了塞浦路斯、捷克、爱沙尼亚、匈牙利、拉脱维亚、立陶宛、马耳他、波兰、斯洛伐克、斯洛文尼亚等10个新成员国。2007年1月1日，保加利亚和罗马尼亚正式加入欧盟，成员国增至27个。② 它实际上已包括了美国和日本以外的最发达的资本主义国家。

从1957年签订成立欧洲经济共同体的《罗马条约》开始，它就致力于建立一个包括商品、劳务、资本、人才自由流动的共同市场，为此早就确定了“要求有关各国的法律相互靠拢，并达到能使共同市场有步骤地发挥作用”的原则。1968年的《单一欧洲法案（Single European Act）》确定了消除“确实的、技术上的，或是财政上的”壁垒这一目标。其中，公司法和税法的协调当然占有重要的地位，

---

① 欧盟成员国于1991年12月在荷兰的马斯特里赫特一致同意使欧盟成为更大的经济、货币和政治联盟，包括统一的欧洲货币和更加统一的对外和安全政策。《马斯特里赫特条约》于1993年11月生效，欧共体正式改组为欧盟。

② 此外，对土耳其、塞尔维亚和黑山等国的入盟问题，也在谈判中。截至2009年3月（本书第六版完稿时），上述各国尚未正式加入。

在这方面，也必然涉及各国会计准则的协调。

5.4.1 欧盟的主要机构与立法

欧盟的主要机构是根据 1957 年的《罗马条约》及 1965 年的《合并条约（Merger Treaty）》建立的。根据前者创建了欧洲议会（European Parliament）和审判法庭（Court of Justice）；根据后者创建了单一（涵盖三个独立共同体）的部长理事会（Council of Ministers）及欧盟委员会（European Commission）。

部长理事会是立法机构，收到欧盟委员会的立法提案（proposal）后，部长理事会应先咨询欧洲议会，再制定相关的法律，法律的制定必须在《欧盟条约》的范围以内，并以欧盟委员会的建议为基础。欧盟委员会是行政机构，除负责向部长理事会提案外，它还监督各成员国执行条约的情况。欧洲议会在立法的过程中作为咨询者的角色，但它同时拥有否决法律发布的权力。审判法庭是审理欧盟法律的最高法庭，它同时指导各成员国法庭如何正确解释欧盟法律。

欧盟法律有两个层次：第一层次是基本法律（basic legislation），当成员国接受了基本法律，则意味着它们对相关的国内事务放弃了自主立法权，基本法律直接成为成员国的国内法律。第二层次是次级法律（secondary legislation），需要成员国修改本国的法律，将其引入。

涉及与财务报告相关的欧盟法律（层次）有：

（1）法令（regulation）：属于基本法律，颁布后各成员国必须立即执行。

（2）指令（directive）：属于次级法律，指令提出了目标，包含了多种达到该目标的选择。成员国可以做出最适合本国国情的选择。

（3）推荐书（recommendations）：不具备任何法律效力的文件。

5.4.2 欧盟的公司法指令

公司法指令是依照《罗马条约》第 54 项条款制定发布的，旨在协调各成员国的法律，使其为欧盟的单一市场提供等效的保障（equivalent safeguards）。

在 1968 年 3 月发布的欧共体《第 1 号指令》中已涉及会计问题。它要求公司应当披露认购和核定的资本总额，并提供资产负债表和损益表两种基本财务报表。

欧共体发布的指令中与会计最相关的主要有：1978 年发布的涉及股份有限公司（包括证券公开发行和不公开发行的）年度财务报表和年度报告的《第 4 号指令》①；1980 年发布的涉及公司在证券交易所上市定出正式牌价前应予公开的信息

① 不适用于银行、其他金融机构或保险公司。

细节和范围等的《第6号指令》；1983年发布的涉及公司集团合并财务报表的《第7号指令》；1985年发布的涉及股份公司国际兼并的《第10号指令》。

表5—1简略地列出了欧盟10个公司法指令，需要说明的是表中的“发布时间”指的是欧盟部长理事会采纳的时间，而并非成员国将其引入国内公司法的时间。

表5—1 **欧盟10个公司法指令**

公司法指令	发布时间	立法目的
第1号	1968年	董事和公司
第2号	1976年	最低注册资本，资本保全，私募公司与公众公司的区别
第3号	1978年	公众公司的重组
第4号	1978年	单个公司财务报表的格式与内容，财务信息披露
第5号	未采纳	公司构造
第6号	1982年	公众公司的合并
第7号	1983年	集团会计
第8号	1984年	审计者的资格与独立性
第9号	未采纳	集团内部关系
第10号	未采纳	股份公司的国际兼并
第11号	1989年	外资公司于欧盟成员国国内分机构的信息披露
第12号	1989年	公司章程
第13号	2004年	公司兼并

以上提到，欧盟通过“指令”来协调各成员国的公司法，在于使各国的公司法实现“等效”（而非相同，identical）。因为“指令”旨在提供最小化的协调，其本身包含多样的选择，而选择恰恰反映了各国法律中难以协调一致的部分。因此，尽管各国的会计实务经过了指令（第4号和第7号）的协调，但依然存在着许多不同之处。例如，《第4号指令》允许采用不同的方法对资产进行计量，在将欧共体《第4号指令》引入本国公司法后，英国政府允许公司选择使用历史成本或现值，而法国政府则规定公司只能使用历史成本。

不同的会计实务为在欧盟资本市场上市的公司带来了不便，因为按照各国证券市场的规定，上市公司需要提供按照上市国家会计准则/惯例编制的财务报表。2005年以后，由于整个欧洲的上市公司都必须按照国际会计准则来编制其合并财务报表（见下文），这个问题已得到了根本的解决。在2005年以前，欧盟国家实行的是“互相认同（mutual recognition）”的策略，即鉴于各国的会计实务已经通过欧共体第4号、第7号指令实现了最小化协调，欧洲的任何一个证券市场都将接受按照任何一个欧盟成员国会计准则/惯例编制的财务报表。该策略大大降低了上市公司编制财务报表的成本。

5.4.3 欧盟《第4号指令》的内容概要

鉴于《第4号指令》较全面地描绘出欧洲经济共同体所要求的会计模式的基本面貌，有必要对其作一简略介绍。

欧共体《第4号指令》包括12项62款，其主要内容见小资料5—2中的表5—2。

【小资料5—2】

表5—2　**欧共体《第4号指令》的主要内容**

项（条款）	主要内容简介
（第1款）	该指令的适用范围
第1项（第2款）	年度报表内容的一般规定
第2项（第3~7款）	年度报表格式的一般规定
第3项（第8~14款）	资产负债表的具体格式和内容
第4项（第15~21款）	资产负债表相关事项的具体规定
第5项（第22~27款）	损益表的具体格式和内容
第6项（第28~30款）	损益表相关事项的具体规定
第7项（第31~42款）	计量规划（年度报告的一般原则）
第8项（第43~45款）	年度报表附注的内容
第9项（第46款）	年度报告的内容
第10项（第47~50款）	年度报告的公布
第11项（第51款）	年度报表的审计
第12项（第52~62款）	最后规定（指令执行方式）

资料来源　欧共体《第4号指令》(Fourth Council Directive，78/660/EEC)。

《第4号指令》规定，公司对外应提供的会计信息主要是年度报表，但还应包括年度报告。

1）年度报表包括：(1）资产负债表；(2）损益表；(3）报表的注释。它们应构成一个整体。以下分别加以阐述（见小资料5—3、小资料5—4、小资料5—5）。

【小资料5—3】

资产负债表的结构和内容

《第4号指令》规定，资产负债表可以采用以下两种结构：

(1）按“资产=资本+负债”的会计方程式列示，可以采取账户式，也可以采取报告式。

项目的分类分为大类（A、B、C……）、二类（Ⅰ、Ⅱ、Ⅲ……）和明细（1、2、3……）三级，按与流动程度相反的序次排列（这里，对44个明细项目只是略举一二）：

资产方	负债方
A. 未付认购股本（已催缴未付款的认股款）	A. 资本及公积
	Ⅰ. 认购股本
B. 开办费	Ⅱ. 股本溢价
C. 固定资产	Ⅲ. 重估价准备
Ⅰ. 无形资产	Ⅳ. 公积
Ⅱ. 有形资产	1. 法定公积
Ⅲ. 财务资产（主要指对子公司的投资和贷款）	2. 自有股份公积（自有股份相当于库藏股份）
D. 流动资产	3. 联合协议规定的公积
E. 预付款和应计收入	Ⅴ. 前期损益
F. 财务年度（本年度）亏损*	Ⅵ. 财务年度损益*
	B. 负债与费用准备
	Ⅰ. 退休金或其他类似债务准备
	Ⅱ. 税款准备
	Ⅲ. 其他准备
	C. 债权人
	D. 应计费用和递延收益
	E. 财务年度利润*

*可视各成员国法律规定，或是将本年度亏损额或利润额列示为负债方的AVI；或是将本年亏损额列示为资产方的F，将利润额列示为负债方的E。

(2) 着重反映公司的营运资本（流动资产-流动负债）及从资产总计中减去流动负债的净资产（相当于长期债权人和股东享有的权益）的结构。这一结构只能采取报告式，它类似于英国的财务状况式（financial position form）。以下只列示项目归属的大类：

A. 未付认购股本

B. 开办费

C. 固定资产

D. 流动资产

E. 预付款和应计收入

F. 债权人（1年以内到期的应付款项）

G. 流动资产/流动负债净额（这里的流动资产除大类D外，还要考虑大类E；流动负债除大类F外，还要考虑大类K）

H. 资产总计减流动负债

I. 债权人（1年以上到期的应付款项）

J. 负债与费用准备

K. 应计费用和递延收益

L. 资本与公积

对于规模较小的公司，即在资产负债表日符合以下三项标准：“①资产负债表总计在100万EUA[①]以下；②财务年度营业净额（销售净额）在200万EUA以下；③财务年度平均雇工在50人以下”之中的两项标准的公司，可以编制简化的资产负债表，只需列示到大类和二类项目为止。

【小资料5—4】

损益表的结构和内容

《第4号指令》规定了四种不同的损益表结构，可以是竖式分段的，也可以是横式对照的；费用可以按其性质分，也可以按其职能分。兹列示费用按性质划分的竖式分段结构的损益表（按总费用法编制）所含的项目如下：

（1）营业净额

（2）产成品和在产品盘存的变动数

（3）企业为自己完成的并已资本化的作业量

（4）其他经营收入

（5）①原材料及易耗品

②其他外部费用

（6）雇员成本

①工资和薪金

②社会保障成本，要单独列示与退休金有关的成本

（7）①开办费，有形、无形固定资产价值调整

②流动资产价值调整

（8）其他经营费用

（9）来自其他参股权益的收入

（10）构成固定资产部分的投资与贷款的收入

（11）其他应收利息及类似收入

（12）财务资产以及作为流动资产而持有的投资的价值调整

（13）应付利息及类似费用

（14）正常业务损益的应纳税款

（15）税后正常业务损益

（16）非常收入

（17）非常费用

（18）非常损益

（19）非常损益的应纳税款

① 欧洲记账单位（European unit account），1979年3月13日起，EUA已被ECU（欧洲货币单位）代替。1999年1月开始启动欧洲统一货币——欧元，作为结算货币，2000年1月1日开始发行欧元，作为流通货币。2002年3月1日起，欧元已成为欧元区的唯一法定货币。

(20) 未列示在上述各项中的应纳税款

(21) 财务年度损益

对于资产负债表和损益表的结构和编制,《第4号指令》提出的基本要求有:

第一,资产负债表和损益表的结构与格式,要保持前后财务年度之间的一致性,不得任意变更;

第二,资产负债表和损益表的各个项目都必须列示上年度的相应项目的数额;

第三,禁止在资产与负债项目之间,或在收入与支出项目之间,进行互相抵销;

第四,各成员国可以规定或要求修订资产负债表和损益表的结构,以便包括利润分配或亏损的处理。

还值得提出的是《第4号指令》关于报表注释的规定,这已接近于美国会计模式和英国会计模式要求财务报表应充分披露的倾向(当然美国比英国要求的透明度更高),这对欧洲大陆国家的或多或少的“保密”传统,可以说是一大突破,但这主要是对大型企业的要求。

【小资料5—5】

报表注释的内容

《第4号指令》规定,报表的注释至少应包括如下内容:

(1) 年度报表中各项目采用的计价方法、计算“价值调整”的方法以及外币折算为本国货币进行表述的转换基础;

(2) 公司本身持有(或由实际上代表公司但以个人名义活动的个人持有)其至少20%资本的关联企业名称及注册机构;

(3) 本财务年度在法定资本限度内经认购的股份数量及面值或无面值股份的设定价值;

(4) 发行在外的各类股份的数量及面值或设定价值;

(5) 所有认股权证书、可转换债券或其他债券和权利,并说明其数量和应有的权利;

(6) 公司所欠的将在5年后到期偿付的债务金额以及公司有价证券所代表的借款金额及证券的性质和形式;

(7) 有助于评价财务状况但未列入资产负债表的财务承诺(支付义务)的总额,与退休金、关联企业有关的承诺应单独表述;

(8) 按业务类型和按地理区域划分市场而分解的营业净额;

(9) 本财务年度内的雇员平均数和按类别分解的雇员人数;

(10) 本财务年度内由于某些项目的估价背离规定原则而使损益计算受到影响的程度,计算时应减去税款,有重大影响时必须披露详情;

(11) 本财务年度和以前年度计算的税款与实际应付税款之间的差额;

(12) 按所负职责付给行政、管理和监督机构成员的各类津贴、退休金(已发生或承诺支付的)及其合计;

(13) 对行政、管理和监督机构成员的预付款和贷款。

以上是对《第4号指令》所要求的报表结构和内容的简要说明。以下说明对年度财务报表的总要求、一般原则和计价原则等。

2)"真实和公允"的观点是《第4号指令》对年度财务报表的总要求或指导思想:

(1) 年度报表应真实和公允地反映公司的资产、负债、财务状况和盈亏情况;

(2) 如果在遵守该指令的规定尚不能做到第(1)点时,必须提供补充的信息,以保证真实和公允;

(3) 当出现某些例外情况,只有背离"指令"的规定才能真实和公允地表述年度报表中按第(1)点反映的各项信息时,那么,将允许实行这种背离,但必须在报表的注释中披露并解释背离的理由及其对公司的资产、负债、财务状况和盈亏情况的影响。

3)《第4号指令》提出的6项一般原则(会计的基本假设):

(1) 持续经营(going concern)。必须假定公司是作为持续经营的企业而从事经营活动的。

(2) 一致性(consistency)。所采用的计价基础必须保持逐年一致。

(3) 以谨慎为基础(on a prudent basis)。特别要注意以下几点:

① 财务报表上的利润必须是资产负债表日(财务年度末)已实现的利润。

② 无论财务年度是盈利还是亏损,必须计提所有的折旧。

③ 必须考虑所有可以预见的、在本财务年度或前期发生的负债和可能的损失。即使这些负债和损失在资产负债表日(本年末)尚未察觉,而在这一日和实际编制报表的日期之间才显示出来,也要考虑。

(4) 权责发生制(accrual basis)。必须确认与本财务年度相关的收入和费用,而不管这些收入和费用的收到或支付日期。

(5) 项目必须分别计价(items must be valued separately)。资产和负债的各个组成项目必须分别进行计价。

(6) 对应性(correspondency)。每一财务年度的资产负债表期初日期必须与上一年资产负债表期末日期相对应。

4)《第4号指令》对计价原则的灵活规定:以历史成本为计价基础,允许采用不同的计价方法。

(1) 年度报表列示的各个项目原则上是以购价或生产成本即历史成本为计价基础的。

(2) 考虑到各成员国的法律或会计准则采用了不同的计价方法,因此,各成员国可以向共同体委员会申明,保留背离上述第(1)条计价基础的权利,允许或要求其公司按下述方法计价:

①按重置价值(replacement value)对有形固定资产和存货计价。

②按考虑通货膨胀因素的其他方法计价。

③对有形固定资产和财务固定资产进行重估价（revaluation）。

公司报表应披露按成员国法律对上述三种或类似的计价方法所作的规定，并说明这些方法的内容、范围和使用规则。

（3）如按重置价值计价，其结果与按历史成本计价结果间的差异（重置价值大于历史成本的部分），应以“重估价准备（revaluation reserve）”列示在资产负债表中负债方“资本与公积”类目中。

（4）在按历史成本对资产进行计价时，要注意资产的价值调整（value adjustments）：

①对于经济寿命有限的固定资产必须通过折旧在其经济寿命内系统地减少其价值。

②商誉、研发费用和开办费用必须在5年内摊销完毕，但在某些例外的情况下，成员国可以允许较长的摊销时间。

③流动资产应以买入成本或生产成本计价。当市场价值比前两者都低的时候，必须对流动资产进行价值调整。

④成员国可以用“平均成本”、“先进先出”或“后进先出”这三个基础对同类存货进行计价。

⑤成员国可以用权益法对联属（affiliated）公司的投资进行计价。《第4号指令》没有对“联属”进行定义，而《第7号指令》则规定为持有20%或更多的股份。

最后要指出，基于欧盟于2005年实行的《国际会计法令（IAS Regulation）》，在欧洲任何一个证券市场上市的公司的年度合并报表都必须按照国际会计准则编制。第4号和第7号指令依然还规范着欧洲非上市公司的财务报表及上市公司自身的财务报表。

5.4.4 《第4号指令》对国际会计协调化的影响

可以说，欧共体的会计协调化工作，主要是协调欧洲大陆国家会计模式与英国会计模式之间的差异。一方面，在英国的强烈要求下，《第4号指令》接受英国会计模式的“真实和公允”观念，把它列为编制年度报表的指导思想，这势必约束和限制欧洲大陆国家那些任意地低估资产价值和预计负债及损失的传统惯例，这正是欧洲经济共同体在会计协调化工作方面的具体目标之一。另一方面，《第4号指令》又同时把“以谨慎为基础”列为一般原则之一。从资产负债表的结构也可以看出，它保留了欧洲大陆国家会计模式的“准备会计”特征。英国会计模式的“准备会计”色彩，虽然远不如欧洲大陆国家浓厚（例如它不允许提取通用公积），其间的差异也许是在可容许的限度之内的，但这在今后有可能成为欧洲大陆会计模式与美英会计模式之间的重大差别之一。

虽然《第4号指令》对成员国财务报告的编制提出了“真实和公允”这一高于一切的指导思想，但应该看到，这一思想对欧洲大陆国家而言，是十分陌生的，成员国在将其引入国内的公司法时，对“真实和公允”作出了截然不同的解释。在英国和爱尔兰，公司可以不按照某些法律的要求来编制财务报告，以求遵循这一原则，而且这种情况是十分普遍的（详见“英国会计”相关章节）。而德国绝对不允许公司利用“真实和公允”思想违反法律的规定。法国和西班牙的立法者把“真实和公允”理解为“实质重于形式”，只有在极其例外的情况下，公司才可以用它作为违反法律规定的理由。在荷兰和意大利，公司只能用“真实和公允”来解释法律，而不能违反法律。

无论如何，《第4号指令》在编制年度报表的指导思想及所采取的计价原则方面的协调化工作上，已经迈出了重要的一步。此外，在充分披露方面，它也向美英模式靠拢，这在前面引述的报表注释内容中已体现出来了。

然而，《第4号指令》保持了依据法律来规范会计准则的成文法系的基本特征，这在今后仍将成为欧洲大陆会计模式与美英会计模式之间的重大差别。好在英国虽然属于不成文法系国家，但它由民间机构制定的会计准则是以公司法中对会计的规定为依据而不能违背的，这就为欧共体的会计协调化工作奠定了共同的基础。如前所述，欧共体委员会理事会的各项指令的实施，正是通过各成员国对公司法有关规定的修订来实现的。瑞典也正是通过修订其公司法，使之符合欧共体指令的要求，为其加入欧盟铺平道路。欧盟远大的经济和政治目标正推动各成员国调整本国的法律来适应指令的要求。

欧共体在地域性会计协调化方面的努力和成就是值得赞扬的，而减少指令中规定的灵活性，以改善财务报表信息的可比性，看来是关键性的措施。为此，欧共体委员会除了其常设的联络委员会外，又组建了“欧洲会计论坛”，以便在这方面向委员会提供咨询。论坛的第一次会议于1991年举行，讨论了包括外币折算、政府赠予的会计处理以及国际会计准则同欧共体指令间的关系。当时，欧共体就有把它的努力与世界范围内的会计协调化活动（不仅是政府间的，也包括民间组织的）相联系的意向。现在，欧盟已不再致力于制定和发布为协调各成员国公司法和税法的“指令”中所涉及的会计协调化问题，而是采取了积极参与国际会计准则的制定过程，并要求各成员国遵循国际会计准则的立场。

5.4.5 欧盟《第7号指令》的主要特征

《第7号指令》是另一个与欧盟内部的会计协调有关的重要指令。该“指令”涉及合并财务报表的编制，其主要内容见小资料5—6中的表5—3。

【小资料5—6】

表5—3 《第7号指令》的主要内容

项（条款）	主要内容简介
第1项（第1~15款）	编制合并报表的前提条件
(1)	对子公司的定义
(3)	对外国子公司的合并
(4)	不同类型公司的合并
(5)	免于合并的公司
(7)	免于纳入合并报表的全资子公司
(13)	子公司免于纳入合并范围的不同情况
(14)	某些业务不相似的子公司免于合并的条件
第2项（第16~35款）	合并报表的编制
(16)	合并报表的内容（合并资产负债表、合并损益表、报表附注）以及真实与公允观点的应用
(17)	合并报表的统一格式
(18，22)	适用于子公司的完全合并法
(19)	首次合并日商誉的确认以及按照公允价值确认的商誉
(29)	应“更正”或披露的以税法为基础的计量结果
(30)	商誉的摊销或注销
(32)	适用于合营公司的比例合并法
(33)	适用于联营公司的权益法
(34)	合并报表附注的内容
第3项（36）	合并年度报告的主要内容
第4项（37）	合并报表的审计
第5项（38）	合并报表的公布
第6项（第39~51款）	过渡阶段以及其他规定

资料来源 欧盟《第7号指令》（Seventh Council Directive，83/349/EEC）。

欧盟《第7号指令》的主要特征是：

（1）《第7号指令》是“母公司观”和“主体观”的折中，并更倾向于“母公司观”。以界定“集团”的概念为例，母公司观是以法律控制权为基础的。如果母公司具备以下一项条件，即说明对子公司拥有控制权：①拥有子公司多数表决权；或②有权任命子公司主要董事会成员；或③根据控制合同有权对该有限责任公司施加支配性影响；或④根据与其他股东达成的协议，控制多数投票权。

（2）《第7号指令》带有浓厚的英国合并会计的色彩。在20世纪80年代，除了英国、荷兰、德国和法国少数国家外，合并报表对于众多欧盟成员国而言仍然是一个新鲜事物。早在1939年，英国伦敦证券交易所就规定发行新股时必须披露合并报表。1947年，英国正式以法律形式要求企业（控股公司）编制合并报表。荷兰的公司虽然在1926年就开始编制合并报表，但直至1983年才把合并报表正式纳入立法。德国的公司在20世纪30年代开始编制合并报表，但直至1965年德国才制定法律要求企业编制合并报表。法国的公司在20世纪60年代开始编制合并报表，但直至1986年合并报表才出现在法国立法中。《第7号指令》最初的框架主要是以德国的法律为基础的，但是这种影响随着盎格鲁—美利坚（英—美）合并会计的引入或替代而逐渐减少，使得1983年通过的《第7号指令》在很大程度上带有浓厚的英国合并会计的色彩，体现在对子公司的定义（第1款）、子公司免于合并的不同情况（第13款）、某些业务不相似的子公司免于合并的条件（第14款）、应用真实与公允观点（第16款）、商誉的确认（第19款）以及适用于联营公司的权益法（第33款）等等方面。然而，欧洲大陆国家对"集团"也有不同的定义：一些国家认为，集团就是一个有着相互经济联系的经济体（economic unit）；另一些国家则认为，集团必须通过法律的合约（legal contract）来界定。

（3）《第7号指令》体现了原则性与灵活性的有机结合，为众多欧盟成员国带来了全新的会计活动。如前所述，在《第7号指令》颁布之前，众多欧盟成员国几乎没有或根本不要求公司编制合并报表。根据《第7号指令》，欧盟各成员国必须在1988年1月1日之前将该指令的相关条款纳入各自的公司法，并于1990年之前开始生效。由于合并财务报表对于众多欧盟成员国是一个新鲜事物，为了协调各成员国有关公司合并报表的公司法，《第7号指令》在原则性规定的基础上赋予成员国许多选择权。

从当今的角度而言，众多的选择权对会计的国际协调（尤其是和美国会计的协调）并非有多大的好处。事实上，《第7号指令》并没有使成员国在合并报表上达成一致，指令提供了50种以上的选择，大多是成员国在政治方面妥协的结果。换言之，《第7号指令》使得编制合并报表的公司大大增多了，但没有增加合并报表的国际协调。以下列举了指令中对合并报表编制的一些选择：

（1）合并范围

①成员国可以允许那些仅仅是持有子公司的股份，而没有直接管理其内部事务的母公司不编制合并报表。（第5款）

②对于那些非上市的，全部由中小规模公司组成的集团，成员国可以允许其不提供合并报表。（第6款）

③对于同时是他人子公司的母公司，可以不编制合并报表。（第7款）

④母公司在编制合并报表时，可以忽略那些无关紧要的（immaterial）子公司。（第15款）

（2）合并方法

除了购买法以外，还允许使用权益结合法（当支付的现金少于为合并所发行股份面值的10%时）。（第20款）

（3）商誉的处理

《第7号指令》允许商誉通过损益表系统性摊销，或者是一次在资产负债表中注销。（第30款）

（4）合并报表计量基础

无论是对于购买方还是被购买方的资产与负债，《第7号指令》允许在《第4

号指令》允许的范围内做出选择。由于2001年的《公允价值指令》对《第4号指令》作了补充，因此价值的选择现已包括了公允价值。

综上所述，虽然《第7号指令》对合并报表的协调效果不尽如人意，但它无疑大大提高了欧盟成员国公司（包括跨国集团公司）年度报告的可比性和信息含量，这使得欧盟会计的内部协调化又向前迈进了一大步。

5.4.6 欧盟的新会计策略

欧盟在1995年采取了新会计策略。当时，欧洲委员会宣布，为了能使那些寻求在美国和其他国际证券市场上市的公司能保持在欧盟的会计框架之内，欧盟需要加速会计改革。

欧盟新会计策略主要体现在两个方面：

（1）强调要加强欧盟对国际会计准则制定过程所承担的义务。

欧洲委员会认为，这是对那些在国际范围内经营的公司面临的问题提供的最有效和最快的解决方案。如前所述，欧盟因此不再致力于在“指令”中协调成员国会计实务的工作。欧洲委员会指出：“与其修订现有的指令……倒不如将欧盟与IASC及IOSCO为实现会计准则更广泛的国际协调而进行的努力联系起来……”

（2）肯定了在国际证券市场上市的欧洲公司可以采用国际会计准则（IAS）。

欧洲委员会的常设联络委员会在1996年发表的《国际会计准则和欧洲会计指令间一致性的考察》中，分析了IAS与欧洲会计指令的一致程度。研究的主要结论是：欧盟在会计指令（主要指《第7号指令》）中关于公司集团编制合并财务报表的规定与IAS一致，只有两个次要的细节不同。这个分析肯定了谋求在国际证券市场上市的欧洲公司可以采用IAS。由此可见，欧盟的新会计策略在很大程度上提高了国际会计准则的权威性，为欧洲各国的国际性证券市场接受IAS提供了强有力的支持。

在IOSCO于2000年5月认可了IASC的核心准则计划后（参见后述），2000年6月，欧盟发布了要求欧盟境内的7 000多家上市公司到2005年在编制合并报表时必须采用IAS的建议；2001年2月，欧洲委员会又发布法令草案，重申在2005年采纳IAS的决心，并鼓励上市公司提前采用。2002年7月，欧洲议会和欧洲委员会在这份法令草案的基础上，通过了《关于运用国际会计准则的第1606号法令》（以下简称《国际会计准则法令》）。至此，欧盟已正式决定上市公司财务报告应采用国际会计准则，《国际会计准则法令》正式成为欧洲的法律，在欧盟各成员国应用。①

① 为了稳妥地解决在美国等证券市场上市的欧洲公司是否必须转用IFRS的问题，欧盟曾考虑确认一些“等效”会计准则，如美、加、日等国的会计准则，作为备选方案，同时，又与美国积极商谈，力争消除“欧洲报表”与“美国报表”之间的调整要求。

依据《国际会计准则法令》的要求，所采纳的国际会计准则必须符合以下条件：

①不能违背第 4 号和第 7 号指令中的原则；

②符合欧盟公众的利益；

③符合“可理解性、相关性、可依赖性及可比性”的标准，依照国际会计准则所报告的信息有助于做出经济决策及评价管理层的经管责任。

欧盟对国际会计准则采用“双层认可”机制，即先“技术层次”、后“政治层次”的认可机制。在技术层次上对国际会计准则的认可，是在会计监管委员会（Accounting Regulatory Committee，ARC）和欧洲财务报告咨询组（European Financial Reporting Advisory Group，EFRAG）的帮助下完成的。会计监管委员会是按照《国际会计准则法令》成立的，由各成员国的代表组成。它对欧盟委员会采纳某国际会计准则的提案提出意见，但没有任何决定权。欧洲财务报告咨询组是一个民间机构，成立于 2001 年，它以事前介入的方式了解和影响 IAS 的制定，并对发布的准则及解释进行专业评估，提出是否予以认可和采纳的建议。和会计监管委员会的不同在于：欧洲财务报告咨询组不在《国际会计准则法令》的范畴之内，因此欧盟委员会没有义务考虑其意见。在“技术认可”之后，再在立法层次上由欧盟委员会负责审批会计监管委员会提交的采纳意见及采纳的具体时间表。

从成文法体系的欧洲国家的立法程序来看，这种双层认可机制是可以理解的。虽然有批评者指出，双层认可（或称“有选择的认可”）会导致“欧盟的国际会计准则”（European IFRS），但欧盟不可能不通过认可而把准则的制定权授予 IASB 这样的民间机构。① 欧盟还指出，对国际会计准则的认可是欧盟制定法律的义务之一。

同时，设置这种双层认可机制的目的，也在于加大欧盟在国际协调化进程中对 IASB 的影响。为此，欧盟对 IASB 制定和修订的 IFRS/IAS，在认可时多次提出了保留和要求改变或补充的建议（我们将在第 6 章中述及），并且在 2006 年 1 月对遵循国际会计准则明确规定了必须按照如下的措辞，在财务报表附注中声明报表是“根据欧盟所采纳的国际财务报告准则”编制的，以保证国际财务报告准则与欧盟“指令”和公司法的趋同。那些等待欧盟采纳或是被欧盟拒绝采纳的国际会计准则可以作为编制财务报告的指导，但前提是这些准则没有和被欧盟采纳的准则发生冲突。2006 年 7 月，欧盟又着手组建了准则意见审核组（SARG），目的在于确保 EFRAG 意见的客观性和恰当性，SARG 将由具有广泛经验和胜任能力的会计专家和各国准则制定机构高层代表组成，通过对 EFRAG 意见提供独立的评价，将更能确保欧盟所决定采用的会计准则是高质量的。

（3）宣布采用国际审计准则进行审计。

欧盟曾在 1978 年发布了关于“审计师的资格和工作”的第 8 号指令，并于

① 可参阅黄世忠、李忠林、邵蓝兰：《国际会计准则改革：回顾与展望》，载《会计研究》，2002（6）。

1984 年为其成员国所采用。2005 年 9 月，欧盟议会通过了对第 8 号指令的修改，宣布在欧洲将采用国际审计准则（ISA）进行审计。随后，欧洲委员会即成立了欧洲审计师监管机构组①（EGAOB），以确保欧盟各国对法定审计师和审计师事务所的公众监管体制的有效运作，并就实施第 8 号指令向欧洲委员会提供技术支持。

5.4.7 欧盟对环境问题的建议

鉴于越来越多的公司在其年度报告内加入“环境报告”，欧盟委员会于 2001 年 5 月发布了一份《推荐书（Recommendation）》，涉及在年度报告中确认、计量及披露相关的环境问题，希望对环境会计进行一定程度的协调。以下简述这份《推荐书》的主要内容：

1）当期环境支出的费用化和资本化

通常来说，当期的环境支出应在损益表中确认为本期的费用。如果某项环境支出是为了防止未来的环境被破坏或为了未来节省资源并能带来经济效益的，可以将其资本化，在资产负债表中确认为资产。

2）环境负债的确认

某些公司有法定的，或是派生的义务（基于公司过去一贯的行为）去防止、减少或补救对环境的破坏。

（1）一旦这部分成本可以可靠地估计，就应该确认环境负债。

（2）如果这部分成本不能够可靠地估计，应确认或有的环境负债。

（3）成本的估计应包含清偿环境负债的预计所有支出，并考虑当前/未来的技术发展。

3）披露的事项

公司应披露环境保护的政策、环境保护的成效及未来的改进，并应对（或有的）环境负债进行细致的披露。

以上提到，《推荐书》在欧盟的立法体系中属于没有任何法律效力的文件，仅供公司参考。

5.5 经济合作与发展组织关于跨国公司会计和报告的指南

经济合作与发展组织（OECD，简称“经合组织”）成立于 1961 年，是代表发达资本主义国家利益的政府间组织，截至 2010 年 5 月，共有 35 个成员国。

① 这一组织类似于欧盟会计监管委员会（ARC）。

5.5.1 《关于跨国企业投资的指南》

发达国家作为主要跨国公司的母国，出于维护跨国公司利益和指引跨国公司投资的目的，经合组织理事会于 1975 年 1 月设立了国际投资和跨国企业委员会（CIIME），并在 1976 年 6 月发布了一份重要的文件《关于跨国企业投资的指南》，其中包括的“信息披露”一章，表述了对跨国公司的会计和报告指南。现转引其中对跨国公司报告要求的主要内容如下（见小资料 5—7）：

【小资料 5—7】

跨国公司财务报告中应披露的信息概要

（1）企业的结构、母公司的名称和所在地、主要的子公司、在子公司中直接或间接拥有的股权的百分比（包括相互拥有的股份数）；

（2）母公司和主要子公司从事经营活动的地理分布及主要经营业务；

（3）整个企业按地理区域划分的经营成果和销售额以及按主要经营行业划分的销售额；

（4）整个企业按地理区域列示的新投资资本（有可能的话），以及按主要经营行业列示的投资资本；

（5）整个公司的资金来源和运用表；

（6）各地理区域内的职工平均人数；

（7）整个公司的研究和开发支出；

（8）内部定价政策；

（9）在编制与公布信息中遵循的会计原则，包括合并报表的原则。

5.5.2 国际投资和跨国企业委员会常设会计准则工作组的活动

1978 年国际投资和跨国企业委员会设立了会计准则特设工作组，次年改为常设工作组，以执行下列业务：

（1）支持现有旨在增进各国会计信息可比性的努力；

（2）对 1976 年指南中“信息披露”一章所含会计术语进行技术性阐述；

（3）对联合国关于会计和报告国际准则的工作进行沟通和发表意见。

常设工作组在 20 世纪 80 年代对会计协调化开展了一系列工作，包括阐明“信息披露”中的一系列会计术语；对成员国的会计惯例进行调查研究和专题讨论；与国际会计准则制定机构建立了联系；对成员国会计准则的制定发展进行定期信息交流；对特定会计问题（如税收与财务报告的关系、合并报表、外币折算）以及银行、保险等特殊行业的会计和报告问题作了较广泛的研究或者制定了相应的文件草案。

1990年，鉴于东欧国家和前苏联开始的私有化和走向市场经济的变革进程，经合组织成立了“欧洲过渡经济中心”。同年9月，这个新成立的中心和会计准则常设工作组与欧洲会计师联合会合作，举办了一次东、西方会计问题讨论会，前苏联、波兰、匈牙利、前捷克斯洛伐克的专家与会。会议确认有必要调整东欧国家和前苏联原来的会计制度以适应由中央计划经济转变为市场经济的要求，同时强调，要采取审慎的行动。东欧国家和前苏联在以后的突变和瓦解中，事实上也加快了这个进程。

IASB于2001年4月开始运作后，OECD和其他国际组织一样，公开发表声明，支持和认可IASB主导的全球会计准则趋同工作。

OECD最近的重要活动有：2008年3月，OECD与IMF联合举办了关于欧洲结构性改革的会议，呼吁在欧洲扩大就业机会和提高劳动生产率。同月又发表了OECD对当前主要环境问题2008年的展望，认为：预期的经济增长率以及成本与效益的对比、解决主要的环境挑战会是有效的、可实现的和承担得起的。

5.6 证券委员会国际组织的协调化活动

证券委员会国际组织（IOSCO）成立于1983年，经历了快速发展的过程。其会员来自不同国家的证券管理机构，由创立时的11个发展到截至2008年1月的188个，其中，正式（ordinary）会员109个，联系（associate）会员11个，附属（affiliate）会员68个。由该组织会员监管的证券市场比例占全球证券市场的90%多。IOSCO的目标是发展国际协调、交流信息、建立足够的投资者保护以及为有效的监督和管理提供相互援助，它与证券交易所国际联合会保持着密切的工作关系。

5.6.1 IOSCO的组织结构

IOSCO由主席委员会和执行委员会组成。主席委员会制定和决定该组织的目标，由各个会员机构的主席组成，正式会员在主席委员会中有表决权，联系会员和附属会员只是列席会议，不享有表决权。其下设四个地区委员会：（1）非洲—中东地区委员会；（2）亚太地区委员会；（3）欧洲地区委员会；（4）泛美地区委员会。执行委员会由技术委员会和新兴市场委员会组成，后又增设“自律组织咨询委员会”。执行委员会的主要职责是执行主席委员会的决定和实现组织的预定目标。技术委员会的目标是审核与国际证券和期货交易有关的监管问题以及协调解决这些问题的方法，具体工作包括跨国公司披露与会计、二级市场监管、市场中介机构的监管、信息规范与交流、投资管理。技术委员会设立五个工作组，分别处理这些具体工作。

第一工作组集中负责跨国的披露和会计问题。它的主要目的是：为跨国股票上市过程提供最有效和快速的方法。在一份于1989年完成的《工作组研究报告》中指出："借助于准则协调、相互认可或其他方法，以便使用单一的披露文件，就能做到与监管机构的法定要求和保护投资者的目标相一致。"

5.6.2 IOSCO关于跨国上市的国际披露准则

1997年8月，IOSCO第一工作组发布了《外国发行者证券跨国上市和首次挂牌交易的国际披露准则》。其目标是建立单一的披露文件，可供公司在世界范围内任何资本市场上市交易时使用。其中列示了所建议的10项准则，涉及的内容很全面也很细致，现概述如下（见小资料5—8）：

【小资料5—8】

《外国发行者证券跨国上市和首次挂牌交易的国际披露准则》概要

（1）董事、资深经理人员和顾问的身份和责任的报表

这一准则确定在公司股票上市交易和公司注册登记时涉及的公司代表和其他人员，并指明，根据东道国的法律规定，在不同国家中对这一准则涉及的人员可以有不同的定义。

（2）报价统计和预期的时间表

这一准则提供关于任何报价行为和确定与报价有关的重要日程的关键信息。

（3）关键信息

这一准则概括了公司的财务状况、资本化和风险因素等关键信息。

（4）关于公司的信息

这一准则提供公司的业务经营、制造的主要产品或提供的主要服务、影响业务的主要因素等信息。

（5）经营和财务评价与展望

这一准则提供管理当局就影响公司财务状况和经营成果的因素作出的解释，以及管理当局对预期在将来会对公司财务状况和经营成果产生重大影响的因素和趋势进行的评价。在一些国家中，还要求提供当前年度和/或其他未来时期公司的预测或展望报告。

（6）董事和官员

这一准则提供关于公司董事和经理人员的信息，以便投资者可以评价这些人的经验、资格和报酬水平，以及他们与公司的关系等。在不同国家中，对于这一准则涉及的人员可以有不同的定义，并且要根据东道国的法律提供关于公司职工信息的要求。

（7）主要股东信息以及与关联方交易的信息

这一准则提供与主要股东及公司的其他控制者或可能控制者的有关信息。

这一准则还提供关于公司与关联方间交易的信息，以及这些交易对公司是否公允的信息。

(8) 财务信息

这一准则规定，文件中必须包括的财务报表及其覆盖的期间、账户的账龄以及其他财务性质的信息。公司在某个国家上市（或申请上市），将由该国决定可接受的会计和审计原则，以便在编制审计报告和财务报表时使用。

(9) 报价

这一准则提供证券报价、证券发行计划、其他相关事宜等信息。

(10) 附加信息

这一准则提供文件其他部分没有涉及的、主要是法定性质的信息。

5.6.3 IOSCO与IASC合作的“核心准则工作计划”

证券交易委员会也关注跨国上市必须遵循的国际会计准则，为此，于1993年拟订了包括40项需解决的议题的“核心准则体系”。1995年与国际会计准则委员会（IASC）商定了关于使国际会计准则（IAS）形成一个会计准则的核心体系的计划。1998年12月底，IASC宣布按协议完成了与40项需要解决的议题相对应的已发布的IAS的修订工作和新准则的制定工作；IOSCO对截至2000年1月IASC这些新制定的或修订的IAS的2000年版本进行了评审。2000年5月17日，IOSCO发布关于采用“以促进跨国证券报价和跨国挂牌上市为目的的IAS”的决议。该决议正式宣布列入对IASC核心会计准则计划的30份会计准则和11份解释公告的2000年版本通过了评审，并推荐成员机构允许跨国发行者采用IAS，但同时规定对于某一国家或地区特别重大的问题还应提供必要的调节、披露和解释三种补充信息，这些，我们将在下一章（第6章）详加论述。在IOSCO的2002年年会的闭幕式上，IOSCO报告了于2001年年末就其成员接受2000年版IAS的情况进行的一项跟踪调查的结果。调查结果显示，许多成员机构的国家已经允许未来跨国发行者使用IAS。

在IOSCO的2004年年会的闭幕式报告中，IOSCO表示它将继续保持与IASC的密切合作。IOSCO的技术委员会已经启动“国际财务报告准则的规定性解释”课题。该课题涉及IOSCO成员有关促进一贯使用和执行国际财务报告准则（IFRS）的交流意见，其主要成果是一个监管决策中心数据库以及一个促进监管机构和其他与国际财务报告准则有关的执行机构之间的交流与合作的程序。技术委员会启动的另一项课题是“财务报告准则应用的评审与执行”，专门研究证券监管机构及其他机构评审上市公司财务报表的活动和权力范围。该课题的主要成果是一份IOSCO关于原则与最佳实务的报告，以及（或）用于评审功能的有效模型的说明。

5.6.4 IOSCO 对 IFRS 的支持

2005 年 3 月，IOSCO 的技术委员会发布了题为《2005 年 IFRS 发展和采用》的公告，声明对作为跨国发行和上市的高质量国际准则的 IFRS 的支持，并强烈建议其成员允许跨国发行者在跨国发行和上市中采用 IFRS。接着，在 4 月举行的第 30 届年会的会议公报中，再一次重申了 IOSCO 对 IFRS 的长期支持，并鼓励在跨境发行中根据 IFRS 编制财务报表，在必要的情况下，进行适当调整或披露，以符合上市地应遵循的会计准则;[①] 与此同时，IOSCO 还鼓励其成员，即各国证券监管机构继续评估这种调整的必要性，希望在可预见的未来取消这种调整规定；此外，IOSCO 还就 IFRS 的监管解释和实施问题鼓励成员间进行合作和沟通，作为对上述的原定课题的延续。

接着，在 2005 年 10 月，IOSCO 又宣布成立一项使各国监管机构能够就 IFRS 的应用问题相互交流意见的新机制。在这一机制下建立一套数据库，包括各国监管机构对应用 IFRS 所作的决策，并为未来监管决策提供参考；同时，IOSCO 将利用这一机制了解 IFRS 应用中存在的问题，并提供给 IASB 和 IFRIC（国际财务准则解释委员会）考虑，使这一机制最大限度地促进会计国际趋同，但各国监管机制仍保留处理各自事务的权力。这一机制自 2006 年下半年开始运行，目前不对公众开放。

5.6.5 打击财务欺诈报告的发布

2005 年 3 月，由技术委员会发布的《强化资本市场反对财务欺诈工作》报告，是一份对美国安然事件以来重大财务欺诈案的研究，也是一份向 IOSCO 和各国证券监管机构提出的“强化监管，打击财务欺诈”的建议。报告中列举了近期来财务丑闻中明显存在的问题：

（1）公司治理方面包括独立董事和独立审计制度、少数股权股东的权益保护、审计师的监管、关联交易和利益冲突等；

（2）审计师和审计准则方面，包括审计独立性和审计轮换等；

（3）对发行人的披露要求，包括管理层对重大事项的阐述和分析；

（4）债券市场监管和透明度；

（5）市场中介的作用和责任；

（6）复杂公司结构的构建和特殊目的实体；

（7）私人信息提供部门的分析的完整性和独立性。

这是一份迄今对安然事件以来震撼全球证券市场的财务欺诈案所作的较全面和

---

① 例如在美、加、日等国。

权威性的剖析，其对国际和各国证券机构的监管活动的影响值得关注。

5.7 国际会计师联合会及国际审计准则

国际会计师联合会（IFAC）是会计职业界的全球性组织。如第 1 章所述，它成立于 1977 年 10 月，是在当时于慕尼黑举行的第 11 次国际会计师大会上创建的，由来自 49 个不同国家和地区的 63 个会计职业团体签署了成立该组织的协定。到 1997 年 10 月在巴黎举行的第 15 次会议上，共有 129 个会计职业团体参加，代表 92 个国家的 200 多万名注册会计师，中国注册会计师协会于 1998 年 5 月正式加入 IFAC。至 2008 年 1 月，成员已发展到 120 个国家的 160 个成员团体，代表着全球 250 万名注册会计师。按照每 5 年举行一次会员大会（congress）的惯例，第 16 次会议已于 2002 年在我国香港举行。2007 年 12 月初，为庆祝 IFAC 成立 30 周年，在纽约举办了世界会计周，国际会计师事务所论坛（FOF，参见 5.7.1）也在周内举行。

IFAC 的宗旨是："以协调一致的准则，在世界范围内发展和加强会计职业，以便为公众利益提供一贯的高质量服务。"①

5.7.1 国际会计师联合会的组织结构②

凡经所在国法律或普遍认可、被确认为能代表该国会计职业界的会计团体，均可成为国际会计师联合会的会员。IFAC 的会员自动享有国际会计准则委员会（IASC）的会员资格。

根据国际会计师联合会《职业道德和审计的技术公告手册》（2000）中的介绍，IFAC 的组织结构包括会员代表会（council）和理事会（board）。理事会下的常设技术委员会则是负责专门性业务的执行机构，理事会的工作计划将由它们和一些较小的工作组来完成。

理事会的常设技术委员会如下：

（1）遵从委员会（Compliance Committee）；

（2）教育委员会（Education Committee）；

（3）职业道德委员会（Ethics Committee）；

（4）财务与管理会计委员会（Financial and Management Accounting Committee）；

（5）信息技术委员会（Information Technology Committee）；

（6）国际审计实务委员会（International Auditing Practices Committee）；

---

① IFAC Handbook of Technical Pronouncements on Ethics and Auditing 2000, p. 1, New York, 2000.

② 本部分有关国际会计师联合会的介绍，除另加说明外，均根据国际会计师联合会（IFAC）网站介绍译写（www. ifac. org/About/Structure. php）。

（7）公共部门委员会（Public Sector Committee）。

2001 年冬，安然、世通等事件相继曝光之后，社会公众投资者对 CPA 行业的信心受到重创。为尽快恢复行业独立、客观、公正的形象，进一步完善国际会计职业体制，IFAC 在 2003 年 11 月的会员大会上通过了改革方案。这次改革的核心是在保护和促进公众利益、保持职业界的独立性、保证自身的权威性等方面作出努力，改革的主要内容是新成立几个既相对独立又相互制约的机构，旨在继续发挥国际会计师联合会对国际会计职业监管作用的同时，增加社会公众对联合会的监督，提高准则制定等相关工作的透明度，增强投资者对 IFAC 在维护公众利益方面的信心。

这次改革的重点主要是 IFAC 内部对公众利益具有较大影响的领域，尤其是与准则制定活动相关的领域。改革后的 IFAC 的机构见图 5—1①。

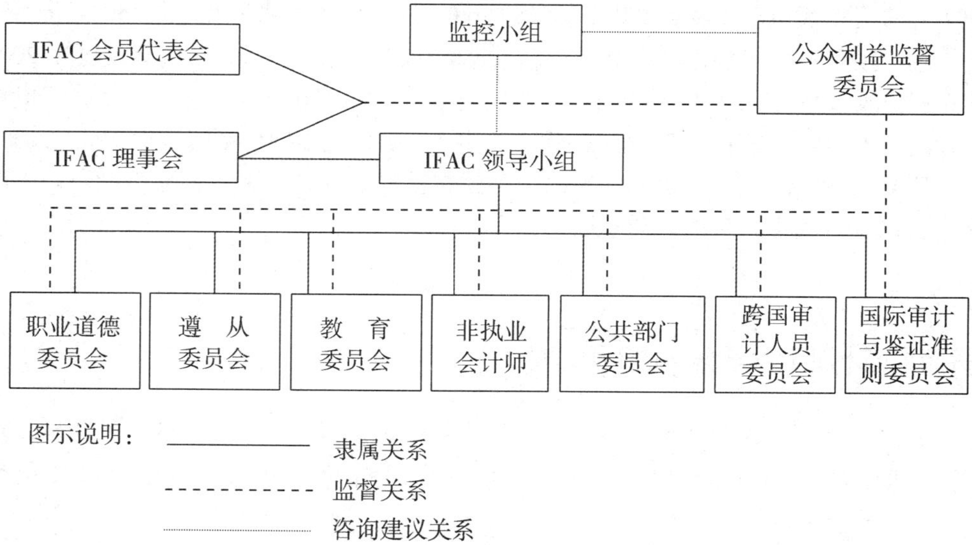

图 5—1　国际会计师联合会（IFAC）组织机构图

1）会员代表会

IFAC 会员代表会是 IFAC 的最高权力机构，由每一职业团体的代表组成，每年召开一次大会决定重大问题，并选举理事会。会员大会经常指定一些特别工作组，处理一些引起关注的事项，如目前就有可信性特别工作组、发展中国家特别工作组和中小企业特别工作组。

2）监督机构

同时，IFAC 与相关国际组织合作，成立了监控小组（MG）和公众利益监督委员会（PIOB）。

（1）监控小组（MG）

监控小组由证券委员会国际组织（IOSCO）、巴塞尔银行监管委员会、欧盟委

① 本图参考行业发展研究资料 2003 年度第 9 期《国际会计师联合会出台改革方案》（www.cicpa.org.cn）绘制。

员会、国际保险监督联合会以及世界银行等国际监管机构和相关国际组织的代表组成，主要职责是为制定和执行高质量的国际审计准则提供强有力的支持，对国际会计师联合会改革进程和公众利益监督委员会的运行情况作出评价。

MG 作为国际监管机构的代言团体，负有更新和协助公众利益监督委员会工作的责任，有权向国际会计师联合会和公众利益监督委员会提出建议，并通过公众利益监督委员会就重大监管问题与国际会计团体进行沟通。它可以在适当的时候举行会议（每年至少要与国际会计师联合会领导小组举行一次会议，要求双方本着合作精神对职业界现状作出评估）。

（2）公众利益监督委员会（PIOB）

成立 PIOB 是本次 IFAC 改革的一项主要内容，目的是确保 IFAC 有关准则制定工作能代表公众利益，并以此提高投资者和公众的信心。PIOB 主要负责监督国际会计师联合会在审计准则、独立性及其他道德准则、审计质量控制等涉及公众利益方面的制定活动，以及国际会计师联合会对相关准则的遵守情况。对于其他可能包含在公众利益监督委员会监督范围内的领域，它将与监控小组和国际会计师联合会领导小组共同协商后决定。PIOB 的 10 名成员将由 IOSCO、巴塞尔银行监管委员会、国际保险监督联合会、世界银行和欧盟委员会共同选派，成员中不包括执业审计师，但要求至少有一名成员必须在近期有企业财务工作经验。PIOB 每年至少召开两次会议，其职责仅限于对国际会计师联合会涉及公众利益方面的行为进行监督，不介入国际会计师联合会的日常管理和运行工作。

（3）IFAC 领导小组（ILG）

国际会计师联合会领导小组（ILG）的组建是为了处理在改革过程中遇到的问题和其他重要事项，与 MG 进行协调，并共同致力于行业监管方面的工作。其成员由国际会计师联合会主席和副主席、国际审计与鉴证准则委员会主席、跨国审计人员委员会主席、国际会计师事务所论坛主席以及国际会计师联合会理事会任命的其他 4 位成员组成。该小组的职责是：确保国际会计师联合会在涉及公众利益的行动上能够对监管环境的变化和国际经济形势作出反应，确保改革的顺利进行。同时，国际会计师联合会领导小组要在确认那些给公众对财务报表和审计工作信心带来负面影响的问题上（无论是专业内的还是专业外的）扮演重要的角色，并代表国际会计师联合会推动全方位的（包括在所有发达国家和发展中国家内，在实务、行业、政府以及学术界和各种规模的机构中）恢复公众对财务报表和审计工作的信心。

3）理事会及其常设工作机构

IFAC 理事会是 IFAC 的最高决策机构，由来自全球并代表世界各国会计师的代表组成，其宗旨是公正、维护公众利益。为了完成各项任务，IFAC 理事会下设了 7 个常设的技术委员会和一些任务小组，即国际审计与鉴证准则委员会（IAASB）、遵从委员会、教育委员会（EDCOM）、职业道德委员会、非执业会计师（PAIB）、公共部门委员会（PSC）、跨国审计人员委员会（TAC）。它们是由改革前 IFAC 理事会下属的国际审计实务委员会、遵从委员会、教育委员会、职业道德委员会、财务和管理会计委员会、公共部门委员会、信息技术委员会等7个常设技术委员会改组而成的。

目前，IFAC理事会由19个国家的22位代表组成，任期3年，每年集会3次。理事会的职责是负责制定重大政策并监督IFAC的运行、检查规划的执行情况以及下属各专业技术委员会和任务小组的工作。以下分别介绍各个专业技术委员会。

（1）国际审计与鉴证准则委员会

国际审计与鉴证准则委员会（IAASB）从2002年4月1日起取代了原来的国际审计实务委员会（IAPC），其工作就是建立高质量的审计、鉴证、质量控制及相关服务准则，以促进世界各地的职业会计实务工作的统一。其18名成员中，10名由IFAC的成员团体推荐，5名由国际会计师事务所论坛推荐，另3名来自IFAC成员团体中的非执业人士（公共人士），这3位公共人士由个人或团体推荐。此外，还有一些人数有限的观察员，他们来自与准则发布和签署有适当利益关系的团体，有权列席会议但无表决权。

（2）遵从委员会

遵从委员会是根据2003年7月IFAC成员义务声明（SMO）① 同意组建的。其职责是为IFAC现有和潜在的成员组织提供明确的帮助，鼓励、改进和监督全球会计师职业界贯彻执行IFAC各项文告的情况。

（3）教育委员会

教育委员会（EDCOM）的职责主要是制定指南、引导研究以及推动信息的交流，确保执业审计人员完成履行职责所必需的完备的专业培训，促进职业界的国际协调化。该委员会发布以下三方面的文告：国际教育准则、职业会计师的国际教育指南、职业会计师国际教育论文。

（4）职业道德委员会

职业道德委员会的职责是制定职业道德方面的指南，并促进成员组织理解和接受这些道德规范。值得关注的是，该委员会为了使其出台的规范能够回应个人、企业、财务分析师以及其他信赖CPA工作的利益团体的期望与要求，就广泛的职业道德问题进行了持续不断的监控和激励。该委员会发布的职业会计师道德准则为职业会计师建立了行为准则，并阐述了职业会计师为达到共同目标所应遵守的基本原则——正直、客观、职业胜任能力与应有的谨慎、保密、职业行为和技术准则。当某一职业道德问题牵涉面较广时，道德委员会将颁布具有权威性的职业道德释义。

以上三个技术委员会的职能在改革前后基本上没有什么改变。

（5）非执业会计师

非执业会计师（PAIB）的前身是改革前的财务和管理会计委员会。全球有超过百万的非执业会计师在商业、制造业、教育、公共事务部门和非营利组织中工

① 截至目前，IFAC已颁布了7项SMOs，分别是：SMO 1，质量保证；SMO 2，执业会计师和其他EDCOM指南的国际教育准则；SMO 3，关于实务公告和其他IAASB发布文告的国际准则；SMO 4，IFAC执业会计师道德准则；SMO 5，国际公共部门会计准则和其他PSC发布的指南；SMO 6，调查和纪律；SMO 7，国际财务报告准则。全文见 www. ifac. org/compliance/index. php。

作。PAIB 的职责是通过发布一些指南、主持研究项目并推动良好的实务和理论的国际交流，来促进财务会计和管理会计的发展，提高会计职业界的整体水平。它同样致力于在世界范围内为职业界谋求公众的认知与理解。

（6）公共部门委员会

公共部门委员会（PSC）负责国家、地区各级政府组织、与此相关的政府代理机构以及其面向公众的会计、审计和财务报告问题。它主要通过发布和修订基本准则指南、开展行为教育和研究项目、促进公共部门领域内会计师之间的信息交流来展开工作。PSC 发布的文告主要有：公共部门国际会计准则、公共部门国际会计指南、公共部门国际会计研究以及一些特殊报告。其职能与改革前也基本相同。

（7）跨国审计人员委员会

跨国审计人员委员会（TAC）则是于 2001 年 1 月成立的国际会计师事务所论坛（FOF）的执行机构。具体而言，TAC 的职责包括：根据环境的变化，向 IFAC 相关委员会推荐应发布什么内容的审计实务公告；提供有关质量控制、审计实务、独立性、培训与发展等“最佳方案”供 FOF 讨论；提名 IFAC 领导小组（ILG）的成员并确定服务于 IFAC 准则制定委员会候选人的资格；在国际会计师事务所和相关的国际财务法规制定者之间建立一个正式沟通的渠道，以便就审计质量、质量控制体系和国际化工作的透明度等问题展开沟通；为论坛的成员组织提供自愿的监督服务。

4）国际会计师事务所论坛

国际会计师事务所论坛（FOF）是面向所有从事和希望从事跨国审计业务的事务所的开放组织。成立该组织的初衷是通过建立质量准则，促使全球审计实务和财务报告的统一和保持较高水准，参加到该组织的事务所被认为愿意遵守 FOF 的质量准则，并同意接受全球范围内的同业复核，以保障质量准则得到遵循。上述的 TAC 以及其下属的分委员会负责监督全球的同业复核工作，并制定目前 IFAC 尚未拟订但跨国审计业务又需要的规范。

以上论述的是 IFAC 内部机构的改革，还值得指出的是外部对 IFAC 制定国际审计准则的监督机构的成立。2005 年 2 月 28 日，证券委员会国际组织（IOSCO）、巴塞尔银行监管委员会（BCBS）、国际保险监督协会（IAIS）、世界银行和金融稳定论坛（FSF）联合宣布公众利益监管委员会（PIOB）正式成立，PIOB 将监督 IFAC 涉及公众利益方面的活动，但无权调查国际审计准则是否得到有效执行，这一权限留给了各国的监管机构。

5.7.2 国际审计和相关业务准则的权威性

国际会计师联合会理事会曾在 1979 年 7 月发布《国际审计准则序言》，对国际审计准则的性质、权威性和范围等作了诠释。1994 年 7 月，理事会又发布了《国际审计和相关业务准则序言》。该“序言”分为“引言”、“国际审计实务委员会”、“国际审计和相关业务准则”、“国际审计准则的权威性”、“国际审计实务公告的权威性”、“工作程序”、“文字”、“国际审计准则作为国家审计准则实施”等8部分。IFAC进行改革后，理事会又于2003年7月重新发布了《关于质量控制、审计、鉴证和相关业务的国际准则序言》，分为“引言”、“国际审计与鉴证准则委员会”、“国际审计与鉴证委员会发布的国际准则的权威性”、“国际审计与鉴证委员会发布的实务公告的权威性”、“国际审计与鉴证委员会出版的其他文告”、“工作程序”、“文字”等7部分，其体系和内容与1994年的《国际审计和相关业务准则序言》并无实质上的不同。以下简略地介绍国际审计准则的权威性。

1）鉴于许多国家发布的审计和相关业务准则无论其形式还是内容都是不同的，IAASB正视这些文告和它们之间的差异。正是基于这样的认识，需要发布旨在使各国都能接受的国际审计准则（ISA）。

2）为此，声明如下的立场，即国际审计准则“不凌驾于某个国家制约对财务和其他信息的审计的当地规定之上”，如果国际准则与当地规定一致，“即自动遵循了该项目的国际审计准则”。

3）关于“国际审计实务公告的权威性”问题，则明确表示：“发布国际审计实务公告（IAPSs）是为了给审计人员执行准则或提高执业水平提供实际帮助，这些公告并不具有权威性。”

IFAC目前还没有特别有力的措施在各个国家推广国际审计准则，为了促进国际审计准则的广泛应用，IFAC则通过以下两个途径进行努力：

（1）在得到各个国际组织认可后，由各个国际组织来向各个国家推荐国际审计准则。这样就有一种强制力来推动各国使用国际审计准则。IFAC的主要目标是得到包括证券委员会国际组织、世界银行在内的一些国际组织的支持与认可。国际会计准则已得到证券委员会国际组织的认可，这为国际审计准则的国际认可开辟了有利局面。

（2）凭借IFAC成员团体的支持，在其执业过程中实施。包括“四大”在内的12家国际上最大的会计公司已经加入了国际会计师事务所论坛，且已经承诺使用国际审计准则作为它们在各国执业的标准，并要求它们的专业人员在作跨国公司审计的时候都要接受后续教育，以保证他们对国际审计准则的理解。同时，它们在全球质量监控方面也要坚持国际审计准则的标准。这些最大的国际会计公司的专业人员了解和运用国际审计准则后，其自身的人员流动（如自行开业）就会把国际审计准则带入更多的国家或公司来使用，从而扩大国际审计准则的权威性。

5.7.3

改革后的国际审计、鉴证准则体系

国际审计与鉴证准则委员会（IAASB）发布的文告，每年都汇辑成册，包括如下内容（根据《国际审计、鉴证和职业道德文告手册2008》）：

（1）质量控制、审计、鉴证和相关服务国际准则序言（2005年12月批准）。

（2）词汇表（更新至2006年12月）。

（3）质量控制国际准则（ISQC）。

第1号《执行历史财务信息和其他鉴证与相关服务约定的会计师事务所的质量控制》2006年6月15日生效。

（4）鉴证业务约定的国际框架（对2005年1月1日或以后签发的鉴证报告有效）。

（5）国际审计准则（ISA），适用于对历史财务信息的审计。

（6）国际审阅业务准则（ISRE），适用于对历史财务信息的审阅。

（7）国际鉴证业务准则（ISAE），适用于除历史财务信息以外的事项的鉴证业务。

（8）国际相关服务准则（ISRS），适用于代编信息、商定程序以及其他IAASB指定的相关业务。

（9）国际审计实务公告（IAPS），为审计人员在执行ISA时提供说明指南和操作帮助，目的是促进ISA的执行和提高实务工作水平。基于同一目的，为了促进相关准则的执行，IAASB还发布了国际审阅业务实务公告（IREPS）、国际鉴证业务实务公告（IAEPS）和国际相关业务实务公告（IRSPS）。

ISA、ISRE、ISAE和ISRS统一称为业务约定准则。在某些特定环境下，为了更有效地达到业务约定目的，当职业会计师认为需要偏离已经颁布的业务约定准则的基本原则和程序时，应该说明这种偏离的恰当性。

IAASB的《国际审计、鉴证和职业道德文告手册2004》是把2004年1月1日前IFAC已经发布且仍然有效的文告汇辑成集，并对已经发布的文告进行了重新的调整与顺序编号，以后根据逐年的调整和修订进行重编。现根据《国际审计、鉴证和职业道德文告手册2008》（并参考《国际审计、鉴证和职业道德文告手册2004》）将国际审计、鉴证文告的名称、编号列示于小资料5—9中（见表5—4）。

【小资料5—9】

表5—4　**国际审计、鉴证文告（截至2008年1月）**

准则编号	准则名称	对财务报表审计及审阅有效的财务报表涵盖期间
	国际审计准则（ISA）	
120	国际审计准则的框架（2004年12月撤销）	
200	规范财务报表审计的目标和一般原则	始于2006年6月15日或以后的期间
210	审计业务约定书的条款	始于2006年12月15日或以后的期间
220	历史财务信息审计的质量控制	始于2005年6月15日或以后的期间

续表

准则编号	准则名称	对财务报表审计及审阅有效的财务报表涵盖期间
230	审计文档	始于2006年6月15日或以后的期间
240	审计人员在审计财务报表中考虑舞弊的责任	始于2004年12月15日或以后的期间
250	在财务报表审计中对法律规章的考虑	始于2004年12月15日或以后的期间
260	与管理当局沟通审计事项	始于2004年12月15日或以后的期间
300	财务报表审计的计划工作	始于2004年12月15日或以后的期间
310	了解经营情况（2004年12月撤销）	
315	了解审计客体及其环境，评估重大错报风险	始于2004年12月15日或以后的期间
320	审计重要性	始于2004年12月15日或以后的期间
330	审计人员应对风险评估结果的程序	始于2006年6月15日或以后的期间
400	风险评估与内部控制（2004年12月撤销）	
401	计算机信息系统环境下的审计（2004年12月撤销）	
402	与利用服务组织的主体有关的审计考虑	始于2004年12月15日或以后的期间
500	审计证据	始于2004年12月15日或以后的期间
501	审计证据——特殊项目的追加考虑	始于2004年12月15日或以后的期间
505	外部函证	始于2004年12月15日或以后的期间
510	初次执行审计约定——期初余额	始于2004年12月15日或以后的期间
520	分析性程序	始于2004年12月15日或以后的期间
530	审计抽样和其他可测试程序	始于2004年12月15日或以后的期间
540	会计估计的审计	始于2004年12月15日或以后的期间
545	公允价值计量及披露的审计	始于2004年12月15日或以后的期间
550	关联方	始于2004年12月15日或以后的期间
560	期后事项	始于2006年12月31日或以后的期间
570	持续经营	始于2004年12月15日或以后的期间
580	管理当局声明书	始于2004年12月15日或以后的期间
600	利用其他审计人员工作	有　效
610	考虑内部审计工作	始于2004年12月15日或以后的期间
620	利用专家工作	始于2005年6月15日或以后的期间
700	整套通用财务报表的独立审计报告	始于2006年12月31日或以后的期间
701	独立审计报告的修改	始于2006年12月31日或以后的期间

续表

准则编号	准则名称	对财务报表审计及审阅有效的财务报表涵盖期间
710	比较数	始于2004年12月15日或以后的期间
720	包括已审计财务报表在内的文件中的其他信息	始于2004年12月15日或以后的期间
800	对特殊目的审计约定的审计报告	对2006年12月31日或以后签发的审计报告有效
	国际审计实务公告（IAPS）	
1000	银行间函证程序	有效
1001	IT环境——单机个人电脑（2004年12月撤销）	
1002	IT环境——联网电脑系统（2004年12月撤销）	
1003	IT环境——数据库系统（2004年12月撤销）	
1004	银行监管者与银行外部审计师的关系	有效
1005	小规模主体审计的特别考虑	有效
1006	银行财务报表的审计	有效
1007	与管理当局的沟通（2001年6月撤销）*	
1008	风险评估和内部控制——CIS特征与考虑（2004年12月撤销）	
1009	计算机辅助审计技术（2004年12月撤销）	
1010	财务报表审计中对环境事项的考虑	有效
1011	“千年虫”问题对管理当局和审计师的牵连（2001年6月撤销）*	
1012	审计衍生金融工具	有效
1013	电子商务——对财务报表审计的影响	有效
1014	遵循国际财务报告准则的审计报告	2003年3月批准，于2003年6月1日公布
	国际审阅业务准则（ISRE）	
2400	审阅财务报表的业务约定书（以前的ISA 910）	始于2006年12月15日或以后的期间
2410	由被审计主体的独立审计人员完成的中期财务信息审阅	始于2006年12月15日或以后的期间
	国际鉴证业务准则（ISAE）	
3000	除历史财务信息的审计和审阅外的其他鉴证业务约定	对2005年1月1日或以后签发的鉴证报告有效
3400	财务预测信息的审查（以前的ISA 810）	有效
	国际相关服务准则（ISRS）	
4400	执行财务信息商定程序的业务约定（以前的ISA 920）	有效
4410	代编财务信息的业务约定（以前的ISA 930）	有效

* 撤销日期系《国际审计、鉴证和职业道德文告手册2004》所列。其余资料均根据《国际审计、鉴证和职业道德文告手册2008》，见www.ifac.org网站。

IAASB 于 2008 年对现有准则进行了修改和重写，导致准则名称变化的共 25 个，于 2009 年 12 月 15 日开始执行（以下不再一一注明）；其他准则（共 8 个）保持不变（以下分别注明执行日期）。

（1）ISA 200 《独立审计的总体目标及按照〈国际审计准则〉执行审计业务》
（2）ISA 210 《审计业务约定书的条款》（保持不变，始于 2006 年 12 月 15 日）
（3）ISA 220 《财务报表审计的质量控制》
（4）ISA 230 《审计文档》
（5）ISA 240 《审计人员在审计财务报表中考虑舞弊的责任》
（6）ISA 250 《在财务报表审计中对法律规章的考虑》
（7）ISA 260 《与负责公司治理人员的沟通》
（8）ISA 300 《财务报表审计的计划工作》（保持不变，始于 2004 年 12 月 15 日）
（9）ISA 315 《了解审计客体及其环境，评估重大错报风险》（保持不变，始于 2004 年 12 月 15 日）
（10）ISA 320 《计划和执行审计中的重要性》
（11）ISA 330 《审计人员应对审计风险评估结果的程序》（保持不变，始于 2006 年 6 月 15 日）
（12）ISA 402 《与利用服务组织工作的主体有关的审计考虑》（保持不变，始于 2004 年 12 月 15 日）
（13）ISA 450 《评价在审计中发现的虚假陈述》
（14）ISA 500 《审计证据》
（15）ISA 501 《审计证据——对择定项目的特殊考虑》
（16）ISA 505 《外部函证》
（17）ISA 510 《初次执行审计约定——期初余额》
（18）ISA 520 《分析性程序》
（19）ISA 530 《审计抽样》
（20）ISA 540 《对会计估计的审计——包括（审计）公允价值会计及相关披露》
（21）ISA 550 《关联方》
（22）ISA 560 《期后事项》
（23）ISA 570 《持续经营》（保持不变，始于 2004 年 12 月 15 日）
（24）ISA 580 《书面陈述》
（25）ISA 600 《对集团财务报表审计的特殊考虑——包括（考虑）审计（集团）财务报告组成部分的其他审计人员的工作》
（26）ISA 610 《利用内部审计人员的工作》

（27）ISA 620 《利用审计专家工作》

（28）ISA 700 《整套通用财务报表的独立审计报告》（保持不变，始于2006年12月15日）

（29）ISA 705 《对独立审计报告意见的修改》

（30）ISA 706 《独立审计报告中强调事项段落及其他事项段落》

（31）ISA 710 《可比的信息——对应的数据及可比的财务报表》

（32）ISA 720 《审计人员对“包括已审财务报表在内的文件和其他信息”应负的责任》

（33）ISA 800 《对特殊目的审计约定的审计报告》（保持不变，始于2006年12月31日）

5.7.4 国际会计师联合会的其他重要活动

IFAC在第11次国际会计师大会上成立后，以后的历次会议即由IFAC和各次会议东道国的会员团体联合主办。国际会计师大会无疑是国际会计会议中最有声望、筹备工作也最为周到的会议，它的每次会议记录和会上提出的技术性论文都是很重要的国际会计协调化的文献。

还值得一提的是，国际会计师联合会（IFAC）经国际证券交易所联合会和国际律师协会商业法分会同意，决定在研究世界资本市场的多个方面互相合作，并于1990年成立了国际资本市场小组。这个小组进行了三项试点调研项目，其中一项是关于国际会计准则的，其目的在于全力提高国际财务报表的可比性。1999年，IFAC又与大型会计师事务所以及世界银行、国际货币基金组织等重要国际机构共同成立“会计发展问题国际研讨会（IFAD）”，它的一项重要使命就是支持国际会计准则成为“全球性的会计语言”。

IASC全面重组后，IFAC与几乎所有的重要国际组织都发表声明，认可和支持IASB的全球会计准则IFRS。

再者，就IFAC的近期活动而言，在2005年7月举行的理事会会议通过的决议中，有多项主题与国际财务报告相关。这主要包括：（1）对如何提高财务报告质量开展全球性研究，其中包括公司治理、监管的发展及审计师的独立性问题；（2）出版IFAC与来自联合国、美国、英国的环境机构联合制定有关环境会计的国际指南性文件；（3）IFAC下设的中小主体实务常设工作组正在开展有关中小主体审计的项目，着手制定相关的指南性资料。

2005年12月，IFAC下设的发展中国家委员会发布了“建立和发展会计职业团体”的指南，其目的在于协助发展中国家政府和有关方面发展会计职业能力，并为增强IFAC成员机构的能力提供帮助。这一指南涉及：（1）建立职业团体；（2）会计职业团体的作用和职责；（3）教育和检查；（4）能力发展等领域。

IFAC 在 2006 年制定和发布了《2007—2010 年战略计划》，我们将在下一节专门作简括的介绍。

5.7.5 国际会计师联合会《2007—2010 年战略计划》

IFAC 的《2007—2010 年战略计划》确定了该组织在当前和近期环境下 2007—2010 年间的战略方向。它为 IFAC 选择向其不同的成员提供选定的战略和服务提供理论基础。

《2007—2010 年战略计划》分为以下 10 部分：

（1）序言（Introduction）；

（2）使命（Mission）；

（3）价值（Values）；

（4）会计职业界和国际会计师联合会面对的环境（Environment Facing the Profession & IFAC）；

（5）战略主题与目标（Strategic Themes & Objectives）；

（6）结果（Outcomes）；

（7）服务领域（Service Areas）；

（8）组织和工作人员计划（Organizational & Staffing Plan）；

（9）财务计划（Financial Plan）；

（10）风险评估和调节计划（Risk Assessment & Mitigation Plan）。

可见，这是一份经过周密研究才制定出的全面规划。其中，第 5 部分“战略主题与目标”当然是其核心部分，它又分为 5 节，第 1 ~ 3 节指明了 IFAC 的 3 项主要战略，第 4 ~ 5 节指明了 IFAC 为保证实现这些主要战略将采用的方法。概述如下①：

①3 项主要战略：

A. 被公认为审计与鉴证、教育、职业道德和政府财务报告领域的国际准则制定者。

B. 加强对会计职业界的支撑能力。

C. 作为会计职业界的国际代言人。

②为实现主要战略将采用的方法：

A. 通过加强协作活动实现更大的公众价值。

B. 继续加强 IFAC 的治理机制。

---

① 详细内容可查阅 IFAC 网站 www. ifac. org 所载“IFAC Strategic Plan 2007—2010”。

5.8 推动国际会计协调化的其他职业界国际组织

最后，简要介绍推动国际会计协调化的其他职业界主要国际组织。

5.8.1 会计职业界的地域性国际组织

会计职业界的地域性国际组织有欧洲会计师联合会、美洲会计师联合会、亚洲及太平洋地区会计师联合会、北欧会计师联合会、国际法语会计师联合会、阿拉伯会计师协会、东盟国家会计师联合会、西非会计团体联合会等，它们都致力于本地域范围内的会计协调化活动。以下简略地介绍前三个组织的情况。

1）欧洲会计师联合会

欧洲会计师联合会（FEE）成立于 1951 年，它的创始成员来自奥地利、比利时、法国、联邦德国、意大利、卢森堡、荷兰、葡萄牙、西班牙和瑞士等国的 12 个会计师协会，目前的成员已包括分布于 30 个国家的 43 个会计职业团体，总部位于布鲁塞尔，设有一个秘书处。

欧洲会计师联合会的主要目标是：

（1）服务公众的利益，通过全球的发展以及促进和保护欧洲的具体利益的途径，致力于欧洲公共部门和企业部门的会计职业实务和监管的提高、协调和自由化；

（2）促进欧洲职业会计机构之间在公共部门和民间部门的共同利益方面的认识和合作；

（3）作为欧洲会计职业界的国际代表；

（4）作为欧洲会计职业界在欧盟各个机构的杰出代表和咨询组织；

（5）在服务公众利益的基础上，促进和实现欧洲会计职业界的利益；

（6）确定那些在初期可能对会计实务产生影响的发展项目，向成员组织提供这种发展项目的建议，以及与成员组织一起寻找影响该发展项目结果的方法；

（7）促进认识和承认不同职业领域的合格会计师的广泛活动；

（8）确定成员组织的需要并努力对这些需要作出及时而有效的回应。

FEE 的主要活动是开展专题研究、举办会议和出版研究成果，其活动涉及欧洲会计职业界关注的所有领域，即会计、审计、道德、税收、公共部门会计、公司法、银行学、保险、资本市场、管理会计、会计职业监管和自由化，以及可持续发展。FEE 下设多个工作组，负责不同领域的工作。FEE 通过与欧盟的不同机构，特别是欧洲委员会的合作开展这些工作。在会计领域，FEE 在欧洲，特别是在欧盟的会计协调化中起着至关重要的作用。欧盟“关于运用国际会计准则的第 1606

号法令”的制定以及“欧洲财务报告咨询组（EFRAG）”的设立都包含着FEE的努力。作为会计准则协调化的主要倡导者，FEE定期接受欧洲委员会和其他国际或国家组织（如准则制定机构）的咨询。FEE每年定期出版各工作组的研究成果。这些出版的研究成果对欧盟的会计协调化和趋同化产生了重要影响。

如上所述，FEE的一个目标是成为欧洲会计职业界的国际代表。为此，它不仅与世界性会计职业界的IFAC和IASB保持密切的联系，还参与OECD、WTO、会计发展国际论坛（IFAD）的工作，与欧洲和世界上与会计职业具有共同利益的职业组织和其他组织保持广泛的联系。FEE当前的工作重点是：对IASB的征求意见稿提供咨询，并与欧洲财务报告咨询组和欧洲委员会一起开展有效实施新会计准则的工作。它将继续支持欧洲证券监管委员会（CESR）的工作，提供支持高质量的财务报告的可操作的解决方案；在欧洲委员会改进审计计划中发挥重要作用，推动有关欧洲采用国际审计准则的讨论，希望通过国际组织制定高质量的审计准则。2005年12月，FEE举办了“国际财务报告准则趋同化和一致性”研讨会，关注IFRS与美国FAS之间趋同的短期进展，并且讨论了IFRS在欧洲一致应用的问题。此次会议邀请了欧洲委员会委员、美国FASB成员和IASB主席参加。2006年12月，FEE举办了关于财务报告对财务稳定性和透明度的贡献的研讨会。2007年11月，FEE又举行了关于审计监管的讨论会。可见，FEE正为欧洲统一资本市场的建设继续发挥着重要的作用。应该说，FEE是会计职业界地域组织中最活跃和业绩最显著的组织。2008年的会议于2008年9月在哥本哈根举行。

2）美洲会计师联合会

美洲会计师联合会（IAA），又称美洲会计协会。它成立于1949年，1975年前称为美洲会计大会，主要由美洲国家的会计职业团体组成。目前，其成员共有28个赞助组织，分布于23个国家。由于它们大部分属于西半球国家，因此把西班牙语作为正式语言。

美洲会计师联合会在纽约设有一个秘书处，它通过一些综合性和技术性的委员会开展活动。总部的地址则轮流设在成员国境内。美洲会计师联合会主要致力于解决西半球国家、特别是南美洲国家的会计问题。在国际会计师联合会的赞助下，翻译出版了《国际会计准则和审计准则》。

3）亚洲及太平洋地区会计师联合会

亚洲及太平洋地区会计师联合会（CAPA），简称亚太地区会计师联合会或亚太会计师联合会。它正式成立于1976年，在会计职业界的地域性国际组织中是成立较迟的，但发展很快。亚洲及太平洋地区会计师联合会原先称亚太地区会计会议和亚太地区会计大会，第一次会议于1957年在马尼拉举行。现在，其成员包括在太平洋沿岸国家和地区设有会计职业组织的24个国家和地区的34个会计职业团体，其中正式会员28个，联系会员3个，附属会员3个。其常设秘书处设在马来西亚的吉隆坡，中国注册会计师协会于1996年加入该组织。

亚洲及太平洋地区会计师联合会的主要目标是：

（1）通过采用IFAC和IASC制定的准则促进会计协调化的方式，改进会计职业水平和促进会计职业界的发展；

（2）协助一国或跨地区组织的建立和发展，这些组织为执业的以及在商业、工业、公共部门和教育领域工作的会计师提供服务；

（3）通过在新兴问题的领先性，与IFAC以及其他区域性或跨区域性组织成员团体的合作实现战略性目标；

（4）提高和增加会计职业在实现成员团体的利益和服务公众利益方面的作用、责任和成果；

（5）与国际和区域性组织建立联系，以便对有效资本市场以及服务性国际贸易的发展产生影响。

亚洲及太平洋地区会计师联合会至少每三年举办一次国际会议，会议的目的在于讨论和交换各成员团体的信息，因此，亚洲及太平洋地区会计师联合会国际会议论文就成为了解和研究亚洲和太平洋地区会计的重要信息来源。至2010年，亚洲及太平洋地区会计师联合会国际会议已经举办了18届。亚洲及太平洋地区会计师联合会还参与IFAC、其他区域性会计组织以及其他主要的国际和区域性发展组织（如世界银行、OECD、联合国贸发会等）的有关对发展中国家和新兴国家的援助项目的讨论。

5.8.2 有助于国际会计协调化的其他国际组织

国际性的金融机构（如世界银行）、证券交易所国际联合会以及国际商会、国际自由工会联合会、国际律师协会等等，都在不同方面和不同程度上支持国际会计协调化。以下再介绍两个对国际会计协调化影响较大的其他国际组织。

1）财务分析师协会国际联络委员会

财务分析师协会作为代表财务报表使用者的利益的重要团体，已经组织了本国和国际专门委员会和评价财务报表的专门工作组来讨论国际会计问题。在涉及多国比较或在国际背景中进行有关财务报告、披露影响、证券价格影响等课题的研究方面，财务分析师协会和它们的国际联络委员会有不少有价值的文献，这对国际会计准则的制定无疑是十分宝贵的资料。正因为如此，在国际会计准则委员会理事会成员最多可包括4个其他国际组织的代表中，财务分析师协会国际联络委员会是首先被选中参加国际会计准则委员会理事会的其他国际组织。

2）国际资产评估准则委员会

它成立于1981年，已获得28个成员国专业机构的一致支持。其目标是制定和公布编制财务报表用的资产评估准则和程序指南，并在世界各地推广使用。就该委员会发布的指南和背景文件看，已经包括资产评估的所有方面，以尽可能确保资产价值符合评估当时的实际经济情况，实现国际标准的统一。主要的指南包括固定资产分类，土地和建筑物的估价、折旧，厂房和机器的估价，以及抵押贷款的评估等等。

已出版的其他资产评估准则还包括：(1) 国际用语词汇；(2) 基本名词词汇；(3) 农村资产评估背景文件；(4) 环境因素或污染对财务报表固定资产评估的影响等。

资产评估准则的制定和推广，对提高国际财务报表的可比性无疑是一项十分重要的因素。

讨论题

5.1 比较分析本章中引述的各家对国际会计协调化的定义。

5.2 进一步探讨国际会计的协调化与标准化、可比性、统一性，以及趋同化之间的关系。

5.3 对本章中提出的推动国际会计协调化的六个主要国际会计组织的性质、作用和成果，作一简括的评价。

5.4 联合国会计与报告国际准则政府间专家工作组在只是作为权威性的国际论坛之外，是否应该发挥更大的作用?

5.5 欧洲联盟是推动会计协调化最具成效的区域性国家联盟，它的独特作用表现在哪些方面?

5.6 你对欧洲联盟的新会计策略有何评价?

5.7 经济合作与发展组织制定、发布关于跨国公司会计和报告的指南的目的何在? 在你看来，指南中对披露的要求是否充分?

5.8 证券委员会国际组织第一工作组的目标是什么? 为什么这个工作组的活动越来越重要?

5.9 你认为审计准则的国际协调化比会计准则的国际协调化是容易一些，还是困难一些呢?

5.10 阐明国际审计准则和国际审计实务公告的联系和区别。

练习题

5.1 以下是环球公司200×年12月31日结账后试算表中归属于资产负债表项目的余额，试按照美国的惯例和欧盟《第4号指令》的要求编制资产负债表（单位：千美元）。

(1)现金	105 000	(7)预付款	30 000
(2)有价证券	50 000	(8)应付款(或债权人)	700 000
(3)对子公司投资	200 000	(9)应付公司债(或公司债券持有人)	800 000
(4)应收款(或债务人)(净额)	385 000	(10)股本	1 000 000
(5)存货	480 000	(11)本年净收益(税后)	400 000
(6)厂场设备(净额)	1 950 000	(12)前期留存收益	300 000

又设按欧洲国家法律规定，公司每年净收益中应先提10%法定公积，公司董事会又决定每年提10%的任意公积。美国公司则无此规定。

5.2 查阅中国证券监督管理委员会关于上市公司财务报表的现行披露要求，与证券委员会国际组织关于跨国上市的国际披露准则相对比，列出其异同。

第 6 章 国际会计准则委员会与国际会计准则

学习目标
6.1 三个阶段的发展战略
6.2 IASC 的初期立场和努力成果
6.3 重组前 IASC 的目标和组织结构
6.4 关于《编报财务报表的框架》
6.5 国际会计准则和解释
6.6 IASC 与 IOSCO 协作的核心会计准则体系
6.7 重塑 IASC 的未来
6.8 IASB 在制定国际会计准则方面的进展
6.9 对“重塑 IASC 的未来”的回顾与展望
讨论题
练习题

学习目标

国际会计准则（IAS）是由会计职业界的民间性国际组织——国际会计准则委员会（IASC）制定的。30 多年来，IASC 顺应潮流，审时度势，不失时机地调整其立场和政策，争取多方面的支持，不断提高国际会计准则的权威性。在世纪之交，IASC 启动了“重塑未来”计划，机构的重组工作完成后，于 21 世纪初开始运作。本章将介绍 IASC 和 IAS 的历史和现状，并展望其未来。要求读者以发展的观点，了解 IASC 的工作，并对 IAS（现称 IFRS）能否最终成为全球统一的会计准则进行思考。

国际会计准则委员会（IASC）由来自澳大利亚、加拿大、法国、德国、日本、墨西哥、荷兰、英国和爱尔兰以及美国的16个会计职业团体于1973年发起成立，总部设在英国伦敦。自1983年起，国际会计师联合会（IFAC）成员的所有会计职业团体均已成为国际会计准则委员会的成员。如前所述，到2008年1月，IFAC已经拥有来自120个国家和地区的160个团体成员。

IASC在1975年1月发布了国际会计准则第1号（IAS 1）《会计政策披露》（现已被1997年8月发布的IAS 1《财务报表的列报》所取代）。至2002年IASC全面重组时，已发布了41个国际会计准则（IAS）。

由会计职业界的民间国际组织制定发布国际会计准则，面临着诸多难题。例如，如何树立其权威性？如何与各国国内准则相协调？如何依靠会员团体的努力？如何把握时机，顺应经济全球化的潮流和要求？如何争取其他国际组织和国际机构以及各国准则制定机构的支持？应该说，在20世纪70至90年代的近30年间，IASC的基本战略是有成效的，尽管其努力也受到诸多因素的制约，但其成绩应该说是显著的。同时，也为世纪之交IASC的运作机制和组织结构的全面重组打下了基础。

6.1 三个阶段的发展战略

纵观IASC这30多年的发展历史，其基本战略经历了三个阶段，我们先对此进行概括的论述。

6.1.1 第一阶段（20世纪70年代）的基本战略

20世纪70年代，经济全球化的趋势，主要还是表现在国际贸易的发展和跨国公司的兴起上，资本市场的国际化并不明显。人们对国际会计准则能否在全球范围内被广泛接受和遵循，普遍持怀疑态度。当时IASC的战略是：与国际性银行、国际会计师联合会、国际经贸组织等建立联系和合作关系，在协调各国会计准则上采取十分宽松的政策。对于国际会计准则的体系和IASC的发展方向等战略性问题，尚不明确。

这一阶段，有两件值得一提的大事：

（1）前已述及，1977年10月IFAC成立时，IASC成为IFAC的团体会员，并与IFAC达成协议。IASC仍以其名义独立制定和发布国际会计准则，从而继续奠定了它作为制定IAS的会计职业界国际组织的地位，也开创了由IASC制定国际会计准则（IAS）以及由IFAC所属的IAPC（国际审计实务委员会）制定国际审计准则（ISA）的局面（如5.7.1中所述，IAPC已改组为国际审计与鉴证准则委员会，

IAASB)。

(2) 1977年10月，IASC修订了它的章程，将原先章程中把9国的16个发起创建IASC的会计职业团体作为“创始会员（founder member)”，以后参加的其他各国会计职业团体作为“联系会员（associate member)”的规定取消。根据修订后的章程，过去是联系会员的均成为正式会员，嗣后参加的也可以成为正式会员。这为它执行与IFAC达成的IFAC会员自动享有IASC会员资格的协议铺平了道路。显然，这有助于IASC会员队伍的不断壮大，也便于在平等的地位上形成合力。

6.1.2 第二阶段（20世纪80年代至90年代初期）的基本战略

在这一阶段，继美国和英国之后，发达国家（欧洲大陆国家和日本）的资本市场逐步开放，跨国融资和投资活动有很大发展，跨国公司进一步壮大，国际金融市场上的资本流动在推动经济全球化中起着越来越大的作用。在这种形势下，各国会计准则的差异，对于准备跨国上市筹资的财务报告编制者和向国际货币市场举债以及准备跨国投资的财务报告使用者来说，其影响备受关注；各国的会计准则制定机构也开始关注国际会计准则的发展和所起的协调作用，产生了在不同程度上与IASC协作的意向（美国的FASB仍持消极的观望态度，欧盟也许是最积极的）；同时，各国的证券监管机构也开始重视其本身的国际协调（如以前述及的证券委员会国际组织的成立和活动）以及国际会计准则的作用。IASC对与各种职业团体的国际组织的联系和合作，则一贯保持积极主动。

这一阶段也有两件值得一提的大事：

(1) 针对国际会计界对初期发布的IAS的批评（形式上的协调，实质上只是对国家准则的“兼容并包”)，IASC及时地对当时已发布的25个IASs在全球范围内被接受的程度，通过各国的会员团体进行问卷调查，在此基础上于1987年对“可比性与改进计划”立项，并于1990年7月发表了《意向说明——财务报表可比性》。增强“可比性”的要领是，启动对已发布IASs的修订，减少允许选用的会计处理方法，并把它分为基准方法和备选方法两个层次。1990年11月发布的IAS 31《合营中权益的报告》是第一个把会计处理方法分为以上两个层次的准则，在以后修订已发布准则和制定新准则中都采用了把推荐的会计处理方法分为两个层次的做法。

(2) 1989年7月发布了《编报财务报表的框架》，作为制定新准则和审议已发布准则的概念依据，并有助于协调编报财务报表有关的规定、准则和程序。稍后我们将专门介绍这个框架。

IASC在这一阶段的努力提高了IAS的权威性，并初步形成了国际会计准则的体系。

6.1.3 第三阶段（20世纪90年代中期至IASC全面改组）的基本战略

20世纪结束前的5年，一方面，资本市场和货币市场国际化的趋势强劲发展，跨国合并的浪潮连续高涨（我们在第1章中已作了介绍）；另一方面，也值得指出的是，亚洲金融危机的影响展示了金融风险涉及的范围也波及全球。因此，只有加强国际资本市场和货币市场的透明度和规范化营运，才能比较有效地控制风险，而资本市场和货币市场的透明度在很大程度上取决于会计信息的质量。IASC把握住这一时机，立足于国际化的资本市场和货币市场，一方面以协调各国会计准则为长期目标，另一方面以加强适用于跨国上市和举债使用的财务报表信息的可比性（也就是针对国际资本市场和货币市场上财务报告使用者对会计信息质量的要求）为近期目标，调整了基本战略。这个战略的中心思想是：（1）与各国准则制定机构进行直接的、密切的联系和合作；（2）处理好国际会计准则与美国公认会计原则（GAAP）的关系；（3）与证券委员会国际组织达成协议，在修订已发布准则和制定急需的新准则的基础上，完成“核心准则计划”，从而进一步确立了国际会计准则的体系，为“重塑IASC的未来”的构想铺平道路并付诸实施。

这一阶段值得提出的大事较多，我们为此按时序列出了以下的“大事记”：

（1）IASC以增加国际财务报表的可比性为目标的行动

在1987年立项的“可比性与改进计划”和1990年发表的《意向说明——财务报表可比性》的基础上，1993年11月，把10个IASs列入改进计划进行修订，并于1995年1月完成。

（2）IASC与IOSCO的“核心准则计划”合作项目

1995年，IASC与IOSCO签订了关于“使国际会计准则形成一个会计准则核心体系”的协作计划，又启动了对已发布IASs的全面修订，于1998年12月按约定时间完成。① 对此，我们将在稍后专门介绍。列入计划的30份2000年准则及其11份解释公告已于2000年5月由IOSCO评审通过。

（3）对美国证券交易委员会（SEC）有条件支持IASC制定适用于跨国上市的会计准则的声明的响应

1996年10月，经过与IASC对话后，SEC作出了关于“支持IASC制定适用于跨国股票上市使用的财务报表所用会计准则”的声明，这个支持是有条件的，即要求准则的质量必须符合以下三个主要条件：①准则必须包括一套核心的会计公告，它们可以构成全面和公认的会计基础；②准则必须是高质量的，它们能够导致

① IAS 39《金融工具：确认与计量》在1998年年底完成后，经IASC理事会通过和发布的日期则为1999年3月。

可比性、透明度和提供充分的信息披露；③准则必须严格地加以解释和应用。①

IASC 对第③点作出了积极的响应，在 1997 年 9 月的理事会上通过决议，成立常设解释委员会（SIC），至 2002 年 IASC 重组时已发布了 28 个《解释公告》。

关于第①点，IASC 当时已启动了 1995 年与 IOSCO 协作的“核心准则计划”。关于第②点，也见诸后来的《重塑 IASC 的未来》所表述的目标中。

（4）G_{4+1}集团开创的在制定准则过程中的协调行动

所谓 G_{4+1}集团，是由 4 个英语国家美国、英国、加拿大、澳大利亚的准则制定机构的代表组成的，IASC 代表为观察员，后来，新西兰也加入了，甚至非英语的和成文法系的德国，其会计准则委员会也表示过准备加入的愿望。G_{4+1}开创了 IASC 参与各主要英语国家会计准则的制定机构在准则制定过程中的协作，开创了国家会计准则之间的协调启动于准则制定的过程之中而非过程之后的构想。这样，就能尽可能减少它们之间的差异。G_{4+1}集团的建立，是在英语国家范围内对这种改革进行尝试，并且就企业合并、全面收益等重大问题的准则进行研究，发表了具有独创性的见解。

这种联合攻关的构想在开发金融工具会计的过程中也见诸行动，为了共同突破以公允价值计量金融工具的难关，1997 年，以 IASC 代表任主席，由澳大利亚、加拿大、法国、德国、日本、新西兰、北欧 5 国、英国和美国等 13 国的准则制定机构组成了金融工具国际联合工作组，并于 2000 年 12 月发布了《准则草案和结论基础——金融工具及类似项目的会计处理》的公开征求意见稿。

IASC 重组成功后，G_{4+1}于 2001 年 1 月 31 日至 2 月 1 日在伦敦召开了会议，宣告解散，停止一切活动。根据会议发布的公告，这是“鉴于 IASC 重组成功，新设立的 IASB 将与各国准则制定机构建立积极的合作伙伴关系，为了避免分散资源，全力以赴支持 IASB 在世界范围内促进会计准则趋同化的努力”。这一行动对 IASB 的顺利运作影响重大，也扫清了当时人们对重组后的 IASC 是否将成为“G_{4+1}俱乐部”的疑虑。

（5）IASC 的《重塑国际会计准则委员会的未来》

1998 年年底，IASC 提出了题为《重塑国际会计准则委员会的未来（Shaping IASC for the Future）》的报告，对 IASC 的目标作了新的规定，并根据新的形势和环境要求对 IASC 的组织架构作出了建议。而后进行了一系列的磋商活动，最终于 2000 年 5 月由会员大会批准了新的章程，在世纪之交紧锣密鼓地进行重组工作。

6.2 IASC 的初期立场和努力成果

IASC 成立以后，深感它作为会计职业界的国际民间性组织，所制定的 IAS 不

① Arthur Levitt（美国 SEC 主席），“The Importance of High Quality Accounting Standards”，Accounting Horizon，Vol. 12，No. 1，March 1998.

可能具有法定的强制性，因为它无法突破各国的主权管辖问题，而且当时的权威性也未树立。基于对这种情况的充分认识和理解，国际会计准则委员会一开始就明确地声明了它的如下立场。

6.2.1 国际会计准则不能取代各国规范财务报表的国内规定和准则

在关于制定《国际会计准则的目标与程序》这本小册子中，IASC 表示，它和会计职业界都“无权强制执行国际协议或要求遵从国际会计准则”。它的努力成功与否，将“取决于许多不同的利益集团在各自管辖范围的限度内对它的工作的认可和支持”。它在《国际会计准则公告前言》中表明其立场：IASC 公布的国际会计准则，不能取代各国规范财务报表的国内规定（包括国家机构和会计职业界公布的会计准则）。如果国际会计准则与国内规定在某方面一致，那么，“在这个国家内所编制的符合国内规定的报表，自然会符合国际会计准则的规定”。

在具体做法上，则本着如下的原则：

（1）选择共同的、基本的会计问题，着重制定基本的准则。所谓“基本的准则（basic standards）”，最主要的是指应有助于提高跨国公司财务报表的质量和可比性。

（2）根据各国经济活动的实际情况考虑基本的会计准则，把统一性、灵活性恰当地结合起来。

（3）国际会计准则的内容要力求简短、明确、不复杂，可以适用于各种情况。

国际会计准则委员会的上述立场，主要是为国际会计准则的推行尽可能地减少障碍，这在当时是完全可以理解的。

基于上述的立场和原则，IASC 在所公布的国际会计准则中，就往往避开有分歧的细节，尽量不使国际会计准则过分复杂；或是在同一会计准则中规定了较多的允许选择的会计方法；一些重要会计准则的制定和公布，时间上总是滞后于主要西方大国（美国和英国）的国家会计准则。因此，对初期发布的国际会计准则，也有不少尖刻的批评。诸如，国际会计准则不过是把主要（西方）国家的国家会计准则兼容并包，力求适用于多种情况，提出了多种备选方法供自由选用，从而削弱了它的规范性，使协调化仅具形式，使财务报表缺乏国际可比性。前已述及，针对这些批评，国际会计准则委员会从 1987 年起，即开始从事有关提高财务报表的国际可比性的研究，于 1993 年启动了对已发布的准则的修订工作，并且根据把国际会计准则推荐的会计处理方法区分为“基准方法”和“备选方法”的构想，对当时已经发布的 25 个准则中推荐的会计处理方法进行筛选，除了把保留的方法区分为“基准”和“备选”两个层次外，还删去了一些缺乏概念依据的不适用的方法，借以提高财务报表的国际可比性。

6.2.2 推行国际会计准则依靠的力量和取得的成果

在这一阶段，IASC一直强调，国际会计准则的推行需要依靠以下两方面的力量：

（1）成员团体履行《国际会计准则委员会章程》所规定的义务

当时的章程规定，各成员团体应承担下列义务：

①公布经IASC理事会批准发布的国际会计准则；

②尽最大努力敦促所在国政府，会计准则制定机构、监控机构以及其他组织在财务报表准则中遵循国际会计准则；

③尽最大努力保证审计人员确认财务报表的重要方面都符合国际会计准则，如有背离，应予以充分披露。

然而，在20世纪70至80年代，在②、③两方面都没有取得显著的成效。

（2）会计职业界国际组织和其他国际组织的认可和支持

在会计职业界国际组织方面，国际会计师联合会和国际会计准则委员会一起，尽力促进国际会计协调化，所有国际性的会计职业团体都可通过IFAC表达意见，并履行其承诺来支持IASC的工作。在这方面，欧洲会计师联合会、美洲会计师联合会和亚太会计师联合会都以不同方式在本地区鼓励以国际会计准则为基础的协调化活动，并取得了不同程度的进展。

在其他国际组织方面，IASC力求与国际性金融机构、证券交易所、证券事务监管机构、财务经理协会、财务分析师协会、律师协会、商会、自由工会联合会等国际组织协作，争取这些组织在不同方面和不同程度上支持它的工作。比较突出的事例如：世界银行和亚洲发展银行要求借款人必须递交符合国际会计准则的财务报表；伦敦和香港证券交易所那时就要求外国证券发行人遵循国际会计准则。

国际会计准则委员会十分重视发展与上述这些民间性的国际组织以及官方机构的国际组织之间的合作关系，还表现在，它们大都是IASC的咨询团的成员，IASC还邀请欧共体委员会和美国财务会计准则委员会以观察员身份出席国际会计准则委员会会议。当IASC在修订合并财务报表的有关准则和发表第27号国际会计准则时，曾向欧盟进行咨询，以参考欧盟制定关于合并财务报表的《第7号指令》的工作经验，促使欧盟与IASC间的合作关系更趋密切，如此等等。我们在第5章中已有论述。

此外，也不乏一些国家采纳国际会计准则的事例，不少发展中国家以国际会计准则作为本国的会计准则或作为本国会计准则的基础；东欧国家在实现向市场经济和私有化的转变中，也大都以国际会计准则作为制定本国会计规程的基础；在意大利，国家证券监察人要求，如果没有适用的意大利规程，就遵循国际会计准则；德国和法国政府在把欧盟《第7号指令》的要求纳入两国法律时，也采纳了有关的国际会计准则等等。这些，我们在第 3 章和第 5 章中也都有述及。

由此可见，IASC 在这方面的成就是值得肯定的，相应地，也就提高了国际会计准则的权威性。

6.3 重组前 IASC 的目标和组织结构

6.3.1 重组前 IASC 的目标

根据 1992 年 10 月 IASC 会员大会通过的《国际会计准则委员会章程》，IASC 的目标是：

（1）本着公众利益，制定并发布编报财务报表应遵循的会计准则，并推动这些准则在世界范围内的接受和遵循；

（2）为改进和协调有关财务报表列报的法规、会计准则和程序，广泛地开展工作。

IASC 在其活动的开展中已越来越意识到，改善及协调财务报告、提高财务报告的可比性对财务报告的国际使用者至关重要。因而确立了推动国际会计准则在世界范围内被接受和遵循的目标。希望通过制定国际会计准则，推广 IAS 在编制和发布财务报表中的运用，以实现相似的交易事项在全球范围内应作出相似的会计处理，而不同的交易事项必须用不同的会计方法处理，不论这些交易事项发生在何处。财务报表的使用者可以将不同企业的财务报表进行比较，而不问这些企业设在何处。这标志着 IASC 已经趋向于把建立“全球会计”作为它的目标了，但还没有作出十分明确和坚定的表述。

6.3.2 重组前 IASC 的组织机构

为了继而说明制定国际会计准则的程序，并便于了解 IASC 的历史发展，需要简括地介绍重组前 IASC 的组织机构。

1）理事会

它于 1973 年就成立了，其组成、任期、权责和会议等规定，在历次通过的章程中均有修订，根据 1992 年通过的 IASC 章程，理事会负责批准国际会计准则和征求意见稿及其发布，并承担 IASC 的日常工作。其成员包括由 IFAC 理事会指定和任命的最多 13 个国家的 IASC 会员团体代表，以及最多 4 个由 IASC 理事会挑选的其他国际组织的代表。[①] 每个国家组织最多可派出 2 位代表，但在通过国际会计准则的发布时只能投一票。理事会会议的次数和地点由理事会成员共同商定，会议审议现行计划，以及决定是否发布某一征求意见稿或国际会计准则。理事会中由 IFAC 指定和任命的国家的会员团体代表任期不超过 5 年[②]，可以连任；由 IASC 理事会选任的国际组织代表，其任期应在任命时确定。选出的理事会主席任期为两年半，不能连任。

2）咨询团

它成立于 1981 年，其成员包括财务报表的编制者和使用者，以及官方机构组织的观察员。咨询团主要负责：（1）讨论国际会计准则委员会的工作所导致的有关原则和政策方面的事宜；（2）讨论影响接受国际会计准则的实际问题和观念问题；（3）对发布个别会计准则的每一步骤提供支持。

3）顾问委员会

它成立于 1995 年，集中了来自会计职业界、企业界、其他财务报告使用者团体的高素质精英，主要负责：（1）复核评价理事会的战略和规划是否满足 IASC 成员的要求；（2）每年向理事会报告实现目标的运作过程的有效性；（3）促进会计职业团体、企业界、其他各种团体参与 IASC 并接受国际会计准则；（4）审阅 IASC 的预算和财务报告。

4）常设解释委员会

它成立于 1997 年，包括不同国家财务报告使用者、编制者、审计师的代表，来自理事会的联络员，来自 IOSCO 和原欧洲共同体的观察员。常设解释委员会相当于各国会计准则制定机构下设立的"紧迫问题工作小组"，处理运用国际会计准则时可能引起争论的问题，同时发布一系列解释公告，对相关国际会计准则与实务的结合进行解释。

5）战略工作组

它成立于 1998 年，负责研究 IASC 在完成核心准则以后的战略和组织结构、IASC 的运作程序、与各国会计准则制定者的关系，以及 IASC 的教育培训和资金筹集。

这个机构的建立，标志着 IASC 试图全面改革其发展战略和进行全面重组。《重塑国际会计准则委员会的未来》的研究报告就是它提出的。

---

① 当时是澳大利亚、加拿大、法国、德国、印度、日本、马来西亚、墨西哥、荷兰、北欧公共会计师联合会、南非、英国、美国的代表，还包括财务分析师协会国际联络委员会、投资协会国际委员会、瑞士实业控股公司联合会、财务经理协会国际联合会的代表。印度代表中包括 1 名斯里兰卡代表，南非代表团中包括 1 名津巴布韦代表。欧洲委员会、美国 FASB、证券委员会国际组织和我国代表作为观察员参加理事会会议。

② 由于 IASC 决定全面重组，1998 年 1 月 1 日开始的这一届理事会规定的任期为两年半。

6.4 关于《编报财务报表的框架》

IASC 于1989 年7 月发布了在体系上类似美国的《财务会计概念框架》的《编报财务报表的框架》（以下简称《框架》），以“确立为外部使用者编报财务报表所依据的概念”。IASC 重组后，新组建的IASB 于2001 年4 月予以采纳。但时隔10 余年，这个《框架》面临着修订的必要。IASB 已着手就那些亟须修订的问题，诸如计量目标、收入确认、披露架构等进行研究。

以下概述现行《框架》的主要内容。

6.4.1 制定《框架》的目的以及《框架》与准则的关系

1）制定这一《框架》的目的在于：

（1）帮助国际会计准则委员会理事会制定新的国际会计准则和审议现有的国际会计准则；

（2）为减少国际会计准则所允许选用的会计处理方法提供基础，借以帮助国际会计准则委员会理事会推动与编报财务报表有关的规定、准则和程序之间的协调；

（3）帮助国家会计准则制定机构制定本国的准则；

（4）帮助财务报表编制者应用国际会计准则和处理尚待列作国际会计准则项目的问题；

（5）帮助审计师形成关于财务报表是否符合国际会计准则的意见；

（6）帮助使用者理解根据国际会计准则编制的财务报表中包括的信息；

（7）向关心国际会计准则委员会工作的人士提供关于制定国际会计准则的方法的信息。

2）《框架》虽然作为编报财务报表的概念依据，但它不是一份国际会计准则。因此，不对任何特定的计量和列报问题确立标准。《框架》的任何内容都不支配特定的国际会计准则。

3）《框架》中还特地指出，IASC 理事会承认，在为数不多的情况下，它和某项国际会计准则之间可能会有抵触。在那些有抵触的情况下，应当以国际会计准则而不是《框架》的要求为准。然而，由于IASC 在制定新准则和审议现有准则的过程中，将受到《框架》的指导，它和国际会计准则之间抵触的情况将随着时间的推移而减少。

6.4.2 《框架》的范围

1）《框架》包括以下内容：

（1）财务报表的目标；

（2）决定财务报表信息有用性的质量特征；

（3）构成财务报表的要素的定义、确认和计量；

（4）资本和资本保全概念。

2）《框架》涉及的是通用财务报表，即针对的是众多使用者的共同的信息需要。

全套财务报表通常包括资产负债表、收益表、财务状况变动表（此表有很多编制方法，例如，可以是现金流量表或资金流量表），以及作为财务报表必要组成部分的附注、其他报表和说明材料。财务报表还可能包括基于或源自上述报表并应随之一同阅读的附表和补充信息。例如，这些附表和补充信息可能涉及行业分部和地区分部的财务信息以及价格变动影响的披露。

3）财务报表的使用者包括现有的和潜在的投资者、雇员、贷款人、供应商和其他的商业债权人、顾客、政府及其机构和公众。他们利用财务报表来满足对信息的不同需要。

6.4.3 财务报表的目标

财务报表的目标，是提供有助于众多使用者进行经济决策的关于企业财务状况、经营业绩和财务状况变动的信息，使他们能更好地评估企业形成现金和现金等价物①的能力及形成的时间和可确定的程度。

1）企业的财务状况受到企业控制的资源、企业的资金结构、资金流动性和偿债能力，以及企业适应其所处环境变化的能力的影响；关于企业所控制的经济资源和企业过去改造资源能力的信息，有助于预测企业今后形成现金和现金等价物的能力；关于资金结构的信息，有助于预测今后对借款的需要、今后的利润和现金流量将如何在那些拥有企业权利的各方之间分配，还有助于预测企业进一步筹集资金的成功程度；关于资金流动性和偿债能力的信息，有助于预测企业在其财务承诺到期时履行承诺的能力。

---

①　现金等价物（cash equivalents）是指其初始到期日（original maturities）在 3 个月以下（含 3 个月）的短期投资。这种投资如此接近其到期日，因此，由于利率变动导致其价值变动的风险可略而不顾，它将随时可变换为已定金额的现金。“初始到期日”系对持有此项投资的主体而言，如 3 个月期的国库券和离到期日 3 个月内购买的数年期国库券，都符合“现金等价物”条件。

关于财务状况的信息主要在资产负债表中提供。

2）关于企业的经营业绩尤其是获利水平的信息，是评估企业今后有可能控制的经济资源的潜在变动所需要的。关于经营业绩的信息有助于预测企业在现有资源基础上形成现金流量的能力，还有助于判断企业利用新增资源可能取得的效果。

关于经营业绩的信息主要在收益表中提供。

3）关于企业财务状况变动的信息，有助于评价企业在报告期内投资、筹资和经营等方面的活动，也能为评估企业形成现金和现金等价物的能力，以及对企业在运用这些现金流量方面的需求提供评估的基础。在编制财务状况变动表时，可以有各种方法对资金作出定义，如全部财务资源、营运资本、流动性资产或现金。《框架》不规定资金的定义。

关于财务状况变动的信息，在财务报表中用一份单独的报表提供（按照 IAS 7，要求编制的是现金流量表）。

4）附注和附表。财务报表还包括附注、附表和其他信息。例如，其中可能包括与使用者需要有关的关于资产负债表和收益表项目的追加信息，还可能包括影响到企业的风险和不确定因素的情况以及资产负债表中未予确认的资源（如矿藏）和义务。关于地区分部和行业分部的信息和关于物价变动影响的信息，也可以用补充信息的形式提供。

6.4.4 决定财务报表信息有用性的质量特征

1）基础性假定

（1）权责发生制

根据权责发生制编制的财务报表，不仅告诉使用者过去发生的、关系到现金收付的交易，而且告诉他们未来支付现金的义务和代表未来将要收到现金的资源。因此，这些财务报表提供在经济决策中对使用者最为有用的关于过去发生的交易和其他事项的信息。

（2）持续经营

财务报表的编制，通常是根据企业是经营中的实体并且在可以预见的将来会继续经营这一假定，从而是假定企业既不打算也没有必要实行清算或大大削减经营规模。如果有这种打算或必要，财务报表就可能必须按照不同的基础编制。

2）财务报表的质量特征

质量特征是指使财务报表提供信息对使用者有用的那些性质。四项主要的质量特征是可理解性、相关性、可靠性和可比性。

（1）可理解性

财务报表中所提供信息的基本质量特征之一，就是便于使用者理解。然而，有些涉及复杂事项的信息，因其对使用者经济决策需要的相关性而应当列入财务报表，不能仅仅以可能使某些使用者难以理解为由而将其排除在外。

（2）相关性

信息要成为有用的，就必须与使用者的决策需要相关联。当信息通过帮助使用者评估过去、现在或未来的事件或者通过确证或纠正使用者过去的评价，影响到使用者的经济决策时，信息就具有相关性。

（3）可靠性

信息要有用，还必须具有可靠性。当其没有重要差错或偏向，并能如实反映其所拟反映或理当反映的情况而能供使用者作依据时，信息就具备了可靠性。

（4）可比性

为了明确企业财务状况和经营业绩的变化趋势，使用者必须能够比较企业不同时期的财务报表。为了评估不同企业相对的财务状况、经营业绩和财务状况变动，使用者还必须能够比较不同企业的财务报表。因此，对于整个企业及其不同的时点，以及对于不同的企业同类交易或其他事项的计量和列报，都必须采用同样的方法。

可比性这一质量特征有一个重要的含义，即应当把编制财务报表所采用的会计政策、这些政策的变动和变动的影响告诉使用者。

3）影响相关性的除信息本身的性质外，还取决于信息的重要性

如果信息的省略或误报会影响使用者根据财务报表作出的经济决策，信息就具有重要性。重要性取决于需作判断的项目的大小或在出现省略或发生误报的特定情况下所导致差错的大小。因此，重要性与其说是信息要成为有用所必须具备的基本质量特征，倒不如说是提供一个分界线或取舍点。

4）可靠性有赖于：真实反映、实质重于形式、中立性、审慎、完整性

（1）真实反映

信息要可靠，就必须真实反映其所拟反映或理当反映的交易或事项，而大多数财务信息都可能存在不足以真实反映所拟反映情况的风险。这倒不是由于偏向，而是由于所应计量的交易或其他事项的鉴定，或者是由于能够确切传达相应信息的计量和列报技术的设计与运用存在着内在困难。在有些情况下，对于项目的财务影响的计量太不确定，故而企业一般不在财务报表中确认这些项目。例如，随着时间的推移，虽然大多数企业都会在内部产生商誉，但是要可靠地鉴定或计量这种商誉，常常是困难的。

（2）实质重于形式

信息如果要想如实反映其所拟反映的交易或其他事项，那就必须根据它们的实质和经济现实，而不是仅仅根据它们的法律形式进行会计处理和反映。交易或其他事项的实质，与它们的法律形式或人为形式的明显外表并不总是一致的。例如，企业将一项资产处理给另一单位，可以在文件中声称将法律所有权转移给该单位，然而，可能还存在确保企业继续享受该项资产中所包含的未来经济利益的协议。在这

种情况下，将其作为一项销售来报告就不是如实反映所达成的交易（如果确有交易存在的话）。

（3）中立性

财务报表中包含的信息要可靠，就必须是中立的，也就是不带偏向的。如果财务报表通过选取和列报信息去影响决策和判断，以求达到预定的效果或结果，那种财务报表就不是中立的。

（4）审慎

财务报表的编制者确实必须考虑到许多事情和各该情况下必然会有的不确定因素。例如，有疑问的应收账款的可收回程度，厂场设备大概的使用年限，可能发生保修要求的次数。这类不确定因素是通过披露其性质和程度，以及通过在编制财务报表中实行审慎原则来确认的。审慎是指在有不确定因素的情况下作出所要求的估计时，在判断中加入一定程度的谨慎，以便不虚计资产或收益，也不少计负债或费用。然而，审慎的运用并不允许诸如设立秘密准备（secret reserve），过分地提取准备（provision①），故意压低资产或收益，或者故意抬高负债或费用等，因为那样编出的财务报表不可能是中立的，从而也就不具有可靠性。

（5）完整性

财务报表中的信息要具有可靠性，就必须在重要性和成本允许的范围内做到完整。遗漏会造成信息的虚假或使人误解，从而使信息不可靠并且在相关性上有缺陷。

5）相关和可靠信息的制约因素：及时性、效益和成本的平衡

（1）及时性

信息的报告如果不适当地拖延，就可能失去其相关性。管理当局可能需要权衡及时报告与提供可靠信息的相对优点。要在相关性和可靠性之间达到平衡，决定性的问题是如何最佳地满足使用者的经济决策需要。

（2）效益和成本的平衡

效益和成本的平衡，与其说是一个质量特征，倒不如说是一个普遍存在的约束因素。信息所产生的效益应当超过提供信息的成本。然而，效益和成本的评价，实质上是一种判断过程。财务报表的编制者和使用者，尤其是准则制定者，应当意识到这一约束因素。

6）各质量特征之间的平衡

在实务中，常常需要在各质量特征之间权衡或取舍。其目的一般是为了达到质量特征之间的适当平衡，以便满足财务报表的目的。质量特征在不同情况下的相对重要性，属于职业判断问题。

7）真实和公允的观点/公允表述

运用主要的质量特征和适当的会计准则，通常可以产生能表达一般所理解的真

---

① provision 指可以确认为负债的“准备”。

实和公允信息的财务报表，或是公允地反映信息的财务报表。

6.4.5 构成财务报表的要素的定义、确认和计量

1）财务报表要素的定义

财务报表揭示交易和其他事项的财务影响，根据交易和其他事项的经济特性，把它们分为大类。这些大类称作财务报表的要素。

与资产负债表中财务状况的计量直接联系的要素是资产、负债和权益。与收益表中经营业绩的计量直接联系的要素是收益和费用。财务状况变动表通常反映收益表要素以及资产负债表要素的变动，所以，《框架》不确定财务状况变动表特有的要素。

资产、负债、权益和收益、费用的定义如下：

（1）资产是指由于过去事项的结果而由企业控制的预期会导致未来经济利益流入企业的资源。

（2）负债是指企业由于过去事项而承担的现时义务，该义务的履行预期会导致含有经济利益的资源流出企业。

资产和负债的定义确定了它们的基本特点，而不是规定它们在资产负债表中得到确认必须达到的标准。因此，定义中包括的某些项目，并不能在资产负债表中确认为资产或负债，因为它们不能满足确认标准。特别是在确认资产和负债之前，未来经济利益将会流入或流出企业的预期，必须有足够的确定性。

在评估某一项目是否符合资产、负债或权益的定义时，应当注意其内在实质和经济现实，而不仅仅是其法律形式。以融资租赁为例，其实质和经济现实就是承租人通过承担支付约等于资产公允价值和有关财务费用的义务，获取了在其使用年限的大部分时间内使用租赁资产的经济利益。因此，融资租赁形成的项目，符合资产和负债的定义，应在承租人的资产负债表中加以确认。

（3）权益是指企业资产扣除企业全部负债以后的剩余利益。

权益在资产负债表中还可以进一步分类。例如，在公司制企业中，可以分项列示：①股东投入资本；②留存收益；③反映留存收益分拨的公积；④反映资本保全调整的准备。

（4）收益是指会计期间内经济利益的增加，其形式表现为因资产流入、资产增值或是负债减少而引起的权益增加，但不包括与权益参与者（equity participants）出资有关的类似事项。

收益的定义包括收入和利得。收入在企业的正常活动中产生，有各种不同的名称，包括销售收入、服务费、利息、股利、特许使用费和租金等；利得包括了符合收益定义的其他项目，可能是也可能不是产生于企业的正常活动中。例如，变卖非流动资产所产生的收益，资产重估价所导致的未实现收益等。由于利得和收入在性

质上没有什么不同，《框架》没有把收入和利得作为单独的要素。[①]

（5）费用是指会计期间内经济利益的减少，其形式表现为因资产流出、资产消耗或是发生负债而引起的权益减少，但不包括与权益参与者分配有关的类似事项。

费用的定义包括了损失。费用产生于企业的正常活动，如销售成本、工资和折旧等等；损失包括符合费用定义的其他项目，可能产生于企业的正常活动之中或之外。例如，处理非流动资产发生的损失，水、火等灾害导致的非常损失，外币借款因外币汇率提高而发生的未实现损失等等。由于损失与费用在性质上没有差别，《框架》也没有把损失列为单独的要素。

收益和费用的定义，确定了它们的基本特性，而不是规定它们在收益表中得到确认必须达到的标准。

为了提供与经济决策相关的信息，收益和费用在收益表中有不同的列示方法。例如，常见的方法是，将企业正常活动过程中所产生的收益和费用项目与非正常活动所产生的收益和费用项目分开。这一界限的划分，所依据的是一个项目的来源是否关系到评价企业未来形成现金和现金等价物的能力。例如，像变卖长期性投资那样的偶然活动，不可能经常反复发生。[②]

对收益和费用项目加以区别并且以不同的方式予以组合，还可以反映企业经营业绩的若干指标，这些指标所包含的内容在程度上不相同。例如，收益表可以反映出毛利、正常活动的税前利润、正常活动的税后利润和净利润。

2）财务报表要素的确认

确认是指将符合要素定义和确认标准的项目纳入资产负债表或收益表。

（1）如果符合下列标准，就应当确认一个符合要素定义的项目：

① 与该项目有关的未来经济利益将会流入或流出企业；

② 对该项目的成本或价值能够可靠地加以计量。

（2）关于第①项标准，应考虑“未来经济利益的概率”。

这是因为，与某些项目有关的经济利益的流入或流出，就企业而言会存在不确定因素，例如企业的应收账款能否全部得到偿付。所以在确认大量分散的应收账款的同时，又要确认可能发生的坏账损失。

（3）关于第②项标准“计量的可靠性”问题。在许多情况下，成本和价值只能加以估计，只要不降低财务报表的可靠性，合理的估计是必需的，但如果无法作出合理的估计，就不能在财务报表中确认这一项目。例如，某一诉讼案件可能带来赔款收入，既符合资产和收益的定义，又符合确认的概率标准，但如果不能可靠地计量赔款的金额，就不能将其确认为资产和收益。

---

① 在美国 FASB 制定发布的《财务会计概念框架》中，则把收入、利得、费用、损失列为单独的要素。

② IASB 在 2003 年 12 月的《改进国际会计准则》项目中，在对 IAS 1《财务报表的列报》的改进中，取消了“非常项目”单独列报的规定。认为“非常”损失和利得，仍然是企业面临的正常业务风险所带来的，而应否在收益表内单独列报，应该依据交易或事项的性质和功能而定。这可以作为准则与这个《框架》有抵触的例子之一，也是说明这个《框架》的内容有必要修订的例子之一。

（4）对具有某一要素的特征但不符合确认标准的项目，可以在财务报表的注释、说明、附表中披露。

（5）在确认收益的同时，实际上意味着也要确认资产的增加或负债的减少；在确认费用的同时，则意味着也要确认负债的增加或资产的减少。

（6）在收益表中确认费用，应以所发生的费用与所获取的具体收益项目之间的直接联系为基础，这一过程通常称作收入与费用的配比。

3）财务报表要素的计量

计量是指为了在资产负债表和收益表中确认和列报财务报表要素而确定其金额的过程。这一过程涉及选择具体的计量基础。

（1）财务报表在不同程度上并且以不同的结合方式采用若干不同的计量基础。它们包括：

① 历史成本。资产的记录，按照其购置时支付的现金或现金等价物的金额，或者是按照为了购置资产而付出的对价的公允价值。负债的记录，按照以承担义务而收到的实得款项的金额，或是在某些情况下（如所得税），按照在正常经营中为清偿负债将要支付的现金或现金等价物的金额。

② 现行成本。资产的列报，按照现时购买同一或类似资产所需支付现金或现金等价物的金额。负债的列报，按照现时清偿该项债务所需支付现金或现金等价物的不予折现的金额。

③ 可变现价值（结算价值）。资产的列报，按照现时正常变卖资产所能得到现金或现金等价物的金额。负债的列报，按照其结算价值，即在正常经营中为清偿负债将会支付的现金和现金等价物的不予折现的金额。

④ 现值。资产的列报，按照其在正常经营中所能形成的未来现金流入净额的折现价值。负债的列报，按照其在正常经营中予以清偿所需的未来现金流出净额的折现价值。

（2）企业编制财务报表最为常用的计量基础是历史成本。采用历史成本时常常结合其他计量基础。例如，存货的列报常常按照成本与可变现净值孰低，有价证券的列报可以按照市价，而退休金负债的列报则按其现值。此外，有些企业为了消除非货币性资产价格变动的影响，还采用现行成本基础来弥补历史成本会计模式的不足。

6.4.6 资本和资本保全概念

1）资本概念

（1）大多数企业在编制财务报表时采用资本的财务概念。按照资本的财务概念，资本视同投入的货币或投入的购买力，是企业净资产或权益的同义语。

（2）如果采用资本的实体概念，资本视同营运能力（企业的生产能力）。

（3）企业选择适当的资本概念，要以其财务报表使用者的需要为基础。资本概念的运用会有一些计量上的困难，而选择的资本概念，表明了在确定利润时所要达到的目标。

2）资本保全概念和利润的确定

（1）从上述资本的概念中，推导出相应的资本保全概念：财务资本保全和实体资本保全。

（2）根据财务资本保全概念，在扣除本期的对权益参与者的分配和权益参与者出资以后，期末净资产的财务（或货币）金额必须大于期初净资产的财务（或货币）金额，才算赚得利润。财务资本保全的计量，可以用名义货币单位或固定购买力单位。

（3）实体资本保全概念要求采用现行成本计量基础。所有影响企业资产和负债的价格变动，都应当作为企业的实体生产能力计量上的变动，因而都应当作为资本保全调整，即作为权益的一部分，而不作为利润。

（4）计量基础和资本保全概念的选择，决定了财务报表所采用的会计模式。不同的会计模式表现出不同程度的相关性和可靠性，如同在其他方面一样，企业管理层必须在相关性和可靠性之间寻求一种平衡。目前，ISAC 不打算规定一种特定会计模式，除非是针对特殊情况，例如以恶性通货膨胀经济中的货币报告的企业。不过，这一意向将根据世界形势发展加以审议。

如前所述，《框架》至今尚未修订。这一《框架》基本上是建立在历史成本计量模式基础上的，如果转向以公允价值计量为主的模式，在计量属性方面势必导入新的概念和打破上述四种计量基础并列而以历史成本为主要计量基础的格局；此外，在确认标准方面，例如收入的确认条件、衍生金融工具的初始确认和终止确认标准等等，也将导入新的概念，甚至对财务报表五要素的定义也有探讨商榷的必要，这些都是我们需要关注的问题。

6.4.7

全面改进《框架》的分阶段计划及执行情况

由于《框架》的内容已难以适应形势发展的要求，IASB 于 2005 年制订发布了全面改进《框架》的分阶段计划，列示如下（见表 6—1），这是与 FASB 的合作项目。

但由于诸多难题及制约因素（IASB 只有 3 名全职成员从事“概念框架”项目），致使该项目的实际完成进度被大大拖延，具体情况见表 6—2。

表 6—3 是 FASB 发布的这一联合项目（截至 2009 年 1 月）的进度。

表6—1 **《框架》的分阶段计划**

阶段	标 题	2005年	2006年	2007年	2008年	2009年	2010年
1	目标与质量特征	讨论稿	征求意见稿	最终稿			
2	要素确认与计量属性		讨论稿	征求意见稿	最终稿		
3	初始与后续计量			讨论稿	征求意见稿	最终稿	
4	报告主体				讨论稿	征求意见稿	最终稿
5	列报与披露				讨论稿		
6	《框架》在公认会计原则中的地位				讨论稿		
7	对非营利组织的适用性				讨论稿		
8	重新审视整个概念框架				讨论稿		

表6—2 **《框架》分阶段计划的实际完成进度**

阶段	标 题	2005年	2006年	2007年	2008年	2009年	2010年
1	目标与质量特征		讨论稿		征求意见稿 评论截止日为2008.8.29	最终稿 (预期在上半年)	
2	要素确认与计量属性						讨论稿 (预期在上半年)
3	初始与后续计量					讨论稿 (预期在下半年)	征求意见稿
4	报告主体				讨论稿 (2008.5.29发布，评论截止日为2008.9.29)		
5	列报与披露*						
6	《框架》在公认会计原则中的地位*						
7	对非营利组织的适用性*						
8	其他问题**						

* 第5至第8阶段，目前尚未给出具体的执行时间表。

** 原标题“重新审视整个概念框架”扩大为这一标题，按规定应在必要时执行。

资料来源 德勤国际会计师事务所关于IASB的近况，见www.iasp/us.com。

表 6—3　《框架》分阶段计划的实际完成进度（截至 2009 年 1 月）

阶段	项　目	2009 年		2010 年 1 季度	发布日期
		2 季度	3 季度		
1	目标；信息质量	最终稿			2009
2	要素与确认			讨论稿	待定
3	计量		讨论稿		待定
4	报告实体		征求意见		待定
5	列报；披露				
6	概念框架的地位				
7	对非营利组织的适用性				
8	其他问题				

6.5 国际会计准则和解释

6.5.1 IASC 重组前国际会计准则的制定和发布程序

IASC 在制定、发布国际会计准则时，采用了一套较完整的程序，称为“充分程序”，以保证“能对特定经济环境提出恰当的会计实务处理的高质量国际会计准则”。整个程序大致如下：

建议新项目——→列入计划——→研究资料、撰写大纲——→撰写和发布原则公告草案——→提交最终草案——→制定、发布征求意见稿——→通过国际会计准则草案——→发布国际会计准则。

对于每一必须制定 IAS 的项目，理事会要专门组建筹划委员会，每个筹划委员会都由理事会代表领导，通常包括至少 3 个国家的其他会计团体代表，还可能包括在理事会或咨询团中派出的代表或对这一项目有专长的其他组织代表。这项准则制定发布后，为它组建的筹划委员会就解散。

具体的制定、发布程序大致如下：

（1）理事会审阅关于拟订国际会计准则的建议（理事会代表、会员团体、咨询团成员、其他组织或个人以及 IASC 秘书处都可以提交建议），当决定列入计划时，即成立这一计划项目的筹划委员会。

（2）筹划委员会考虑应用 IASC 发布的《框架》，研究国家和地区性的会计准则和惯例以及其他有关资料，并撰写重点大纲送理事会。在收到理事会对重点大纲的意见后，再在此基础上撰写原则公告草案，其中包括各种可行的处理方法及取舍的理由以及准备形成的会计准则。草案将在会员团体、咨询团成员及其他有关人士中发布，以搜集意见。

(3) 筹划委员会对搜集到的意见进行审议，并通过提交理事会的原则公告。经理事会审议修订，并需经至少2/3多数通过，才可作为征求意见稿（ED，公布草案）发表，广泛征求各有关利益集团的意见。征求意见的期限通常至少为3个月。

(4) 筹划委员会对收到的反馈意见进行综合分析研究，制定这一国际会计准则的草稿送理事会审议修订，并需经至少3/4多数通过，才能作为国际会计准则发布。

从以上阐述的程序可见，它与美、英等国由民间机构制定国内会计准则的程序基本上是类似的。

6.5.2 已发布的国际会计准则和国际财务报告准则

现将2002年IASC全面重组前已发布的41个国际会计准则及其修订、重编、修改和IASC重组后IASB对它们的改进、修订情况以及有些准则被废止、取代的情况（12个已废止，其中5个是在IASC重组后由IASB废止的，1个已部分废止）列示如下[①]：

IAS 1　《财务报表的列报》(1997年修订，IASB 2003年12月改进并附加“结论基础”，2005年8月修改)

IAS 2　《存货》（1993年修订，2001年修改，IASB 2003年12月改进并附加“结论基础”）

IAS 3　不再生效，由IAS 27、28取代

IAS 4　不再生效，由IAS 16、22、38取代

IAS 5　不再生效，由IAS 1取代

IAS 6　不再生效，由IAS 15取代

IAS 7　《现金流量表》(1992年修订)

IAS 8　《会计政策、会计估计的变更和差错》(IASB 2003年12月改进，并附加“结论基础”)；改进前称为《当期净损益、重大差错和会计政策变更》(1993年修订)

IAS 9　不再生效，由IAS 38取代

IAS 10　《资产负债表日后事项》（1999年修订，IASB 2003年12月改进，并

① 主要根据《国际财务报告准则2004》（中译本，北京，中国财政经济出版社，2005），并参照截至2008年1月网上发表的目录更新。

附加“结论基础”）

IAS 11 《建造合同》（1993 年修订）

IAS 12 《所得税》（1996 年修订，1999 年修改，2000 年修订）

IAS 13 不再生效，由 IAS 1 取代

IAS 14 《分部报告》（1997 年修订，2006 年 11 月由 IASB 废止，被 IFRS 8 取代）

IAS 15 《反映物价变动影响的信息》（1993 年修订，1994 年重编，2003 年 12 月由 IASB 废止）

IAS 16 《不动产、厂场和设备》（1998 年修订，2000 年、2001 年修改，IASB 2003 年 12 月改进，并附加“结论基础”）

IAS 17 《租赁》（1997 年修订，2000 年、2001 年修改，IASB 2003 年 12 月改进，并附加“结论基础”）

IAS 18 《收入》（1993 年修订，1999 年、2001 年修改）

IAS 19 《雇员福利》（1993 年修订，1999 年修改，2000 年修订，并附加“结论基础”）

IAS 20 《政府补助会计和政府援助的披露》（1983 年发布，1994 年重编，2001 年修改）

IAS 21 《汇率变动的影响》（1993 年修订，1998 年、1999 年修改，IASB 2003 年 12 月改进，并附加“结论基础”）

IAS 22 《企业合并》（1983 年发布，1998 年修订，并附加“结论基础”，1999 年修改，2004 年 3 月由 IASB 废止，被 IFRS 3 取代）

IAS 23 《借款费用》（1993 年修订）

IAS 24 《关联方披露》（1984 年发布，1994 年重编，IASB 2003 年 12 月改进，并附加“结论基础”）

IAS 25 不再生效，由 IAS 32、IAS 39、IAS 40 取代

IAS 26 《退休福利计划的会计和报告》（1986 年发布，1994 年重编，IASB 2004 年 12 月修订）

IAS 27 《合并财务报表和单独财务报表》（IASB 2003 年 12 月改进，并附加“结论基础”）；改进前称为《合并财务报表和对子公司投资的会计处理》（1988 年发布，1994 年重编，1998 年修改，2000 年修订）

IAS 28 《在联营企业中的投资》（IASB 2003 年 12 月改进，并附加“结论基础”）；改进前称为《对联营企业投资的会计处理》（1988 年发布，1994 年重编，1998 年、1999 年修改，2000 年修订）

IAS 29 《恶性通货膨胀经济中的财务报告》（1989 年发布，1994 年重编）

IAS 30 《银行和类似金融机构财务报表中的披露》（1990 年发布，1994 年重编，1998 年、1999 年修改，2005 年 8 月由 IASB 废止，被 IFRS 7 取代）

IAS 31　《合营中的权益》（IASB 2003 年 12 月改进，并附加“结论基础”）；改进前称为《合营中权益的财务报告》（1990 年发布，1998 年、1999 年修改，2000 年修订）

IAS 32　《金融工具：披露和列报》（1995 年发布，1998 年修改，2000 年修订，IASB 2003 年 12 月修订，附加“实施指南”，并附有“结论基础”、“示例”，2005 年 8 月其披露部分被 IFRS 7 取代）

IAS 33　《每股收益》（1997 年发布，IASB 2003 年 12 月改进，并附加“结论基础”）

IAS 34　《中期财务报告》（1998 年发布，2001 年修改）

IAS 35　《终止经营》（1998 年发布，1999 年修改，2004 年 3 月由 IASB 废止，被IFRS 5取代）

IAS 36　《资产减值》（1998 年发布，并附加“结论基础”，2000 年修改）

IAS 37　《准备、或有负债和或有资产》（1998 年发布）

IAS 38　《无形资产》（1998 年发布，并附加“结论基础”）

IAS 39　《金融工具：确认和计量》（1999 年 3 月发布，2000 年修订，并在 2000 年 8 月至 2001 年 12 月，陆续发布了《国际会计准则的第 39 号应用指南》，IASB 2003 年 12 月修订，附加“实施指南”，并附有“结论基础”、“示例”，又将“应用指南”辑入，一起发布，2005 年 8 月修改）

IAS 40　《投资性房地产》（2000 年发布，2001 年修改，IASB 2003 年 12 月改进，并附加“结论基础”）

IAS 41　《农业》（2000 年发布，并附加“结论基础”）

从以上的列示可以看出，对 IAS 31 及之前发布的准则，IASC 已进行了全面的修订和重编。“修订”是指准则本身的整体性的改动，修订后被取代的准则，有些留下空号（见以上的列示），有些则仍沿用被取代的原准则的编号，甚至名称都变换了，如 IASC 以《财务报表的列报》取代原来的 IAS 1《会计政策披露》，但仍使用 IAS 1 这个编号；将 IAS 7《财务状况变动表》废止，改为要求编制现金流量表，但仍使用 IAS 7 这个编号。所谓“重编”是指按照 IAS 自 1991 年以来采用的格式重新编排，并没有对内容进行实质性的修订。

后来，IASC 又使用“修改”这个词，以区别于“修订”，“修改”用来专门指因其他新准则的发布或旧准则的修订而导致本准则的相应内容（特定段落）的改动，以区别于整体性的修订，附加“结论基础”和“示例”，则是为了帮助读者进一步理解这些准则。

为 IAS 39 发布“应用指南”，在制定国际会计准则的历史上是一个开端①，值得我们关注。IAS 39 的“应用指南”包括对 228 个问题的解答，已辑入《国际会

① 现在 IASB 在制定 IFRS 和修订 IAS 时，往往附加了“应用指南”。

计准则2002》（见中译本，第925～1116页），足以说明当时在国际范围内推行金融工具会计的难度。辑入2003年12月的《应用指南》，重新编排为7个部分，共59节132条。

表中对于IAS 1、IAS 2、IAS 8、IAS 10、IAS 16、IAS 17、IAS 21、IAS 24、IAS 27、IAS 28、IAS 31、IAS 33、IAS 40等13个国际会计准则标示的“改进”，是指IASC全面重组后，取代IASC原理事会承担制定国际会计准则任务的国际会计准则理事会（IASB）于2003年12月发布的《改进国际会计准则》项目对上述13个IASs所作的改进。现在继续有效的这13个IASs，都是改进后的版本，可称为改进后IAS 1、改进后IAS 2等，以区别于改进前各该准则的原版本。改进后的这些准则以及2003年12月修订的IAS 32和IAS 39，都适用于自2005年1月1日或以后的期间。

于2001年组建的IASB在嗣后制定、发布的准则将改称“国际财务报告准则(IFRS)”，已经发布的IAS，在被废止、取代前，仍继续有效。IASB开始运作后，已先后废止了IAS 14、IAS 15、IAS 22、IAS 30、IAS 35五个准则和IAS 32的披露部分（见前文）。

迄今，IASB已制定并发布了8个IFRSs：

IFRS 1　《首次采用国际财务报告准则》(2003年6月发布，2004年1月1日起生效，2005年6月修改)

IFRS 2　《以股份为基础的支付》（2004年2月发布，2005年1月1日起生效)

IFRS 3　《企业合并》(2004年3月发布，2004年3月31日起生效，取代IAS 22)

IFRS 4　《保险合同》(2004年3月发布，2005年1月1日起生效，2005年8月修改，2005年12月修订了其“应用指南”)

IFRS 5　《持有的待售非流动资产和终止经营》(2004年3月发布，2005年1月1日起生效，取代IAS 35)

IFRS 6　《矿产资源的勘探和评价》（2004年12月发布，2006年1月1日起生效，2005年6月修改)

IFRS 7　《金融工具：披露》(2005年8月发布，2006年1月1日起生效，取代IAS 32的披露部分和IAS 30)

IFRS 8　《经营分部》(2006年11月发布，2009年1月1日起生效，取代IAS 14)

IASB在2006年8月宣布，在2009年1月1日之前不会有新准则生效。

值得指出的是，IASB于2007年9月发布了将用以取代IAS 31的ED 9《共同协议》(Joint Arrangement)，公开征求意见；2007年2月，IASB又发布了关于中小企业（SMEs）会计准则征求意见稿，两者当时都预定在2009年1月1日发布为相应的国际财务报告准则（IFRs）及SMEs准则。但SMEs准则已更名为《不具有公众责任实体》(Non-publicly Accountable Entity，NPAE）准则（内部讨论稿）。

NPAE 包括 SME（2007 年 2 月 15 日内部讨论稿发布时还叫做 SMEs），直至 2009 年 2 月仍处在内部讨论阶段。

6.5.3 已发布的常设解释委员会解释和国际财务报告解释

IASC 的《常设解释委员会解释前言》中指明："常设解释委员会（SIC）的目的，是通过对可能引起争论的会计问题的解释，推动国际会计准则的正确运用，以提高按国际会计准则编制的财务报表在世界范围内的广泛可比性。"

以下是已发布的常设解释委员会解释。其中 SIC 1 ~ SIC 28 是 IASC 重组前由其常设解释委员会发布的，SIC 29 ~ SIC 33 是 IASC 重组后 IASB 仍以 SIC 的名称发布的。

SIC 1　《一致性：存货成本的不同计算方法》（1997，与 IAS 2 相关，已撤销）

SIC 2　《一致性：借款费用资本化》（1997，与 IAS 23 相关，已撤销）

SIC 3　《消除与联营企业交易中的未实现利润和损失》（1997，与 IAS 28 相关，已撤销）

SIC 5　《金融工具的分类：或有结算条款》（1997，与 IAS 32 相关，已撤销）

SIC 6　《修改现用软件的费用》（1997，与 IAS 38 相关，已撤销）

SIC 7　《引入欧元》（1997，与 IAS 21 相关）

SIC 8　《首次采用国际会计准则作为首要的会计基础》（1998，与 IAS 1、IAS 8 相关，已撤销）

SIC 9　《企业合并：区分为购买或权益结合》（1998，与 IAS 22 相关，已撤销）

SIC 10　《政府援助：与经营活动没有特定联系的政府援助》（1998，与 IAS 20 相关）

SIC 11　《外汇：严重货币贬值所导致的损失的资本化》（1998，与 IAS 21 相关，已撤销）

SIC 12　《合并：特定目的实体》（1998，与 IAS 27 相关）

SIC 13　《共同控制实体：合营者的非货币性投入》（1998，与 IAS 31 相关）

SIC 14　《不动产、厂场和设备：项目减值或损失的补偿》（1998，与 IAS 16 相关，已撤销）

SIC 15　《经营租赁：激励措施》（1998，与 IAS 17 相关）

SIC 16　《股本：购回本身的权益工具（库存股）》（1998，与 IAS 32 相关，已撤销）

SIC 17　《权益：权益交易费用》（1999，与 IAS 32 相关，已撤销）

SIC 18　《一致性：允许选用的处理方法》（1999，与 IAS 1 相关，已撤销）

SIC 19 《报告货币：按IAS 21和 IAS 29 对财务报表的计量和列报》（2000，与IAS 21、IAS 29 相关，已撤销）

SIC 20 《权益法：确认损失》（1999，与 IAS 28 相关，已撤销）

SIC 21 《所得税：已重估非折旧资产的弥补》（1999，与 IAS 12 相关）

SIC 22 《企业合并：初始报告的公允价值和商誉的后续调整》（1999，与 IAS 22 相关，已撤销）

SIC 23 《不动产、厂场和设备：大检修费用的主要审查》（1999，与 IAS 16 相关，已撤销）

SIC 24 《每股收益：可能以股份结算的金融工具和其他合同》（2000，与 IAS 33 相关，已撤销）

SIC 25 《所得税：企业或其股东的纳税地位的改变》（1999，与 IAS 12 相关）

SIC 27 《评价涉及租赁法律形式的交易的实质》（2000，与 IAS 1、IAS 17、IAS 18相关）

SIC 28 《企业合并："交易日"和权益工具的公允价值》(2001，与 IAS 22 相关，已撤销）

SIC 29 《披露：财务特许权协议》（2001，与 IAS 1 相关）

SIC 30 《报告货币：从计量货币到列报货币的折算》(2001，与 IAS 21、IAS 29 相关，已撤销）

SIC 31 《收入：涉及广告服务的易货交易》（2001，与 IAS 18 相关）

SIC 32 《无形资产——网址成本》（2002，与 IAS 38 相关）

SIC 33 《合并和权益法：潜在表决权及所有者权益的摊配》（2001，与 IAS 27、IAS 28、IAS 29 相关，已撤销）

以上列示的 SIC 中，SIC 4 和 SIC 26 还有 SIC 34 是未曾发布即被撤销的空号。在已发布的31 个 SIC 中，只有11 个尚继续有效，20 个已经撤销。撤销的主要原因是，在其相关准则的修订或改进中或是在发布的新准则中，已经适当地采纳（或在个别情况下摒弃）了 SIC 中所作的解释。

IASB 组建后取代原常设解释委员会的新常设解释委员会（2002 年 3 月成立），在其发表的《国际财务报告解释委员会前言》中也指出，它的作用"是就最新提出的尚未由国际财务报告准则专门规定的财务报告问题，或者已经存在或可能出现的令人不满意或相互抵触的财务报告解释问题，及时提供指南，从而提高国际财务报告准则的严格性和广泛运用"。

从这个前言的名称中看到，新常设解释委员会在其文告中将使用"国际财务报告解释委员会（IFRIC）"这个名称，以区别于原常设解释委员会（SIC）发布的对 IAS 的解释。

IFRIC 已制定并经 IASB 批准发布了 14 个《国际财务报告解释公告》：

IFRIC 1 《现有退役、恢复和类似负债的变动》（2004 年 9 月，主要与 IAS 37 相关）

IFRIC 2 《成员在合作主体中的股份和类似工具》（2004 年 11 月，主要与 IAS 32、IAS 39 相关）

IFRIC 3 《排放权》（2004 年 12 月，主要与 IAS 38 相关，2005 年 6 月撤销）

IFRIC 4 《确定一项协议是否包含租赁》（2004 年 12 月，主要与 IAS 17 相关）

IFRIC 5 《退役、复原和环境恢复基金产生的权益》（2004 年 12 月，主要与 IAS 37、IAS 39 相关）

IFRIC 6 《参与特殊市场产生的负债》：电子电器废弃物（2005 年 9 月，主要与 IAS 37 相关）

IFRIC 7 《在 IAS 29〈恶性通货膨胀经济中的财务报告〉中应用重述法》（2005 年 2 月，主要与 IAS 29 相关）

IFRIC 8 IFRS 2 的范围（2006 年 1 月，与 IFRS 2 相关）

IFRIC 9 《嵌入衍生工具的重新评估》（2006 年 3 月，与 IAS 39 相关）

IFRIC 10 《中期财务报告和减值》（2006 年 8 月，与 IAS 34、IAS 36 相关）

IFRIC 11 《集团与库存股交易》（2006 年 11 月发布，2007 年 3 月 1 日生效，与 IFRS 2、IAS 8、IAS 32 相关）

IFRIC 12 《公共服务特许经营合同》（2006 年 11 月发布，2008 年 1 月 1 日生效）

IFRIC 13 《顾客诚信计划》（2007 年 6 月发布，2008 年 7 月 1 日生效）

IFRIC 14 《限定保险赔偿的资产的限额，最低筹资要求及相互作用》（2007 年 7 月发布，2008 年 1 月 1 日生效，与 IAS 19 相关）

IFRIC 15 《房地产建造合同》（2008 年 7 月发布，2009 年 1 月 1 日生效，与 IAS 11 相关）

IFRIC 16 《对国外经营净投资的套期》（2008 年 7 月发布，2008 年 10 月 1 日生效，与 IAS 39 相关）

IFRIC 17 《分配非现金资产给投资者》（2008 年 11 月发布，2009 年 1 月 1 日生效，与 IAS 1、IAS 37 相关）

IFRIC 18 《顾客资产的转移》（2009 年 1 月发布，2009 年 7 月 1 日生效，与 IAS 18 相关）

最后要指出的是，IASB 在 IFRS 1《首次采用国际财务报告准则》中，把国际财务报告准则这一概念界定为 IASB 采用的准则和解释的统称，包括 IASB 制定的《国际财务报告准则》、仍继续有效的《国际会计准则》以及国际财务报告解释委员会发布的《国际财务报告解释》和以前的常设解释委员会发布的解释。今后将使用“国际财务报告准则”而不是“国际会计准则”这一术语来统称国际准则和解释。但目前，在会计文献中仍见到沿用“国际会计准则”这一术语来泛指（统称）前 IASC 理事会和 IASB 发布的各项国际准则，或者用 IAS/IFRS 来表述国际准则的。

6.5.4 国际会计准则在20世纪90年代被接受和承认的程度

我们在第3章、第4章论述“比较会计模式”和在第5章论述“国际会计协调化”时，曾多次涉及国际会计准则（IAS）在全球范围内得到广泛接受和承认的事例。F. D. S. Choi、C. A. Frost和G. K. Meek在合著的《国际会计》（1999年第3版）中把它们概括为①：

（1）被许多国家作为建立国家会计规范的基础；

（2）被许多工业化国家和开发本国准则的新兴市场经济国家作为国际化的基准；

（3）被许多证券交易所和证券监管机构接受，并许可外国的或本国的公司报送依据IAS编制的财务报表；

（4）被欧洲委员会和其他国际组织承认。

与20世纪70至80年代相比，在90年代，IAS被广泛接受和承认的程度有了跃进式的提高。我们再引述Choi等著作中的资料，加以说明。

IASC在1996年对67个国家接受IAS的情况进行考察，确定有56个国家或是以IAS作为国家会计准则，或是以IAS作为制定国家准则的基础，只有11个国家不以IAS作为制定国家准则的主要参照（其中包括美、英、加、德等西方主要国家），但即使在11国中，国家准则中许多内容也与IAS近似。此外，还发现接受IAS的证券交易所已增至8所，包括伦敦、法兰克福、苏黎世、卢森堡、泰国、中国香港、阿姆斯特丹和罗马等交易所。②

【小资料6—1】

IAS在67个国家或地区中被接受的情况

（1）IAS被作为国家会计准则，附加解释性资料：

克罗地亚、塞浦路斯、科威特、拉脱维亚、马耳他、阿曼、巴基斯坦、特立尼达和多巴哥等8国。

（2）与（1）相同，但制定的国家准则课题没有全部被IAS覆盖：

马来西亚、巴布亚新几内亚2国。

（3）IAS直接作为国家会计准则，但在一些情况下，可根据当地的情况或环境进行修订：

阿尔巴尼亚、孟加拉、巴巴多斯、哥伦比亚、牙买加、不丹、肯尼亚、波兰、苏丹、斯威士兰、泰国、乌拉圭、赞比亚、津巴布韦等14国。

---

① 可参阅Choi、Frost、Meek：《国际会计学》，周晓苏、方红星主译，常勋审校，3版，289页，大连，东北财经大学出版社，2000。

② 2000年5月，伦敦证交所与法兰克福证交所达成合并为国际证券交易所的协议，前者从事蓝筹股交易，后者从事高科技股交易。

（4）单独制定国家会计准则，但以IAS为基础或与相关的IAS很接近；国家会计准则一般只提供附加的解释性资料：

中国、伊朗、菲律宾、斯洛文尼亚、突尼斯等5国。

（5）单独制定国家会计准则，但在许多情况下以IAS为基础或与相关的IAS很接近；然而有些准则提供比IAS多一些或少一些的选择，在国家会计准则中没有提供对IAS的参照：

巴西、捷克共和国、法国、印度、爱尔兰、立陶宛、毛里求斯、墨西哥、纳米比亚、荷兰、挪威、葡萄牙、新加坡、斯洛伐克共和国、南非、瑞士、土耳其等17国。

（6）与（5）相同，不同之处仅在于各个准则中包括一个关于国家会计准则与相关IAS的比较项目：

澳大利亚、丹麦、中国香港、意大利、新西兰、瑞典、南斯拉夫等7国和地区。

（7）单独制定国家会计准则：

奥地利、比利时、加拿大、芬兰、德国、日本、韩国、卢森堡、西班牙、英国、美国等11国。

（8）没有国家会计准则：

罗马尼亚1国。

（9）没有国家会计准则，IAS没有被正式采纳，但经常使用：

博茨瓦纳、莱索托2国。

资料来源　IASC，“Insight”，October 1977。转引自Choi等：《国际会计学》，周晓苏等译，289～290页，大连，东北财经大学出版社，2000。

在20世纪90年代，在年度报告中应用IAS的公司家数也有很大增加。1998年2月，IASC列出了414家公司（见小资料6—2中的表6—4），而在1995年6月，应用IAS的公司只有212家，1991年则仅有12家。

【小资料6—2】

表6—4　**应用IAS的公司**

国家或地区	家数	国家或地区	家数	国家或地区	家数
加拿大	34	匈牙利	6	瑞士	68
中国	7	意大利	11	土耳其	14
塞浦路斯	8	日本	7	阿拉伯联合酋长国	9
捷克共和国	9	科威特	49	津巴布韦	9
芬兰	11	卢森堡	5	其他国家	73
法国	32	波兰	5		
德国	12	南非	14		
中国香港	9	瑞典	22	合计	414

资料来源　根据取自1998年2月24日IASC网站中“Companies Referring to Their Use of IAS”制表，转引自Choi等：《国际会计学》，周晓苏等译，290～291页，大连，东北财经大学出版社，2000。

从小资料6—2中的表6—4可见，瑞士独占鳌头，这是因为瑞士公司认为，与根据瑞士会计规章编制的报表相比，以IAS为基础的财务报表提供的信息更可信赖（瑞士的会计实务以披露水平低和会计处理弹性大为特征）。而科威特这样的小国位居第二，当然与其以IAS为国家会计准则有关。

6.6 IASC与IOSCO协作的核心会计准则体系

IASC一直在为建立被世界范围内的证券监管机构所接受的IAS而努力。1995年7月，它与IOSCO技术委员会签订了关于“使IAS形成一个核心会计准则体系”的协作计划。根据IOSCO在1993年拟订的核心会计准则体系（由40个项目组成），“对号入座”，由IASC修订现有的IASs和加紧制定留有“空位”的准则，并预定在1998年年底完成这个计划，在经IOSCO技术委员会认可后，将在全球资本市场上为促进跨国筹资和上市而推荐IAS。IASC如期完成了这个核心会计准则计划，但为了赶在1998年年底完成，最后定稿的IAS 39《金融工具：确认和计量》只是作为暂时性准则发布，并承诺在2至3年内完成正式准则的制定工作。[①]

6.6.1 IOSCO评审和认可核心会计准则计划的过程

核心会计准则计划的完成在当时备受各方关注，急切期望IOSCO能及早完成评审和认可工作，特别是：

（1）1999年6月，西方七国财长和银行行长会议（G7）发表声明，支持和赞赏民间团体为增加财务信息透明度所作的努力，并希望IASC的国际会计核心准则早日完成。G7还要求证券委员会国际组织（IOSCO）和巴塞尔银行监管委员会（The Basel Committee on Banking Supervision）及时完成对“核心准则”的评审工作，并呼吁所有参与制定会计准则的机构共同努力，使得高质量的国际性的会计准则可以被制定和遵守。

（2）2000年，巴塞尔委员会重申支持IASC为会计国际协调作出的努力，并呼吁建立一套在世界范围内通用的会计准则。该委员会的主席还代表银行业监管委员会发表了如下的意见：“巴塞尔委员会认为，透明度是实施有效监管、安全和健全的银行制度最为关键的因素。”同时，世界银行也再次强调，世界五大会计师事务所不能接受用有问题的会计准则编制或缺乏充分披露的财务报表，换句话说，这些

① IAS 39在1998年年底完成后，到1999年3月IASC的理事会上才通过发布。

报表必须遵守高质量的和国际认可的会计准则，如IASC的国际会计准则。①

2000年5月17日，IOSCO正式宣布列入核心会计准则计划的30份2000年准则连同11份解释公告通过了评审，并正向包括美国在内的全世界各主要资本市场推荐使用。

IOSCO的主席委员会在认可项目评审的决定中说："IOSCO相信，通过高质量的、被跨国证券商应用的新的国际公认的会计准则，必能有利于证券的跨国发行和上市。"并赞誉IASC的努力工作和对世界范围内提高财务报表质量的贡献。但决定中也指出，应该按照某一国家或地区的实际对必须提出的突出的重大问题，补充以下的会计处理：

（1）调节（reconciliation）。当采用不同于IASC制定的准则中的方法时，要求调节某些项目应用不同方法的影响。

（2）披露（disclosure）。需要在财务报表中表述或在其附注中充分披露。

（3）解释（interpretation）。专门应用于在IASC制定的准则中表述不明确或未表态的而准则又允许的特定备选方法或意向作特殊的解释。

显然，这是考虑到在应用国际公认准则时可能遇到的与特定国家或地区的实际不很切合的重大问题。②

6.6.2

IASC完成的核心会计准则计划

表6—5显示了核心准则计划的完成情况。

表6—5中列示的IASs为31个，由于其中的一个IAS已被废止，故为30个；此外有3个被修改，具体说明如下：

（1）IAS 4《折旧的会计处理》已被废止，由IAS 16《不动产、厂场和设备》、IAS 22《企业合并》和IAS 38《无形资产》取代。

（2）IAS 18《收入》、IAS 20《政府补助的会计处理和政府援助的披露》、IAS 40《投资性房地产》于2001年进行了修改。

（3）最值得关注的是，IASC全面重组后，取代IASC原理事会承担制定国际会计准则任务的国际会计准则理事会（IASB）开展工作后，于2003年12月完成和发布了《改进国际会计准则》项目，对13个IASs作了改进，我们将在稍后专门介绍。这13个IASs即上述核心准则体系中的IAS 1、IAS 2、IAS 8、IAS 10、IAS 16、IAS 17、IAS 21、IAS 24、IAS 27、IAS 28、IAS 31、IAS 33和IAS 40。

---

① 以上资料主要来自于IASC主席Stig Enevoldsen在德国柏林的一次讲演：IASC Current Trends and Future Perspectives，www.iasc.org.uk；转引自汪祥耀：《全球会计准则：离我们还有多远》，载《会计研究》，2000（3）。

② 可参阅葛家澍：《国际会计准则委员会核心准则的未来》，载《会计研究》，2001（8）。

表 6—5 **核心准则计划完成情况**

序号	IOSCO 在 1993 年提出的“核心准则”目录	IOSCO 评审认可的 IAS	
		准则编号	发布或最后修订年份*
	总则		
1	会计政策披露	IAS 1	1997
2	会计政策变动	IAS 8	1993
3	财务报表中的信息披露	IAS 1	1997
	收益表		
4	收入确认	IAS 18	1993
5	建造合同	IAS 11	1993
6	生产和购货成本	IAS 2	1993
7	折旧	IAS 4、IAS 16	1976、1998
8	减值	IAS 36	1998
9	所得税	IAS 12	2000
10	非常项目	IAS 8	1993
11	政府补助	IAS 20	1983（1994 年重编）
12	退休福利	IAS 19	2000
13	其他雇员福利	IAS 19	2000
14	研究和开发	IAS 38	1998
15	利息	IAS 23	1993
16	套期	IAS 39	2000
	资产负债表		
17	不动产、厂场和设备	IAS 16	1998
18	租赁	IAS 17	1997
19	存货	IAS 2	1993
20	递延所得税	IAS 12	2000
21	外币	IAS 21	1993
22	投资（金融资产）	IAS 39	2000
	投资（房地产）	IAS 40	2000
23	金融工具/资产负债表外项目	IAS 32、IAS 39	2000、2000
24	合营	IAS 31	2000
25	或有事项	IAS 37	1998

续表

序号	IOSCO 在 1993 年提出的“核心准则”目录	IOSCO 评审认可的 IAS	
		准则编号	发布或最后修订年份*
26	资产负债表日后事项	IAS 10	1999
27	流动资产和流动负债	IAS 1	1997
28	企业合并（含商誉）	IAS 22	1998
29	不含研究开发支出和商誉的无形资产	IAS 38	1998
	现金流量表		
30	现金流量表	IAS 7	1992
	其他准则		
31	合并财务报表	IAS 27	2000
32	恶性通货膨胀经济中的子公司	IAS 21、IAS 29	1993、1989
33	联营公司和权益法会计	IAS 28	2000
34	分部报告	IAS 14	1997
35	中期报告	IAS 34	1998
36	每股收益	IAS 33	1997
37	对关联方的披露	IAS 24	1984（1994 年重编）
38	终止经营	IAS 35	1998
39	重大差错	IAS 8	1993
40	估计变动	IAS 8	1993

* 所指的是 2000 年 5 月 IOSCO 评审认可前的最后修订时间。

资料来源 Choi、Frost、Meek（2002），International Accounting，4th Edition，pp. 304 ~ 305；其中序号 8“减值”适用的 IAS，显然是 IAS 36，该书中误为 IAS 16，因予改正。

6.7 重塑 IASC 的未来

以上已经简略地论述了 IASC 和 IAS 的发展史，从中可以看出，随着“可比性和改进计划”的成功实施和“核心会计准则计划”的顺利完成，在很大程度上提高了 IASC 和 IAS 的权威，也顺应了国际资本市场和跨国证券上市快速发展的时代需求。IASC 与各方面主动积极的合作，也喜结硕果。但它也始终面对着美国 FASB 的挑战，也许更重要的是，它的组织机制依靠的力量是属于会计职业界的会员团体而不是各国准则制定机构，又不像 FASB 那样由专职的专家承担准则的制定工作以及财政困难等等，对 IASC 承担的任务和今后的发展带来很多制约因素。看来正是在这种背景下，才在1997年提出重组IASC的构想，并为此专门成立了“战略工作组（strategy working party）”。SWP于1998年年底提出了《重塑IASC的未来》的研究报告，1999年11月向理事会递交了《关于重塑IASC未来的建议》的最终报告，并付诸行动。

6.7.1 对IASC的目标作了新的规定

IASC于2000年5月再次修订了它的章程，重组后的受托人会于2001年1月1日启用了《国际会计准则委员会基金会章程》（以下简称《基金会章程》）①；同时，又于2002年4月批准了新的《国际财务报告准则公告前言》（以下简称《前言》）②，取代了原《国际会计准则公告前言》③。2005年3月受托人会再次批准了对2000年《基金会章程》的修订，修订后的《基金会章程》和新《前言》规定的IASC的目标是：

（1）为了公众利益，制定一套高质量、可理解并具有实施效力的全球性会计准则，准则应考虑中小规模实体和新兴经济体的特殊要求。这套准则将要求在财务报表和其他财务报告中提供高质量、透明和可比的信息，以帮助世界资本市场的参与者和其他使用者进行经济决策。

（2）促使这些准则得到使用和严格的运用。

（3）促使各国会计准则与国际会计准则得到高质量的统一。

6.7.2 组织结构上的“两院制”转变为“一院制”

战略工作组在《重塑IASC的未来》中提出的建议，简括起来，是新IASC设基金会、理事会和准则制定委员会三个层次。基金会任免理事会成员和准则制定委员会成员，筹集和管理基金；理事会负责审议准则和投票表决；准则制定委员会负责研究和起草准则。这个方案与IASC原结构的差别在于，会计准则制定工作由专职成员负责，而不是像以前那样由临时组建的筹划委员会这样的兼职人员负责；技术性讨论落在准则制定委员会这个层次上，理事会更像一个表决机构。因为研究制定和表决通过由两个机构分别负责，所以有人称之为“两院制”。

上述方案受到美国等几个英语国家的反对，经过反复磋商，1999年11月，战

---

① 在此之前，1973年IASC成立时制定的章程共经过了2次修订：1982年11月和1992年10月。2000年5月24日通过的《国际会计准则委员会基金会章程》可参阅《国际会计准则2002》，中译本，10~19页，北京，中国财政经济出版社，2003。

② 全文可参阅于小旺（译）、朱海林（校）：《国际财务报告准则公告前言》，载《会计研究》，2002（7）；或《国际会计准则2002》，中译本，20~23页，北京，中国财政经济出版社，2003。

③ 原《国际会计准则公告前言》于1975年1月公布，1978年3月修订，1982年11月再次修订。

略工作组向IASC理事会递交了题为《关于重塑IASC未来的建议》的最终报告。根据这一方案，除了设立作为基金会的受托人会（Trustees）外，不再分设理事会和准则制定委员会，而是合二为一，称为国际会计准则理事会，即IASB，这个理事会由专职人士组成，对会计准则有最后的决定权。因为准则的研究制定和表决通过由一个机构负责，所以被称为“一院制”。

6.7.3 现行章程规定的IASC的组织架构和重组中的实际运作

如前所述，IASC会员大会于2000年5月批准了新的《基金会章程》；2005年3月，受托人会又批准了修订后的《基金会章程》。现按照这两份章程规定的组织架构，结合重组中的实际运作，进行简括的介绍。

新IASC的构建，首先是成立提名委员会（Nominating Committee），然后由提名委员会任命受托人（Trustees），再由受托人会任命国际会计准则理事会（IASB）。随着2001年1月IASC宣布对IASB成员的任命，IASC重组的主要任务就基本完成。另外，受托人会还将任命成立准则咨询委员会（Standards Advisory Council）和常设解释委员会（Standing Interpretation Committee）。

提名委员会成立于1999年12月，是构建新IASC的第一个步骤。提名委员会成员7人，由原IASC理事会投票确定，美国证券交易委员会前主席Arthur Levitt（列维）担任主席。提名委员会在任命受托人会的首批成员后，其任务就完成了。

以下介绍《基金会章程》规定的重组后IASC的架构：

1）受托人会（受托管理委员会）[①]

根据章程规定，新的IASC由受托人会负责监管，会计准则的制定则由国际会计准则理事会全权负责。

受托人会由19名具有不同地区及功能背景的个人组成。国际会计师联合会推荐其中的5位候选人，报表编制者、使用者和学术界国际组织各推荐1位候选人。为了保持地区间的平衡，使其具有广泛的国际基础，首批受托人会成员应有6名来自北美，6名来自欧洲，4名来自亚洲、大洋洲地区，3名来自其他地区。受托人的任期一般为3年，可连任一次。受托人会成员因正常退休或其他原因造成空缺，由受托人会负责选择与即将退休成员具有类似背景的人士替补。首任受托人会主席（即基金会主席）由提名委员会任命，首任主席退休后，将由受托人会其成员中指定人选接任。

受托人会作为管理和监督机构，负责任命IASB成员，订立与成员的合同并考

① 本书第1版将“Trustees”译为“受托人会”，后因财政部会计准则委员会在翻译中将其译为“受托管理委员会”，为便于读者参阅官方文献，在第2版中改译为“受托管理委员会”；后来，在官方译文中有译为“受托人会议”的，也有译为“受托管理委员会”的，因此在第3版中改为“受托人会议”。《国际财务会计准则2004》（中译本）在《基金会章程》中译为“受托人”。我鉴于“会议”可能被误解为非常设机构，“受托人”又不能体现英文中“Trustees”的复数含义，在第4版中决定改译为“受托人会”。

评成员的工作，任命常设解释委员会及准则咨询委员会成员，还负责考察 IASC 和 IASB 的策略（包括考察 IASB 的工作议程）以及对 IASC 的效率进行监控，为 IASC 筹集资金，对 IASC 的预算进行审批及负责章程的修改。受托人会每年至少召开 2 次会议。每位成员有 1 票表决权，除终止对某个成员的任命和修改章程要求有 75% 的多数成员赞成外，其他决定只需参与表决的简单多数赞成即可。如果表决时赞成与反对票数相同，主席有额外 1 票的决定权。

2000 年 5 月，提名委员会任命了首任 19 名受托人会成员，美国联邦储备局前主席 Paul A. Volcker（沃克）担任了国际会计准则委员会基金会首任主席，即受托人会主席。依照 2000 年的《基金会章程》，受托人（包括受托人会主席）的任期为三年，可连任一次。2005 年修订后的《基金会章程》规定：受托人会主席的任期为三年，可连任一次，主席之前作为受托人的任期不计入主席的任期内。

2005 年 11 月，受托人会宣布成立一个高层次的具有广泛代表性的顾问组来分担受托人提名和任命新受托人的工作。其目的在于加强受托人会与这些全球性和地区性国际组织之间的磋商，顾问组成员有权直接推举新受托人，其最终任命权则属受托人会。顾问组的 9 个成员是：世界银行行长、国际货币基金组织主席、证券委员会国际组织（IOSCO）执行委员会主席、金融稳定论坛主席、欧洲中央银行行长、亚洲开发银行行长、美洲开发银行行长、非洲开发银行行长，以及现任顾问组主席沃克（原受托人会主席）。这些国际金融和证券监管机构负责人的参与，进一步展示了国际金融和资本市场对国际会计准则制定机构的大力支持和紧密合作。

根据 2005 年 3 月受托人会就《基金会章程》的修订（参见 6.7.4 中的阐述）作出的有关调整各组织机构组成的初步决定，受托人的名额扩大为 22 人，包括欧洲 8 名、北美洲 6 名（其中 4 名来自美国）、亚洲/大洋洲地区 6 名（其中 1 名来自我国）、非洲和南美洲各 1 名。2005 年 12 月，沃克主席宣布了新一届受托人的任命决定：由欧洲中央银行执行委员会创始人之一的托马索·派多亚·夏欧帕继任国际会计准则委员会基金会主席，并新任命了 8 位受托人，连同原受托人留任的共 21 人，以后又任命了 1 人。值得一提的是，此次新受托人的任命得到了新成立的顾问组的支持。

由于需要出任意大利新政府的财政部部长，夏欧帕已于 2006 年 5 月离职，由基金会副主席拉斯卡维（P. A. Laskawav）暂代主席。新任主席原荷兰财政部部长杰里特·查尔曼（G. Zalm）已于 2008 年 1 月上任。

2）国际会计准则理事会（IASB）

根据 IASC《基金会章程》，IASB 是国际会计准则的制定机构，对所有技术问题负完全责任，包括国际会计准则和征求意见稿的起草和公布，以及常设解释委员会解释公告的最终批准；就所有项目公布征求意见稿，对重要项目公布原则公告草案或其他讨论性文件，以公开征求意见；完全负责 IASC 日常的技术安排和有关技术问题的项目规划，在进行工作时，则将具体的研究或其他工作适当分配给国家准则制定机构或其他组织；成立筹划委员会，为重要项目提供咨询。

IASB 有 14 名成员，其中 12 人为专职成员，2 人为兼职成员。IASC 按各成员承担的职责向其支付报酬，金额由受托人会确定。每个 IASB 成员应承诺为公众利益服务，在准则制定过程中代表个人，实施职业判断时不受任何组织和地区利益的影响。专职成员中的 7 人还负有与相应国家准则制定机构进行正式联络的责任，以推进国家会计准则与国际会计准则的趋同。2005 年新修订的《基金会章程》废除了“7 人联络员”条款。

IASB 成员由受托人会任命，其中至少有 5 名具有执业审计师的背景，至少 3 名具有编制财务报表的经验，至少 3 名具有财务报表使用者的背景，至少 1 名具有学术背景。理事会成员任期 5 年，可连任一次。

受托人会任命 1 名专职成员担任 IASB 主席，IASB 主席同时也是 IASC 的首席执行官。任命 1 名专职成员为副主席，副主席仅在主席缺席时主持工作。

IASB 成员每人有 1 票表决权。公布征求意见稿、国际会计准则终稿和解释公告终稿要求得到 14 名成员中的 8 名赞同。IASB 的其他决议只需参加会议成员中的简单多数赞成即可，但该次会议至少有 60% 的成员亲自出席或通过通讯方式出席。

IASB 成员选定的首要条件是技术专家，不考虑地区因素。受托人会选择 IASB 成员，应使 IASB 组成人员具有相关国际业务和市场情况的技术和经验的最佳组合，以制定出高质量的全球性会计准则。在修订的《基金会章程》中，IASB 成员的选定条件变更为“专业的胜任及实际的经验”，并提出受托人会在选定 IASB 成员过程中应确保理事会不被特定的团体和某地区的利益所垄断。为此，其规定了如下 8 条 IASB 成员标准：（1）技术能力强，且通晓财务会计和报告；（2）具有分析能力；（3）具有交流的能力；（4）具有公正地作出决策的能力；（5）对财务报告环境具有较强的意识；（6）具有合作能力；（7）具有较强的纪律性；（8）承诺为 IASC 和公众利益努力工作。

2001 年 1 月，受托人会议任命了 IASB 成员。主席为英国人 Sir David Tweedie（泰迪），他曾担任英国会计准则委员会第一任专职主席，也是 G_{4+1} 集团的首任主席。

在 2005 年修订的《基金会章程》中规定了 IASB 制定准则应遵循的程序，由强制性的和非强制性的步骤组成。强制性的步骤是：准则咨询委员会将议题增加到 IASB 的议程；发布表决通过的征求意见稿以供公众评论，其中应包含投反对票成员的意见；在评论期内充分考虑所有的评论；发布的准则由至少 9 名成员批准，准则中亦应包含投反对票成员的意见。非强制性的步骤是：在征求意见稿前发布讨论稿；组建工作组；举行听证会。如果 IASB 不采取这些步骤，则应作出详细的解释。

在修订后的《基金会章程》中，IASB 的理事名额（含 2 名兼职理事）保持不变，但放宽了对理事专业背景的要求，即对此不再作出具体的数量化要求，而是要求理事会由具有审计、报表编制、实用和学术方面经验的人士组成。表决通过的票数则由原定的简单多数改为9票。2005年12月，沃克在宣布新一届受托人的任命决定时，同时宣布了IASB主席的任命决定，再次任命泰迪为IASB主席，任期5年，以保持工作的成效和连续性。2006年11月，我国证监会首席会计师张为国被任命为IASB理事。目前，IASB仍由14位全职、兼职理事组成。

3）准则咨询委员会

准则咨询委员会（SAC）成立于2001年，是不同地区、不同功能背景的组织和个人向IASB和受托人会提供建议的正式渠道，由大约30名具有不同地区和职业背景的成员组成，由受托人会任命，任期3年，可连任，以后递增至49名。咨询委员会的职责是，向IASB提供有关准则立项及工作急缓先后顺序的建议；向IASB表述自身所代表的利益团体或人士对准则项目的意见；向IASB或受托人会提供其他建议。咨询委员会每年至少召开3次会议，由IASB主席主持。

成立准则咨询委员会的目的是为了实现广泛性和各方面的代表性的平衡，包括职业和地区的平衡。准则咨询委员会将代表准则制定过程中各个不同的方面，成为IASB和受托人会获得建议和新思路的关键渠道。我国已入选准则咨询委员会。

在2005年3月受托人会议对《国际会计准则委员会基金会章程》的修订作出的有关调整各组织机构的初步决定中，将SAC的委员名额从当时的49人减少到35人至40人，在人选上不再强调技术性，而更重视战略考虑，SAC主席改为由IASB主席和理事之外的兼职人员担任；由受托人组成的提名委员会确定主席（可能还设1名副主席）及委员人选，提交受托人会决定。受托人会于2005年7月批准了SAC规程，但这只是作为一份“运作层面”的文件，不构成《基金会章程》的组成部分。

2005年10月，受托人会宣布了重组后的SAC成员名单。此次重组主要包括：（1）任命尼尔森·卡瓦略（巴西圣保罗大学会计和财务学教授）为主席；（2）修改并形成新的SAC规程；（3）任命新的SAC成员。重组后SAC的成员为40名，包括非洲2名、亚大地区9名（其中1名来自我国）、欧洲14名、拉丁美洲3名、中东1名、北美4名、国际组织代表7名（分别来自巴塞尔银行监管委员会、国际保险监督协会、国际会计师联合会（IFAC）、国际货币基金组织、证券委员会国际组织（IOSCO）、联合国贸易和发展委员会、世界银行）。此外还有3个组织作为SAC的观察员，它们是欧洲委员会、日本金融服务局和美国证券交易委员会（SEC）。

4）国际财务报告解释委员会

国际财务报告解释委员会的职责是，根据IASB的要求或根据IASC《框架》，对国际会计准则的应用进行解释；公布解释公告草案以及公开征求意见；向IASB报告并获得IASB对解释公告的批准。委员会包括12名成员，由受托人会任命，任期3年，可以连任。由受托人会任命IASB的1名成员、技术活动主管或IASB工作人员中的1名高级成员，或任命其他条件合适的个人为IFRIC的主席，主席有权对正在考虑的技术问题发言，但没有表决权。IFRIC每次会议必须至少有9名成员出席，理事会主席可派 1 至 2 名理事会成员作为无表决权的观察员参加会议。每位成员有一票表决权，不能委托投票。批准解释公告草案或终稿须经 3/4 有表决权的成员赞成通过。

6. 7. 4 修订现行章程的过程

IASC 完成全面重组后，经过 7 年来（至 2008 年 1 月）的实际运作，基于各方面的意见，正对 2005 年修订的《基金会章程》进行全面修订，并且要求受托人会每 5 年要对《基金会章程》修订 1 次。其“章程委员会”（于 2003 年 11 月成立）已先后在纽约、伦敦、东京、墨西哥城召开了四次公开听证会，2004 年 10 月的第四次公开听证会是最后一次。章程委员会已就可能的修订达成了初步意见，将在会后进一步研究、考虑，主要涉及如下 10 个方面：

（1）对中小主体和新兴经济的特殊考虑；

（2）受托人的地理分布和职业背景；

（3）受托人的监督职责；

（4）国际会计准则委员会基金（IASC foundation）的筹集；

（5）国际会计准则理事会（IASB）的构成；

（6）IASB 的联络国关系；

（7）IASB 的咨询安排；

（8）IASB 的投票程序；

（9）国际财务报告解释委员会（IFRIC）的资源和有效性；

（10）准则咨询委员会（SAC）的构成、职责和有效性。

我们赞赏新 IASC 这种及时协调各方面的利益和权责关系的举措，相信这将进一步提高 IASC、特别是 IASB 在准则制定中的凝聚力。

2005 年 7 月，受托人会宣布对章程进行修订，主要涉及调整各组织机构的组成问题。我们在 6. 7. 3 中已经述及。2007 年 10 月，受托人会宣布，对《基金会章程》的全面修订将在 2008 年进行，这将涉及上述 10 个方面的实质性问题。

2008 至 2009 年，《章程》的修订处于第一阶段，主要工作内容有两点：其一是建立一个新的监督小组；其二是 IASB 成员扩充为 16 名。

（1）2008 年 2 月，IASC 基金会提议建立一个监督小组（Monitoring Group）以加强受托人会（trustees）对公众的责任。监督小组的成员来自于政府机构和证券市场监管者 。监督委员会主要负责监督资金的筹集情况和年度预算。

（2）2008 年 4 月，对《章程》的修订正式开始。目前的活动基本上是开圆桌会议，对以上两点进行讨论。其中，2008 年 6 月的伦敦会议对监督小组事宜作出了初步的决定：

①监督小组将参与受托人的任命程序，并有权批准受托人的任命。

②监督小组将对受托人如何履行《章程》中规定的责任提出建议。

③监督小组成员由欧盟代表；国际货币基金组织理事；IOSCO 主席；IOSCO 技术委员会主席；美国、日本证券委员会主席；世界银行主席组成。

(3) 2009 年 1 月，对 16 名成员组成进行了讨论：

① 4 名来自亚太地区；

② 4 名来自欧洲；

③ 4 名来自北美；

④ 1 名来自非洲；

⑤ 1 名来自南美；

⑥另外 2 名可以来自任何地区，但要保持地域性的平衡。

(4) 对《章程》进行修订的第二阶段，IASC 基金会提出 4 个主要议题：

①国际会计准则是否应该拓展适用范围至非营利机构和公众部门？

②《章程》是否也应用原则性基础？

③IASB 是否对“紧急事件”应设立正式的处理程序？

④IASB 是否应该在国际会计准则的翻译问题上扮演更重要的角色？

6.8 IASB 在制定国际会计准则方面的进展

国际会计准则理事会（IASB）自 2001 年 4 月开始运作以来，其创新意识令人称道。

(1) IASB 与各主要国家的准则制定机构建立了良好的合作关系，特别是与美、英、加、澳、德、法、日等 7 国的准则制定机构建立了战略协作伙伴关系，这就改变了 IASC 原理事会长期以来把国际准则与国家准则的协调化工作主要放在准则制定之后的做法。

(2) IASB 把今后将发布的准则定名为国际财务报告准则（IFRS），IFRS 还将涵盖非财务信息方面的准则（如环境报告准则和可持续发展报告准则）；2001 年 7 月召开的首届准则咨询委员会会议明确提出，IFRS 不仅要考虑上市公司对国际会计准则的需求，还应该考虑非上市公司、中小企业及新兴市场经济国家对国际会计准则的需求，这已经体现在 2005 年修订的《基金会章程》对 IASC 目标的表述中（见 6.8.1）。

6.8.1 制定国际会计准则的思路和工作计划

1）制定了国际会计准则的思路——确立了“原则基础”的准则制定模式

2002 年 2 月和 4 月，IASB 主席 David Tweedie（泰迪）爵士先后在美国参议院

“银行、住户和都市事务委员会”以及美国国会财政委员会的听证会上，对 IASB 和 FASB 准则的制定模式作了评价。他认为：FASB 的“规则基础”准则制定模式容易导致去寻找“准则在那里规定我不能做”的心态，其结果是，详细的规则往往被别有用心的公司和个人通过精心的交易策划来规避；规则基础模式也不利于公司和 CPA 发挥专业判断，诱使他们过分关注准则的细节规定，而忽略对财务报表整体的公允性判断；原则基础模式则有助于培育以专业判断来取代机械套用准则的弊端。但 Tweedie 也承认，原则基础模式必须以公司和 CPA 能以维护公众利益为己任来进行专业判断为前提。

2）制定了准则立项的远景规划

在首届准则咨询委员会会议上将准则立项分为四类：

（1）旨在确保准则中的领袖地位，促进准则趋同化的项目，包括企业合并、保险合同会计、业绩报告、股票期权报告等；

（2）旨在便于运用 IFRS 的项目，包括首次运用 IFRS 指南（已于 2003 年 6 月发布为 IFRS 1）、金融业务、披露和列报等；

（3）旨在完善现行准则的项目，包括 IFRS 前言（已发布）、现行准则的改进、IAS 39 的修订（后两者已在 2003 年 12 月发布对 13 个 IASs 的改进和对 IAS 39、IAS 32 的修订）等；

（4）其他项目，包括与 IASB 有战略协作关系的国家准则制定机构正在修订或制定中的 16 个准则，IASB 将与它们合作，确保这些项目上的差异能被及时发现和解决。

按照 IASB 的规划，全球性会计准则将分两个阶段实现。在今后 3 至 5 年内先确保发达国家之间（主要是美国与含英国的欧盟）的会计准则趋同化，只有这个目标实现后，才有可能将注意力转向中小企业及新兴市场经济国家的信息需求。但后者现已提前启动。

3）2002 年 6 月，IASB 又启动了一个新工作计划

在已列入初始工作计划中的“企业合并”（已于 2004 年 3 月发布为 IFRS 3）、“业绩报告”、“以股份为基础的支付”（已于 2004 年 2 月发布为 IFRS 2）、“保险合同”（已于 2004 年 3 月发布为 IFRS 4）等首批优先项目之外，又将“合并财务报表和特别目的实体”、“收入的定义和确认及相关负债”、“保险合同——在现有 IAS 中的运用”（已纳入 IFRS 4）、“金融风险的披露”等列为优先项目。

4）2002 年 10 月，IASB 与 FASB 达成“短期国际趋同计划”协议

2002 年 10 月，美国和欧盟的证券监管机构要求 IASB 和美国 FASB 在 2003 年之前完成 IAS/IFRS 与美国公认会计原则（GAAP）主要分歧的确认工作，并在 2005 年 1 月 1 日前消除这些分歧。2002 年 10 月 29 日，IASB 和 FASB 签署了《诺沃克协议》①，执行一项“短期国际趋同计划”，双方在 2003 年完成主要差异的确

---

① 诺沃克为 FASB 所在地。

认，并在2005年做到减少或消除这些差异（截至现在已完成多个具体项目的趋同任务）。

6.8.2 IASB的工作成果

我们应该充分肯定IASB这7年来的工作成果，概述如下：

（1）制定发布了8个IFRSs、4个SICs和14个IFRICs（参见6.5.2、6.5.3）。

（2）制定发布了《改进国际会计准则》项目，对13个国际会计准则进行改进，发布为改进后的各个准则（参见6.8.3）。

（3）制定发布了对IAS 39和IAS 32（2000年修订版）进行修订的《修订后金融工具准则》；制定发布了对取代IAS 32的披露部分和IAS 30的IFRS 7《金融工具：披露》；与FASB、CICA、ASB等研究有关修订IAS 39的各项问题，继续对IAS 39进行修订。

（4）为准备修订《框架》进行了项目研究（参见6.4）。

（5）提前启动了中小规模主体会计准则项目。

（6）除金融工具会计准则外，列入优先项目积极进行开发的，主要还有企业合并和合并财务报表的新准则（其中企业合并的新准则IFRS 3已发布）以及全面收益准则，在开发过程中与FASB、ASB等紧密合作。

（7）与FASB的短期国际趋同计划进展顺利，但看来主要只是减少现存差异。

（8）制定发布了《国家会计准则制定机构与国际会计准则理事会未来关系的谅解备忘录》草案（2005年3月），其目的在构建各国会计准则制定机构与IASB的未来关系，协调双方工作，明确在建立全球统一的高质量、可理解、可执行的会计准则过程中各自的作用，在广泛征求各国会计准则制定机构意见后，在2005年9月举行的世界会计准则制定机构会议上再次进行了讨论。与此同时，IASB积极走访各主要国家，与其准则制定机构会谈协商，达成协议。例如，2004年以来多次与日本会计准则委员会和我国会计准则委员会举行会晤、工作会谈，协商与IFRS的趋同意向和规划，扩大了共识，加强了交流合作，在具体项目上取得了不同程度的进展。

（9）制定了技术更正（technical correction，TC）政策（2005年10月）。所谓技术更正，是指在IFRS中的措辞显然不能恰当反映IASB的意图，即使在结合该准则的“结论基础”及“应用指南”来考虑时也是这样的情况下，应更改准则的措辞，以做到恰当反映，但它不同于编辑性的更改（如拼写或数字差错或准则段落的援引错误）。IASB决定采取“快速”程序处理技术更正性问题，以求时效。简言之，即由IASB工作人员认定问题（必要时还须提请IFRIC议程委员会评估），并拟订建议修改稿，在IASB会议中讨论并作出决定，在IASB网站发布公开征求意见（期限30天），工作人员在分析收到的反馈意见后提交IASB再次开会讨论，而后以电子版的形式发布对该项准则的修改稿。

这一新政策的采用，使除了因相关准则的修订或新准则的制定所导致的某项准则局部修改外，还包括由于技术更正而作的局部修改，并且保证了修改的时效性。

（10）IASB 于 2007 年 7 月与中国财政部在北京共同举办了新兴市场与转型经济国家会计国际趋同研讨会，会上通过了《推动新兴市场与转型经济国家会计国际趋同的北京倡议》（简称《北京倡议》）。与会代表包括澳大利亚、印度、巴西等新兴市场和转型经济及发达国家和地区的代表，以及世界银行、联合国的主管官员、IASB 的首脑等 150 余人。

6.8.3
对 13 个国际会计准则的改进

这里有必要简括地专门介绍《改进国际会计准则》项目。

根据准则立项规划的初始工作计划，IASB 于 2003 年 12 月完成并发布了《改进国际会计准则》项目，对 13 个 IASs 进行了改进①，作为其在制定准则之外的一个为实现高质量准则的平台，改进的目的也在于提高这些国际准则与国家准则的趋同化。改进的方式主要是：

（1）对允许采用的会计方法进行筛选。筛选的标准：一是是否符合《框架》中的概念依据，二是在国际范围内的流行程度。例如，取消 IAS 2 中存货计价的后进先出法；IAS 21 中关于无法采用套期时，由于严重的通货贬值或跌价导致的汇兑差额不再资本化；IAS 27 中关于在合并资产负债表中少数股权应在权益内与母公司股东权益分开列报等等，都是对原 IAS 的重大修订。

（2）把与被改进的原 IAS 相关的有些解释（SIC）在修订后吸收到改进后 IAS 中去（肯定、修正或否定），相应地废止了这些 SICs（可参阅表 6—6）。

（3）从突出概念依据的角度改进原 IAS 的相关表述。例如，在 IAS 27 中分别定义母公司的单独财务报表和子公司的个别财务报表；在 IAS 21 关于外币报表的折算中，将报告货币分开为功能货币和列报货币两个概念等等。

除以上论述的 13 个 IASs 的改进外，在这个《改进国际会计准则》项目中，还废止了 IAS 15《反映物价变动影响的信息》。

现根据网上信息，整理了 13 个 IASs 的改进情况，见表 6—6。

从表 6—6 中可以看到，有 4 个 IASs 在改进后还更改了名称，它们是 IAS 8、IAS 27、IAS 28和 IAS 31。表 6—6 中也列出了被废止的相关《解释》。

---

① 关于《改进国际会计准则》项目，可参阅张象至、李红霞：《〈改进国际会计准则〉项目 13 个国际会计准则主要变化》，载《会计研究》2004 年第 1 ~ 5 期，整体介绍在第 1 期，以后依次介绍改进后的 13 个 IASs 的主要变化。

表6—6 13个IASs的改进情况

被改进的《国际会计准则》		被废止的相关《解释》	
编号	名　称	编号	名　称
IAS 1	财务报表的列报	SIC 8	首次采用国际会计准则作为首要的会计基础
		SIC 18	一致性：允许选用的处理方法
IAS 2	存货	SIC 1	一致性：存货成本的不同计算方法
IAS 8	当期净损益、重大差错和会计政策变更 **改进后名称改为：** 会计政策：会计估计的变更和差错	SIC 18	一致性：允许选用的处理方法
IAS 10	资产负债表日后事项		
IAS 16	不动产、厂场和设备	SIC 14	不动产、厂场和设备：项目减值或损失的补偿
		SIC 23	不动产、厂场和设备：大检修费用的主要审查
IAS 17	租赁		
IAS 21	汇率变动的影响	SIC 11	外汇：严重货币贬值所导致的损失的资本化
		SIC 19	报告货币：按IAS 21和IAS 29对财务报表的计量和列报
		SIC 30	报告货币：从计量货币到列报货币的折算
IAS 24	关联方披露		
IAS 27	合并财务报表和对子公司投资的会计处理 **改进后名称改为：** 合并财务报表和单独财务报表	SIC 33	合并和权益法：潜在表决权及所有者权益的摊配
IAS 28	对联营企业投资的会计处理	SIC 3	消除与联营企业交易中的未实现利润和损失
	改进后名称改为：	SIC 20	权益法：确认损失
	在联营企业中的投资	SIC 33	(与IAS 27和IAS 28相关，名称见上述)
IAS 31	合营中权益的报告 **改进后名称改为：** 合营中的权益		
IAS 33	每股收益	SIC 24	每股收益：可能以股份结算的金融工具和其他合同
IAS 40	投资性房地产		

6.9 对“重塑IASC的未来”的回顾与展望

在进入21世纪之时，新的IASC组织架构，已经仿照“FASB模式”基本完成，并且开始运作了。毋庸讳言，IASC的这次重组是由美英等英语国家主导的，特别是美国从一向不支持IASC的工作，转变为积极主动地参与这次IASC的改组活动。在 IASC 的机构全面重组中，受托人会和 IASB 的主席，1 名来自美国，1 名来自英国；IASB 的 14 名成员中有一半来自这两个国家，重塑 IASC 的未来，是否会成为“富人俱乐部”、“G_{4+1}俱乐部”乃至“美英俱乐部”呢？这个问题在重组之初备受人们关注。2001 年年初，G_{4+1}在伦敦会议后宣告解散，以“全力支持 IASB 在世界范围内促进会计准则趋同化的努力”，这一行动的确起了很好的释疑作用，并提高了 IASB 作为全球准则制定机构的权威性。

6.9.1 对“重塑 IASC 的未来”的回顾

回顾“重塑 IASC 的未来”的运作情况，本书作者有以下几点看法：

（1）美国 SEC 与 FASB 态度的转变，至少结束了 FASB 与 IASC“对立”的局面，这反映了时代的要求，但也有其自身利益关系的驱动。

①1996 年 10 月，为了鼓励更多的外国公司在美国资本市场上筹资，同时为了减少不必要的报表调整费用，有利于降低外国公司的筹资成本，美国国会要求 SEC 报告国际会计准则进展情况，并希望能够成功制定一套国际公认的会计准则，供打算在美国上市的外国公司使用。SEC 是在经过与 IASC 对话后，才宣布有条件支持 IASC 制定一套可以用于跨国上市公司财务报表的会计准则。

②1996 年，SEC 宣布，它支持 IASC 制定用于跨国融资活动的国际会计准则，但是它同时又提出，它只接受能够导致可比性、透明度和充分信息披露的高质量的会计准则；此后，SEC 主席 Arthur Levitt 也在多种公开场合表示，他支持 IASC 制定高质量的、符合 SEC 三个条件的国际性准则；2000 年 2 月，SEC 又发布了一份公告再一次表态，寻求在更大范围内使用国际会计准则的可能性。2005 年 11 月，SEC 新任主席克里斯托弗·考克斯又重申，SEC 积极鼓励全球趋同的协作。

③早在 1988 年，FASB 就以观察员的身份参加 IASC 理事会；1991 年，FASB 宣布它支持国际性准则的制定（当时其不一定是指 IASC 准则，例如曾酝酿由 G_{4+1}来制定国际准则）；从 1994 年到 1997 年，FASB 与 IASC 先后合作制定了“每股收益”和“分部报告”等准则；1998 年年底，FASB 发表了《国际会计准则的制定：着眼于未来（International Accounting Standards Setting：A Vision for the Future)》的报告，再一次提出建立高质量的国际性准则的重要性；从 1999 年开始，FASB 与其他一些国家准则制定机构一起被邀请参与 IASC 的重组工作。

但这些也都说明，SEC 和 FASB 政策的转变，仍是企图以“美国模式”去影响乃至主导国际准则的制定。然而，在作者看来，这不能过早地肯定绝对就是坏事，应该承认，FASB 有其可借鉴的成功经验。这几年来从 IASB 实际运作的情况看，也不是听凭美国说了就算的，这不能不说是一个良好的开端。

（2）由专职专家制定会计准则的架构是无可厚非的。IASC 重组后，新的理事会的职能与原理事会有很大不同，它将不再考虑地区代表性问题，而是由国际上认定的会计技术最强的专家组成，其苛刻的资格条件，很难避免美、英及其他英语国家的专家在国际会计准则制定中占主导地位，目前只能接受这个（也许是痛苦的）事实。

我们寄希望于，重组后 IASB 将实现《基金会章程》中进一步增强独立性和公开性的精神。根据《基金会章程》，IASB 的专职成员只代表自己，不允许存在其他任何雇佣关系，不得保持任何会产生经济动机的身份，从而避免影响他们在制定会计准则时进行判断的独立性；IASB、准则咨询委员会和常设解释委员会的会议，除有关人事问题的会议外，都对公众公开，以增强国际会计准则制定的透明度，使这些专家们摆脱本国利益的阴影，公正地为全世界公众服务，也能公开地接受全世界公众的监督。就目前的情况看，也可以说开局良好。

（3）准则咨询委员会的组成应该真正体现广泛性和各方面（包括职业和地区的代表性）的平衡，它将是新的 IASC 是否能关注来自全球，特别是发展中国家的呼声的试金石。2005 年冬 SAC 的重组正体现了这一点。

6.9.2 当前 IFRS 在全球范围内被采纳的情况

IASC 重组后提出的“制定一套高质量、可理解和可执行的全球会计准则”的方针，得到了许多国家和国际组织的支持。

1）主要国家的采纳情况

在第 3 章，我们已论述欧盟率先承诺从 2005 年起其成员国上市公司开始执行 IFRS，并于 2002 年 7 月启动了法定程序的情况；此外，澳大利亚、新西兰等国也宣布从 2005 年起执行 IFRS；英国 ASB 已决定并开始不再自行制定和发布新准则，而只发布将 IASB 采纳的 IFRS（包括继续有效的 IAS）运用于英国的相关准则（参见 3.2 中的论述）；日本证券市场监管机构金融服务局于 2004 年 6 月建议，允许上市公司按 IFRS 编报财务报表，同时说明与按日本公认会计原则编表的主要差异；加拿大会计准则委员会（ACSB）于 2006 年 1 月启动一项使加拿大会计准则与 IFRS 趋同的计划；意大利议会在 2005 年 2 月立法，允许在境内采用 IFRS 并对不同类型的企业制定了不同的具体实施方案；又如 4.5.4 中所述，俄罗斯杜马也通过了决议，对那些采用美国 GAAP 的大型公司，从 2008 年起也要采用 IFRS；马来西亚、新加坡、爱沙尼亚等国则早在 2003 年起已开始执行 IFRS。可以预期，美国 SEC 也可能在一定时期后宣布不一定要求在美国资本市场申请上市的外国公司一定要采用美国 GAAP 而允许应用国际准则，因为这样才能降低在美国上市的外国公司的筹资成本，使美国资本市场在全球竞争格局中继续领先。目前，SEC 仍要求按照 IFRS 编制财务报表的公司，在美国发行证券时必须按照美国 GAAP 对报表进行调整。2004 年 10 月 15 日，SEC 发表了其首席会计师唐纳德·尼科尔森 9 月 28 日在 IASB 的“国家准则制定机构会议”上的讲话，该讲话中指出，如果 IASB 能继续保持目前的独立地位并制定、发布高质量的准则，而且能形成一套良好的程序，他个人认为，SEC 将来一定有可能取消前述规定；2005 年 11 月，SEC 新任主席克里斯托弗·考克斯又重申，SEC 积极鼓励全球趋同和协作；近期，欧盟也与美国 SEC 讨论了取消调整要求的问题。

2）以下再引用几份国际调查的资料来说明全球主要国家采纳 IFRS 的情况

（1）普华永道、安永、毕马威、德勤、德豪、均富等六大国际会计师事务所于 2003 年 2 月联合发表了《会计准则趋同——2002 年全球调查》的调查报告，在 59 个受访国家和地区中，超过 90% 的国家和地区有意与 IFRS 趋同，而且，其中 72% 的受访国家和地区已经制定了具体的政策和进程表。

（2）德勤国际会计师事务所对全球 132 个国家和地区截至 2003 年 12 月 31 日采纳 IFRS 的情况统计结果见表 6—7。

表 6—7　**全球采纳 IFRS 的情况（2003 年年底）**

情况归类	国家和地区数	所占百分比
1. 已经要求国内所有上市公司采用 IFRS 的	36	27%
2. 宣布将于 2005 年起要求所有上市公司采用 IFRS 的	30	23%
3. 要求国内部分上市公司采用 IFRS 的（包括中国）	8	6%
1. 允许所有上市公司采用 IFRS 的	37	28%
2. 禁止国内上市公司采用 IFRS 的	47	35%

资料来源　根据王清刚、朱庆有：《全球会计准则的提出与 IAS/IFRS 的发展动向》一文中的表述制表，见《中国注册会计师》，2004（4），65 页。

由表 6—7 可见，在 132 个国家和地区中，“要求”国内上市公司和外国上市公司都采用 IFRS 的数目（36）与“允许”国内上市公司和外国上市公司（或是，没有外国上市公司）都采用 IFRS 的数目（37）大体相当；“要求”国内上市公司必须采用本国准则的数量还相当多（47），这显示了“民族主义情结”的影响，也显示了推进国际准则与国内准则的趋同化仍然需要努力。

有关的近期资料显示，根据德勤国际会计师事务所网站关于 IASB 的更新资料，至 2008 年 2 月，在 157 个司法管辖区内，对国内上市公司：（1）不允许采用 IFRSs 的有 32 个；（2）允许采用 IFRSs 的有 24 个；（3）部分要求采用 IFRSs 的有 4 个；（4）全部要求采用 IFRSs 的有 82 个；（5）有 15 个在境内没有证券交易所。在允许或要求采用 IFRSs 的 110 个（24+4+82）司法管辖区内：（1）有 75 个管辖区内的审计报告提到 IFRSs 的遵从情况；（2）有 32 个管辖区内的审计报告提到遵从当地 GAAP 或采用 IFRSs 的情况；（3）有 1 个管辖区内的审计报告提到有些公司遵从当地 GAAP 而其他公司则采用 IFRSs 的情况；（4）有 2 个管辖区的资料未能取得。

对于各国采用国际会计准则的情况，2009 年德勤制作了一个非常详细的列表，统计了国际会计准则在全球被采纳的情况，不仅区分了是否采纳，而且还细分了采纳的范围——上市公司、合并报表。

这份列表将随时更新，读者可在需要时参考此表，具体的网址是：http：//www. iasplus. com/country/useias. htm。

（3）根据IASB网站对全球85家证券交易所的统计，截至2003年12月31日，已接受上市公司按IFRS编制财务报告的共有70家，占82%。另据IASB网站的不完全统计，截至2003年12月31日，全球已有上千家公司直接采用IFRS或在财务报告中将IFRS信息作为补充信息提供。世界银行、德意志银行、法国航空公司、汉莎航空公司、雀巢公司、菲亚特公司、阿迪达斯公司、大众公司等超大型企业则从2002年起就开始采用IFRS编制财务报告。

3）重要国际组织的采纳情况

几乎所有的重要国际组织，如证券委员会国际组织（IOSCO）、世界银行和国际货币基金组织、经济合作和发展组织（OECD）、西方八国集团、巴塞尔银行监管委员会，以及国际会计师联合会（IFAC）、国际审计和鉴证准则委员会、联合国会计和报告国际准则政府间专家工作组等，都先后发表声明认可和支持IASB主导的全球会计准则。

4）欧盟的采纳情况

欧洲委员会于2005年3月公布了对其25个成员国和3个欧洲经济区成员国采用IFRS的情况的调查结果。由于欧盟第1606（2002）号法令规定，在欧盟境内受监管的资本市场上市的公司将自2005年1月1日起按照IFRS编制合并财务报表，对非上市公司的合并财务报表或上市公司的单独财务报表则未予明确规定，这次调查的范围正是针对后者的。

（1）对于上市公司单独财务报表，除5个国家禁止采用、1个国家尚未确定外，其他22国均要求或允许采用；

（2）对于非上市公司合并财务报表，28国均要求或允许采用IFRS，但有5个国家规定了一定范围的排除（例如小企业、除银行外的企业等）；

（3）根据第1606号法令规定，只公开发行债券的公司可延至2007年采用IFRS，但有15个国家未予延期；

（4）对于在境外上市并采用非欧盟会计准则的公司，只有6个国家延期到2007年采用IFRS。

5）联合国的采纳情况

2006年2月，联合国贸易和发展大会发表了《国际财务报告准则的实际应用问题评论》，指出，在2005年采用IFRS的企业数激增的同时，也随之出现不少问题和挑战。这份评论既总结了近年来IFRS在世界各地被普遍采用的情况，也指出了诸多实际问题，如制度冲突、执行机制、技术问题等，值得重视并谋划对策。

6.9.3 对“重塑IASC的未来”的展望

综上所述，我们对“重塑IASC的未来”的前景及对各国会计准则与国际会计准则的趋同，充满着希望和期待；IASB开创的与主要国家和地区准则制定机构紧密合作的机制和几年来的运作情况，值得赞许；当前IFRS（含IAS/IFRS）在全球范围内被采纳的情况，总体上予人以乐观的图景。同时，为了巩固和完善这种运作机制，IASC又在对现行《基金会章程》进行修订；IASB的准则制订计划及其进展速度，是重组前的IASC无法比拟的。

这里想提出的是对国际准则趋同化前景的恰如其分的评价。盲目的、急于求成的急躁情绪是没有依据的。国际环境趋同的进程不可能超越全球经济一体化的进程，而且难免有曲折，从而国别会计准则与国际会计准则之间的某些矛盾仍然会在一个不太短的时期内存在，并时有消长。我们在前面也讨论了成文法系与不成文法系国家间的法律环境还难以趋同的问题和协调对策，也论说了IOSCO在评审、认可和向国际资本市场推荐IASC核心准则体系时，指出的应按照某一国家或地区的实际情况，对突出的重大问题补充“调节”、“披露”、“解释”等会计处理的建议，介绍了欧盟在采纳IFRS时的“先技术层次、后立法层次”的“双层认可机制”。这里还要指出，在实际运作中，已经出现了欧盟的“部分地”、“有保留地”采纳国际准则与IASB要求采纳所有国际准则的分歧。

欧盟于2004年11月一方面认可了IASB《改进国际准则》项目的13个改进后IASs以及新制定发布的IFRS 3、IFRS 4和IFRS 5，对IFRS 2则决定延期讨论和表决；2004年12月，又通过了只是有保留地采用IAS 39，因为IAS 39禁止将公允价值选择权应用于负债，与欧盟第4号指令相违背；同时又认为，允许对基本投资组合的核心存款的利率套期采用公允价值套期会计，只能是非强制性的；建议IASB对这两项考虑修订。IASB主席Tweedie（泰迪）则一方面表示意识到欧盟认可所有国际准则面临的挑战，另一方面则提出这种部分地采用的做法，将带来破坏准则内在完整性和一致性的风险，并将使准则的一致运用面临更多的困难。另一方面，则鉴于将公允价值选择权赋予企业的规定，导致欧盟及其他国际组织（如巴塞尔银行监管委员会）的疑虑，IASB在研究这些意见后又对IAS 39进行了修改，增列了限制性的约束条件，获得欧盟的最终认同和接受（可参阅7.6.1中的论述），这说明，IASB也在努力避免出现IFRS只被部分或有保留采纳的局面。又如，要求将所有以股权为基础的支付（包括雇员股票期权）费用化的IFRS 2，经协商和折中后，欧盟也于2005年2月正式批准了IFRS 2。看来，这种曲折的过程今后还可能出现。

还可以举出一些例子。例如，美国FASB在改进后IAS 2已取消了存货计价的后进先出法之后，在2004年11月发布的FAS 151《存货成本》中，仍允许采用后进先出法；日本会计准则委员会（ASBJ）对IFRS 3《企业合并》中接受FASB在

FAS 141 的主张取消权益结合法，表示了异议等等。如何在这些分歧出现后通过当事各方的协商进行协调，无疑是对双方专家们的智慧和毅力的考验。我们认为，尽管有时可能存在一定程度上的折中、妥协或一些技术处理，但在协调、趋同的道路上总是会不断前进的。

展望未来，深愿 IASC 前途光明，对 IASB 寄予厚望，希望 IASC 为之努力的目标——建立全球性的国际会计准则能稳步实现。

讨论题

6.1 你认为 IASC 三个阶段的发展战略在主流方面是否成功？如果是，还有哪些不足之处？

6.2 为什么说 IASC 的“可比性和改进计划”对提高 IAS 的权威性起了重大的作用？

6.3 你认为 IASC 与 IOSCO 是在什么背景下达成“核心会计准则计划”的协议的？

6.4 经济全球化，特别是全球性货币市场、资本市场的快速发展，对建立全球性的国际会计准则起了哪些推动作用？

6.5 跨国的企业合并高潮对建立全球性的国际会计准则起了哪些推动作用？

6.6 你对“重塑 IASC 的未来”的构想有什么评价？

6.7 重组后的新 IASC 会成为“美英俱乐部”吗？你对其有什么看法？

6.8 在制定高质量的国际会计准则的过程中，需要考虑发展中国家的哪些要求？

6.9 在新的 IASC 的架构和运行中，突出的问题是协调美、英和英语国家与欧洲大陆国家间的关系，还是发达国家与发展中国家的关系呢？

6.10 你认为，截至目前，在体现高质量准则方面，IFRS 与美国的 FAS 孰优？

6.11 你对 IASB 在制定 IFRS 方面的进展有何评价？

练习题

6.1 对比 IASC 1992 年和 2000 年的《国际会计准则委员会基金会章程》中的“目标”，你有什么心得体会？写成一篇短文。

6.2 就欧盟和美国的准则制定机构与 IASC 的关系进行对比分析，发表你的观点。

学习目标
7.1　关于金融工具会计准则
7.2　金融工具和衍生金融工具的定义
7.3　突破在表内确认衍生金融工具交易的难关
7.4　突破第一关：衍生金融工具代表的权利、义务符合资产、负债定义
7.5　突破第二关：因衍生金融工具问题对会计确认的再认识
7.6　尚待突破的第三关：以公允价值计量所有金融工具
7.7　期货、期权、互换等交易的会计处理
7.8　套期活动会计
7.9　金融工具在财务报告中的披露
讨论题
练习题

第7章 金融工具会计

学习目标

本章专门讨论金融工具会计。这是一个在20世纪末有突破进展但至今尚未圆满解决的难题。本章以IASC和美国FASB在20世纪90年代以来制定发布的准则及其修订为依据，就如何解决衍生金融工具交易长期以来作为“表外业务”处理的严重影响，以及迫使准则制定机构不得不对财务报告概念框架全面地重新思考，从而对财务报表要素的定义、确认标准、计量基础、披露要求等各个方面，在研究和开发金融工具会计准则（包括基本工具和衍生工具）中取得了阶段性成果，但还存在着尚待解决的问题。本章只是作了简明扼要的介绍，并结合IASC重组后IASB近年来对金融工具会计准则的修订和研究开发，说明所作的修订和进展。

进入世纪之交，金融工具会计已成为国际会计界最热门的课题。[①] 20世纪80年代初，在世界范围内掀起了金融自由化和金融创新的浪潮，金融市场在蓬勃发展的同时，出现了前所未有的非常剧烈的证券价格、利率及汇率波动。为了对筹集资金、规避风险和投机牟利提供多种多样的手段，金融界创新了大量的衍生金融工具。衍生金融工具市场和交易量达到了空前规模，根据国际清算银行发表的统计资料，在1986—1995年的10年间，有组织的交易所衍生金融工具的交易量（按本金计算的期末账面余额），从1986年的6 188亿美元猛增至1995年的91 853亿美元，增幅高达13.84倍。场外的交易量更加惊人，据估计，1995年高达316 355亿美元。

然而，由于衍生金融工具具有的高收益、高风险，以及是未来交易的特点，它既可作为筹集资金和转移风险的有效手段，也提供了投机牟利的机会。衍生金融工具的这种两面性，使人们对从金融投机中获取暴利以及招致严重损失的事例触目惊心。而一系列震惊世界的金融风波和危机的出现，几乎无不与衍生金融工具有关（见【小资料7—1】中的表7—1），1997—1998年的亚洲金融危机迫使国际金融机构和各国政府对是采取金融自由化还是适度管制的政策重新思考，并不得不采取联手应对的行动。

【小资料7—1】

表7—1　　**20世纪90年代全球衍生金融工具交易中的巨额损失事件**

公司名称	发现时间	损失额	交易内容
富士银行	1991.5	430亿日元	股票交易
第一劝业银行	1991.12	30亿日元	外汇交易
昭和壳牌石油	1993.2	1 650亿日元	外汇交易
鹿岛石油	1994.4	1 500亿日元	外汇交易
基得皮波迪银行	1994.4	3.5亿英镑	债券交易
美国宝洁	1994.4	1.6亿美元	利率互换交易
美国基得比价证券	1994.10	2亿美元	抵押证券交易
东京证券	1994.11	320亿日元	债券期货交易
德国金属集团（MG）	1994.11	28亿马克	石油期货交易
美国加州橙郡	1994.12	15亿美元	抵押证券交易
英国巴林银行	1995.2	11亿美元	期货期权交易
中国万国证券	1995.2	10亿元人民币	国债期货交易
大和银行	1995.9	14亿美元	债券交易
住友商社	1996.9	26亿美元	铜期货期权
英国西敏寺银行	1997.3	1.4亿英镑	期权交易

巨额的损失造成严重后果，如基得皮波迪银行被Paine Webber收购；具有百年历史的英国巴林银行破产，被荷兰银行吞并；大和银行纽约分行被美国联邦储备银行勒令停业；中国万国证券被申银证券兼并。

资料来源　根据以下资料整理：①《国际金融信息报》1997年5月12日第2版；②姜建清：《海外金融风潮评析》，192页，上海，上海财经大学出版社，1997；③张梓承：《期权入门》，载《中国期货》，1997（8），34页。转引自姚兴涛：《金融衍生品市场论》，34页，上海，立信会计出版社，1999。

---

① 本章只是对金融工具会计所作的简要介绍。较深入的论述和研讨可参阅常勋：《财务会计四大难题》，3版、4版，第一篇“金融工具会计”（第1～5章），上海，立信会计出版社，2006、2008。

至今，在证券和期货投机中指数的巨亏案件，仍时有所闻。例如，2004 年 12 月曝光的中航油（新加坡）公司因从事石油衍生的期货交易亏损 5.54 亿美元而向新加坡高等法院申请破产保护的案件,[①] 就在国际上和我国引起了很大的震撼。

在以上灾难性的事件中，社会舆论哗然，其矛头也有指向财务会计准则机构所制定的会计准则的。如果仍然保持原来的传统，把衍生金融工具交易中形成的金融资产和金融负债排除在资产负债表之外，把它们可能带来的报酬（收益）和风险（损失）排除在收益表之外，把衍生金融工具交易作为“表外业务”处理，显然不能满足财务报表使用者的信息需求，而且可能使财务报表提供的“表内”信息予使用者以严重的误导。

7.1 关于金融工具会计准则

迫于这种形势，自 20 世纪 80 年代以来，美国财务会计准则委员会（FASB）和国际会计准则委员会（IASC）全面展开了对金融工具和衍生金融工具会计准则的研究和制定工作。世界上有少数国家的准则制定机构也在这方面发布了一些准则（如英国、加拿大、澳大利亚、日本），不少国家的准则制定机构则参与了这方面的国际协作活动。鉴于本章的撰述主要是以这些准则为依据来介绍和评论相关的概念和方法，因此，宜于先列示美国 FASB 和 IASC 制定和发布的有关金融工具会计的主要准则[②]，以便于在后文中引用。

有必要指出,有关金融工具会计准则的制定工作,其主要目标是要解决如何在表内确认和计量衍生金融工具及其交易招致的损益问题,但美国 FASB 和 IASC 都着眼于制定对金融工具整体(包括基本工具和衍生工具)共同适用的确认和计量标准,发布的是金融工具会计准则,而不是针对衍生金融工具的会计准则,以避免对基本工具和衍生工具采用“双重”标准。

7.1.1 美国 FASB 已发布的金融工具会计准则

FASB 率先制定和发布了一系列有关的准则，它们主要是：

FAS 52　《外币折算》（1981.12）

80　《期货合同的会计处理》（1984.8）

105　《有资产负债表外风险的金融工具和有集中信用风险的金融工具的披露》（1990.3）

---

① 其总裁也因违规操作和欺诈投资者等行为被新加坡高院判定有罪。

② 其实，有关基本金融工具的准则，美国早就陆续制定发布了，IASC 也是如此，但并未把它们看成一个独立研究开发的范畴。

107 《披露金融工具的公允价值》(1991.12)

115 《对债务证券和权益证券特定投资的会计处理》(1993.5)

119 《披露衍生金融工具和金融工具的公允价值》(1994.10)

123 《以股份为基础的支付的会计处理》(1995.10 发布,2004.12 修订)

125 《金融资产的转换和利息支付以及负债的偿还的会计处理》(1996.6)

126 《对非公开募股的特定主体的金融工具免除某些披露要求》(对 FAS 107 的修订)(1996.12)

127 《推迟财务会计准则公告第 125 号某些条款的生效日期》(对FAS 125 的修订)(1996.12)

130 《报告全面收益》(1997.6)

133 《衍生工具和套期活动的会计处理》(1998.6)

137 《衍生工具和套期活动的会计处理——推迟 FAS 133 的生效日期》(对FAS 133的修订)(1999.6)

138 《某些衍生工具和某些套期活动的会计处理》(对FAS 133 的修订)(2000.6)

140 《金融资产的转换和利息支付以及负债的消除的会计处理》(2000.10,取代 FAS 125)

149 《对 FAS 133 衍生工具和套期活动会计处理的修订》(2003.4)

150 《同时具有负债和权益特征的某些金融工具的会计处理》(2003.5)

155 《某些金融工具的会计处理——对 FAS 133 和 FAS 140 的修订》(2006.2)

156 《偿付金融资产的会计处理》(2006.3,对 FAS 140 的修订)

157 《公允价值计量》(2006.9)

159 《金融资产和金融负债的公允价值选择权》(包括对 FAS 115 的修订,2007.2)

161 《衍生金融工具和套期活动的披露——对 FAS 133 的修订》(2008.3)

从以上列举的主要准则中,可以约略看到:

(1)所制定的准则,主要是针对金融工具的确认、计量和披露问题。我们知道,在确认和计量准则的制定过程中,确实遇到了难以妥善解决的棘手问题(稍后我们将详细论述),因此,最初发布的准则不得不从规范表外披露的要求入手。

(2)在先后发布的准则中,不乏又及时进行修订的事例,这既有倾听报表编制者的呼声而避免操之过急的实际考虑,也有由于准则制定者本身的认识深化而更新的思路。

(3)从亟待解决的紧迫问题入手,制定比较具体的准则,而后在逐步总结经验、提高认识的基础上,制定较为概括而全面的准则,看来是 FASB 开发金融工具会计准则的特色。而1998 年6 月发布的FAS 133,应该说是带有综合性的阶段性成果，其时间已接近世纪之交了。

7.1.2

IASC 制定金融工具会计准则的过程

IASC 在制定金融工具会计准则中经历的过程，几乎与我们在 7.1.1 中归纳的美国 FASB 经历的过程（(1)、(2) 两点）相同。不过，IASC 一开始就着手为金融工具会计制定一个全面性的综合准则，并将其纳入与 IOSCO 协议的“核心准则计划”(我们已在第 6 章作了介绍)。迄今为止，它只发布了关于“披露和列报”及“确认和计量”两个准则，但从它先后发布的征求意见稿（ED）的修订以及先制定发布“披露和列报”准则的经历，也能看出准则制定者遭遇的困难和力求突破的过程。

IASC 开发金融工具会计准则的努力，始于 1988 年与加拿大特许会计师协会（CICA）关于制定有关金融工具确认、计量和披露的综合性准则的合作项目，并为此成立了“关于金融工具的指导委员会（Steering Committee on Financial Instrument, SCFI)”，由它负责金融工具会计处理问题的研究工作。以下列示迄今为止 IASC 发布的关于金融工具会计准则的主要文件：

IAS 25	投资会计（1986.3，自 1987.1.1 或之后编制的财务报表生效，也于报告期自 2001.1.1 或之后开始的报告年度废止①）
IAS 30	《银行和类似金融机构财务报表中的披露》(1990 发布，1994 重编，2005.8 被 IFRS 7 取代)
ED 40	《金融工具的会计处理》（1991.1）
ED 48	《金融工具》（全面取代 ED 40）（1994.1）
IAS 32	《金融工具：披露和列报》（1995.6 发布，2000 修订，IASB 2003.12 修订，附加“实施指南”，并附有“结论基础”、“示例”，披露部分 2005.8 被 IFRS 7 取代，现为《金融工具：列报》)
综合讨论稿	《金融资产和金融负债的会计处理》（1997.3）（与 CICA 联合发布）
ED 62	《金融工具：确认和计量》（1998.6）
ED 66	对 IAS 39 的修订（2000.6）

① 废止的原因是：1998—2000 年间，随着 IAS 38《无形资产》和 IAS 40《投资性房地产》的陆续发布，其主要内容均被取代。

IAS 39	《金融工具：确认和计量》（暂时性准则）（1998.12 发布，2000 修订，2000.8 至 2001.12 陆续发布“应用指南”，IASB 2003.12 修订，附加“实施指南”，并附有“结论基础”、“示例”，又将“应用指南”编辑后辑入，一起发布，2005.8 修改）
IASC 任主席的金融工具项目国际联合工作组 ED	《准则草案和结论依据——金融工具及类似项目的会计处理》（2000.12）

IASC 全面重组后，由 IASB 承担制定和发布国际会计准则的任务。IASB 开始运作后，即把修订 IAS 39 和 IAS 32 纳入工作规划，并发布了《修订后的金融工具准则》（2003 年 12 月），2004 年 7 月又发布了准备部分取代 IAS 32 的 ED 7，并在 2005 年 8 月正式发布为 IFRS 7。

对 IAS 39 和 IAS 32 的修订	《修订后的金融工具准则》（2003.12，2005.6 修改）
IASB ED 7	《金融工具：披露》（2004.7）
IFRS 2	《以股份为基础的支付》（2004.2）
IFRS 4	《保险合同》（2004.3）
IFRS 7	《金融工具：披露》（包括“结论基础”和“执行指南”）（2005.8，取代 IAS 32 的披露部分和 IAS 30）

本章稍后的阐述和讨论将以 IAS 为主线，因此，有必要进一步加以说明：

（1）IASC 的初衷，是制定一个全面的、综合性的金融工具会计准则，但 ED 40 发布后收到的批评意见，使 IASC 不得不重新考虑，再次发布了全面取代 ED 40 的 ED 48。ED 48 实际上在确认和计量中一时难以解决的问题上采取回避的态度，但在征求意见中仍然遭到广泛的批评。IASC 因此决定把金融工具项目分成几个阶段进行，这是它所以先制定发布 IAS 32《金融工具：披露和列报》的背景。IASC 认为，这是第一阶段工作的结束。

（2）IASC 和 CICA 联合发布的综合讨论稿（Comprehensive Discussion Paper）在公开征求意见中，特别是 IASC 为此在很多国家与各国的和国际的有利益关系的集团举行的一系列专门研讨会中，对于按公允价值计量和确认未实现利得等方面的意见分歧及其实务处理中的困难以及对所导致的会计影响的担心问题，要在讨论稿的基础上于 1998 年年末完成纳入“核心准则计划中的综合性国际准则”，显然是不可能的。IASC 因而决定先在现实可行的基础上制定一份“过渡性的有关确认和计量”的暂时性准则，这是 IAS 39《金融工具：确认和计量》赶在 1998 年 12 月制定的背景，ED 62 则是作为 IAS 39 的基础而发布的。IAS 39 的发布，也标志着 IASC 的第二阶段工作的结束。而 IAS 39 经 IASC 理事会通过发布的日期，已是 1999 年 3 月。其生效日期，则已跨越世纪，它对报告期自 2001 年

1月1日或以后日期开始的财务报表才有效。[①] IAS 39 还取代了 IAS 32 中的部分披露条款。

值得指出的是，IAS 39 和美国的 FAS 133 的见解是十分类似的，这意味着，FAS 133 也只是一份基于现实考虑的过渡性准则。

2000 年 6 月，IASC 又发布了 ED 66，对 IAS 39 作了 5 处修订，涉及：

①交易日或结算日会计的运用；

②出借方对所收担保品的确认；

③减值确认；

④临时性权益投资；

⑤对套期交易的披露。这些都不是对 IAS 39 所设定的原则的实质性改变。[②]

同时，在 2000 年 3 月 IASC 理事会会议上，决定以“问题与解答”的形式发布IAS 39的“应用指南”，并任命成立了一个“应用指导委员会（IGC）”。自 2000 年 8 月至 2001 年 12 月，对 228 个问题陆续发布了一系列的“应用指南”，现已编入《国际会计准则 2002》（长达 292 页，见中译本，925 ~ 1 116 页，含《附录》）。其目的是帮助财务报表编制者、审计人员（CPA 及其助理人员）和财务分析师及其他人员理解 IAS 39，特别是在首次采用时。在《国际财务报告准则 2004》中，“应用指南”经编辑后辑入（见前述）。

（3）IAS 39 发布后，即进入第三阶段的工作。IASC 主导了 1997 年成立的由 13 国准则制定机构代表参加的金融工具国际联合工作组，其代表担任了工作组主席，联合工作组的任务是探索以公允价值计量所有金融资产和金融负债的可行性，并以前述的 IASC 和 CICA 联合发布的讨论稿《金融资产和金融负债的会计处理》为工作基础。2000 年 12 月，联合工作组发布了《准则草案和结论依据——金融工具及类似项目的会计处理》征求意见稿，在全球范围内公开征求意见。

又如前述，2001 年 4 月，IASB 开始运作后，即把对 IAS 39 和 IAS 32 的修订列入日程；2003 年 12 月，发布了对 IAS 39 和 IAS 32 进行修订的《修订后的金融工具准则》；2004 年 7 月，又发布了准备取代 IAS 32 的披露部分的 ED 7《金融工具：披露》，并于 2005 年 8 月发布了 IFRS 7《金融工具：披露》。对 IAS 39 的修订或重新制定工作也一直在与 FASB 合作进行中。

在进入对上述主要准则的评述之前，还得先明确关于金融工具和衍生金融工具的定义及相关的主要概念。

---

① 但允许自 1999 年 3 月 15 日（即 IAS 39 发布日）以后结束的财务年度开始时提前采用。

② 可参阅朱海林、陆德明：《IASC 理事会东京会议综述》，载《会计研究》，2001（1），第 55 ~ 57 页中第 56 页的相应部分。

7.2 金融工具和衍生金融工具的定义

7.2.1 金融工具的定义

迄今为止，关于金融工具还缺乏公认的精确定义。一般地说，金融工具（financial instruments）是指在金融市场上资金的需求者向供应者出具的书面凭证。而经济学者、银行家、会计界乃至政府的有关监管部门对金融工具所下的定义，则由于各自的研究目的和关心的角度不同，各有侧重。例如：

（1）经济学家戈德·史密斯在《金融结构与金融发展》一书中表述为："金融工具是对其他经济单位的债权凭证和所有权凭证。"①

（2）在《银行与金融百科全书》中，把"工具"解释为"任何一种单证"，通过它的签发，"一些权利被交换，或者合同被确定"，书中列举了金融领域运用的单证，如支票、汇票、票据、债券、息票、股权证、交割单、信托书、信托收据等等。②

当然，我们更关注财务会计准则制定机构所下的定义：

（3）美国 FASB 在财务会计准则（FAS）第 105 号《有资产负债表外风险的金融工具和有集中信用风险的金融工具的信息披露》（1990 年 3 月）及第 107 号《金融工具公允价值的披露》（1991 年 12 月）中下了定义；1995 年 3 月，IASC 在 IAS 32《金融工具披露和列报》中下了与 FASB 所下定义实质上类同的定义，修订后 IAS 32（2003）对这个定义进行了修订补充。现引述如下：

金融工具，是指形成一个主体③的金融资产并形成另一个主体的金融负债或权益工具的合同④。

金融资产，是指下列资产：

A. 现金。

B. 另一个企业的权益工具。

C. 合同权利，包括：①从另一个主体收取现金或其他金融资产的合同权利；或者②在对主体潜在有利的条件下，与另一主体交换金融资产或金融负债的合同

① ［美］戈德·史密斯：《金融结构与金融发展》，周朔等译，5 页，上海，上海三联书店、上海人民出版社，1994。

② G. G. Mann，Encyclopedia of Banking and Finance，8th Edition. Bankers Publishing Co.，1983.

③ 修订后 IAS 32 明确指出，"主体"（entity）包括"个人、合伙、公司、信托和政府机构"，因而并不限于"企业"。

④ 以商品为基础的合同，如果签约方有权以现金或某种其他金融工具进行结算（即不是在签约时已确定合同的目的在于购买、销售或使用特定商品，并预期将以交货履约），则该商品合同应视为金融工具进行会计处理。

权利。

（4）将以或可以主体本身权益工具结算的合同，且该合同是[1]：①一项非衍生工具，使主体必须或可能必须获取可变数量的主体本身权益工具；或者②一项衍生工具，该衍生工具将通过或可能通过以固定金额的现金或其他金融资产换取固定数量的主体本身权益工具以外的其他方式结算。其中，主体本身的权益工具不包括在未来获取或交付主体本身权益工具的合同。

金融负债，是指下述负债：

A. 合同义务，包括：①向另一主体交付现金或其他金融资产的合同义务；或者②在对主体潜在不利的条件下，与另一主体交换金融资产或金融负债的合同义务。

B. 将以或可以主体本身权益工具结算的合同，且该合同是：①一项非衍生工具，使主体必须或可能必须交付可变数量的主体本身权益工具；或者②一项衍生工具，该衍生工具将通过或可能通过以固定金额的现金或其他金融资产换取固定数量的主体本身权益工具以外的其他方式结算。其中，主体本身的权益工具不包括在未来获取或交付主体本身权益工具的合同。

权益工具，是指证明在扣除所有负债后的主体资产中拥有剩余权益的合同。

结合以上引述的定义，可以进一步阐明：

（1）形成收取或支付现金或另一金融资产的合同权利或义务，是金融工具最基本的特征，也是金融资产区别于诸如存货、不动产、厂场和设备等有形资产，以及专利权、商标权等无形资产的标志。因为对后者的控制只能创造形成现金或其他资产流入的机会，但并不形成收取现金或其他金融资产的现时权利；像预付费用这样的资产，其产生的未来经济利益是收取商品或劳务而不是收取现金或另一金融资产，因而也不是金融资产。类似地，递延收入和售后保证服务不是金融负债，因为与之相联系的经济利益的可能流出是货物和劳务的交付，而不是现金或另一金融资产的交付，虽然大多数负债项目符合金融负债的定义。

以上的界定为把资产和负债区分为“金融”和“非金融”两类提供了概念基础。

（2）区分金融和非金融资产和负债与区分货币性和非货币性资产和负债的概念似有相同之处，但实际并非如此。IAS 32 明确提出了“货币性金融资产和金融负债”（“货币性金融工具”）这一概念，它们是指“将按固定或可确定的金额收取或支付的金融资产和金融负债”。它们只是金融资产和金融负债中的特定类别，其特征是所收取或支付的金额的可确定性，以区别于所收取或支付金额具有不确定性的金融资产和金融负债。由此可见，不能把金融和非金融资产和负债的分类概念混同于货币性和非货币性资产和负债的分类概念。

---

① 修订后 IAS 32 对金融工具定义所作的修订，主要是：对金融资产的定义增加了第（4）款，对金融负债的定义增加了第（2）款。

（3）一项金融工具对于发行方来说，如果不形成交付现金或另一金融资产，或在潜在不利的条件下交换另一金融工具的义务，该金融工具是权益工具，这就是我们所熟知的权益证券（股票），包括普通股和各类优先股。

然而，对于可收回优先股而言，通常规定了由发行者在固定的或可确定的未来日期以固定的或可确定的金额强制收回的条件，或者赋予持有者要求发行者在特定日期或特定日期之后，以固定的或可确定的金额收回的权利，这样的“权益工具”却符合金融负债的定义。IAS 32 主张，它应该归入金融负债而不是归入股东权益。①

（4）修订后定义中补充的金融资产定义的第（4）款和金融负债定义的第（2）款读来有些费解，现举实例稍加诠释。

例如，获取或交付与 100 盎司黄金等值的主体本身权益工具（股票或认股期权等其他权益工具）的合同，即属于定义中“以本身权益工具结算的合同”中的“必须获取或交付可变数量的主体本身权益工具”的“非衍生工具”；如果是衍生工具，如认股期权（按固定价格认股的远期选择权），但持权人不以“到期执行期权、认购股票”的方式进行结算，而是选择（或可能选择）了在期权市场上出售此项期权获取现金的结算方式，即属于“以固定金额的现金（或其他金融资产）换取‘固定数量的主体本身权益工具以外’的其他方式结算”的衍生工具。至于前文中所说的“固定数量的主体本身权益工具”并不包括“在未来获取或交付主体本身权益工具的合同”，那是因为，根据 IAS 32 中的见解，这种合同在性质上不是权益工具而是金融负债。

（5）IAS 32 还指出了发行者发行的既含负债又含权益成分的复合金融工具。例如，同时赋予债券的购买者在特定时期内转换成普通股的期权的合同，是由两部分组成的：金融负债（要求购买者支付现金从而承担了发行债券的义务）和权益工具（同时赋予债券购买者可以在特定时期内将债券转换为普通股的认股权）。合同的主体是对购买者发行债券，赋予债券购买者的远期认股权就可视为“嵌入（embedded）”主合同的嵌入衍生工具（embedded derivatives）。在发行者的资产负债表内，应分别列报这一复合金融工具的负债和权益成分，使发行者的财务状况得到更真实的反映。

复合金融工具还可能包含既非发行者的金融负债也非权益工具的成分。例如，合同中规定赋予持有者在结算时收取诸如商品的非金融资产的权利又以该权利换取发行者股票的期权。发行者应将权益工具（交换的期权）与复合工具中的负债成分分别确认和列报，而不论负债是金融负债还是非金融负债。

① 美国证券交易会早在 20 世纪 70 年代就认为，可收回优先股这类“股权”已完全不同于体现对企业的“永久性”权益，而要求必须披露可收回优先股的收回条件以及反映未来 5 年内优先股收回的时间和金额一览表。FASB 因此在 FAS 12《特定有价证券的会计处理》（1975 年 12 月）中要求把可收回优先股排除在“股东权益”之外，但未明确指出它应该归入负债。此外，在 FAS 8《外币交易和外币报表折算的会计处理》（1975 年 10 月）中则要求可收回优先股应按现行汇率而不是按适用于股东权益项目的历史汇率折算。

7.2.2 基本金融工具

基本金融工具（primary financial instruments）即传统的金融工具，一般地说，是在金融资产和金融负债中我们熟知的项目，诸如应收款和应付款（按现行资产负债表结构分别属于流动资产和流动负债）、债务证券（就发行者而言即应付债券，就持有者而言属于短期或长期投资）、权益证券（普通股和各类优先股，按现行资产负债表结构都归入股东权益），它们早已是资产负债表的表内项目，符合财务会计概念框架给出的财务报表要素的定义、确认标准和计量基础，一般在交易时日进行确认并按历史成本计量。这已经形成一种普遍认同的传统。而在学习和研究金融工具会计准则时，我们不应忽视它们对基本金融工具传统的会计处理方法的影响。前面提到的有关可收回证券和可转换证券[①]的定性（实质上是权益工具还是金融负债），就是一个有影响的问题。不言而喻，关于以公允价值计量金融工具的设想，对基本金融工具以历史成本为计量基础的传统惯例，会带来重大的影响，以至在制定 IAS 39 和 FAS 113 时，IASC 和美国 FASB 不能不考虑这个现实问题；在以后的一再修订中，至今也未能不顾及这个现实问题。

7.2.3 衍生金融工具的定义

顾名思义，衍生金融工具（derivative financial instruments）是从基本（传统）金融工具中派生出来的创新的金融工具，也称为金融衍生工具（financial derivative instruments）。以下略举几个有代表性的定义，以便互相参证。

1）经济合作与发展组织（OECD）对衍生金融工具的定义是：“一般地说，金融衍生交易是一份双边合同或支付交换协议，它们的价值是从基础资产或某种作为基础的利率或指数中衍生出来的。现今，衍生交易所依赖的基础包括利率、汇率、商品价格、股票价格及其他指数；‘衍生工具’一词被用来包括上述衍生工具，或包含了有选择权的债务工具以及其他拆开工具，如拆开本金与利息而生成的债务工具。”[②]

2）国际互换和衍生品协会（International Swaps and Derivatives Association, ISDA）在 1994 年 8 月的一份报告中对衍生金融产品（即衍生金融工具——本书著者注）的描述如下：“衍生产品是有关互换现金流量和旨在为交易者转移风险的双

---

① 实际上，可收回证券和可转换证券的出现是传统金融工具的创新。衍生金融工具的生成和发展，则标志着金融工具的创新进入了一个崭新的阶段。

② Claude Brown, “How to Recognize a Derivative”, International Financial Law Review, May 1995, pp. 28 ~29. 转引自徐明棋：《美国金融衍生品市场近期的发展与监管趋势》，载《世界经济政治》，1997（1），51 页。

边合同。合同到期时，交易者所欠对方的金额由基础商品（或译标的商品——本书著者注）、证券或指数的价格来决定。互换交易（swap transactions）、远期交易（forward transactions）、利率上限（interest rate caps）和利率下限（interest rate floors）是由双方协议成立的，期货（futures）和认股权证（warrants）则是在交易所交易的标准衍生工具。”①

3）在美国 FAS 133《衍生工具和套期活动的会计处理》（1998 年 6 月）中，把衍生金融工具界定为同时具有如下 3 个特征的金融工具或其他合同。

（1）衍生工具存在着：① 一个或多个标的物；② 一个或多个名义金额或数量（nominal amount）② 或支付条款，或者兼而有之，支付条款决定了结算金额（无论是否要求结算）。

（2）不要求任何初始净投资，或者，所要求的初始净投资额，远少于可望对市场因素变化作出类似反应的其他类型合同所要求的初始净投资额。

（3）合同条款要求或允许净额结算，或易于通过合同以外的方式进行净额结算，或者，进行的资产交付将导致并不严重偏离净额结算的情况。

4）IAS 39《金融工具：确认和计量》在 2003 年修订前后对衍生金融工具所下的定义并无实质性的差别，兹列示修订后 IAS 39 中的定义如下。

衍生工具，是指具有以下特征的金融工具：

（1）其价值随特定利率、金融工具价格、商品价格、汇率、价格指数或利率指数、信用等级或信用指数或其他变量（如果该变量是非金融变量，则该变量不应是某一方特有的）（有时称为“基础变量”）的变动而变动。

（2）不要求初始净投资，或者，与对市场条件变化具有类似反应的其他类型合同相比，只要求很少的净投资。

（3）在未来某一日期结算。

FAS 133 和 IAS 39 中的两个定义基本上也是类同的。只是 FAS 133 突出了净额结算，而 IAS 39 只是提出在未来某一日期（不一定是到期日）结算，当然结算也包括净额结算。

综合以上的定义，我们可以归纳出衍生金融工具具备的下列特征，并稍加诠释：

（1）衍生金融工具在形式上都是远期经济合同。

（2）衍生金融工具的价值随其标的的变动而变动，标的是衍生工具价值的基础，即基础变量，常用作标的的有特定的利率、金融工具（如证券）价格、商品价格、汇率，以及价格指数或利率指数、信用等级或信用指数等等。

（3）衍生金融工具（特定的远期合同）的名义金额通常就是合同的结算价格。

---

① ［英］彼得·列文等：《影响美国金融衍生产品因素的近期发展》，载 International Financial Law Review，1994（11），10 页。转引自姚兴涛：《金融衍生品市场论》，17 页，上海，立信会计出版社，1999。

② 名义金额是指以货币单位表示的“数量”，名义数量也可以其他数量单位表示，如股票的份数、商品的重量、利率单位等等。

例如，期汇合同的结算价格，即外币金额乘以签约时锁定的期汇汇率。

（4）签约的目的，可以是为交易者转移风险，即套期避险，但利用合同期间标的变动的不确定性，同样也可以伺机投机牟利。

（5）签约时不要求净投资，如上述的期汇合同；或只要求很少的净投资，如后述的期权合同在签约时需交纳的期权费。

（6）衍生金融工具的持有者往往可以自由选择在未来某一日期结算，而且可以采用净额结算的方式，也就是按衍生工具的价值变动额（一般体现了获取的利得或遭受的损失）进行结算。应该指出，净额结算大大地方便了投机活动。

7.2.4 衍生金融工具的新定义

在2006年以前的长期应用过程中，国际会计界对公允价值一直采用一种笼统而且宽泛的界定方法。以上已介绍了IAS 32《金融工具：披露与列报》中对公允价值的定义。2006年9月，美国FASB发布FAS 157。FAS 157定义了公允价值，建立了在公认会计准则下计量公允价值的框架，并且扩大了公允价值计量的相关披露。在FAS 157之前，关于公允价值的定义各有不同，但如何应用这些定义的指引却很有限，导致了在应用公认会计原则时不一致性的情况。

FAS 157中的公允价值定义依然为交换价值（和之前的公允价值定义一致）。交换价值是在市场参与者之间出售资产或转移负债的交易中所形成价格。相关的交易是一种假设性的交易，是从拥有资产和存在负债的市场参与者的角度而言的。相关的价值是指愿意出售资产所获得的价格，或转移负债所付出的价格；而不是愿意购入资产所付出的价格，或承担负债所对应的价格，即脱手价格。

FAS 157认为公允价值是一个基于市场的计量，而不是针对公司特性的计量。因此，公允价值计量应该是基于“市场参与者愿意对资产或负债进行标价”这一假设。

关于市场参与者对公允价值计量的假设，FAS 157建立了公允价值的层级，即：（1）市场参与者基于独立于报告主体的市场数据进行的假设；（2）报告主体对市场参与者基于最佳信息来源进行的假设。第二种情况主要是考虑：如若在计量日，所交易的资产或负债的相关市场活动很少，在这种情况下，报告主体可以不必穷其所有以获得市场参与者的假设。

FAS 157说明了市场参与者的假设应该包含风险因素。倘若市场参与者包含了对相关资产、负债标价的风险调整，公允价值计量也应该包含此调整。

FAS 157说明了市场参与者的假设应该包含关于出售资产或使用资产所受到的限制的影响。若市场参与者在标价资产时考虑了所受限制的影响，则公允价值计量也应考虑此限制。

FAS 157说明了对负债的公允价值计量应该反映此项负债无法履约的风险。若某项负债以公允价值计量，则报告主体应该考虑信用风险所导致的影响。

7.2.5

衍生金融工具的种类

当前，国际金融市场上已知的衍生金融工具已有成千上万种。尽管品目繁多，创新不断，但它的基本形式不外乎以下几类。

1）远期合同

远期合同（forward contract）是衍生金融工具的最基本的类别，合同到期时，无论对主动签约方有利还是不利，主动签约方均须履约。它大都用于为特定的目标避险，我们以在进出口贸易中为规避外币交易的汇率变动风险而签订的期汇合同为例，来说明远期合同的特征。

设美国出口商在外币交易中形成了60天期的应收英镑账款£100 000，为规避这一期间汇率变动的风险，它可以与外汇经纪银行签订一项按60天期远期汇率US＄1.6336/£1锁定的将英镑兑换为美元的远期合同，即形成隔60天"应收US＄163 360"的合同权利（一项金融资产）和"应付£100 000"的合同义务（一项金融负债）[①]，而无需任何净投资。这笔特定金额的外汇（所形成的应收美元和应付英镑的合同金额），则是期汇合同的标的物。

到结算日（距交易日60天，即期汇合同到期日），美国出口商从英国进口商那里收到£100 000,即可用以履行期汇合同，对所支付的£100 000，按早已锁定的期汇汇率兑换为US＄163 360（该期汇合同的名义价值）。当然，汇率的实际变动往往与60天前锁定的期汇汇率不同。

假设合同结算日的即期汇率为US＄1.6336/£1，则在这一套期活动中可获利US＄1 540（US＄163 360-US＄161 820），对美国出口商有利；但如果假设合同到期日的即期汇率为US＄1.6469/£1（而不是US＄1.6336/£1），则在这一套期活动中将损失US＄1 330（US＄163 360-US＄164 690），对美国出口商不利。根据合同条款，无论在有利还是不利的情况下，美国出口商均须履约。

这里，也值得指出，"避险"的含义，只是通过套期活动，变不确定因素（汇率的实际变动）为已确定因素（在交易日就按远期汇率锁定）而已。

2）期货合同

期货合同（futures contract）不过是标准化的远期合同。如果把远期合同的特征归结为：

（1）远期合同具有特定性，难以转让和流通。

（2）绝大部分都在到期日进行实际交割，一般都是通过柜台交易。

① 在外汇经纪银行为隔60天"应付US＄163 360"的合同义务（一项金融负债）和"应收£100 000"的合同权利（一项金融资产）。

（3）交易的标的物正是实际交割的金融工具、商品或其他交易对象。

那么，期货合同的特征可归结为：

（1）经过改造，期货合同具有不同的面额和区分为不同的期限，各项细则均按固定的标准制定，极易转让，具有高度的流通性。

（2）这样，经营期货合同就需要一套完整的交易、结算体系，通过期货交易所和结算所，购者、售者可以不受限制，竞价买卖期货合同，只有极少数合同才会到期实际交割，绝大部分在到期前就转手平仓，通过预先交纳的保证金结算，也就是进行净额结算。而预先交纳的保证金，在性质上属于应收款，虽然，在投资人看来，这是他投资的“初始支出”。

（3）显然，这就非常方便进行投机牟利，这才是签订期货合同的主要目的，从而，交易的标的物也就是期货合同本身。

由此可见，期货合同和远期合同同出一源，它们都具有“在到期日主动签约方必须履约”的共同特征。

3）期权合同

期权合同（option contract）与远期合同和期货合同的不同之处在于：在合同期满或期满前，主动签约方有选择权，有利时执行，不利时不执行。

因此，期权合同是一种选择权合同，其持权人（主动签约方，即买方）享有在合同期满（欧式期权）或期满之前（美式期权）按约定价格购买或销售一定数额的某种金融资产的权利。如果行情有利，他有权选择买进或卖出该种金融资产；如果行情不利，他可以放弃行使买进或卖出的权利。而期权合同的卖方（即立权方）则有义务在买方要求执行时出售或购入该种金融资产。

由此可见，期权合同只是一项债权性证券，要求卖方向买方转让或从买方受让的金融资产，才是交易的标的物。在签约时，买方（主动签约方）应向卖方（立权方）交纳一笔期权费，这是买方的初始净投资，而买方承担的风险，也就以承担这笔期权费为限，即以期权费为代价取得的可执行也可不执行的选择权；而卖方则需承担对它不利的情况下买方要求执行的全部损失，所以交易双方的风险与报酬是不对等的。

4）互换交易合同（掉期交易合同）——远期合同的组合

常见的衍生金融工具交易中，还有一类称作互换交易或掉期交易（swap transactions）的，即交易双方关于以特定方式交换未来一系列现金流量的协议。互换（调期）交易实际上是两份远期合同的调换。例如，以固定利率债券调换浮动利率债券的合同，交易双方实际上是在同样期限的债券之间，交换未来的一系列按固定利率计算的利息和按浮动利率计算的利息和到期时的本金的现金流量；又如两种不同货币的债券的互换合同，交易双方实际上是在同样期限的债券之间交换未来的一系列以不同货币计量的利息和到期时本金的现金流量。

我们无意于对衍生金融工具的品种作更详细的论述，只是期望通过以上的简要的介绍，便于以后对会计处理的论述。

7.3 突破在表内确认衍生金融工具交易的难关

7.3.1 为什么衍生金融工具交易长期作为表外业务处理

20 世纪 50—70 年代，衍生金融工具长期作为表外业务处理，其最主要的原因是衍生工具交易中签订的远期合同所形成的签约双方的权利和义务，不能确认为一方的资产项目和另一方的负债项目，因为它们不符合资产和负债的定义，而“可定义性”（符合财务报表某一要素的定义）是确认项目必须符合的四条基本标准之一[①]。FASB 的《财务会计概念公告》（SFAC）第 6 号《财务报表的要素》（1985 年 12 月）中还把这条标准突出为：“财务报表各个要素的定义是各个项目要通过的重要的第一道过滤器（a significant first screen）。”衍生金融工具之所以不能在资产负债表内确认，其原因正在于此。

根据 IASC 关于《编报财务报表的框架》中对“资产”、“负债”所下的定义（参见本书第 6 章），资产所表现的 3 个基本特征是：

（1）是“由企业控制的”资源；

（2）企业所以能控制这些资源，是“由于过去事项的”结果；

（3）这些资源“预期将为企业创造未来经济利益”。

相应地，负债所表现的 3 个基本特征是：

（1）是“企业承担的现时义务”；

（2）这项现时义务，是“由于过去事项而发生”的；

（3）这项义务的履行将导致“含有经济利益的企业资源的流出”。

衍生金融工具所体现的签约双方一方的权利和另一方的义务之所以不符合资产和负债的定义，要害就在第（2）条，它们不是“由于过去事项”（FAS 3 的定义中的用语是“过去的交易和事项”）形成的。

7.3.2 衍生金融工具在表内和不在表内确认的会计处理的对比

应该说，不在表内确认的观点是相当牢固的，以至像早在 20 世纪 50 年代就普遍运用于套期避险的期汇合同，直到 80 年代初还不能在表内确认，甚至为了要在

① FASB 财务会计概念公告（SFAC）第 5 号《企业财务报表中的确认和计量》（1984 年 12 月）中提出的四条基本标准是：ⅰ可定义性；ⅱ可计量性；ⅲ相关性；ⅳ可靠性。

表内反映套期避险的效应（即在表内一方面确认应递延摊销的升水或贴水损益，分别计入合同期限内的每期损益；另一方面在每期反映汇率实际变动所导致的期汇合同和外币交易上的汇兑损益的逆向互抵效应），由于坚持不能确认期汇合同，因而在会计分录中只能以“暂记账项”来与升水或贴水损益及汇兑损益相对应。

【例题 1】应用我们为解释远期合同所举的例题。美国出口商在 200×年 5 月 31 日的外币交易中形成了 60 天期的应收英镑账款£100 000，为了避险，它与外汇经纪银行签订了一项按 60 天期远期汇率 US＄1.6336/£1 锁定的以英镑兑换为美元的远期合同，设当日的即期汇率为 US＄1.6311/£1，则这项期汇合同的升水利得为 US＄250。假设会计年度结束于 6 月 30 日，又设该日的即期汇率为 US＄1.6409/£1，结算日（7 月 30 日）的即期汇率为US＄1.6469/£1。

在资产负债表内确认期汇合同和不确认期汇合同的两种情况下的会计处理①，可列表对照见表 7—2。

表 7—2　　对外币交易套期避险的期汇合同的会计处理

日　期	序号	确认期汇合同			不确认期汇合同		
5 月 31 日	1	应收英镑账款			应收英镑账款		
		（£100 000）	US＄163 110		（£100 000）	US＄163 110	
		出口销售		US＄163 110	出口销售		US＄163 110
		应收美元期汇合同	US＄163 360				
		应付英镑期汇合同					
		（£100 000）		US＄163 110			
		递延升水损益（利得）		US＄250			
6 月 30 日	2	应收英镑账款（£ ）	US＄980		应收英镑账款（£ ）	US＄980	
		汇兑损益（利得）		US＄980	汇兑损益（利得）		US＄980
		汇兑损益（损失）	US＄980		汇兑损益（损失）	US＄980	
		应付英镑期汇合同（£ ）		US＄980	暂记账项		US＄980
		递延升水损益（利得）	US＄125		暂记账项	US＄125	
		升水损益（利得）		US＄125	升水损益（利得）		US＄125
7 月 31 日	3	银行英镑存款			银行美元存款	US＄163 360	
		（£100 000）	US＄164 690		汇兑损益	US＄600	
		应收英镑账款			暂记账项	US＄730	
		（£100 000）		US＄164 090	应收英镑账款		
		汇兑损益		US＄600	（£100 000）		US＄164 090
		应付英镑期汇合同			汇兑损益		US＄600
		（£100 000）	US＄164 090				
		汇兑损益	US＄600				
		银行英镑存款					
		（£100 000）		US＄164 690			
		银行美元存款	US＄163 360				
		应收美元期汇合同		US＄163 360			
		递延升水损益	US＄125		暂记账项	US＄125	
		升水损益		US＄125	升水损益		US＄125

① 如读者希望了解对两种会计处理程序的详细说明，可参阅常勋：《财务会计四大难题》，4 版或 3 版，164～165页或 158～159 页，上海，立信会计出版社，2008、2006。

显然，通过“暂记账项”账户来回避确认期汇合同，其会计记录是难以理解的。

7.4 突破第一关：衍生金融工具代表的权利、义务符合资产、负债定义

正因为如此，一种强烈的意向是：要在表内确认衍生金融工具，就必须修订资产、负债的定义，说明白一些，就是要修订资产、负债必须由于过去事项而形成的特征，但修订财务报表要素的定义又必须谨慎从事。

7.4.1 美国 FASB 的见解

经过较长时间的探索后，美国 FASB 在 1998 年 6 月发布的 FAS 133《衍生工具和套期活动的会计处理》中提出了衍生金融工具代表的权利、义务符合资产、负债的定义的主张。FASB 在 SFAC 3《企业财务报表的要素》中对资产的定义是：“资产是特定主体由于过去的交易或事项而获得或控制的可预期的未来经济利益（future economic benefits）。”对负债的定义是：“负债是特定主体由于过去的交易或事项而在现在承担的将在未来向其他主体交付资产或提供劳务的义务。这种义务引起了可预期的经济利益的未来牺牲（future sacrifices of economic benefits）。”针对这两项定义，FASB 在 FAS 133 中主张，衍生金融工具代表了符合资产或负债定义的权利（rights）或义务（obligations），因此应该在财务报表中予以确认。它认为，作为衍生金融工具，其结算不外乎两种结果，有利或者不利。不论其结果是有利或不利，都必须进行结算。这样，在权利一方，衍生金融工具的结算将导致现金或现金等价物的流入，或者收到金融资产或非金融资产，因此，在签约时就能获得或控制“可预期的未来经济利益”。而在义务一方，在签约时就承担了在结算时需要支付现金、交付金融资产或非金融资产的义务，即承担了“可预期的经济利益的未来牺牲”。它们符合资产、负债的最基本的特征。至于它们为什么没能在财务报表内确认为资产、负债，那是因为它们不符合一些确认标准。看来，FASB 的主张是，在资产、负债的 3 个基本特征中，突出“获取和牺牲未来经济利益”这一条，即 3 个基本特征不是同等重要的，因此它避而不提其他 2 个特征，实质上是避而不提“由于过去的交易和事项而形成”的这一特征。这当然遭到主张“并重论”的

学者和实务界人士的非议。①

7.4.2 IASC的见解

应该说，IASC在这方面的突破，有不同于FASB之处，除了表示类同于上述的主张外，更从诠释（而不是修订）负债的定义入手，明确地把“合同”列为导致法定义务的事项，以满足由于过去事项所形成的这一特征。IASC对负债定义的进一步诠释，并不是针对在表内确认衍生金融工具的问题，而是为了界定“准备”（provision，在表内确认）与或有负债和或有资产（contingent liability and contingent asset，不在表内确认），而在IAS 37《准备，或有负债和或有资产》中提出的，引述如下：

负债，是指企业因过去事项而承担的现时义务，这项义务的履行预期会导致含有经济利益的资源流出企业。

义务事项，是指形成法定义务或推定义务的事项，这些法定义务或推定义务使企业别无现实的选择，只能履行该义务。

法定义务，是指因以下任何一项而产生的义务：

（1）合同（通过其明确的或隐含的条款）；

（2）法规；

（3）法律及其他司法解释。

推定义务，是指因企业的行为而产生的义务，其中：

（1）由于以往实务中的习惯做法、公开的政策或相当明确的当前声明，企业已向其他各方表明它将承担特定的义务；

（2）结果，企业使其他各方形成了对企业将履行该义务的合理预期。

根据以上的主张和诠释：

（1）把形成法定义务或推定义务的事项明确为负债定义中的“过去事项”。

IASC在对负债定义的诠释中关于“别无现实的选择，只能履行该义务”的限定与FASB关于无论“有利或者不利”都会“牺牲未来经济利益”（就负债而言）的论断，是一致的。其前提都是要“履约”（不能不履约），或者说，这一诠释更突出了履行负债的“确定性”。

（2）一般地说，关于衍生金融工具代表的权利与义务是否符合资产和负债定义的讨论，已告一段落。在认同了IASC和FASB的见解后，问题就转向突破会计确认这一关了。

① 我国的会计学者同样有这样的看法。可参阅葛家澍：《关于财务会计几个基本概念的思考——兼论商誉与衍生金融工具的确认与计量》，载《财会通讯》，2000（1），5～8页。

7.5 突破第二关：因衍生金融工具问题对会计确认的再认识

7.5.1 确认是一个过程，这意味着有些项目的确认并非一次就能完成

在 SFAC 5《企业财务报表中的确认和计量》（1984 年 12 月）中就指出："确认是将一项目作为一项资产、负债、收入、费用等正式记录并列入财务报表的过程。"还指出："就资产或负债而言，确认不仅要记录该项目的取得或发生，还要记录它后来的变动，包括应从财务报表中消除其后果的变动。"

看来，在金融工具会计准则的开发过程中，正是抓住了这种"过程观"，把金融工具，特别是衍生工具突出为并非一次就完成确认的不少资产、负债项目之一。这些项目在"记录并列入财务报表的过程"中，可能要通过：

（1）初始确认（initial recognition）。

（2）后续确认（subsequent recognition）。

（3）终止确认（derecognition）。

以下简要地加以说明：

（1）初始确认是对任何项目的首次确认。一般地说，是在特定交易或事项已经发生，这一项目符合确认标准之时。很多项目的确认一次就完成了，但金融工具代表的是签约双方的即期或远期的权利和义务，特别是衍生工具代表的总是签订远期合同的双方的权利和义务，从签约到履约有一个过程，所以确认不是一次就完成的，因而有后续确认和终止确认问题。

关于金融工具的初始确认问题，稍后我们将专门论述。

（2）后续确认与后续计量相关，是指一个项目的价值在初始确认之后发生变动，例如金融工具的公允价值的变动。① 可以说，后续确认决定于后续计量的需要。

（3）终止确认是针对合同权利和义务的终止而言的。就金融工具来说，在修订前的 IAS 39《金融工具：确认和计量》中指出的终止确认的条件是：

①金融资产的终止确认

"只有当对构成金融资产或金融资产的一部分的合同权利失去控制时，企业才应终止确认该项金融资产或该部分金融资产。"

---

① 当然，其他的资产、负债项目也会因价值变动问题而需要在财务报表中列报之前进行后续计量。比如，存货的初始确认是在购入和取得之时，其计量基础是交换价格即记录的历史成本，但在资产负债表中确认期末存货价值时就要按成本与市价孰低原则进行后续计量，确认跌价准备。应收款和不动产、厂场设备也是如此。

可见，是否失去控制是判断应否终止确认的条件。IAS 39 又指出：

“如果企业行使了合同中规定的获利权，或者这些权利已经逾期，或者企业放弃了这些权利，则表明企业对这些权利失去了控制。”

但控制权的存在与否，与风险报酬是否转移是相关的，IAS 39 实际上同时运用了“控制”与“风险和报酬”这两个概念，修订后 IAS 39（2003）更明确指出，在实务中，对于所有权终止这类交易，对所有权上的风险和报酬的转移的评价要比对控制转移的评价更为重要。

在资产转让中，要“判断企业是否已对金融资产失去控制，既要看该企业（出让方）的情况，也要看受让方的情况。如果任何一方的情况表明出让方对已转让资产仍然保留控制，则出让方不应将该项资产从其资产负债表上转销”。比如，出让方有权回购已转让资产，这实际上是向受让方融资，而将转让资产作为全额抵押。因而不能终止确认这项金融资产，而只能按抵押品进行会计处理。

②金融负债的终止确认

“只有当金融负债（或金融负债的一部分）废止时（亦即，当合同中规定的义务解除、取消或逾期时），企业才能将该项金融负债（或该项金融负债的一部分）从资产负债表中转销。”

引文中的“解除”，包括债务人通过偿付解除了债务，或者通过法定程序或与债权人协商在法律上解除了对该项债务（或其一部分）的主要责任。

按上述标准判定终止确认是一个十分复杂的问题。对此，在修订后的 IAS 39 中作了比较详细的规定，这里就不再作更深入的论述。

7.5.2 初始确认时点的选择

既然确认是一个过程，这并不排除可以为初始确认选择时点。如果确认是一次完成的（如在惯常交易中），那么当然是在交易已经发生之时；如果确认不是一次完成的，那就不一定都在交易或事项已经发生之时。对远期经济合同（无论商品合同还是金融工具合同），都有一个可以选择初始确认时点的问题，即是否可以选择在签约日或选择在履约日。长期以来，会计上不确认待履行或履行中的合同，其依据正是待履行或履行中的合同不符合资产、负债的定义。既然第一关已经突破，那么是否应该普遍地把签订合同视为已发生的“义务事项”（导致法定义务的事项），而都在签约日进行初始确认呢？如果这样，那么对于像签订订购商品的合同也要改变现行的准则和惯例，而在签约日进行初始确认并在履约日终止确认了。这从成本与效益的观点看并不能提供对决策有多大效用的信息，在实务中是难以被认同的。究竟哪类合同宜于采用在签约日进行初始确认而在履约日终止确认？哪类合同可以不在签约日进行初始确认并在履约日终止确认，而只在履约日确认合同标的物的交易（如上述订购合同中特定商品的销售）呢？关于可以选择初始确认时点的新观念，其目的正是为了解决这个问题。因为如果不在签约日而在履约日进行“初始”确认，同时也就终止确认，那就意味着这类合同可以不在会计中确认了。

就金融工具会计而言，必须明确地区别金融工具（合同）本身和合同的标的物。签约日就是金融工具的交易日，履约日就是金融工具的结算日，一般也就是合同标的物的交易日（如果签约的目的是为了标的物交易的话），[①]把初始确认的时点定在“交易日”（指金融工具的交易日，即签约日）还是“结算日”（指金融工具的结算日，即履约日），我们将结合金融工具的计量问题在稍后论述。

7.5.3 金融工具的确认标准

会计确认的关键，还在于必须符合确认的标准。

在第6章中我们已指出，在IASC《编报财务报表的框架》（1989年7月）中关于确认的一般标准是，如果符合以下两项标准，就应确认一项符合要素定义的项目：

（1）与该项目有关的未来经济利益将会流入或流出企业；

（2）对该项目的成本或价值能可靠地加以计量。

简言之，一要考虑“未来经济利益流入或流出的可能性”，二要考虑“计量的可靠性”。第二个问题将在论述金融工具的计量时一并讨论，第一个问题则是我们在这里讨论的重点。

1）IASC对ED 48的见解——仍可能把一些衍生工具排除在会计确认之外

（1）初始确认的两项标准：

①与资产或负债相关的所有风险和报酬，实质上已全部转移给本企业；

②企业所获得资产的成本或公允价值，或者预估的负债金额，能可靠地加以计量。

据此，上述标准在实务中运用时，就要作出判断。例如，用于套期避险的远期合同，可以认为相关风险和报酬实质上已全部转移，其成本或公允价值也能可靠地计量，因此符合初始确认的两项标准。对另一些衍生金融工具来说，例如期权合同，尽管其公允价值能可靠地计量或采用适当的替代计量（如期权计价模型），但在它们的交易日（即签约日）很难判断其相关的风险和报酬实质上已经转移，因此，这些衍生工具仍可能被排除在会计确认之外。

（2）终止确认的两项标准：

①与资产或负债相关的所有风险和报酬，实质上已转移给其他企业，且其所含风险和报酬的公允价值能可靠地加以计量；

---

① 对以实际交货为目的而签订的远期商品交易合同，其签约日也是合同的交易日，履约日也是合同标的物即特定商品的交易日。

②（合同中约定的）其他义务或权利已得到履行、解除、注销或逾期作废。

以上的确认标准，突出了风险和报酬实质上已被全部转移的观点。这个观点事实上在IAS 39中已被淡化。其原因是：SCFI（如前述，这是IASC和CICA合作建立的“关于金融工具的指导委员会”的缩写）的综合讨论稿（comprehensive discussion paper）表示了不同意见。它认为，只要企业成为远期金融合同的履约方，就应该确认一项金融资产或金融负债，而不再从风险和报酬实质上已否全部转移的视角去进行判断。IAS 39提出的确认金融资产和金融负债的标准，正是吸取SCFI综合讨论稿的意见。

至于IAS 39中的终止确认的标准，我们已在7.5.1中加以引述，它分别阐明了金融资产和金融负债的终止确认标准，对金融资产，以“是否失去控制”为判断条件。这比ED 48中的表述清晰得多，实质上也是与关于风险与报酬是否转移的观点相关的。

2）IAS 39对初始确认标准的创新见解——所有衍生工具都在资产负债表内确认

IAS 39在第27段中提出：

“当企业，也只有当企业成为金融工具合同条款的一方时，它应该在其资产负债表内确认金融资产或金融负债。”

接着，还在第28段明确指出：

“根据第27段的规定，企业应将衍生工具中的所有合同权利或义务在其资产负债表中确认为资产或负债。”

这说明，IASC已经为所有衍生金融工具进入资产负债表（而不是留在表外）敞开大门，而不是像ED 48那样，可能把诸如期权合同等拒之门外。

接着，在第29段又以举例的方式说明根据上述确认标准应予确认和不予确认的合同。现根据我们的理解，作必要的诠释如下。

应予确认的三个举例是①：

（1）“不附条件的应收款项和应付款项”（大家熟知的基本金融工具），“应在企业成为合同的一方，从而拥有收取现金的法定权利或承担支付现金的法定义务时，确认为资产和负债”。这是传统的也是现行的惯例，无须多加解释。

（2）“远期合同——在未来日期以确定价格购买或销售特定金融工具或商品的承诺，应于承诺日确认为资产或负债，而不应等到交换实际发生日才予确认。”接着又明确指出，即使“该远期合同的公允价值净额为零”，也应在合同交易日确认，这是因为，“当企业成为远期合同的一方时，相关权利和义务的公允价值通常相等”。例如，我们在后述的【例题2】中所列举的外汇远期合同。

（3）“金融期权的持权者或立权者成为该期权合同一方时，该金融期权应确认为资产和负债。”

---

① 下文中，加双引号的是引用IAS 39的原文，不加双引号的是本书著者的论述。

这就明确地指出了金融期权是应该在交易日进行初始确认的。

这样，对金融工具的具体确认，也就没有去变动《编报财务报表的框架》提出的一般确认标准，不像ED 48那样把未来经济利益流入或流出的可能性凸显为相关风险和报酬实质上已经转移。

不予确认的两个例子是：

（1）“由于购买或销售商品或劳务的确定承诺而将予购买的资产和将要承担的负债，只有到合同双方中至少一方履约以至该方有权收取资产或有义务交付资产时，才能按现行会计惯例予以确认。”这里明确说明了：①权利或义务的确立需在双方中至少一方履约之时；②这种无须对订货合同（订单）在签约日初始确认而后在履约日终止确认的处理程序，是符合现行会计惯例的。

（2）“已计划的未来交易，不管其发生的可能性有多大，均不是企业的资产和负债。因为，直到财务报告日，企业还没有成为由于未来交易而能够在未来收到资产或被要求在未来交付资产的合同的一方。”

这五种举例实际上已代表了基本的交易类别。

其实，从诠释负债的定义开始，突出确认负债时点的选择，应在确定所承担的义务已不可撤销之时，到履行中的合同可以选择初始确认的时点，再到把金融工具确认标准确定为，只要成为合同条款的一方，就可以在合同交易日进行初始确认，并一般在结算日终止确认。其目的是要把衍生金融工具代表的权利、义务纳入资产负债表①，以避免因合同标的物在金融市场上的价格变动而导致的风险和报酬只能在表外反映。

7.6 尚待突破的第三关：以公允价值计量所有金融工具

无论是美国FASB或IASC都确立了以公允价值计量所有金融工具的目标。FASB在FAS 133《衍生工具和套期活动的会计处理》（1998年6月）中明确表示：公允价值是计量金融工具最佳的计量属性，对衍生工具而言，公允价值是唯一相关的计量属性。IASC与CICA联合公布的SCFI的综合讨论稿《金融资产和金融负债的会计处理》（1997年3月）提出了“以公允价值计量所有金融资产和金融负债，对于获得一致并相关的信息是必需的”观点，但是鉴于在对综合讨论稿举行的一系列专门研讨会中，不少与会者表达了意见，要在一些行业（比如保险业）和一些类别的金融资产和金融负债（比如长期债券）上实施公允价值计量还是有困难的，这些困难不会轻易或很快地得到解决。看来，以公允价值计量基本的金融工具，显然对实务中早已形成惯例的传统处理程序要进行深刻的改革。因为以公允价

① 事实上，对未进入市场交易的应收或应付账款或应付票据、应付公司债等基本金融工具，早就使用了在签约日初始确认（票据和公司债券的性质就是合同，因此签发票据和发行债券就是签约，凭信用认定的账款则是一种商业惯例），而在履约日终止确认的程序。

值计量必然导致未实现损益，未实现损益的处理必然备受关注，IAS 39 在提供的背景资料中就提到，把“未实现利得，尤其是长期债务的未实现利得包括在收益中，引起了广泛的不安”。当然，公允价值确定中的技术困难，也是不容忽视的因素。因此，IASC 采取了务实的做法，只是在 IAS 39 中“极大地增加了金融工具会计处理中公允价值的使用”。其实，FASB 也是如此，它一方面提出了前述的明确目标，在 FAS 133 中，也不能不采取仍然允许在特定条件下保留历史成本计量的传统惯例。同时，这正是 IASC 和 13 国准则机构的联合工作组试图突破以及 IASC 重组后 IASB 正在继续研究和要突破的难关。如前所述，IAS 39（和 FAS 133）之所以只是暂时性和过渡性的准则，是因为其症结也正是在这里。

7.6.1 对不同类别的金融资产采用不同的计量基础

1）IAS 39 中对金融资产的分类

为了对不同类别的金融资产采用不同的计量基础，IAS 39 主要按持有金融资产的意图，把金融资产区分为以下四类：

（1）以公允价值计量且其变动计入损益的金融资产或金融负债

这主要是指为了近期出售或回购的目的而持有的金融资产或发生的金融负债。在 2003 年修订前的 IAS 39 中，本类别就标示为“为交易而持有的金融资产或金融负债”。2003 年修订时将其扩大为“以公允价值计量且其变动计入损益的金融资产或金融负债”，则是为了（如在修订后 IAS 39 中指出的）“除没有活跃市场标价且其公允价值无法可靠计量的对权益工具投资外”，在初始确认时，主体可以指定“准则范围内的任何金融资产或金融负债”为“以公允价值计量且其变动计入损益的金融资产或金融负债”，以尽可能扩大公允价值的使用。

对于“为交易而持有的金融资产或金融负债”，应按最初获得或发生时的意图确定，不能在持有期间将其从本类中划出。还需要说明的是，一项金融资产不论因何种原因获得，如果它属于投资组合的组成部分，且有证据表明最近该主体在近期采用短期获利方式对该组合进行管理，则该金融资产应归类为为交易而持有的金融资产。对于衍生金融资产和衍生金融负债，除非它们被指定且是有效的套期工具，否则应认为是为交易而持有的金融资产和金融负债。

还需要指出，IASB 在修订后的 IAS 39 中把可以指定任何金融资产或金融负债以公允价值计量的选择权（公允价值选择权）赋予企业的做法，在国际会计界招致普遍的质疑，即担心企业会谋求自身利益而进行操纵。例如，欧盟就要求 IASB 进行修正，并且在批准 IAS 39 时对此予以保留。为此，IASB 于 2005 年 6 月对此进行了修改，对公允价值选择权加以限制，即必须符合以下四项条件之一的金融资产或金融负债，才能以公允价值计量并将其变动计入损益：①持有可供出售的金融资产或金融负债；②用公允价值计量会消除或显著减少计量的不一致性；③包含嵌入衍生工具的复合金融工具（除非嵌入工具无法显著改变相关现金流量）；④企业管理层是根据某一资产、负债组合或资产和负债共同组合的管理和评价方式，而不是根据资产或负债的性质，来指定用公允价值计量的金融工具。经过这一修改，欧盟会计监管委员会于 2005 年 7 月予以接受。

（2）持有至到期日的投资

这是指具有固定或可确定金额和固定到期日，且主体明确打算并有能力持有至到期日的非衍生金融资产。在每一资产负债表日，均应对其意图和能力加以评价，以确定各个项目应否仍归入本类。

（3）贷款和应收款项

这是指有固定或可确定的付款金额，但没有活跃市场标价的非衍生金融资产，即企业直接向债务人提供资金、商品或劳务所形成的金融资产，但打算立即或在短期内就转让的贷款和应收款项不包括在内，而应归类为为交易而持有的金融资产，列入“以公允价值计量且其变动计入损益的金融资产或金融负债”类中。

按照修订前的 IAS 39，应将“源生的”和“购入的”贷款和应收款项区分开来，只把“源生的”归为单独的一类。但 IASB 在《修订后金融工具准则》（2003 年 12 月）中把“源生的”贷款和应收款项扩展为“贷款和应收款项”，其主要原因是考虑到“源生的”和“购入的”贷款和应收款项经常被一起管理，不宜将“购入的”分开并仍包括在“持有至到期日的投资”一类中。

（4）可供出售的金融资产

这是指那些被指定为可供出售的非衍生金融资产，或那些未归入以上三类的金融资产。

对于第（2）、（3）两类金融资产，应按历史（摊余）成本计量，第（4）类金融资产应和第（1）类一样，按公允价值计量。

2）IAS 39 中不要求以公允价值计量的三类金融资产

在批准发布 IAS 39 时，IASC 理事会决定现在不要求以公允价值计量的三类金融资产是：

（1）企业的贷款和应收款项；

（2）持有至到期日的投资；

（3）公允价值不能可靠计量的无活跃市场标价的权益工具。

看来，要突破企业贷款和应收款项及其他具有固定到期日的投资以摊余成本计量的惯例，还是有困难的，同时，这势必涉及与现行实务相关的许多法规要求。

3）持有对子公司、联营公司、合营公司的“战略性”股权投资的计量问题

对于具有“战略性”的权益性长期投资，即对子公司、联营公司、合营公司的股权投资，按照 IAS 39 在发布时（1998）的规定，在母公司、联营公司、合营公司的单独财务报表中，基本上仍按照 IAS 27《合并财务报表和对子公司投资的会计处理》、IAS 28《对联营企业的会计处理》、IAS 31《合营中权益的财务报告》的规定处理。这并不意味着这三类长期股权投资将按历史成本计量，当时对这三类

投资的会计处理都不采用“成本法”，其计量基础是“权益法”，但这也不同于以公允价值计量。IASC 在 2000 年修订 IAS 39 时，规定对长期股权投资（含原采用成本法的其他长期股权投资）可采用成本法、权益法和公允价值法。IASB 在 2003 年 12 月对 13 个 IASs 的改良项目中，又对 IAS 27、IAS 28 和 IAS 31① 进行了修订，规定在母公司等的单独财务报表中，对子公司、联营公司、合营公司的股权投资的计量基础，可采用成本法或公允价值法，在编制合并财务报表时再调整到权益法基础上。

由此可见，上述不要求以公允价值计量的“无报价权益工具”，是指投资于无报价（即未上市交易）的权益证券，而不包括投资目的在于与被投资企业建立或保持长期经营关系的“战略性投资”。

4）FAS 115 关于债务证券和权益证券的分类

FAS 115《特定的债务证券和权益证券投资的会计处理》（1993 年 5 月）是专门规范所有债务证券和以公允价值计量的权益证券的准则，它分别对三类债务和权益证券的特征、在资产负债表上的列示以及对收益的影响，作了非常简明的表述，如表 7—3 所示。

表 7—3　**FAS 115 对债务和权益证券的分类**

分　类	证券类别	特　征	在资产负债表上的列示	对收益的影响
持有至到期日的	债务	持有至到期日的明确意图和能力	摊余成本*	利息 已实现利得和损失
交易性的	债务、权益	主要为短期出售而购买和持有	公允价值	利息和股利 已实现利得和损失 未实现利得和损失
可供出售的	债务、权益	持有至到期日和交易性以外的证券	公允价值 计入其他全面收益的未实现利得和损失	利息和股利 已实现利得和损失

*　摊余成本是指初始确认时用以计量金融资产或金融负债的金额经以下调整后的余额：（1）减偿还的本金；（2）加或减初始确认额与到期金额之差额的累积摊销额；（3）减因资产减值或资产不能收回而减记的金额（直接或通过备抵账户）。

在资产负债表中，所有的债务和权益证券应分别归入流动资产或非流动资产，所有交易性证券应归入流动资产。对于个别的持有至到期日的和可供出售的证券，其流动性或非流动性应视该证券是否被视为在当前经营中可运用的营运资本而定。

5）IASB 对以公允价值计量的金融工具重分类规定的修订②

2008 年 10 月 13 日，IASB 发布了对 IAS 39《金融工具：确认及计量》和 IFR

---

①　改进后的 IAS 27、IAS 28、IAS 31 被分别改称为《合并财务报表和单独财务报表》、《在联营企业中的投资》、《合营中的权益》。

②　可参阅李红霞、冷冰、陈瑜：《修改前后国际准则对公允价值计量的金融工具重分类规定与美国准则相关规定的比较》，载《会计研究》，2008（11），93～95 页。

57《金融工具：披露》的修改意见，放宽了金融工具重分类的规定。围绕这一修订的诸多争议，不仅反映了金融危机对世界金融体系和交易活动财务报告的高度透明要求，而且还反映了国际财务报告准则在全球资本市场所发挥的重要作用，以及各关系方在制定国际规定的博弈中的利益冲突和合作。有些财务报表编制者围绕着会计中的公允价值问题，不断地向 IASB 和美国 FASC 提出责问和修改要求；一些学者认为，公允价值的使用在报表使用者和编者之间加剧了信息不对称，违反了稳健性原则，但对许多报表项目来说，公允价值仍是实务中可用的最佳计量属性。因此，目前会计准则制定机构的主要力量，都集中在如何更好地计量公允价值方面。

以金融机构为主的一些报表编制者认为，在螺旋式下跌的市场上，人们对以公允价值计量的金融工具市场，持续失去信心，陷入恶性循环。因此他们呼吁通过金融资产重分类的方法，使一部分金融工具摆脱公允价值计量的束缚。大量报表编制者、审计师和使用者都认为，目前 IFRSs 中为公允价值计量提供的指南严重不足，尤其是对目前市场不再有效的情况下，没有适用的专门指南。

IASB 响应金融稳定论坛在 2008 年 3 月底发出的呼吁，组建了公允价值计量专家组。截至 10 月，该专家组共召开了 7 次会议，并于 10 月份以理事会教育指南的名义发布了《理事会专家组报告：在非活跃市场中计量金融工具的公允价值》。这实际上是一份对以模型定价方法计量公允价值中所需考虑的各类问题的全面总结，既坚持公允价值计量的目标和原则，又尽可能考虑了市场中的各种实际问题，规定详细但又不落入规则导向的老套路，对国际准则使用者执行公允价值计量要求具有很好的指导作用。

同时，理事会意识到美国 FASs 仍然在理论上允许对部分金融工具重分类，这可能导致一些原本以公允价值计量的金融工具可以通过重分类而适用其他计量属性。欧洲金融机构对此向 IASB 施加压力，促使 IASB 对金融工具重分类规定进行修改，使修改后的国际准则在原则上与美国准则大体保持一致。根据这次修改：

（1）如果是衍生金融工具，不允许重分类；

（2）如果某些金融工具被指定为以公允价值计量（适用“公允价值选择权规定”），不允许重分类；

（3）在不再活跃的市场上，对其他情况下的重分类规定适当放宽。

如前述，这种放宽只能说是原则上大体保持一致，在许多关键性细节方面仍存在许多争议。以表 7—4 作一简括对比。

7.6.2 金融负债的计量

初始确认后，应以摊余成本计量除为交易目的而持有的金融负债及属于负债的衍生工具以外的其他所有金融负债。因此，一般地说，金融负债没有后续计量问题。只有以公允价值计量的为交易目的而持有的金融负债及属于负债的衍生工具，

表7—4 IAS 39 **修改前后及相关美国准则对涉及公允价值计量重分类的规定比较**

	重分类规定：从公允价值到非公允价值计量	修改前	修改后	美国准则	备 注
1	衍生工具	禁止	禁止	作为衍生工具期间，以公允价值计量	二者相同
2	公允价值计量且价值变动计入损益→贷款和应收款	禁止	允许，指定为公允价值计量的除外	交易性→贷款和应收款，禁止 公允价值选择权→贷款和应收款，禁止	二者规定不同。其主要原因是由于美国准则以投资的形式进行分类，因此交易性证券不可能重分类为贷款和应收款
3	公允价值计量且价值变动计入损益→持有至到期日	禁止	允许（罕见），指定为公允价值计量的除外	交易性→持有至到期日允许（罕见） 公允价值选择权→持有至到期日，禁止	FAS 115 规定，对于交易性证券而言应当是罕见的。SEC和FASB将“罕见”解释为“从来没有”。所以，二者规定基本相同
4	贷款和应收款→公允价值计量且价值变动计入损益	禁止	禁止	不适用（禁止）	二者的规定基本相同
5	持有至到期日→公允价值计量且价值变动计入损益	禁止	禁止	持有至到期日→交易性，允许（罕见） 持有至到期日→公允价值选择权，不适用（禁止）	二者仅对证券规定相同
6	可供出售→贷款和应收款	禁止	允许	不适用（类似允许，但情况不同）。美国准则允许可供出售债务（成本与公允价值孰低）→为投资而持有的债务（摊余成本）	IAS 39 中的“可供出售”类以公允价值计量且价值变动计入权益；美国准则没有“可供出售”类。可供出售类以成本或公允价值（变动计入损益）孰低计量。所以，二者在这方面有类似规定，但具体情况不同
7	可供出售→持有至到期日	允许	允许	允许	二者相同
8	贷款和应收款→可供出售	禁止	禁止	不适用（类似允许）但情况不同。准则允许在贷款类中从“为投资而持有”（摊余成本）重分类为“可供出售”（成本与公允价值孰低）	理由同第6项。所以，二者在这方面有类似规定，但具体情况不同
9	持有至到期日→可供出售	允许	允许（没有明文规定，但事实上是罕见的，其具体要求则与美国准则相同）	允许（罕见），FAS 115 规定了适用的环境变化情况	IAS 39 指出了导致这种分类“罕见”的“诱因”，其指出的环境变化则与 FAS 115 的规定相同

才需要按变动了的公允价值重新计量，但是，对于与未上市的权益工具相联系并需通过交付这种权益工具进行结算的衍生负债，由于无报价（未上市）权益工具不能可靠地计量，故现在只能仍以摊余成本计量。

对于指定为被套期项目的金融负债，则要按有关套期活动会计的规定进行计量。

7.6.3 关于公允价值

公允价值，是指在公平交易中，熟悉情况的当事人自愿据以进行资产交换或负债结算的金额。

同时也认为，公允价值是一个比较抽象的概念。在实务中，必须落实到可以具体把握的计量属性上，而且要解决能可靠计量的问题。就无标价的金融工具而言，由于不能满足可靠性的要求，现在只能暂时排除在以公允价值计量之外，这在前面已经论及了。那么，金融工具的公允价值可以可靠地计量的情况有哪些呢？IAS 39指出了以下几种情况：

（1）在活跃、公开的证券市场上有公开标价的金融工具；

（2）等级由独立评级机构评定，且其现金流量可以合理估计的债务工具；

（3）存在恰当的计价模型的金融工具，且输入该模型的数据由于取自活跃的市场而可以可靠地计量。

不妨说，在以上条件下，金融工具的计量属性（适用的计量基础）主要是现行市价（企业的现行成本）和现值（未来现金流量的折现值）。至于计价模型，现在已广泛地运用于期权合同。

7.6.4 变混合计量模式为单一的公允价值计量模式

前面论述的按照对金融工具的分类分别采用不同的计量基础——摊余（历史）成本和公允价值，可称为对金融工具的混合（hybrid）计量模式，为了防止在混合计量模式下通过改变金融资产原属类别来操纵收益，现行准则不得不作出一些严格规定。如前所述，IAS 39就明确规定，为交易持有的投资应按最初购买时的意图确定，不能在持有该项金融资产的期间从“为交易而持有的资产”类别中划出；而持有至到期日的投资，则在每一会计期末，应对主体的持有意图和能力重新进行评价；如此等等。但为了杜绝这种可能操纵收益的空间，无论是FASB还是IASC，一直在为变混合计量模式为单一的公允价值计量模式而努力，其中的最大关卡是如何突破公允价值计量的可靠性问题。

2000年12月，由IASC代表任主席的13国金融工具项目联合工作组（JWG）

发布了《准则草案和结论依据——金融工具及类似项目的会计处理》征求意见稿，建议以单一的公允价值计量模式取代混合计量模式，归纳出“分层次估计金融工具公允价值的原则”[①]：

（1）如能取得这种价格，将使用完全相同工具的可观察到的市场脱手价格（exit price）；

（2）如不能取得这种价格，将使用类似金融工具的市场脱手价格，并对差别进行适当的调整；

（3）最后，如果某项金融工具的公允价值不能以观察到的市场价格为依据，那么它将使用与公认的经济计价方法一致的计价技术进行估计。

这里值得关注的是第（3）点，可以预想，一旦采用单一的公允价值计量模式，会计估计及其依据的计价技术和计价模型将会有很大的发展。

针对这种构想，JWG 的征求意见稿还对公允价值下了一个与现行 IAS 中的定义不同的新定义：“公允价值是指在计量日由正常的商业考虑推动的，按照公平交易（arm's-length exchange）出售一项资产时企业应收到的，或解除一项负债时企业应付出的价格的估计。”

IASB 在 2003 年修订 IAS 39 时，仍使用修订前的原定义，并没有采纳这个新定义。正如在修订后的 IAS 39 的“结论基础”部分指出的：在全面运用公允价值模型之前，还需要做大量工作。一旦 JWG 关于金融工具会计的《准则草案和结论依据——金融工具及类似项目的会计处理》征求意见稿最后作为 IASB 或各国准则制定机构的“蓝本”，制定发布为取代 IAS 39 的新国际准则或各国准则，则前述的在分类基础上采用的混合计量模式将被废止，分类的可操纵性和主观性将被公允价值估计中主观判断可能产生的非故意和故意的误差所取代，监管不但不应放松而且更应加强。随着证券市场的运作更趋向有效，以及金融工具在创新中的组合和融合以及计价技术的发展，“估计”的可靠性应能达到不会影响财务报表公允表述的程度。关于公允价值计量模式与现行经济法规的不协调，则是在那时贯彻执行新准则时需要着力解决的问题。

7.7 期货、期权、互换等交易的会计处理

前已论及，金融工具市场的交易者，其目的不外乎避险（套期保值）和冒险（投资牟利）。在四类衍生工具中，远期合同常用于套期保值，期货合同大都用于投机牟利。本节将阐述期货交易和期权交易的会计处理，套期活动的会计处理将在 7.8 阐述。同时，本节还将阐述互换交易的会计处理。

在此之前，先要介绍“交易日会计”与“结算日会计”这两种可以采用的会

---

① 根据该征求意见稿原文，网上下载。

计处理程序。

7.7.1 交易日会计与结算日会计

我们在讨论初始确认的时点选择时，已经提出了可以选择在“交易日”或“结算日”进行初始确认。这里要阐述的“交易日会计”和“结算日会计”则是就会计处理程序而言的，它们与是在交易日还是在结算日进行初始确认没有必然的关联。当然，如果选择了在结算日进行初始确认，总是要采用结算日会计。而选择了在交易日进行初始确认，则既可以采用交易日会计，也可以采用结算日会计，以简化“在交易日作出初始确认的会计记录，在结算日再作终止确认的会计记录”的程序。

在 IAS 39 关于金融资产的四个类别中，除企业的贷款和应收款项一般都在交易日确认外，其余的三类金融资产（与 FAS 115 对债务和权益证券的分类相同）在会计程序上则可以选择交易日会计或结算日会计。例如，期货合约很少持有至到期日结算，而是在持有期内伺机脱手，进行差额结算，不发生标的物的实际交割①可以不采用交易日会计，而只在结算日作差额结算的分录，其前提是未发生原始净投资（如前所述，期货合同签约时交付的保证金，性质上不属于投资）。而对于套期保值签订的将持有至到期日的外汇远期合同，尽管交易日（签约时）不发生净投资，也要作同时确认一项金融资产（权利）和一项金融负债（义务）的记录，至结算日再作实际交割的会计记录（可参阅 7. 3. 2【例题 1】表 7—2“确认期汇合同”部分的会计处理程序）。

按照对金融资产的分类采用不同的计量基础，在实务中难免给操纵收益以可乘之机。因此，IAS 39 和 FAS 113 对主要是证券（债务或权益证券）形式的金融资产的计量基础以及对重新计量至公允价值形成的利得和损失的会计处理，都作了较明确的规定。这里有必要作进一步的归纳说明：

（1）持有至到期日的投资，应按摊余（历史）成本计量，将各期摊销额计入当期损益，其终止确认或发生减值时，利得或损失也要通过摊销过程计入损益（但属于被套期项目的除外）。

（2）为交易而持有的金融资产，应按公允价值计量，各个会计期末因公允价值变动形成的利得或损失，计入当期损益。

（3）可供出售的金融资产所形成的利得或损失，除减值损失以及汇兑利得和损失外，按照 2003 年修订后的 IAS 39，在该金融资产被转让、收回或处置之前，或在发生减值之前，应通过权益变动表直接在权益中确认。当被转让、收回或处置

---

① 但也可能有少数合同会在到期日实际交割，这时，再来作实际交割的会计记录。可参阅 7. 7. 2【例题 2】中 3 月 5 日的记录。

或发生减值时，以前在权益中确认的累计利得或损失，应计入当期损益；[①] 对于债券投资上的利息（使用实际利息法计算），应另行计入损益；可供出售的权益工具的股利，应在主体获得收取这一款额的权利时计入损益。这与 FAS 115 的规定相同，只是 FAS 115 要求将直接计入权益中的未实现利得和损失，通过“全面收益表”（而不是通过“权益变动表”）作为其他全面收益计入权益（见表 7—3）。

7.7.2 期货交易的会计处理

金融期货交易包括利率期货、外汇期货和股票指数期货。这里，只就用以投机牟利的利率期货为例，说明关于金融期货交易的基本会计程序。

由于期货交易是在期货交易所进行的，它为交易的参与者建立头寸（“多头”或“空头”）和结算头寸提供了极大的方便和灵活性，交易的参与者可根据行情随时转手平仓，通过保证金存款办理结算，实行“差额结算”即“净额结算”的原则。

1）期货合同的初始确认

期货合同本身就是交易的标的物。根据 IAS 39 的要求，要对期货合同进行初始确认，故一般可在会计处理中采用交易日会计，但正如前述，由于投机牟利在绝大多数情况下不会持有至合同到期日进行实际交割和全额结算，而是在持有期间选择时机转手，进行差额结算，由于其初始投资额为零，也可以在会计处理中采用结算日会计[②]。

2）对初始保证金的调整与期货合同公允价值变动的确认

在签订期货合同时交纳的保证金，可称为初始保证金（initial margin deposit），它属于应收款的性质，不属于对期货合同的初始计量。期货合同公允价值（市价）的变动及其导致的盈亏，在会计中应予确认。根据此项盈亏额可以计算并调整初始保证金的金额，交易所往往对保证金的余额规定一条保持线。当保证金存款降低到保持线以下时，定期要求交易者追加；当超过保持线时，可予退回超额部分，这是保持保证金（maintenance margin deposit）。保证金的追交或退回，也是在期货合同期间应作的会计处理。

3）转手平仓的差额结算或到期实际交割

期货合同既然用于投机牟利，合同持有者主要是根据行情变化在合同期间转手平仓，通过保证金存款进行“差额结算”。只有在到期实际交割时，才要作出实际交割的会计记录。

【例题 2】20×4 年 1 月 5 日，AF 公司与期货经纪人签订承诺购入债券期货

① 在修订前的 IAS 39 中，则规定还可以采用“将这一未实现的利得或损失计入当期损益”的会计政策，在两种方法中作出选择，这就与当时 FAS 113 只允许采用计入权益的一种方法有所不同。

② 结算日会计的运用，并不限于投机活动。在套期活动会计中，对套期工具也可以采用结算日会计。

$400 000（当日市价）的 2 个月期期货合同，按期货价格的 10% 交纳初始保证金 $40 000,并在每月月末按照期货价格的涨（跌）补交（或退回）相应的金额。设 1 月 31 日该项债券期货的市价涨至 $410 000。2 月 28 日，AF 公司预测期货市价将连续疲软，按 $404 000 转手平仓，并支付交易费① $1 200。通过差额结算，收回保证金余额。

1 月 5 日，在签约日（期货合同交易日）对债券期货进行初始确认，同时确认一项金融资产和一项金融负债（其净投资为零），并将其分类为“为交易而持有的”证券；同时，作交纳保证金的记录：

借：债券期货投资	$400 000	
贷：应付债券期货合同款		$400 000
借：存出保证金	$40 000	
贷：银行存款		$40 000

1 月 31 日，补交保证金 $1 000（$41 000－$40 000），并确认因债券投资公允价值变动（上涨）而获取的（未实现）投资利得 $10 000（$410 000－$400 000）：

借：存出保证金	$1 000	
贷：银行存款		$1 000
借：债券期货投资	$10 000	
贷：债券投资损益②		$10 000

2 月 28 日，确认本月的债券投资损失 $6 000（$404 000－$410 000），转手平仓，进行差额结算，终止确认此项债券期货：

借：债券投资损益	$6 000	
贷：债券期货投资		$6 000
借：应付债券期货合同款	$400 000	
财务费用（交易费）	$1 200	
银行存款	$43 800	
贷：债券期货投资		$404 000
存出保证金		$41 000

以上是采用交易日会计的处理程序。如果采用结算日会计，则：

（1）在 1 月 5 日只需作交纳保证金的分录。

（2）在 1 月 31 日仍需作补交保证金并确认债券投资公允价值变动的分录。

（3）在 2 月 28 日改作转手平仓进行差额结算的分录如下：

借：债券投资损益	$6 000	
贷：债券期货投资		$6 000

① 除佣金外，包括交易税、契税等税金的征缴，以下同。

② 这笔未实现投资收益将结转当期净收益，以下此类分录中的投资损失或利得都同样地结转各该期净收益。

借：财务费用（交易费） $1 200
银行存款 $43 800
贷：债券期货投资 $4 000
存出保证金 $41 000

以上的处理程序省略了在交易日作初始确认期货合同的记录，而在清算日再终止确认期货合同，而且更恰当地体现了差额结算的实况。

AF公司在此项债券投资的投机活动中，获利 $4 000（1月份获利 $10 000，2月份损失 $6 000），并为此发生交易费 $1 200，实际获得的净利为 $2 800。

在投机活动中，投机者也可能没有把握住时机，因循拖延，直至期货到期日。现设AF公司在2月28日未转手平仓，改作收到退回的保证金和确认债券公允价值变动的分录如下：

2月28日，收到退回的保证金 $600（$40 400－$41 000），并确认因债券投资公允价值变动（下跌）而招致的（未实现）投资损失 $6 000（$404 000－$410 000）。

借：银行存款 $600
贷：存出保证金 $600
借：债券投资损益 $6 000
贷：债券期货投资 $6 000

3月5日[①]，设此项债券的市价下跌至 $360 000，由于这时要进行债券的实际交割，应将清仓结算的债券期货投资（空头）确认入账，而后转销期货合同（这里采用的是结算日会计）；同时确认公允价值变动（下跌）而招致的投资损失 $44 000（$360 000－$404 000），并作通过保证金结算的分录如下：

借：债券期货投资 $400 000
贷：应付债券期货合同款 $400 000
借：债券投资损益 $44 000
贷：债券期货投资 $44 000
借：应付债券期货合同款 $400 000
债券投资 $360 000
财务费用（交易费） $1 200
贷：债券期货投资 $360 000
存出保证金 $40 400
银行存款 $360 800

在上述情况下，AF公司除存出的保证金 $40 400 外，还要加付 $360 800 才能完成清仓结算。在此项债券投资的投机活动中，最终亏损了 $40 000（1月份收益 $10 000，2月份损失 $6 000，3月份清仓结算前损失 $44 000），并为此承担了

① 这里是指债券期货合约的到期日，并不是指该项债券的到期日。

\$1 200 的交易费，实际上共损失了 \$41 200。

7.7.3 期权交易的会计处理——以买权交易为例

如前所述，期权（options）合同是一种选择权合同，其持权人（期权合同的买方）享有在合同期满或期满之前按约定的价格购买或销售一定数额的某种金融资产的权利，这个约定价格称为执行价格（exercise price）。而期权合同的立权人（即发行人，期权合同的卖方）则有义务在买方要求执行时出售或购入该种金融资产。持权人必须在期满时作出选择的期权，是欧洲国家流行的欧式期权；可以在期满之前的任何时候作出选择的期权，则是美国流行的美式期权。

以下进一步论述期权合同的基本特征。

1）看涨期权与看跌期权

如果期权合同的买方有权选择买进某种金融资产，这种期权通常称为“看涨期权（call option）”。因为行情看涨才对购买有利，所以看涨期权即“购买选择权（purchase option）”，简称“买权”。如果期权合同的买方有权选择卖出某种金融资产，这种期权通常称为“看跌期权（put option）”。因为行情看跌才对卖出有利，所以看跌期权即“销售选择权（sales option）”，简称“卖权”。

2）期权合同的标的物（基础工具）

作为期权合同交易对象的标的物（underlying instruments，基础工具）可能是要求卖方向买方转让或从买方受让的一项金融资产。当买权合同得到执行时，也就构成买方的一项金融资产；当卖权合同得到执行时，也就构成买方的一项金融负债。合同是否执行，完全由买方决定。期权合同中约定的执行价格，也就是标的物的执行价格。

对买权的买方而言，如果执行日期标的物的市价高于执行价格，则买方将行使权利，按执行价格向期权合同的卖方买进标的物，再将标的物以较高的市价卖出，获取价差利润；对卖权的买方而言，如果执行日期标的物的市价低于执行价格，则买方将行使权利，以较低的市价买进标的物，再按执行价格卖给卖方，获取价差利润。此利润通常称为执行价值（exercise value），也就是期权的“内含价值（intrinsic value）”。[①] 由此可见，“执行价值”与“执行价格”是两个不同的概念。

3）期权费

然而，在签订期权合同时，买方要向卖方支付一笔“期权费（premium）”，作为取得这种选择权的代价，期权费一般应低于期权的执行价值，因此期权费实质上就是期权交易的初始净投资。

---

① 期权的公允价值包括“内含价值”和“时间价值”，时间价值反映期权合同期满前获利机会的价值。就买方而言，时间价值总是正数，距期满日越远，其价值越高，到期满日，期权的时间价值为零。

4）期权合同的终止确认

期权合同在被执行或不执行时终止确认。在持权过程中所获取的利得或承受的损失，将计入当期损益。

以下以买权为例，说明期权交易的会计处理程序。

【例题3】设AF公司于20×4年1月5日签订购入执行价格为＄400 000的股票的9个月期美式看涨期权合同，并向立权的经纪公司交付＄44 000的期权费。设1月31日，此项股票期权的市价上涨至＄452 000，期权的内含价值（略而不计其时间价值），即执行价值为＄52 000。2月8日，AF公司决定执行此项期权合同①。设当日合同市价又上涨至＄468 000，相应地，其执行价值即内含价值为＄68 000。又设执行时支付了＄1 200的交易费。AF公司应作的会计分录如下：

（1）1月5日，在签约日（期权合同交易日）按执行价格确认期权合同，并作支付期权费的记录。

借：股票期权投资	＄400 000	
贷：股票期权投资应付款		＄400 000
借：股票期权投资期权费	＄44 000	
贷：银行存款		＄44 000

（2）1月31日，确认此项股票期权投资公允价值的变动＄52 000（＄452 000－＄400 000）。

借：股票期权投资	＄52 000	
贷：股票期权投资损益		＄52 000

（3）2月8日，执行此项股票期权合同。确认其公允价值变动＄16 000（＄468 000－＄452 000），但计作当期的利得应扣除期权费这一投资成本；按执行价格买入股票，同时按市价售出股票。

借：股票期权投资	＄16 000	
股票期权投资损益	＄28 000	
贷：股票期权投资期权费		＄44 000
借：股票投资期权应付款	＄400 000	
财务费用（交易费）	＄1 200	
银行存款	＄66 800	
贷：股票期权投资		＄468 000

AF公司在买入此项股票看涨期权的活动中，赚取了＄24 000的利得

---

① 期权合同的执行日期，一般为9个月后的特定日期。不同种类的期权合同或不同的交易所，会有不同的“单位合同数量（contract size）”，如芝加哥期货交易所（CBOE）的股票期权单位为100股。同一种标的物的期权合同，可以有几种不同的执行价格，如果股票市价高过合同的最高执行价格或低于最低执行价格，交易所会推出执行价格更高或更低的期权合同，以填补市场供需，维持交易的活跃。通常，每满3个月就会有1种期权合同推出。本例中假设2月份（距购买日不足1个月）就决定执行合同，尚无新的同类期权合同推出。

关于期权交易的详细阐述，可参阅谢剑平：《期货与期权——金融工程入门》，北京，中国人民大学出版社，2004。

（（$52 000+$16 000）－$44 000），同时发生了$1 200的交易费，实际赚得$22 800。

从以上的例题中也可以看出，要在期权中获取利润，其执行价值（市价-执行价格）必须超过期权费。但对期权是否执行的判断，则取决于执行价值是否是正值，即市价是否超过执行价格。例如，改设2月8日的市价为$408 000，则执行价值为$8 000,扣除期权费$44 000后，仍将亏损$36 000；但如果不执行则将损失期权费$44 000，期权的买方仍会选择执行。但如果2月8日的市价为$399 000,其执行价值为-$1 000，则执行时将损失$45 000；而选择不执行，只要损失期权费$44 000。由此可见，执行价值是判断期权是否执行的标尺。

7.7.4 互换交易的会计处理——以利率互换为例

前已指出，互换交易或掉期交易[1]就是交易双方关于以特定方式交换未来一系列现金流量的协议，互换或掉期合同实际上是远期合同的一种组合。利率互换和货币互换是互换交易的两种基本类型。[2] 以下只是举简例说明利率互换的会计处理程序。

利率互换（interest rate swap）是指同一货币的债务以不同的利率进行调换的金融交易，如固定利率债券（或借款）与浮动利率债券（或借款）间的互换合同。我们举一个通过银行中介进行利率互换交易[3]的简例，来说明其基本的会计处理程序。在利率互换交易中，当支付互换的利息时，应付利息额较小的一方要向另一方支付的利息差额，称为“互换交易费”，性质上应属于财务费用。

【例题4】A公司于20×4年1月1日按面值发行6年期、年利率为5%的公司债$400 000,同时与B银行进行利率互换交易，将5%固定利率调换为与6个月期伦敦银行同业存款利率（London inter-bank offered rate，LIBOR）相关的浮动利率。假定每6个月计提应付债券利息和交易费，20×4年1—6月的LIBOR为5.5%，7—12月的LIBOR为4.8%；每年年终支付债券利息和掉期交易费。A公司应作的会计分录如下：

（1）1月1日，发行$400 000公司债券。

借：银行存款　　$400 000

① “互换”和“掉期”都是从“swap”翻译过来的，其实两者也有区别。首先，互换是掉期的进一步发展，在互换的标准化合同和市场出现之前，就其来踪去迹而言，互换就是掉期，即两个当事企业之间通过银行作为中介人交换未来现金流量。“掉期”原指外汇市场上对不同期限、金额相等的同种外汇作两笔逆向的交易，以调动头寸，所以它一般在外汇市场进行。而当“互换”具有专门的交易市场和出现标准化合同后，“互换”和“掉期”就有区别了。其次，“互换”常属中、长期交易（1年以上，大都为5年左右），而“掉期”则是一种短期交易（其期限大都在1年之内），故文中都称为“互换”（指长期交易）。

② 随着金融工具的创新，互换（掉期）的形式日新月异，在利率互换（掉期）和货币互换（掉期）的基础上出现了涉及不同货币、不同利率的交叉货币利率互换（掉期）（cross-currency interest rate swap），以后又出现了期权互换（掉期）、指数互换（掉期）、多边互换（掉期）等。

③ 如果是在专门交易市场上按标准协议文本进行利率互换（掉期）交易，其会计处理则与金融期货的会计处理相似。

贷：应付债券 $400 000

(2) 6月30日，计提1—6月份债券利息 $10 000（$400 000×5%×6÷12）和互换交易费 $1 000（$400 000×（5.5%－5%）×6÷12）。

借：债券利息费用 $10 000

贷：应付债券利息 $10 000

借：互换交易费 $1 000

贷：应计费用 $1 000

(3) 12月31日，计提7—12月份债券利息（同上）和互换交易费 $400（$400 000×（4.8%－5%）×6÷12）。

借：债券利息费用 $10 000

贷：应付债券利息 $10 000

借：应计费用 $400

贷：互换交易费 $400

(4) 12月31日，支付20×4年债券利息和互换交易费。

借：应付债券利息 $20 000

应计费用 $600

贷：银行存款 $20 600

以后各年依此类推。

7.8 套期活动会计

从会计角度而言，套期（hedging）是指指定一项衍生工具或非衍生工具（只是在少数情况下），作为对被套期项目的公允价值或现金流量变动的全部或部分抵销。因此，套期在这里有“互抵”、“对冲”之意。

上述定义中关于非衍生工具只是在少数情况下作为套期工具，是指非衍生金融资产或负债只有在对外汇风险进行套期时，才能在套期活动会计中被指定为套期工具。例如，举借固定利率外币贷款为一笔未来应收外币账款避险，或是购入一笔外币存单来为未来的应付外币账款避险。

企业本身的权益性证券，不是企业的金融资产或金融负债，因而不能是套期工具。公允价值不能可靠计量的金融资产或金融负债，则不能用作套期工具。

被套期项目可以是资产、负债、确定承诺或是承受价值变动或未来现金流量变动风险的预期未来交易。在套期活动会计中，它们被指定为套期活动的对象。

在套期活动会计中，要对应地确认套期工具和相关的被套期项目的公允价值变动形成的对损益的影响。

如前所述，IASC和美国FASB都主张，所有的衍生金融工具都应以公允价值计量，衍生工具总是被认为属于为交易而持有的金融工具，但如果它们是套期关系的一部分，则属例外。套期活动会计是为了在会计记录中反映对冲效应而采用的有悖于常规处理程序的特殊程序，[①] 因此，无论是 IAS 或 FAS，都规定只有在特定情况下才允许采用套期活动会计，其前提是这种套期关系要明确、预先设定、可靠计量并确实有效。

7.8.1 三类套期关系

IAS 39 指出，有以下三类套期关系，即公允价值套期、现金流量套期以及对境外经营净投资的套期。

1）公允价值套期

公允价值套期，是指对已确认资产或负债或者这些资产或负债中可辨认部分的公允价值变动风险的套期。它可以归属于特定的风险并影响所报告的收益。比如，因利率变动而引起的对固定利率债务公允价值变动的套期避险。

2）现金流量套期

现金流量套期，是指对现金流量变动风险的套期。它具有如下特征：

（1）可以归属于与已确认资产或负债相联系（如浮动利率债务的全部或部分未来利息支出）或与预期交易（如预期的购买或销售）相联系的特定风险。

（2）将影响所报告的净收益。

以企业报告货币表示的固定价格买、卖资产的一项未确认的确定承诺，虽然承受的是公允价值风险，但 2003 年修订前的 IAS 39 规定，也要作为现金流量套期处理。其目的是避免把实务中不作为资产或负债确认的确定承诺确认为资产或负债。

对于以报告货币表示的固定价格买、卖资产的确定承诺，FASB 则在 FAS 133 中规定，根据其性质按公允价值处理，这意味着将确认此项确定承诺；IASB 在 2003 年 12 月发布的《修订后的金融工具准则》中，也改变了 IAS 39 的原规定，即对确定承诺的套期应按公允价值套期处理，这样，就与 FAS 133 一致了。但对于确定承诺的外汇风险套期，修订后的 IAS 39 则规定，既可以作为公允价值套期处理，也可以仍然视为现金流量套期处理。

3）对境外经营净投资的套期

这是指对报告企业在国外实体净资产中所享份额的外汇风险的套期。

7.8.2 公允价值套期的会计处理

公允价值套期的会计处理原则可概述为：

---

① 可参阅 7.8.5。有兴趣的读者还可参阅常勋：《套期活动会计与公允价值计量》，载《财会通讯》，2004（2），或常勋：《财务会计四大难题》，3 版，第一篇第四章，上海，立信会计出版社，2006。

（1）以公允价值重新计量套期工具形成的利得或损失立即在当期损益中确认，而不论套期有效与否。

（2）归属于套期保值的被套期项目的利得或损失，应调整被套期项目的账面金额，并立即在当期损益中确认，而不论被套期项目是以公允价值还是以成本计量①，以凸显套期的对冲效应。

【例题5】现举例说明如何运用于因利率变动而引起的固定利率债券投资公允价值的套期保值。设投资者于20×4年购买了债务证券US＄10 000，并归类为可供出售的投资。20×4年年末，债务证券的公允价值为US＄11 000，因此，增值部分US＄1 000应在权益中列示，而债券投资的账面价值也相应增加至US＄11 000。投资者在20×5年年初为了对此项投资价值US＄11 000套期保值，签订了承诺售出债券US＄11 000的远期合同（套期交易），对此采用交易日会计。到20×5年年末，此项套期工具的公允价值降低至US＄10 500，从而有利得US＄500，而债券投资的公允价值则降至US＄10 500，也降低了US＄500，从而有损失US＄500。

（1）投资者20×4年的会计记录。

① 购入债务证券。

借：债券投资　　US＄10 000
　贷：银行存款　　US＄10 000

② 20×4年年末反映债券投资公允价值的增加。

借：债券投资　　US＄1 000
　贷：债券投资增值（公允价值增加，计入权益）　　US＄1 000

（2）20×5年年初签订套期保值合同的会计记录。

借：出售债券远期合同应收款　　US＄11 000
　贷：出售债券远期合同　　US＄11 000

（3）投资者20×5年年末的会计记录。

① 反映套期工具公允价值的增加。

借：出售债券远期合同　　US＄500
　贷：套期损益（计入当期收益）　　US＄500

② 反映债券投资公允价值的减少。

借：债券投资损益（计入当期收益）　　US＄500
　贷：债券投资　　US＄500

显然，从20×5年年末的会计记录中，显示了都计入当期损益的“债券投资损失”和“套期利得”的互抵（对冲）效应。当然，这种使套期工具与被套期项目（其原始计量基础很可能是历史成本）在计量上相关联的程序是有悖于常规程序的。与常规程序相比，它提前确认了被套期项目未实现的公允价值变动。

---

① 如前所述，在不适用套期活动会计的情况下，当以公允价值计量时，因公允价值变动形成的利得或损失，通常应计入权益。

在7.3.2【例题1】中所举的为外币交易套期保值的会计处理，也是作为公允价值套期处理的。

7.8.3 现金流量套期的会计处理

现金流量套期的会计处理原则可概述如下：

(1) 被确定是有效套期的那部分套期工具的利得或损失，应通过权益变动表直接在权益中确认。

(2) 无效部分应按如下原则处理：

①套期工具是衍生工具的，立即计入损益；

②套期工具不是衍生工具的（这种情况很少），则应视为不构成套期关系的金融资产或金融负债的公允价值变动所形成的已确认利得或损失处理。

如7.8.1所述，IASB已对IAS 39中对确定承诺应视作现金流量套期处理的规定作了修订，要求按其性质作为公允价值套期处理。从而，只有未来交易的套期，在性质上属于现金流量套期。例如，运用于将浮动利率债务改变为固定利率债务的掉期，是对未来交易的套期，被套期的未来现金流量是未来支付的利息（参见7.7.3）。

对预期的未来交易套期的会计处理特征，可概述为：

(1) 如果被套期的预期交易发生，并导致资产或负债的确认，则应将在权益中递延的套期工具未实现损益转入所形成的资产或负债。

(2) 如果被套期的预期交易发生，并未导致资产或负债的确认，则应将在权益中递延的未实现损益在预期交易影响报告收益的期间（例如预期销售或购买发生的期间）内，计入当期收益。

(3) 套期工具逾期、被出售、被中止或被执行，或者是，这项套期不再满足运用套期活动会计的条件，则停止采用套期活动会计。在这种情况下：

①递延在权益中的套期工具累计损益仍保留在权益中，直至预期交易发生；

②如果预期交易不会发生，则递延在权益中的套期工具累计损益应计入当期收益。

为预期的商品购销交易进行套期保值，是常见的现金流量套期。现以预期的购货交易为例，说明其会计处理程序。

【例题6】20×4年11月8日，某公司预期将在3个月后购买现行价值为$200 000的固定资产。同时，为了套期保值，签订了承诺出售等值的同类资产的3个月期的远期合同，设此项远期合同未发生成本。20×4年12月31日，该项资产涨价$10 000，远期合同则升值$12 000。

Ⅰ. 假设在20×5年1月6日，该公司预计此项预期交易将不会发生（即公司决定放弃这一购买计划）；

Ⅱ. 假设在20×5年2月8日，预期交易发生，该项资产再涨价$2 000，远期合同则再升值$2 400。

又设该固定资产使用年限为4年，不预计残值，用直线法摊销折旧。

（1）签订远期合同。

20×4年11月8日，未发生成本，由于采用结算日会计，故不作分录。

（2）20×4年年末，将套期工具的套期有效部分的公允价值变动导致的未实现损益递延，计入权益，并调整套期工具的账面价值；套期无效部分的公允价值变动计入当期收益。

借：出售固定资产远期合同　　$12 000

　贷：递延套期损益（有效部分，计入权益）　　$10 000

　　　远期合同损益（无效部分，计入当期收益）　　$2 000

（3）假设情况Ⅰ发生。

①20×5年1月6日，应停止采用套期活动会计，套期工具的递延损益应从权益转入当期收益。

借：递延套期损益　　$10 000

　贷：套期损益（计入当期收益）　　$10 000

②与此同时，该公司必然选择时机，在期货市场转手这一承诺出售固定资产的远期合同。[①]

假设在20×5年1月12日，此项远期合同转手平仓，其价格为$13 500。

借：银行存款　　$13 500

　贷：出售固定资产远期合同　　$12 000

　　　远期合同损益（计入当期收益）　　$1 500

（4）假设情况Ⅱ发生。

2003年修订前的IAS 39与FAS 133规定的处理程序略有不同。

①按照IAS 39的原规定，递延套期损益将用以调整被套期项目（固定资产）的初始价值，即资产的初始价值应按锁定的价格入账。20×5年2月8日应作的会计分录如下：

借：出售固定资产远期合同　　$2 400

　贷：递延套期损益（有效部分，计入权益）　　$2 000

　　　远期合同损益（无效部分，计入当期收益）　　$400

借：固定资产　　$200 000

　　递延套期损益　　$12 000

　贷：出售固定资产远期合同　　$14 400

　　　银行存款　　$197 600

---

① 这时，这一承诺出售固定资产的远期合同，其性质已转变为“为交易而持有的金融资产”，持有的目的已从套期保值转变为投机牟利。

20×5 年年末全年折旧费的分录如下：

借：折旧费	$ 50 000	
贷：固定资产累计折旧		$ 50 000

②按照 FAS 133，递延套期损益不用以调整被套期项目（固定资产）的初始价值，即所购资产应按公允价值（现时市价）入账。20×5 年 2 月 8 日应作的会计分录如下：

借：出售固定资产远期合同	$ 2 400	
贷：递延套期损益（有效部分，计入权益）		$ 2 000
远期合同损益（无效部分，计入当期收益）		$ 400
借：固定资产	212 000	
贷：出售固定资产远期合同		$ 14 400
银行存款		$ 197 600

20×5 年年末全年折旧时，同时摊销递延套期损益。

借：折旧费	$ 53 000	
贷：固定资产累计折旧		$ 53 000
借：递延套期损益	$ 3 000	
贷：折旧费		$ 3 000

从以上的会计处理程序可以看出，FAS 133 与 IAS 39 原规定的差别在于：递延套期损益将随着被套期项目影响收益的期间分期摊销，调整计入各期的折旧费。当然，两者对各期净收益的影响并无不同。其不同在于，IAS 39 把所购资产的原始成本锁定在套期时的价格基础上，以凸显套期效应，FAS 133 则强调公允价值计量基础。

IASB 在 2003 年 12 月发布的修订后的 IAS 39 中，已改变了原规定，规定报告主体可以对预期交易选择"（计价）基础调整法"，将被套期项目的计价基础，从在套期日锁定的价格基础调整为公允价值基础。这样，也就与 FAS 133 所规定的处理程序相同了。

从以上的会计处理程序可以看出，在现金流量套期中采取的不同于常规程序的特殊处理程序，是递延套期工具的未实现损益，也就是把未确认的各期现金流量的公允价值变动中的对冲效应在会计记录中予以递延，以体现套期工具与被套期项目在确认上的关联性。

7.8.4

对境外经营净投资套期的会计处理

对境外经营净投资套期，应比照类似于现金流量套期的会计处理原则进行处理，需要指出的只是，与套期的有效部分相关的套期工具的利得或损失，应按外币折算损益的归类方式进行归类。

以下的例题也涉及对套期的有效部分和无效部分的不同处理。

【例题7】设某美国母公司为其全球所有的加拿大子公司在20×5年12月31日的预期加元净负债CA＄100 000的外汇风险进行套期，因而在12月1日与外汇经纪银行按30天期的远期汇率US＄0.6981/CA＄1签订了一项应收CA＄100 000的远期外汇合同。当日的即期汇率为US＄0.7008/CA＄1，12月31日的即期汇率为US＄0.6920/CA＄1。全球的加拿大子公司20×5年12月31日资产负债表中的实际加元净负债为CA＄110 000。该公司应作的会计分录如下：

（1）在签约日（交易日）确认（初始确认）期汇合同。

借：应收加元期汇合同（CA＄100 000）　　US＄70 080
　贷：应付美元期汇合同　　US＄69 810
　　递延套期损益（利得）　　US＄270

（2）在年终（结算日）履行（终止确认）期汇合同。

借：应付美元期汇合同　　US＄69 810
　贷：银行美元存款　　US＄69 810
借：银行加元存款（CA＄100 000）　　US＄69 200
　　递延汇兑损益（损失）　　US＄880
　贷：应收加元期汇合同（CA＄100 000）　　US＄70 080
借：递延套期损益（利得）　　US＄270
　　折算调整额（权益）　　US＄610
　贷：递延汇兑损益（损失）　　US＄880

以上例题中，套期工具（期汇合同）的损益分别确认为递延套期利得和递延汇兑损失，由于被套期项目（外币净负债额）的实际金额CA＄110 000超过套期的预期金额CA＄100 000，套期全部有效，故将套期工具形成的净损失US＄610（US＄270－US＄880）全部结转为折算调整额而计入权益。

假如期末资产负债表中的实际加元净负债为CA＄92 000，则应计入权益的套期有效部分为US＄561（US＄610×CA＄92 000/CA＄100 000），应计入当期损益的套期无效部分为US＄49（US＄610－US＄561或US＄610×CA＄8 000/CA＄100 000）。

借：递延套期损益（利得）　　US＄270
　　折算调整额（权益）　　US＄561
　　汇兑损益（损失）　　US＄49
　贷：递延汇兑损益（损失）　　US＄880

从以上阐述的会计程序可以看出，递延套期损益是比照现金流量套期的处理程序，至被套期项目（外币净投资额）实现之时，才转作折算调整额。至于先把汇率差反映为递延汇兑损益，则是考虑到如果实际投资净额低于预期投资净额，则只能将实际投资净额上的套期有效部分结转为折算调整额，余下的无效部分应转作汇兑损益，计入当期损益。

7.8.5 套期活动会计的特征和存在问题

如前所述，与常规会计程序相比，套期活动会计凸显了套期工具与被套期项目公允价值或现金流量变动互抵（对冲）的会计效应，这种对冲效应在公允价值套期中被计入同一会计期间的损益。在现金流量套期中，这种对冲效应反映在未被确认的现金流量变动中，在会计记录中则反映为递延套期工具的未实现损益，直至预期交易发生之时。这就改变了常规会计程序在确认和计量上不能反映套期对冲效应的“脱节”现象，但这种程序却有悖于常规程序。

这种在资产负债表上反映递延套期损益和在损益表上调整当期损益的会计处理，影响了财务报表的基础。而按照会计原理的要求，财务报表基础是不能任意调整的，资产、负债和损益的不同项目应该保持一致的确认标准，而套期活动会计却背离了这一原理，因此它只是一种特殊的例外处理。同时，企业管理层无论在套期关系的认定和套期有效性的判定方面，都有较大的操纵空间（尤其是对预期交易套期），而且套期活动会计的准则规定和实务操作都相当复杂。

7.8.6 以全面公允价值计量模式取消套期活动会计

国际会计界早就出现了对应否取消套期活动会计的论争，看来，对金融工具实行全面的公允价值计量将是大势所趋（虽然可能还需要一段也许不很短的期间），如在前述JWG发布的《准则草案和结论依据——金融工具及类似项目的会计处理》征求意见稿中，已经明确摒弃了对金融工具采用历史成本和公允价值并用的混合计量模式，建议全面采用单一的公允价值计量模式，套期活动会计面临着将被取消的可能。而取消套期活动会计，对于运用衍生金融工具进行套期的对冲和递延会计效应的避险意图，在会计记录上就不能凸显地反映出来了。

这里需要强调的是，取消套期活动会计，并不是取消对风险敞口（受险额，exposure）的套期保值行为，也不等于漠视企业管理层为套期保值所作的努力和获取的成果，而只是要取消由于套期活动会计的特殊处理程序所导致的对资产负债表和收益表基础的调整。这样，对于套期保值行为及其效应的表外披露，就更应该适当加强。

7.9 金融工具在财务报告中的披露

虽然，衍生金融工具已经在表内确认了，我们仍需十分重视金融工具（衍生工具和基本工具）在财务报表外的披露问题。因为这些更翔实的信息不仅是对表内列报的补充，而且还包括一些具有独立价值的战略性和政策性的重要资料。IFRS 7《金融工具：披露》的发布并于2006年1月1日生效，取代了修订后IAS 32《披露和列报》的披露部分和IAS 30《银行和类似金融机构财务报表中的披露》。

7.9.1 IFRS 7对被取代的IAS 32披露部分和IAS 30的主要变革

IFRS 7与被取代的修订后的IAS 32披露部分和IAS 30对比，其显著的特征有：一是把IAS 32和IAS 30相结合，不再为银行及类似金融机构另作专门规定；二是就金融资产和金融负债的不同类别分别提出披露要求，从而更为翔实和具体。从总体上说，IFRS 7并没有对IAS 32披露部分和IAS 30作出根本性的修订。

以下只是参照IFRS 7的主要内容，作一简括的说明，IFRS 7对披露应采取的形式则未加限定。

7.9.2 金融风险的分类

金融工具交易可能导致企业承担或向另一方转移一种或多种金融风险。披露这些风险将有助于财务报表使用者评价与已确认和未确认的金融工具相关的风险程度的信息。

金融风险包括市场风险、信用风险和流动性风险。

1）市场风险①

市场风险被定义为：由于市场价格变动而导致的金融工具的公允价值或未来现金流量变动的风险。市场风险包括：

（1）货币风险，是指金融工具的价值因外汇汇率变化而波动的风险。

（2）利率风险，是指金融工具的价值因市场利率变化而波动的风险。

（3）其他价格风险，是指金融工具的价值因货币风险和利率风险以外的市场价格变化而波动的风险，不论这种价格变化是由于与某一特定工具或其发行者有关的因素所引起，还是由于与影响市场内交易的所有工具有关的因素所引起。

“市场风险”一词体现的不仅是潜在的损失，也包括潜在的利得。

2）信用风险

信用风险是金融工具的一方不能履行义务从而导致另一方发生金融损失的

---

① 在本书第3版中的提法是按照《国际会计准则2002》的规定，即在价格风险中包括货币风险、利率风险和市场风险。《国际财务报告2004》所载修订后IAS 32中已改为市场风险中包括价格风险。本书自第4版起因此作了同样的更改。

风险。

3）流动性风险

流动性风险亦称筹资风险，是主体难以筹集到相应的资金以履行与金融工具相关的承诺的风险。流动性风险可能由于不能尽快以接近其公允价值的价格出售金融资产而发生。

IFRS 7 要求，除了从定量上披露各种金融风险程度外，还应该从定性上披露风险管理的目标和政策。

7.9.3 对三类金融风险的披露要求

以下简要地说明对市场风险、信用风险和流动性风险的披露要求。

1）市场风险

IFRS 7 要求披露对市场风险的敏感度分析，包括，假如把资产负债表日存在的风险变量的“合理的可能变动”应用到同日存在的所有风险所导致的影响，并披露在敏感度分析中使用的假设和方法及其目标，如果较上期使用的假设和方法有所改变，应披露变动情况。对于源自有显著差别的经济环境的风险敞口，不应合并披露。例如，从事金融工具交易的企业，应分开披露对为交易而持有的与不用于交易的金融工具的敏感度信息。

IFRS 7 的“应用指南”对什么是“合理的可能变动”提供了一些指南。其中包括：

（1）考虑企业经营所处的经济环境（远期的、最坏的或不存在压力等经济环境）；

（2）考虑下一报告期内哪些变动可能是合理的；

（3）如果基础风险变量的变动率是稳定的，可以不必对风险变量的“合理的可能变动”再次评估。

2）信用风险

IFRS 7 要求披露在考虑收到的担保品和其他信用增强手段之前的每一类金融工具扣抵任何减值损失后的最大风险敞口，并对可能获得的担保品和其他信用增强手段作出描述。对于已授予的贷款和应收款及已提存的存款按其账面金额，对衍生工具按现时公允价值。

IFRS 7 对信用风险披露的新要求包括：

（1）与未逾期的也未减值的金融资产的信用质量有关的信息（如信用等级分析）；

（2）对可能获得的作为担保的担保品和其他信用增强手段的描述及其公允价值；

（3）企业已控制的担保品。

3）流动性风险

IFRS 7 扩大了对流动性披露的要求，规定应披露如何管理流动性风险；同时修订了 IAS 30 要求银行披露金融资产和金融负债的约定到期日信息的规定，只要求按未折现现金流量披露金融负债的约定到期日的信息。进行到期日分析的困难之一是对衍生工具的处理，因为它涉及一系列的现金流量，IFRS 7 在“应用指南”中提供了在金融负债的约定到期日分析中可以应用的时间框架。

7.9.4 资产负债表和收益表的披露要求

1）资产负债表的披露要求

IFRS 7 要求，企业应按适合于所披露的信息性质和金融工具特征的要求对金融工具进行分类（如以公允价值计量且其变动计入损益的金融资产和可供出售的金融资产），而 IAS 32 原先只是要求对以公允价值计量且其变动计入损益的金融资产进行披露。对于披露的要求，两者则是类似的，即既包括账面金额，也包括相关联的公允价值；同时，还要披露任何重新分类的金额和理由。其中的具体披露要求主要有：

（1）IFRS 7 包括 IAS 32 中引入的对按公允价值计量且其变动计入损益的贷款和应收款项的披露要求（这是由于修订后 IAS 39 中提出了“公允价值选择权”）。其要求披露的具体项目如下：最大信用风险敞口；信用衍生工具对信用风险敞口的影响；贷款和应收款（可以按类）的公允价值变动；由于当期的和指定期限内累计的信用风险变动而运用的任何信用衍生工具等。

（2）IFRS 7 要求，也是作为修订后 IAS 39 提出的“公允价值选择权”的一部分，如同 IAS 32 的原规定，应披露由于信用风险导致的金融负债公允价值变动，并提供了作出记录的基本方法。

其他的披露要求还包括：

（3）当被转让金融资产的全部或一部分还不符合终止确认的条件，或是仍有后续的牵连时，应披露必要的信息。

（4）对作为担保品的金融资产，除披露其条件和情况外，还应披露其账面金额。

（5）应披露在未订明违约的条件下作为担保品收到的并具有可出售或再担保权利的资产的公允价值及其条件和情况。

（6）IFRS 7 要求披露所有金融资产的信用损失备抵的调节情况，而原 IAS 30 则只要求披露贷款和预付款的调节情况。

（7）对于具有多种嵌入衍生工具的复合金融工具，必须披露其价值互相关联的多种衍生工具的存在（如可抵押可转换债务）。

（8）对于违约和未履约的负债，应披露这些违约负债的明细情况和账面金额。

2）收益表的披露要求

IFRS 7 对收益表的披露要求，不像 IAS 32 那样根据惯例，也不像 IAS 30 那样详细。以下列示的第（1）条至第（3）条是对 IAS 32 原规定的保留，第（4）条至第（7）条是新的要求。

（1）来自不以公允价值计量并将其变动计入损益的金融资产和金融负债的利息收益总额和利息费用总额。

（2）在从权益中重新归入损益中的那些金额之外，在权益中确认的对可供出售金融资产的利得或损失。

（3）在减值的金融资产上的应计利息。

（4）每一类金融资产或金融负债的利得净额或损失净额。

（5）每一类金融资产的减值损失。

（6）对不按公允价值计量且将其变动计入损益的金融资产和金融负债，其作为收益和费用的费（fee）（不包括确定实际利息率的金额）。

（7）来自信托或其他受托业务的作为收益和费用的费（fee）。

7.9.5 其他披露要求

1）会计政策

IAS 32 规定，企业应披露会计政策和会计方法，包括应用的确认标准和计量基础，以及对每类金融资产的常规购买或出售是在交易日还是在结算日进行会计处理。IFRS 7 及其“应用指南”在这方面增添了更多的具体要求，主要有：

（1）指定金融资产和金融负债以公允价值计量并将其变动计入损益所应用的标准；

（2）指定金融资产为可供出售的金融资产所应用的标准；

（3）备抵账户（如坏账准备）的使用，包括从这些账户中注销所记金额的标准。

2）套期活动会计

IFRS 7 对套期活动会计的披露要求可总括如表 7—5 所示。

IFRS 7 对 IAS 32 的要求的扩展主要是：

（1）在现金流量套期中，必须按收益表中的标题来分析从权益转入损益的套期工具损益；

（2）在现金流量套期和境外经营投资净额套期中，增添了披露在损益中确认的无效套期金额以及套期工具和被套期项目上的损益。

3）公允价值

IFRS 7 保留了有关确定不同类别的金融资产和金融负债的公允价值的方法和重要假设的披露要求。其中包括：

表7—5　　套期活动会计的披露要求

披　露　要　求	公允价值套期	现金流量套期	投资净额套期
套期风险的描述和套期工具及其公允价值	√	√	√
被套期的现金流量预期将发生		√	
预期交易预料不会发生		√	
利得或损失在权益中发生和再归类至损益		√	
套期工具损益和套期风险	√		
在损益中确认的无效套期		√	√

（1）公允价值是根据市场报价还是计价技术；

（2）作为公允价值基础的计价技术是否包含缺乏市场价格和比率证明的技术方法；

（3）在计价技术中应用合理的可能选择假设的影响。

虽然，“是否”的问题可以通过雄辩的定性分析来回答，但对各类金融工具的价值，则要求作出定量分析。

IAS 32 要求披露其公允价值不能可靠计量的金融工具的性质和账面价值并解释为什么这样做；IFRS 7 将前述要求扩展，还要求披露企业如何处置这些金融工具的意向。

4）“第 1 日”损益

IAS 39 不允许确认金融工具在初始确认时的损益（称为“第 1 日”损益），除非作为该工具公允价值基础的是依据显著的市场变量的计价技术。对于这种未确认的金融工具的“第 1 日”损益，IFRS 7 要求予以披露，并要求披露其先前递延的金额的变动以及企业关于决定在损益中确认递延金额的政策。

7.9.6

我国金融工具会计的发展过程——从表外披露走向表内确认

我国衍生金融工具于 1991 年正式推出。现在保持公开交易的境内衍生金融工具主要有可转换债券、外币期货、外币远期、外币掉期（互换）、股票指数期货、认股权证、国债期货等，但规模都很小，只有国债期货较大，而公司债券的发行上市尚在启动中。直至近年，由于证券市场的发展和监管制度的不断改进（比如，鼓励机构投资者的进入），大型以至中型企业对运用衍生金融工具的意愿的加强和在融资和避险中运用衍生金融工具的经验积累（比如，对运用外币远期合同进行套期保值，为避险进行外币远期合同互换（掉期）），以及政府宏观政策的引导（比如，中国人民银行自 1997 年起批准中国银行试办人民币远期结、售汇业务），上述情况正有所改观。可以预期，我国衍生金融产品市场将迈入跨越式发展的阶段。

正是在这样的背景下，中国银行业监督管理委员会于2004年2月5日出台了《金融机构衍生产品交易业务管理办法》，在此之前刚发布的《国务院关于推进资本市场改革开放和稳定发展的若干意见》也指出，要“研究开发与股票和债券相关的新品种及其衍生产品”。

财政部会计准则委员会为此加快了会计准则的制定工作①，适时地研究开发把衍生金融工具纳入表内列报的准则，以防范资产负债表外融资所蕴含的巨大风险。而在此之前，财政部在2001年年末发布的《金融会计制度》则规定对衍生金融工具交易“作为表外业务进行核算”。由此可见，我国金融工具会计的发展从表外披露走向了表内确认。

2006年2月15日，财政部一次通过了包括1个基本准则和38个项目的会计准则，自2007年1月1日起施行。其中包括：企业会计准则第22号《金融工具确认和计量》，第23号《金融资产转移》，第24号《套期保值》（以上3个准则相当于IAS 39)，第37号《金融工具列报》（分为“列示”与“披露”，“列示”相当于IAS 32保留的“列报”部分，“披露”相当于IFRS 7)；第25号《原保险合同》，第26号《再保险合同》（这2个准则相当于IFRS 4《保险合同》)；第11号《股份支付》（相当于IFRS 2《以股份为基础的支付》)；第12号《债务重组》；第17号《借款费用》等。其相应内容基本上都是参照了IAS/IFRS，故不再另作介绍。看来，其应用程度有待实施后的进一步观察。

讨论题

7.1 对比本章引述的金融工具的3个定义，说明各自的特点。

7.2 对比本章引述的衍生金融工具的4个定义，说明各自的特点。

7.3 区分金融资产和负债与非金融资产和负债项目是否等同于区分货币性资产和负债与非货币性资产和负债项目？请予以说明。

7.4 衍生金融工具品目繁多，但其基本形式不外乎：（1）远期合同；（2）期货合同；（3）期权合同；（4）互换（掉期）合同。这是根据什么标准区分的？互换合同（掉期合同）为什么不是独立的形式呢？

7.5 说明远期合同与期权合同的共性和特性。

7.6 为什么衍生金融工具交易长期作为表外业务处理？这会带来什么样的严重后果？

7.7 衍生金融工具代表的权利、义务是否符合资产、负债定义？

7.8 如果认为衍生金融工具代表的权利、义务符合资产、负债的定义，那要解决什么问题，才能在资产负债表内列报衍生金融工具呢？IASC的见解如何？

7.9 你对IASC的见解有何评论？是基本赞同还是不赞同？你个人对IASC又有什么见解？

7.10 你对IASC和FASB的主张，即对所有金融工具包括基本的和衍生的金融工具都应以公允价值计量的观点有何评论？你认为不去触动基本金融工具的以历史成本（摊余成本）为计量基础的传统习惯，而只要求以公允价值计量衍生工具是否合适？说明其理由。

7.11 把计量基础的确定和确认时点的选择建立在对金融资产分类的基础上，你认为合适

① 先是，财政部在2005年8月发布了《金融工具确认和计量暂行规定（试行）》，自2006年1月1日起在上市和拟上市的商业银行范围内试行。

吗？有什么利弊得失？

7.12 你怎样理解公允价值？公允价值是一种计量观念还是计量基础？对金融工具而言，在哪些情况下能可靠地以公允价值计量？

7.13 你怎样理解对套期活动的会计处理？为什么IASC和FASB都主张只有在特定条件下才能运用套期活动会计？

7.14 你怎样区别公允价值套期和现金流量套期？对境外经营净投资套期的会计处理有什么特点？

7.15 金融工具在财务报告中披露的要领有哪些？

练习题

7.1 设A公司于20×4年4月12日与期货经纪人签订承诺购入债券期货＄50 000（当日市价）的3个月期期货合同，按期货价格的10%交纳初始保证金＄5 000，并在每月月末按照期货价格的涨（跌）补交（退回）相应的金额。设4月30日该项债券期货的市价涨至＄52 000。5月20日，A公司预计其市价将转趋疲软，故按＄51 000转手平仓，并支付交易费＄300，通过保证金进行差额结算。

试采用（1）交易日会计和（2）结算日会计，分别作出交易日、4月末和结算日的分录。

7.2 设B公司于20×4年4月12日签订了卖出执行价格为＄50 000的股票的9个月期美式看跌期权合同，并向立权的经纪公司交付＄6 000的期权费。设4月30日，此项股票期权的市价上涨至＄50 800，期权的内含价值（略而不计其时间价值），即执行价值为＄800。在5月20日，B公司决定执行此项期权合同，设当日合同市价下跌至＄48 000，相应地其执行价值为－＄2 000。又设执行时交付了＄500的交易费。

试分别作出交易日、4月末和结算日的分录。请回答：

（1）在此项期权交易中，B公司获利还是亏损了？数额是多少？

（2）在什么情况下，B公司将招致亏损？

（3）在什么情况下，B公司将选择不执行期权合同？

7.3 C公司于20×4年1月1日按面值发行5年期、年利率为5.5%的浮动利率债券＄100 000，每6个月浮动一次，同时与某银行进行利率互换交易，将浮动利率调换为5%的固定利率。设下半年的浮动利率为4.8%，每年年终支付债券利息和互换交易费。

试作出：

（1）发行债券的分录；

（2）分别计提20×4年1—6月份和7—12月份的债券利息与互换交易费的分录；

（3）20×4年年终支付债券利息和互换交易费的分录。

7.4 将【例题1】中的美国出口商改为进口商，在200×年5月31日的外币交易中形成了60天期的应付英镑账款￡100 000。为了套期保值，它签订了一项按60天期远期汇率US＄1.6336/￡1锁定的美元兑换为英镑的远期合同，设当日的即期汇率为US＄1.6311/￡1，6月30日（会计年度结束日）的即期汇率为US＄1.6409/￡1，7月30日（结算日）的即期汇率为US＄1.6469/￡1。在资产负债表内确认期汇合同。

作出交易日、年终、结算日的会计分录。

7.5 20×4年10月17日，D公司预期将在3个月后售出现价为＄5 000的存货，同时为了套期保值，签订了承诺购入等值的同类存货的3个月期的远期合同，设此项远期合同未发生成本。20×4年12月31日，该项存货跌价＄500，远期合同则跌价＄600。

Ⅰ. 假设在 20×5 年 1 月 4 日，D 公司决定放弃这一销售计划；

Ⅱ. 假设在 20×5 年 1 月 17 日，预期交易发生，该项存货较上年年末涨价了＄100，远期合同则升值＄80。

试分别作出：

（1）20×4 年 10 月 17 日和 12 月 31 日的分录；

（2）为情况Ⅰ在 20×5 年 1 月 4 日作出分录，并回答 D 公司将如何处置购货承诺的远期合同？

（3）为情况Ⅱ在 20×5 年 1 月 17 日作出分录。

7.6　设美国母公司为其全球的加拿大子公司在 20×4 年 12 月 31 日的预期加元净资产 CA＄100 000 的外汇风险进行套期保值，因而在 12 月 1 日按 30 天期远期汇率 US＄0.6981/CA＄1 签订了一项应付CA＄100 000的远期外汇合同。当日的即期汇率为 US＄0.7008/CA＄1，12 月 31 日的即期汇率为US＄0.6920/CA＄1。加拿大子公司 20×4 年 12 月 31 日资产负债表中的实际加元净资产为 CA＄110 000。

作出期汇交易日和年终的会计分录。

假如年终的实际加元净资产为 CA＄92 000，改作反映套期效应的会计分录。

第 8 章 会计惯例的国际比较

学习目标
8.1　会计惯例与会计准则
8.2　会计惯例在整体上的国际比较
8.3　会计惯例的分项国际比较与协调趋同
讨论题
练习题

学习目标

本章在阐明会计惯例与会计准则的关联和区别的基础上，从整体和分项两方面对主要会计惯例进行国际比较，论述其国际差异和国际协调的演进过程，作为对第 7 章专门论述金融工具会计之后的一个总括性的简要评述。

本章将对会计惯例进行国际比较以阐明其间的重要差异，从交叉比较中得出较全面的图景，这实际上也是对第 3 章、第 4 章两章“比较会计模式”和第 5 章“国际会计协调化”中的分散论述的一次集中的、较全面的概括。缩减乃至消灭这些差异，则是国际会计趋同化的重大使命。

8.1 会计惯例与会计准则

在阐述会计惯例的国际差异之前，有必要说明“会计惯例”和“会计准则”之间的关系。

无论是国际会计准则还是西方主要国家的国内会计准则的制定，迄今都是采取从现行会计惯例中筛选的方法。特别是初期，准则的制定受实用主义的影响，很少去注意会计方法的概念依据问题，不同会计准则之间，甚至在同一准则允许选用的会计方法之间，都不乏有在概念依据上相矛盾的事例。这就促使会计准则的制定机构去构思一个财务会计概念框架（结构），来指导今后会计准则的制定，并着手对已发布的会计准则进行审查和修订。这个趋向使有些会计准则的要求可能超越当时流行的会计惯例。

发布的会计准则有时也可能没有成为流行的会计惯例，或是因经济环境条件的改变而被停止执行或废止（有关物价变动会计的准则就有这种情况）。

无论是国际会计准则还是各国的国内会计准则，对一些会计问题（比如存货计价、固定资产折旧、外币报表折算等等）往往有几种可选择的处理方法。这样，同样属于会计准则允许的方法，有的可能成为占优势的会计惯例，有的则不那么流行，也可能几种方法的流行程度不相上下。

凡此种种都说明，“会计准则”和“会计惯例”是既有联系又有区别的概念。会计准则是筛选出来的“标准”会计惯例，会计惯例一般地说是当时流行的会计准则。

西方有些会计学者，对一些重要的会计方法进行国际调查（一般以大型跨国公司为样本），为会计惯例的国际差异和协调情况提供实证资料。这无疑是很有价值的研究工作。例如，F. D. S. Choi（崔）和 V. B. Bavishi（巴维希）在 1982 年发表的就 32 个重要会计方法的国际差异对美国、联合王国（英国）、日本、前联邦德国、法国、加拿大、瑞典、荷兰、瑞士、澳大利亚等 10 国的 869 家大型跨国工业企业 1979 年和 1980 年的年度报告进行调查研究的结果[①]，以及辑入 D. Ordelheide（奥德海德）和毕马威国际会计公司（KPMG）编辑的《跨国会计》中的 Arcy（阿茜）和奥德海德在 2001 年发表的《一个参考矩阵》一文中对主要国

① 可参阅［美］崔、缪勒:《国际会计》（1984 年出版），常勋、陆祖汶等译，第三章“比较会计惯例”，上海，立信会计图书用品社，1988 年初版，1990 年再版。

家重要会计惯例的比较[1]，来说明20世纪80年代前后至世纪之交的国别会计差异的演变概况。

8.2 会计惯例在整体上的国际比较

在整体上，我们可以从资产和负债的确认与计量以及业主权益和分期收益的确定这两个方面，来进行概括的国际比较。

8.2.1 资产的确认和计量

乍看起来，对资产的确认与计量在国际惯例上似乎不存在什么差异，资产和负债的定义在各个国家基本上是类似的，资产项目按原始交易成本（历史成本）计价，至今仍是全球流行的会计计量原则。但细究起来，在一些“边缘”问题上，差异和疑义都是存在着的。

1）在资产的确认上，关于无形资产的确认也许是最突出的问题。例如：

（1）商誉的定义是超正常盈利能力的资本化，这是符合未来经济利益资本化的资产定义的，但对持续经营中企业的自创商誉则不予确认；企业合并中确认的商誉，其“原始交易成本”也往往不是遵循超正常盈利能力的定义来确定的。按照德、荷、法等国的跨国公司中较占优势的会计惯例，对企业合并中的商誉，不是确认为资产而是从合并股东权益中注销，英国在历史上也曾如此，在1989年7月发布的SAP 22（第22号标准会计惯例）《商誉会计》中，才要求把商誉确认为应摊销的无形资产。欧共体第7号指令则要求在①把商誉确认为无形资产而系统地摊销或是②立即从合并股东权益中注销这两种方法中选用其一，而这两种方法在概念依据上是不同的。美国FASB在2001年6月30日发布的新准则FAS 142《商誉和其他无形资产》中，改变摊销商誉的方法，代之以测试其减值损失（至少每年一次）的方法，即只有在商誉的账面记录金额超过它的公允价值的会计期间，才记录其减值，并将减值部分确认为当年费用。[2]

（2）自行研究开发而申请取得的专利权，其原始成本中往往不包括研究开发支出，因为在大、中型跨国公司中，以研究开发成功与否不能确定为理由，把支出都在当期费用化了，只把余下的技术鉴定和申请注册等支出资本化为专利权的原始成本。这样的计价基础显然是与未来经济利益资本化的资产定义不符的。

---

① A. Arcy and D. Ordelheide, A Reference Matric, in the Transnational Accounting, Edited by D. Ordelheide and KPMG, 2nd Edition, 2001。

② 关于商誉会计较全面的探讨，可参阅常勋：《商誉会计面面观》，载《财务与会计》，2005（12），17～19页。

还可以继续举例。在自然资源的原始成本中是否包括风险性很大的勘探支出也是性质类似的问题，是资本化还是费用化？大、中型企业和小型企业往往会采取不同的会计政策。

2）“经济实质重于法律形式”还是“法律形式重于经济实质”，是一些会计问题的国际差异所以存在的主要原因，也是以美英为代表的不成文法系国家与以欧洲大陆国家为代表的成文法系国家在会计惯例上的主要差别。例如：

（1）长期融资租赁应否资本化？从法律形式上看，这是租赁关系，融资租入固定资产的所有权，要在付清最后一次租赁费并办理产权转让的法律手续后才能取得，因此不能资本化。但从经济实质上看，这是以租赁资产的形式给予承租人的长期信贷，租金实质上是贷款的偿还，贷款清偿后可以通过办理产权转让而取得资产的所有权，是合乎逻辑的结果。因此，在会计处理上要同时确认资产（融资租入固定资产）和负债（融资租赁应付款）。

（2）库存股份在形式上与购存其他公司的股份并无差别，应该同样地确认为资产（短期证券投资），但在实质上这是一部分业主权益的暂时收回，应该从股东权益中抵减。

3）资产的计量问题。从总体上看：

（1）在全球范围内至今流行的仍是历史成本（原始交易成本）计量模式，但实际上，任何国家或地区早就不存在“纯粹”的历史成本计量，而是或多或少地在应用原始交易成本时掺杂某种形式的重估价的方法。

在这方面，也存在着国际差异。例如，许多欧洲大陆国家和一些拉丁美洲国家都允许对固定资产进行重估价，把重估价准备作为资本调整项目，而美国则不这么做。在调整物价变动对会计计量的影响方面，国际差异更为显著。有的跨国公司甚至采用了对实收资本计算假计利息的比较独特的方法，这种方法显然是没有概念依据的。

（2）金融市场剧烈的价格波动和计量衍生金融工具的需要，以及由于技术创新及多种市场因素导致的资产减值问题，促使国际会计界（包括准则制定机构）启动了以公允价值计量取代历史成本计量的努力。

所谓“公允价值”，按照国际会计准则中给出的定义，是“指在公平交易中，熟悉情况的当事人自愿据以进行资产交换或负债清偿的金额”。在初始计量时，这当然也是原始交易成本。公允价值计量模式与历史成本计量模式的差别在于：前者要求在每一会计期间（至少是每一会计年度）终结时，对资产项目进行后续计量（重估价），以确认其减值或增值；而后者则保持其初始计量不变，其在每一会计期末的金额（账面价值），一般为原始成本的摊余值（摊余成本）。

公允价值有几种计量基础：①现行市价（也就是现行交易成本），这是最可靠的后续计量基础；②评估价，这取决于专业评估机构的公正性、权威性和执业质量；③计价模型，可以比较恰当地设计，但模型所确定的只是变量及其相互间的作用，仍需要相当可靠的市场数据的输入，而且复杂的计价模型的设计也是相当困难的；④未来现金流量的折现值，其可靠性取决于对未来现金流入和折现率的估计，这将面对很多不确定因素。

由此可见，公允价值计量的可靠性，正是它能否全面取代历史成本计量的关键。不同的企业乃至同一企业的不同资产项目，应该选择它适用的公允价值计量基础，如果不适用，还是要沿用历史成本计量基础。看来，在一定时期内，“多元计量”是难以避免的。但是大型企业，特别是跨国公司，由于其经营活动在很大程度上卷入国际金融市场，在生产和经营手段上也更多地运用高、精、尖技术，因而面临着越来越大的市场风险，公允价值计量的发展又是大势所趋。然而，迄今为止，即使对金融工具，也只是最大限度地拓宽了公允价值计量的运用。[①]

如7.6.1第5点所述，在当前（2008—2009）的世界金融危机中，由于人们对以公允价值计量金融工具市场越发失去信心，2008年10月，IASB发布了《理事会专家组报告：在非活跃市场中计量金融工具的公允价值》，在坚持公允价值计量的目标和原则下，考虑了市场中的各种实际问题，通过放宽对金融工具重分类的规定，使一些原来以公允价值计量的金融工具，可以通过重分类适用诸如摊余成本的其他计量属性（回到以历史成本计量）。这就与美国准则原则上保持了大体一致，以满足欧洲金融机构等财务报表使用者的要求。

8.2.2 负债的确认与计量

在负债的确认和计量方面，情况也是类似的。

1）所得税会计提供了突出的例证。在应税收益背离报告收益的情况下，如果是由于暂时性差异而采用跨期摊配的程序，原来采用的是递延法，这样形成的所得税负债不符合“负债”的定义。在美国已发布的关于所得税会计的新准则（1987年发布的FAS 96和取代它的在1992年5月发布的FAS 109）以及IASC于1994年重编、1996年修订的关于所得税会计的IAS 12，都转向“负债法”。其中，收益表负债法在当时是流行的会计惯例，而更体现纳税基础概念的资产负债表负债法还不很流行，而现在则已成为超越收益表负债法的流行惯例。

而且，在全球范围内，也还有一些国家是不采用确认递延所得税负债的方法的。例如，法、德等欧洲大陆国家由于会计方法基本上从属于税法要求，很少出现暂时性差异；瑞士采用的是分期预提应计所得税的会计程序；在阿根廷等国，则根本不去预计所得税负债，而只是在收付实现制的基础上确认所得税支出。

2）在处理确认养老金负债方面，差异也是很突出的。例如，是否预计在职职工的养老金负债，按什么基础预计，许多国家都还没有制定发布这方面的会计准

① 参阅本书第7章的相关论述。更全面的论述可参阅常勋：《财务会计四大难题》，3版、4版，第一篇第三章，上海，立信会计出版社，2006、2008。

则。即使在美国，不少企业对要求以保险统计为基础预计养老金负债的本国会计准则也不很积极支持。

3）由于负债的计量不可避免地带有程度不等的不确定性，不确知的未来事件对现有资产价值影响的估计也总有程度不等的主观判断性（例如，市场价格和外汇汇率的变动导致的存货跌价）。西欧主要国家长期以来就容许企业通过故意确认和高估可计量的或有负债和不确知的未来事件对资产价值的影响，作为制造“秘密准备”的最方便的方法。尽管20世纪90年代以来，随着证券市场的发展，以及欧盟在致力于各成员国会计协调化方面的卓有成效的努力，各国政府和会计职业界都有遏制这种做法的趋向，但要促使西欧国家的跨国公司彻底改变这种积习甚深的所谓“审慎”的会计惯例，还得假以时日。

8.2.3

业主权益与分期收益的确定

在业主权益与分期收益的确定方面，同样存在值得关注的国际差异。

1）最重大的差异来自收益确定的“总括观念（all-inclusive concept）”和“当期经营观念（current operating concept）”。

在20世纪50年代，美国就提倡收益确定的总括观念，其会计准则要求：除业主投资、业主派得（distribution to owners）、资本捐赠、资本交易以及重大的前期调整项目以外的所有会计事项都要通过收益表，而不能直接计入留存收益；非常损益和会计政策变更的影响都不能作为对业主权益的直接调整。但几乎所有的非英语国家仍然允许把非常损益和会计政策变更的影响直接作为对业主权益的调整而计入留存收益。

1992年10月，英国会计准则委员会（ASB）发布了第3号财务报告准则（FRS 3）《报告财务业绩》，率先倡议编制“全部已确认利得和损失表”，与已实现损益表一起共同表述某一报告主体的全部财务业绩，在“全部已确认利得和损失表”中，也将报告反映企业的财务业绩但根据法律要求或会计准则作为直接进入权益的“准备”；美国FASB在1997年6月发布了FAS 130《报告全面收益》，将全面收益划分为净收益和其他全面收益，一方面保留了传统净收益的概念，另一方面在其他全面收益中，主要报告那些绕过收益表直接列入权益的项目；IASC也在1997年8月发布的修订后的IAS 1《财务报表的列报》中，提出了与英、美准则制定机构的设想相同的改革业绩报告的要求。[①] 但是，其他国家的准则制定机构还很少提出这种构想。

2）同等重要的是“收益平稳化（income smoothing）”问题。

其根源也许在于对计量经营成果的会计分期概念上的差别。美国的会计准则要

① 稍后将设专节表述全面收益表的编制，见9.3及9.3.1、9.3.2、9.3.3、9.3.4。

求明确地按年度分期，反对利用会计方法谋求"收益平稳化"。例如，在外币交易会计中不允许递延汇兑损益，就是一个突出的例子。西欧国家和拉丁美洲国家的会计准则则认为，对合理地确定经营成果来说，按年度分期过于短暂，因此，允许甚至支持在报告年度之间进行某些方式的"收益平稳化"。在瑞典，有人还认为，生产经营周期的长度才是计量和报告企业经营成果最合适的分期。

3）股份公司业主权益会计中的国际差别，很多来自各国不同的法律要求。

例如，许多国家规定，每类股票应具有统一的面值，但有一些国家则规定同一类股票可以具有不同的面值。在德国，"每股收益额"就是一个毫无意义的概念，因为大多数有面值的普通股都具有不同的每股马克价格。①美国等不少国家则允许发行无面值股票。再如，在关于股票分派（在美国和北美洲的用语为股票股利和股票分割）、认股权计划等事项，特别是在库存股份的会计处理上，北美和欧洲国家存在着显著的差别。对分派少量（不超过外发股份的20%）股票股利按市价借记留存收益，是美国独特的惯例，其目的在于限制滥用分派股票股利的方式（特别是在法定面值远低于现行市价的情况下）。

当然，上述的两个方面（资产和负债的确认和计量与收益的确定）之间，存在着交互的影响。资产或负债的浮记或低估，与收益表相应项目的虚报或漏列，常常是联系在一起的。

8.3 会计惯例的分项国际比较与协调趋同②

总的说来，在这些已有长期历史的传统会计方法中，在20世纪80年代，国际协调的程度就已超过了国际差异。有些会计方法是大同而小异，但有些会计方法的差异还是不容忽视的。

8.3.1 存货计价

1）成本与市价孰低规则在期末存货计价中的应用，长期以来在西方国家是普遍采用的方法，但细究起来，国际差异也是存在的。例如，美国对成本与市价孰低规则的应用，有一个条件的限制，即存货的售价已经下跌。因此，订立了固定售价的合同而尚未发售的存货，虽然其重置价格低于成本，却不能适用这一规则。而欧洲国家的会计惯例则没有这样的条件限制，在北欧国家甚至对进口和出口存货允许计提一定的跌价准备，而不问其重置价格的走向如何。

---

① "马克"是德国在未加入欧元区时使用的货币。

② 可参阅常勋（主编）：《国际会计研究》专题二"会计惯例的国际比较"，该专题的作者为曲晓辉，北京，中国金融出版社，2005。

2）在存货发出的计价中，美国企业比较流行后进先出法，这主要是基于纳税利益的考虑；在英联邦国家和法、德以及瑞典等北欧国家，占优势的惯例则是先进先出法。1993 年修订的 IAS 2《存货》规定的基准处理方法是先进先出法和加权平均法，后进先出法只被列为允许选用的方法。2003 年 12 月，IASB 在其《改进国际会计准则》项目中的改进后的 IAS 2 中，已经取消了后进先出法，因为这种方法与存货的实物流动情况不符，因而没有合理的概念基础。但是，FASB 在 2004 年 11 月发布的 FAS 151《存货成本》中，仍允许采用后进先出法。

3）关于存货适用资产减值的会计处理，IASC 于 1998 年 4 月发布了 IAS 36《资产减值》。

4）在资产负债表中，存货按完全成本而不是按变动成本计价（即固定制造费用应分配于产品成本），变动成本计算只应用于企业的内部决策和成本控制，这是世界范围内的通行惯例，但瑞士的不少公司则在对外财务报告中按变动成本对存货计价。

8.3.2 有价证券计价

短期投资中，对于有市场报价的证券，如果按历史成本计量，西方国家普遍采用成本与市价孰低规则，但有些国家的会计惯例，只是在市价的低幅大到足够的程度时，才允许采用这一规则，而且有分项采用还是分类采用之别。根据 Arcy 和 Ordelheide 的调查研究（2001），分项采用应估价值与成本孰低规则确认期末属于短期投资的有价证券的国家主要有澳大利亚、奥地利、比利时、法国、德国；加拿大则既可以分项比较也可以分类比较；丹麦既可用成本或重估的成本，也可采用分项估价或投资组合估价；芬兰和葡萄牙采用成本与市价孰低（分项或按投资组合）方法；荷兰采用历史成本或市场价值；英国则一般分项采用重估价值与成本孰低规则，但对列报的为交易目的而持有的有价证券可以按照市场价格估价；瑞士分项采用应估价值与成本或与市价孰低规则，但在某些情况下使用投资组合方法；美国比照投资准则的规定处理；IASC 则采用市价或市价与成本孰低（分项或投资组合基础），为交易而持有的证券的利得或损失报告为损益，可供出售证券的利得或损失反映为股东权益的单独组成部分或损益。

如第 7 章所述，根据 IAS 39《金融工具：确认和计量》（1998 年 12 月），对这种为交易而持有的有价证券（包括债券和股票），在初始计量后，应按公允价值后续计量，并将公允价值的变动（增值或减值）计入各期损益，对于可供出售的有价证券的利得或损失，可计入损益或股东权益；IASB 在修订 IAS 39（2003 年 12 月）时，已规定只能计入损益。

8.3.3 长期股权投资

对长期股权投资采用成本法或权益法的股权界限量化标准，其国际惯例早已为IAS 3和美、英等主要西方国家的会计准则所肯定。持股20%~50%，才能对被投资公司（联营公司）的经营决策施加重大影响，应采用权益法；达到50%以上，应在权益基础上合并被投资公司（子公司）的财务报表；对持股在20%以下的，则认为不对被投资公司施加重大影响，因而应采用成本法。但是，由于证券市场的发展和股份公司（特别是上市或境外交易的公众公司）股权的日益分散化，事实上这种股权界限的划分早就为实务否定了。IAS 27 和 IAS 28（1998）取代 IAS 3后，IAS 27 虽然仍肯定多数（50%以上表决权）的“控制权”量化标准，但已放宽到虽然未拥有多数股权但具有法定依据（如与其他股东签订协议或通过章程等法律文件）而持有多数表决权（可参阅9.6.1），即从绝对控制权扩展到法定控制权。对于具有重大影响的长期股权投资，IAS 28虽然也保留了20%的股权界限量化标准，但同时加上了“但书”，即虽达到20%或以上，但如能明确证明不存在重大影响，或是虽在20%以下，但能明确证明存在重大影响的，前者将按成本法处理，后者将按权益法处理。同时还列示了可据以判断是否存在重大影响的证实方式：（1）在被投资者董事会或类似权力机构中的代表情况；（2）政策制定过程中的参与情况，包括股利分配或其他分配政策的参与情况；（3）投资者与被投资者之间的重大交易；（4）管理人员的交换；（5）关键技术信息的提供。由此可见，对是否具有重大影响的判断，主要将根据上述五种方式（一种或几种）来证实，20%持股权的量化标准，实际上已退居次要的参考地位了。

我国在2006年2月发布的具体会计准则第2号《长期股权投资》中，已不再对投资者的控制性投资、具有重大影响的投资以及不具有重大影响的其他投资，提出量化的持股比例界限。

8.3.4 提取坏账准备

应收票据和应收账款等应收款项，不可避免地会发生坏账损失。确认坏账损失有两种方法：直接销账法和备抵法。备抵法是西方国家流行的惯例。但是，在崔和巴维希1982年所作的国际调查中，在纳入样本的49家法国跨国公司中，流行的却不是备抵法，而是直接销账法，鉴于欧洲大陆的证券市场国际化的发展，法国公司的这种情况已有所改变。

从应收款项适用资产减值的会计处理（IAS 36）来看，其可收回金额（recoverable amount）和计入各期损益的坏账损失，应该采用备抵法来确认。

8.3.5 固定资产折旧和重估价

（1）在折旧方法方面，多数国家比较流行的还是直线法，但这并不排除在纳税申报中采用加速折旧法。以美国为代表的不成文法系国家，编制对外财务报表所遵循的会计准则与所得税法的会计要求基本上相背离。但是，在法国和德国等欧洲大陆的成文法系国家，两者则要求基本上保持一致，即会计准则基本上要遵从税法要求。在这种情况下，在对外财务报告和纳税申报中，可能是同时采用直线法，而经准许在纳税申报中采用加速折旧法的企业，在对外财务报告中也必须采用加速折旧法。在崔、巴维希 1982 年的国际调查样本中，法国公司和德国公司采用直线法或加速折旧法折旧的，几乎不相上下。

（2）关于折旧额能否超过固定资产原价的问题，则有较大的国际差异。美国、加拿大、德国、日本等国都不允许超过原价，英国、法国、荷兰、瑞典、瑞士、澳大利亚等国则允许超过原价。

（3）在历史成本计量模式下，固定资产的重估价一般是不允许的，除非是在提供物价变动影响的补充资料中。但是，法国等西欧国家和阿根廷、智利等拉丁美洲国家的会计惯例则允许对固定资产重估增值。

如果按照公允价值计量，则在每一会计期末，都应对固定资产（和无形资产）重新估价，并确认其减值损失（增值则应先扣抵已提的减值准备）。

8.3.6 流动负债和长期负债的划分

一般的惯例是以 1 年为界限，凡在资产负债表日期 1 年以后到期的负债项目，应归入长期负债。但是，德国对国内公司的会计惯例则要求 4 年以后到期的负债项目才归入长期负债，这也从一个侧面反映了德国企业所持的长期经营目标的观点。再者，按照上述以 1 年为划分流动负债和长期负债的界限，在原来的长期负债中，凡在资产负债表日期后 1 年内到期的项目，就应归入流动负债，但有些国家对划分流动负债和长期负债的期限界限，还采用了“1 年或营业周期孰长”的规定。

8.3.7 长期债券溢价和折价是否摊销

根据崔和巴维希 1982 年所作的国际调查，在长期债券溢价和折价是否摊销的问题上，存在着较大的国际分歧。就所调查的 869 家跨国大型工业公司而言，在 413 家美国公司、111 家日本公司、36 家加拿大公司、21 家荷兰公司、17 家澳大利亚公司中，摊销是占支配地位的惯例；而在107家英国公司、66家联邦德国公司、49家法国公司、31家瑞典公司、18家瑞士公司中则没有这样的惯例。20世纪90年代以来，这一调查结果显示的情况已有重大改变，摊销的流行程度已大大提高。

8.3.8 长期融资租赁是否资本化

根据崔和巴维希的同一调查，对长期融资租赁是否资本化，同样存在着较大的国际差异。只有美国和加拿大这两个北美国家的公司，才流行着资本化的惯例。其余的7个欧洲国家和澳大利亚的公司，流行的惯例都是不进行资本化。我们在稍前的论述中，曾以此作为“实质重于形式”的例证。而IASC在1987年对其会员团体进行的关于国际会计准则在世界范围内的适用情况的调查中，法国、前联邦德国、瑞士、日本等国表示，主张融资租赁资本化的IAS 17《租赁》对它们不适用；英国和荷兰没有作不适用的答复（这两个国家的会员团体答复了IASC的问卷）；加拿大则答复不适用。这两份国际调查中的这种歧异，可能是由于时隔几年后情况出现了变化，也可能是由于抽样中的样本差别，或是由于答问者是从不同的角度着眼的等等（我们只能指出这些可能，难下断语）。

但是，随着融资租赁活动的进一步发展，在Arcy和Ordelheide（2001）编制的会计惯例国际比较矩阵中，列入统计的绝大多数国家已要求对融资租赁资本化，这些国家包括澳大利亚、奥地利、比利时、加拿大、德国、日本、荷兰、葡萄牙、瑞典、英国、美国以及IASC。由此可见，租赁会计的国际协调进展显著。

8.3.9 研究与开发支出是否费用化

在崔和巴维希1982年的国际调查中，费用化是10国869家公司流行的惯例。如果进一步仔细考察，研究与开发支出的流行会计惯例，一般因研究与开发活动的分类而异。由于基础研究的成功几率一般较低，存在很大程度的不确定性，其研究成本通常费用化。应用研究的针对性虽然很强，但成功的不确定性仍然很高，因而其研究支出的主流惯例也倾向于费用化。开发活动是在研究已经达到预期目标，大规模投产可以合理预期的前提下的一个稳定性开发过程，因此其支出的会计处理主流惯例是资本化。此外，对于研究与开发阶段的产品的利润分配，也有不同的会计惯例。这样，研究与开发的会计惯例通常可以按照以下类别来区分：基础研究成本、应用研究成本、开发成本。

基础研究成本确认的会计惯例较少有明确规定。在有规定的情况下，也大多是由会计准则制定机构推荐某些处理方法。例如，意大利规定基础研究成本的确认条件是与之关联的预期未来事项是确定或可能的。

应用研究成本确认的会计惯例的明确规定也不多。澳大利亚规定只允许对那些无可置疑的并且成本预期能够被收回的应用研究成本予以确认。意大利则规定应用研究成本的确认条件是与之关联的预期未来事项是确定或可能的。葡萄牙允许对被解释为开发成本的符合某些条件的应用研究成本予以确认。西班牙和瑞典都允许确认符合某些条件的应用研究成本。

开发成本确认的会计惯例较基础研究成本和应用研究成本多些，但有时惯例是允许确认而非要求确认。Arcy 和 Ordelheide 的调查研究揭示了以下惯例：澳大利亚规定只允许对那些无可置疑的并且成本预期能够被收回的开发成本予以确认，也适用于勘探成本；加拿大允许对符合某些条件的开发成本予以确认，也适用于勘探成本；丹麦、西班牙、瑞典允许对符合某些条件的开发成本予以确认；而葡萄牙则要求对符合某些条件的开发成本予以确认；意大利规定开发成本的确认条件是与之关联的预期未来事项是确定或可能的；荷兰允许确认开发成本，也适用于某些勘探成本；比利时、芬兰、法国和挪威允许确认开发成本；英国则只允许对某些开发成本予以确认；美国要求对符合某些条件的软件开发成本予以确认，但不允许确认其他开发成本；奥地利和德国则不允许确认开发成本。

同样具有很大不确知性（指是否能取得成功和具有经济效益）的矿山勘探支出，选择费用化还是资本化，往往取决于企业的经营规模和承受能力。其实，这种差异实质上并不是国际差异，在国内的大企业与中小企业之间同样存在。

8.3.10

递延所得税的会计处理

在前面的论述中，我们已把所得税会计作为在负债确认方面的国际差异的突出例证，并且概述了递延法被负债法取代的过程，以及资产负债表负债法已超越收益表负债法成为当前国际流行的会计惯例的情况。这里还要进一步说明递延所得税资产确认惯例中存在的较大差异。众所周知，作为资产的递延税款借项，是在有关经济事项导致未来纳税利益的情况下确认的，需要以企业未来产生足够的应税收益为前提，否则所预期的未来纳税利益是不可能实现的。由于企业的经济环境和自身经营存在很大的不确定性，基于会计的稳健原则，很多国家对递延所得税资产的确认规定了比较严格的条件。根据 Arcy 和 Ordelheide 的调查研究（2001），比利时不允许确认递延所得税资产；丹麦、芬兰、意大利、荷兰和葡萄牙允许确认所得税资产；奥地利不允许确认以后结转亏损的所得税资产，但如果其产生一项净所得税负债则要求予以考虑；英国要求确认递延所得税资产；其他一些要求确认递延所得税资产的国家都附加了一些条件。例如，澳大利亚一般要求确认递延所得税资产，但对于以后结转亏损的递延所得税资产则要求仅在预期其所代表的未来纳税利益的实现能够在实质上确定的情况下才可以确认；日本的规定在总体上也要求确认递延所得税资产，但不允许确认在同一条件下的以后结转亏损的所得税资产；加拿大要求确认递延所得税资产，包括在一定条件下确认以后结转亏损的递延所得税资产；挪威要求在计算递延税款净额时，在递延所得税资产大于递延所得税负债时才确认递延所得税资产；美国不但要求确认递延所得税资产，而且要求确认在一定条件下确认以后结转亏损的所得税资产；IASC 则要求企业未来在这些所得税资产实现时有足够的应税利润用于抵销，方能确认递延所得税资产。

此外，关于递延税款期末余额是否调整以及递延税款在资产负债表中的列报和所得税成本或利益在损益表中的列报问题，国际上也存在着不同的惯例。

8.3.11 库存股份是否从股东权益中减除

在前面的论述中，我们已把“库存股份是作为股东权益的减除，还是作为一项资产（就像对其他公司股份的短期投资一样）”，作为“实质重于形式”还是“形式重于实质”的例证。一般地说，这也是存在于美国、加拿大等北美国家与欧洲大陆国家之间的国际差异。日本公司则是从原先仿效欧洲大陆的惯例转向仿效北美的惯例的。在崔和巴维希的国际调查中，日本公司流行的惯例已经是把库存股份作为股东权益的减项，但却仍然把库存股份出售时与其取得成本间的差额确认为当期损益，而不是把库存股份的出售作为资本交易。这样，就在相关联的会计方法中导致了概念上的矛盾。

8.3.12 是否提留法定公积和任意公积

这是美国和英联邦国家与欧洲大陆国家和日本的会计惯例的一大差别。前者只允许为特定目的在收益分配中提留专用准备，美国称为“留存收益的分拨”，并在会计术语中废除了“准备”这个词，一俟该目的实现或摒弃，已分拨的留存收益就要转回，即不再限制从中分配股利；欧洲大陆国家和日本则要求在收益分配中提留法定公积（法定准备）和允许提留可以任意处理的任意公积（通用准备），并且把法定公积和任意公积永久地留存在企业中。

8.3.13 商誉的摊销及减值测试

会计中确认的商誉是在企业合并中形成的。关于会计中确认的合并商誉不符合资产定义的问题，已在前面论述过了；这里还将阐明的是商誉是否作为一项应摊销资产的国际差异。如前所述，企业合并中确认的商誉，其“原始成本”并不是遵循超常盈利能力的定义来确定的，而通常只是一个轧算额。美国一向把商誉作为应摊销无形资产，英国与欧洲大陆国家一样，流行将商誉从合并权益中一次注销，直至1989年7月，英国在发布的SAP 22《商誉会计》中，才要求把商誉确认为应摊销的无形资产。根据Arcy和Ordelheide的调查，要求确认首次合并产生的商誉的国家和国际组织有阿根廷、澳大利亚、奥地利、比利时、加拿大、芬兰、法国、德国、意大利、日本、荷兰、挪威、葡萄牙、西班牙、瑞典、英国和美国以及IASC和欧共体（现为欧盟）。基于欧共体的协调化努力，欧洲大陆国家的大型企业，特别是跨国公司大都转向将商誉确认为应摊销资产的做法。如5.4中所述，作为欧盟会计协调化成果的欧共体第7号指令允许把已确认为无形资产的商誉在系统地摊销或是立即从合并股东权益中注销这两种方法中选用其一。

根据Arcy和Ordelheide的调查研究，比较而言，要求系统摊销外购商誉的国家比较多，诸如阿根廷（没有规定摊销年限）、澳大利亚（不多于20年）、比利时（通常不超过5年，超过者要披露原因）、葡萄牙（不超过5年，除非可以证明更长的时间）、加拿大（不多于40年）、芬兰和意大利以及西班牙（不多于5年，除非能够提供不多于20年的证明）、日本（不多于20年）、IASC（按最佳估计有用年限）。此外，瑞典虽然要求摊销，但却未限定具体的摊销期间，要求在正常情况下不多于5年，除非能够提供不多于20年的证明；挪威则要求依据合理的贬值计划所属期间转销至损益表中；英国关于合并商誉摊销的要求是，按照其预期寿命从损益表中减记，但如果其经济使用寿命不确定，则仅要求记录减值损失；美国FASB在2001年6月30日发布的FAS 142《商誉及其他无形资产》中，改变了系统摊销商誉的方法，代之以测试和确认减值损失（至少每年一次）的方法，即只有在商誉的账面记录金额超过其公允价值的会计期间，才记录其减值，并将减值部分确认为当年的费用；而奥地利、丹麦、法国、德国、荷兰和瑞士至今仍允许从合并权益中直接注销。

IASB在2004年9月发布的IFRS 3《企业合并》中，也规定了至少每年测试一次并确认减值损失，并且采用了“全面商誉”的会计概念，认为在企业合并中确认的商誉，系由母公司及非控制权股东的持股比率组成，因此改变了对商誉进行比例合并的方法，而与其他无形资产一样实行100%合并。

8.3.14

外币交易折算

历史上曾有“单一交易观”与“两项交易观”之争。美国FASB在1975年发布的FAS 8《外币交易会计和外币财务报表折算》中，即明确地要求采用两项交易观，1981年发布的取代FAS 8的FAS 52《外币折算》中，同样肯定了两项交易观；英国ASC在1983年发布的SAP 20《外币折算》中，也要求采用两项交易观；IASC在1983年发布的IAS 21《外币汇率变动影响的会计处理》（1993年修订后改称《外币汇率变动的影响》）中同样要求采用两项交易观。此外，根据在1979年发表的美国会计学家菲茨杰托拉德、斯蒂克勒、瓦茨的《会计原则和惯例的国家调查》就早已表明，在他们考察的64个国家中，两项交易观已经是绝大多数国家占压倒优势的惯例。

两项交易观之所以取代单一交易观而成为国际的通行惯例，一是因为后者不符合在购销交易成立时确认收入实现的公认会计原则，也与处理国内购销交易的会计要求不一致；同时，把汇率变动影响反映为对购货成本和销货收入的调整，而不是反映为外币交易中的汇率变动风险，显然是没有概念依据的。

以上引述的各个准则，都要求确认因汇率变动导致的未实现汇兑损益。这对短期外币账款或借款来说，已成为国际的通行惯例，但对长期外币借款上的未实现汇兑损益，是采用“分期确认法”（就像对短期外币账款或借款那样），还是采用“递延摊销法”，各国的会计惯例仍有较大的差异。美国FASB坚决反对递延摊销法，认为通过在借款经历的会计期间系统地摊销的程序来抵销汇率变动方向逆转的会计影响，将予人以汇率变动相对稳定的错觉；英国ASC虽然基本上主张分期确认，但允许在某一外币项目能否兑换存在疑问的情况下，可以基于审慎原则，不把未实现的汇兑收益或其超过以往的未实现汇兑损失的部分确认为当期损益，而只是作为一种例外情况；加拿大CICA在1983年发布的第1650节建议书《外币折算》中，则允许对长期货币性外币项目上的未实现汇兑损益采用递延摊销的程序；允许在递延不递延之间进行选择的还有德、法、瑞典、日、澳等国；瑞士的惯例是递延；荷兰的会计惯例比较独特，把汇兑损益作为准备，直接计入股东权益。

1983年发布的IAS 21虽然也主张在绝大多数情况下应立即确认汇兑损益而不予递延，但允许递延长期货币性项目上的未实现汇兑损益并系统摊销；在1994年修订后重新发布的IAS 21中，已取消了上述的可以递延摊销的规定。

8.3.15 外币报表的折算

外币报表折算的主要目的是为了跨国公司合并其遍布世界各地的子公司的个别报表，这需要把按不同外币（往往是各子公司所在的东道国当地货币，也可能是第三国货币）表述的报表折算为母公司单独报表中的报告货币（往往是母公司所在国的货币）。

从外币报表折算方法的历史演变来看，早期采用的“区分流动与非流动项目法”由于没有概念依据基本上已退出历史舞台，以历史成本计量基础为背景的“区分货币性与非货币性项目法”已演变为建立在会计计量转换理论上的“时态法（temporal method）”，在20世纪70—80年代，它与“现行汇率法（current rate method）”成为流行程度难分高低的国际惯例，一般地说，以美、英为一方的英语国家流行时态法，以欧洲大陆国家为另一方，流行现行汇率法；1980年以后，美国于1981年发布的FAS 52，英国于1983年发布的SAP 20，都改而从适用性的角度同时推荐时态法和现行汇率法，1983年发布的IAS 21也持同样的见解。这些会计准则都认为：如果子公司的功能货币是母公司的功能货币，即子公司的海外经营活动不过是母公司经营活动的延伸，应采用时态法，其折算损益应计入各该年度的合并净收益，就像母公司直接从事这些经营活动那样；如果子公司是在海外相对自主经营的独立实体，其个别报表的列报货币①就不是作为母公司单独报表列报货币的功能货币，折算的目的只是把母公司对各该子公司的投资净额折算为母公司的列报货币，而不改变子公司的外币报表中原先表述的财务结果和关系，因此应采用现行汇率法，折算的结果将以“折算调整额”这一独立的项目累积在合并权益中。论者还认为，从概念依据上看，时态法是与合并报表编制的母公司观相关的，而现行汇率法则与主体观相关。

就最近的迹象看，现行汇率法已有超越时态法成为国际通行惯例的趋势。我们认为，这主要是由于：

（1）在跨国公司经营活动中，自主经营的独立实体的发展超越了作为母公司经营活动延伸的国外经营；

（2）在合并报表的编制中，主体观将取代母公司观成为国际通行惯例；

（3）现行汇率法这种单一折算法，较时态法更为简便。

8.3.16 企业合并和合并财务报表编制

我们将在第9章“国际财务报表”的9.6.1“企业合并和合并财务报表实务的国际差异的协调化过程”和9.6.3“企业合并和合并财务报表实务的改革趋向”中论述这个问题，此处不拟赘述。

讨论题

8.1 “会计惯例”与“会计准则”这两个概念是否等同？其关联和区别表现在哪些方面？

8.2 在资产和负债的确认和计量上的国际协调是否超过国际差异？你认为现存差异还值得关注吗？

8.3 在业主权益与分期收益的确定方面，最值得关注的重大差异在哪些方面？其协调前景如何？

8.4 在存货计价方法上，协调化是否基本上超越了国际差异？哪些国际差异还是要关注的？

8.5 你认为在固定资产折旧和重估价问题上，是否存在比较重大的国际差异？还是这些差异并不是基本的？其协调的前景如何？

8.6 以长期融资租赁、研究与开发支出为例，探讨资本化与费用化问题。

① 这里我们使用了IASB《改进国际会计准则项目》（2003年12月）中的改进后IAS 21将报告货币这一概念区分为功能货币和列报货币的界定，因为它优于FAS 52、特别是IAS 21中原来的表述。

8.7　从递延所得税会计处理的国际惯例演变中，你有哪些体会？

8.8　将库存股份视为资产或认为应从股东权益中减除，是否体现了“法律形式与经济实质”孰重的观点？你主张应遵从哪种观点？

8.9　提留公积与只允许进行留存收益分拨实质上的不同何在？

8.10　你如何评价商誉作为永久性资产或应摊销资产的问题？对变摊销为计提减值损失又有何评价？

8.11　外币交易的两项交易观为什么会取代单一交易观？你如何理解未实现汇兑损益的确认问题？

8.12　从报告货币概念来评述外币报表折算的时态法和现行汇率法。

练习题

8.1　写一篇短文，从整体上评述会计惯例的国际差异。

8.2　选择 5 项具体会计惯例，简要地评述其国际差异及协调进程。

第 9 章 国际财务报表

学习目标
9.1 三种基本财务报表的国际差异
9.2 对外国公司财务报表的披露要求和调整方法
9.3 财务业绩报告的改革：列报全面收益
9.4 增值表：一种在西欧流行的报表
9.5 在财务报告中披露企业的社会责任
9.6 合并财务报表实务的重大改革趋向
讨论题
练习题

学习目标

本章的重点在于阐述国际财务报表发展的新动向。例如，财务业绩报告改革中出现的列报全面收益的报表，欧洲比较流行的增值表及其对社会责任的披露，合并财务报表的重大改革趋向等。对于传统报表——资产负债表、收益表以及现金流量表的国际差异，只作简要介绍。读者们应该关注的重点是财务业绩报告和合并财务报表的改革。

在全球范围内，早已形成以资产负债表（财务状况表）、收益表（利润表、损益表）和现金流量表（财务状况变动表）为三种基本财务报表的格局，分别向报表使用者提供关于企业财务状况、经营业绩和现金流动情况的通用信息。

9.1 三种基本财务报表的国际差异

虽然，资产负债表和收益（损益）表是最传统的，也是各国会计准则都要求编制的基本财务报表，但它们的格式在不同国家仍有所不同。

9.1.1 资产负债表的国际差异

1）资产负债表的不同格式

就资产负债表而言，美国和受美国会计模式影响的其他国家的企业大都采用账户式，资产列在左方，负债和业主权益列在右方；采用账户式资产负债表的大多数英联邦国家的企业则恰好相反，把资产列在右方，而把负债和业主权益列在左方。此外，英国和欧洲大陆各国还流行一种称为“营运资本式”的资产负债表，即在表的上端，先列示企业流动资产减去流动负债后的营运资本，而后加上长期投资、固定资产、无形资产等非流动资产，再减去长期负债（非流动负债），最终得出企业的业主权益，简示于表 9—1。这种表式也说明欧洲国家的大型企业对流动资金运用情况的关注。

表 9—1　**泛欧实业股份有限公司**

资产负债表

200×年 12 月 31 日

流动资产	
⋮	
流动资产合计	××××
减：流动负债	
⋮	
流动负债合计	××××
营运资本	×××
加：长期投资	×××
固定资产（净值）	×××
无形资产（净值）	×××
减：长期负债	×××
股东权益	×××

关于资产负债表项目的排列，美国的企业把变现能力最强的项目列在最先。在资产方，先流动资产，后非流动资产；在负债和权益方，先流动负债，后长期负债，再后为股东权益。欧洲大陆国家的企业往往相反。在资产方，先非流动资产，后流动资产；在权益和负债方，先股东权益，后长期负债，再后为流动负债。应该说，前者是重视企业短期偿债能力的反映，后者则是重视企业长期财务实力的反映。

2）资产负债表结构的变革

值得指出的是，IASB 在对 IAS 1《财务报表的列报》的改进项目（2003 年 12 月）中，在资产方增列了“生物资产”这一单独列报项目；对所得税资产和负债，按流动/非流动的标准，分别增列了“当期所得税负债和资产”和“递延所得税负债和资产”单独列报项目。

9.1.2 收益表的国际差异

1）收益表的格式差异

收益表的格式，有多步法与一步法之分，但这并不是国际差异的标志。许多企业往往不是采用典型的多步法（如教科书中表述的），而往往是采用对收入和费用项目都有细分的一步法。

收益表的重大国际差异，表现在欧洲大陆国家按总费用法编制损益表的传统格式。我们在第 3 章介绍德国会计模式时作过论述，它与国际流行的反映销售业绩的收益表相比，在于不仅要反映销售业绩，而且要反映生产业绩，即还应包括只完成部分生产过程或已完成全部生产过程但尚未出售的在产品和产成品及企业自制自用的产品的增减变动，同时在费用部分则应扣除期内发生的所有费用，即“总费用”。读者可参阅第 4 章中的论述。

2）收益表结构的变革

对收益表的结构，IASB 对 IAS 1《财务报表的列报》的改进项目也作了如下的变革：

（1）取消了“经营活动成果”单独列报项目。这是由于在 IASB 的国际财务报告准则中尚未对“经营活动”进行界定，势必导致混淆。就我们的理解，取消只是为了不把“经营活动成果”作为准则正式规范的术语。因为改进后 IAS 1 又指出，有些主体可能会用这样的或类似的项目披露经营活动的成果，那么，该主体应当确保所披露的金额代表了通常作为“经营性”的活动。

（2）取消了“非常项目”单独列报项目。其原因是 IASB 认为，即使是以不经常或不定期发生为特征的非常项目，仍然主要是由该主体面临的正常业务风险所带来的，因此，不需要在收益表内作为一个单独组成部分进行列报；确定是否应在收益表内单独列报，应该是交易或事项的性质或功能，而不是其发生的频率。

（3）增加了“可归属于终止经营的资产处置或负债清偿的已确认税前利得或损失”单独列报项目。

（4）将当期损益划分为“归属于母公司权益持有者”和“归属于少数股权”两个部分。

由此可见，改进后 IAS 1 在收益表结构方面作出的变更，是值得我们关注的。

9.1.3 财务状况变动表或现金流量表

以营运资本为基础的财务状况变动表或以现金（和现金等价物）为基础的现金流量表都是反映资金变动情况的报表。它们成为国际流行的第三基本报表，以及后者又取代了前者，都有一个历史过程。

在美国，公认会计原则在 20 世纪 70 年代初把反映企业营运资本（working capital）的来源和运用及增、减净额的财务状况变动表（statement of changes in financial position）列为对外通用财务报表，并要求其内容能展示企业筹资和投资活动的全貌（美国会计原则委员会第 19 号意见书，1971 年），这就使财务状况变动表成为美国企业在资产负债表和收益表之外必须编制的第三种基本财务报表。英国则要求年经营收入在 2 500 英镑以上的企业编制财务状况变动表。其他欧盟国家以及瑞士、日本等国则很少提出这一要求，但一些大、中型企业则自愿提供财务状况变动表或现金流量表。1987 年，美国发布了第 95 号财务会计准则，以现金流量表（statement of cash flow）取代原先要求编制的财务状况变动表。相应地，IASC 也在 1992 年发布新的 IAS 7，以现金流量表取代原先于 1977 年发布的 IAS 7 要求编制的财务状况变动表。可以说，在国际范围内，现金流量表已基本上奠定了它作为对外通用财务报表中的“第三报表”的地位。我国也于 1998 年 1 月 1 日起执行《企业会计准则——现金流量表》，以取代财务状况变动表。

9.1.4 改进后 IAS 1 对财务报表列报的重大改进

在 IASB《改进国际会计准则》项目的改进后第 1 号国际会计准则（IAS 1）《财务报表的列报》中，有一项重大的改进值得在这里提出，这涉及财务报表的公允性与合法性问题。改进前的 IAS 1 已允许当企业管理层断定在遵从 IAS 的某项具体要求时将导致误解，为实现公允列报的目的，可以背离准则的规定，但在实务中，有些国家和地区的监管法规允许企业为了实现公允列报而背离准则，有些国家和地区的监管法规则不允许这样做。针对这两种不同的环境，改进后 IAS 1 分别作出了不同的披露要求。

1）相关的监管法规要求或不禁止在特定情况下背离准则

在这种情况下，应该披露：

(1) 管理层已断定这样背离相关准则后编制的财务报表公允地反映了该主体的财务状况、财务业绩和现金流量；

(2) 除为实现公允列报而背离了相关准则的某项规定外，该主体在所有重要方面均已遵循了适用的准则和解释公告；

(3) 该主体背离的那项准则或解释公告的名称，背离的性质，包括该项准则或解释公告要求的处理方法，该处理方法在哪种情况下导致误解以致与《编报财务报表的框架》中规定的目标相矛盾的原因，以及现在采用的处理方法；

(4) 每个列报期间，这种背离对假如遵循了该项规定编制的财务报表中各个项目的财务影响。

2）相关的监管法规禁止背离准则

在这种情况下，改进后 IAS 1 不要求背离，但要求该主体披露：

(1) 可能导致误解的准则或解释公告的名称，准则中该项要求的性质，管理层断定遵循该项规定将导致误解以致与《编报财务报表的框架》中规定的财务报表目标相矛盾的原因；

(2) 管理层断定为达到公允列报，对每个列报期间财务报表的各个项目应作的必要调整。

这就比较妥善地解决了披露不同国家与地区间的监管规定中有关公允性与合法性之间的矛盾问题。

9.1.5 报表项目分类和术语差异

1）报表项目分类的国际差异

最值得指出的也许是，前联邦德国对国内企业以 4 年为界限来划分流动与非流动项目，这与受美英会计模式影响的世界大多数国家以 1 年为界限来划分流动与非流动项目的分类法大相径庭。美国、加拿大等国的会计惯例将库存股份（treasury stock）列为股东权益的减项，而前联邦德国、意大利、葡萄牙等国的会计惯例则把它列为资产项目。还可以举出其他例子，如递延费用中将在资产负债表日期后 1 年内摊销的部分应从非流动资产转为流动资产、长期负债中将在 1 年内到期的部分应转为流动负债的规定，不少国家的企业并不遵循。企业合并中形成的商誉一般列为应摊销无形资产，但法国、荷兰等多数欧洲国家也允许从合并股东权益中立即注销商誉，而且这还是占优势的会计惯例，英国在 1990 年以前也是如此。[①] 前联邦

① 如 8.2.1 中所述，1989 年 7 月，ASC 发布了第 7 号标准会计实务（SAP 7）《商誉的会计处理》，才要求将商誉作为应摊销资产。

德国和西班牙则不允许把商誉确认为无形资产，而只能立即从合并股东权益中注销等等。虽然国际协调化的发展阻止了这些分歧的扩大，但不同的会计惯例还是存在的。在欧洲国家，20世纪80—90年代普遍出现了因跨国上市要求必须调整按本国准则编制的财务报表的情况，广大的发展中国家（如我国）也是如此。

2）报表项目在使用术语上的语言差异

由于语言的不同，各国会计界在财务报告中所采用的术语往往是不同的。即使是某种共同的语言（如英语），会计术语的歧义依然存在，甚至足以引起误解。表9—2列示了美国和英国的一些常用财务报告术语的差别。

表9—2　**美、英两国财务报告术语的主要差异**

财务报告术语	美　国	英　国
同一名词表示不同的概念		
stock	股本	存货
accounts	账户	报表
turnover	周转率	营业收入
同一概念采用不同的名词		
资产负债表/财务状况表	balance sheet，statement of financial position	balance sheet
收益表/损益表	income statement	profit and loss account
留存收益表	statement of retained earnings	appropriation account
财务状况变动表/资金表	statement of changes in financial position	funds statement
应付款	payables	creditors
应收款	receivables	debtors
摊销	amortization	depreciation
股票股利	stock dividend	bonus issue
资本盈余	capital surplus	share premium
普通股	common stock	ordinary shares
现行汇率法/期末汇率法	current rate method	closing rate method
会计年度/财务年度	fiscal year	financial year
收益/利润	income	profit
存货	inventories	stocks
票据	notes	bills
面值	par value	nominal value
权益集合法/权益联营法	pooling of interests	merger accounting
优先股	preferred stock	preference shares
不动产、厂场和设备/固定资产	property，plant and equipment	fixed assets
销售额	sales	turnover
股份	stock	shares
股东权益	stockholders' equity	shareholders' equity
股票分割	stocks split	bonus issues

此外，英、美两国有时虽然对同一概念采用同样的术语，但由于会计准则的要求不同，在具体内容上却可能有重要的差别。如“前期调整”一词，美国指前期财务报表差错的更正以及主购企业在购并前的亏损所带来的纳税抵减额的实现，英国则指前期财务报表差错的更正以及会计政策的变更所产生的影响。显然，忽视各国财务报告术语的差别完全有可能在使用财务报表提供的信息时导致误解，并作出错误的判断。

9.2 对外国公司财务报表的披露要求和调整方法

9.2.1 披露和调整差异的必要性

鉴于以上所述的各国财务报表存在着各种差异，如何使外国的股东、债权人等报表使用者充分理解本国公司的财务报表，或者说，如何使本国的报表使用者充分理解外国公司的财务报表，从而能对企业的经营业绩和发展前景作出明智的判断呢？为了保证本国投资者能够得到作出正确判断所需要的财务信息，许多国家政府都对进入本国证券市场的外国公司提出了专门的强制性的信息披露要求。提出这种披露要求通常是各国政府专设的监管机构的职权，如美国的证券交易委员会、日本的大藏省、意大利的公司证券全国委员会等。

对于投资于外国公司的股东来说，一份以外国的会计准则为依据、以外国的语言和货币单位编制的财务报告几乎是没有意义的。于是，对外国公司的财务报告先作一些补充披露或调整就是唯一可行的办法。

9.2.2 披露和调整的方法

从历史发展上看，对外国公司财务报告所作的披露和调整一般有以下几种方法。

1）表下注释

一些国家允许外国公司按原在国的会计准则编制财务报告，但同时必须在报表注释中注明两国会计准则的差别及其对报表数据的影响。英国、法国、比利时、日本等国都对外国公司作出了这类规定。

2）翻译和折算

翻译是指跨国公司将财务报告的语言部分翻译成各主要读者的民族语言。荷兰、德国、瑞典和瑞士等国对财务报告的翻译较为普遍。这些国家的许多公司都以六种语言发布定期的财务报告。相比之下，美国和法国的民族主义倾向较为强烈，一般不愿对财务报告作翻译和折算。

折算比翻译又近了一步，除了语言翻译外，还把货币金额折算为以报表读者所在国的货币为计价单位的金额。翻译和折算无疑为外国读者理解和运用财务报告提供了方便，但翻译和折算也存在着局限性。因为据以编制财务报告的会计准则并没有加以转换，而读者却往往以为会计准则也已随着财务报告被“翻译”过了。这种误解很容易造成读者判断上的失误。为克服这些局限性，在翻译和折算后的财务报告中可比照第 1 点，对会计准则等差别作一些必要的披露。

3）增加专用信息

如在第 4 章所述，以瑞典为本土的跨国公司曾在寄给非瑞典读者的财务报告中，都附加一份名为《理解瑞典财务报表入门》的资料性小册子，在 1981 年的版本中，就载有重新表述瑞典的财务报表以反映美国的 GAAP 的指南（见小资料 4—3）。这一做法的长处在于它有助于帮助读者理解和比较两国会计准则的异同，从而避免望文生义所带来的误解。其局限性则在于，它对没有能力自行调整会计准则差异数额的读者并没有多少帮助，受惠的只是熟悉报表编制技术的内行。

4）重新表述

重新表述比以上各种方法都更为彻底，它是指跨国公司按照报告读者的所在国或证券上市国的会计准则（如美国的 FAS）或国际会计准则（IAS）对报表的各项数字进行重新表述。有时重新表述只限于部分重要指标，如收益额、普通股每股收益额等。

5）增加辅助财务报表

辅助财务报表是相对基本财务报表而言的，这里所说的基本财务报表是指按公司原在国的公认准则以该国的文字和货币编制的财务报表。辅助财务报表则是专门为其他国家的财务报告读者所编制，它一般具有以下特征：

（1）遵从某一外国的财务报告准则或国际会计准则；

（2）全部报表金额折算为某一外国货币额；

（3）报表的语言部分翻译为某一外国文字。

采用基本财务报表和辅助报表的优点首先是信息数量的增加和质量的提高，这种报告形式对外国读者更具有相关性。但采用这种报告形式将使编制成本增加以及报告对外发布时间延迟。

9.2.3 关键还是实现国际会计准则与国家会计准则的趋同

在第 5 章，我们曾指出国际会计协调化的近期和远期目标。就近期目标而言，当前已是国际货币市场、资本市场的迫切要求，这一目标是，要求世界各国的企业向国际货币市场、资本市场报送的财务报表具有可比性，在各国的会计和报告差异继续存在的情况下，要求企业必须采用重编（按国际会计准则）财务报表的方式，而不仅是采用重新表述和增加辅助报表的方式，但需要处理的则是本国会计准则与国际会计准则间的差异问题。

以上我们论述的是跨国公司向世界各国的报表使用者报送经过调整的财务报表，如果要按照使用者所在国的会计准则进行调整，即使不是不可能，其编制成本也是十分高昂的，调整为国际会计准则的方式则较为可行。但进一步说，如果能实现国际会计准则与各国会计准则趋同化的远期目标，那么调整就很少甚或不必要了，这样，就能使国际会计准则成为全球通用的会计语言。在世纪之交，从各国准则制定机构的合作发展到实现 IASC 的重组，正是在这方面迈出的决定性步伐，而且建立了比较有效的运作机制。

迄今为止，各国的国际资本市场和金融市场，除美国外，大都接受甚或要求报送按国际财务报告准则（IFRS，含仍继续有效的 IAS）编报的财务报表，只有美国 SEC 要求外国公司必须报送按美国会计准则调整的财务报表。对此，欧盟的欧洲证券监管机构委员会早已建议和推动 IASB 与 FASB 对此展开协商，并于 2002 年 10 月达成了执行一项 IFRS 与 FAS 的“短期趋同计划”的《诺沃克协议》；鉴于欧洲证券监管机构委员会已于 2005 年 1 月 1 日起要求所有上市公司必须根据 IFRS 编制合并财务报表，美国 SEC 开始了对取消上市外国公司的财务报表调整这一问题的分析研究；2006 年 2 月 8 日，欧盟负责内部市场的委员麦克里维与美国 SEC 主席考克斯会晤，双方确认“对建设一个有活力的、开放的和竞争的横跨大西洋的资本市场”极感兴趣，并确认“将继续开展会计准则制定工作的合作，逐步减少直至消除按照美国准则和 IFRS 编制的财务报表之间的调节要求”；接着，在 2 月 27 日，美国 FASB 与 IASB 发布了一项备忘录，重申了双方关于制定高质量“全球资本市场通用会计准则”的目标，这将能提高国际财务报表的一致性、可比性和有效性，新协议包含了美国方面消除两套准则之间调节项目的“路线图”的主要内容，也反映了欧洲证券监管机构委员会所做的推进会计准则国际趋同工作的要求。

这是一个令人鼓舞的信息，本小节的论述能从另一个角度阐明消除国际会计和各国会计重大差异的必要性和必然趋向。

9.3 财务业绩报告的改革：列报全面收益

传统的收益表报告的只是某一主体在某一会计期间已实现的经营成果。自 20 世纪 90 年代以来，由于高新技术突飞猛进，金融创新日新月异，使企业的经营活动日趋复杂多样化，不断产生新的、非传统的收益来源，收益表越来越不能向使用者提供企业全面的财务业绩信息。这给准则制定机构造成了巨大的压力。因此，国际会计准则委员会（IASC）、美国财务会计准则委员会（FASB）、英国会计准则委员会（ASB）以及 G_{4+1} 都在当时致力于研究企业财务业绩报告的改革问题，并先后采取了行动，其中英国、美国和IASC已经制定了相应的准则。

在第7章，我们已经论述了以公允价值计量金融工具所导致的在财务报表中确认未实现损益的问题，并且在7.9“金融工具在财务报告中的披露”中论及了列报全面收益的问题。这里将进行较为详尽的论述。

【小资料9—1】

总括收益观的复苏

在20世纪50—60年代，西方国家会计界就有收益的“总括观（all-inclusive concept）”与“当期经营观（current operating concept）”之争。虽然“总括观”占了上风，然而，会计准则的制定机构出于对会计准则的经济后果（economic consequences）的考虑，妥协于管理当局“收益平稳化（income smoothing）”的要求，在制定准则时又允许一些项目绕过收益表直接在资产负债表的权益中进行报告，从而背离了收益的总括概念。

报告全面收益的主张，主要是由于以公允价值计量衍生金融工具导致的未实现利得和损失的会计处理问题而重新提上议事日程的。1993年，美国SEC当时的首席会计师M. H. Sutton和Johnson共同发表了一篇文章，主张在现行财务报表体系中增加一份新的报表，以容许资产负债表中的公允价值计量，而无须在收益表中报告这些公允价值的变动。他们认为：“我们的框架是保留现行会计模式的主要结构，但要准备在财务报表中更多地确认市场价值。能够快速成交的金融资产应当按市场价值在资产负债表中列示，这些资产价值的未实现变动不应包括在传统的盈利计算中，而应作为暂时项目反映和报告在新的第四财务报表中，直到该资产出售。”也就是说，在保留传统收益表的前提下，增加一张与之同等重要的“第四财务报表”，来处理衍生工具公允价值变动所产生的未实现利得和损失问题，从而给使用者提供这一主体真实而全面的财务业绩信息。

资料来源　参照葛家澍：《中级财务会计》附录1中的表述摘写，原文可参阅该书第617~618页。

9.3.1 英国ASB率先创议编制“全部已确认利得和损失表”

1992年10月，英国会计准则委员会（ASB）发布了财务报告准则第3号（FRS 3）《报告财务业绩（Reporting Financial Performance）》，率先要求企业将“全部已确认利得和损失表（statement of total recognised gains and losses）”作为对外编报的主要财务报表，和损益表（profit and loss account）一起共同表述某一报告主体的全部财务业绩。

ASB提出，FRS 3的目标是“披露报告主体财务业绩的重要组成，以帮助财务报表使用者了解报告主体在一个期间内取得的业绩，并有助于他们据以对未来的结果和现金流动作出评估”。而要达到这一目标，仅靠损益表是不行的，因为损益表中反映的企业财务业绩不够完整，有些按照法律或会计准则的特殊规定确认的利得或损失直接进入了准备（reserve），如固定资产重估价利得。而当使用者评价该主体每一期间的财务业绩时，应该考虑该期间确认的全部利得与损失。因此，FRS 3要求将“全部已确认利得和损失表”作为基本财务报表之一，以便向使用者反映由于当期确认的所有利得与损失而引起的权益（净资产）的增减变化情况（除业主投资和对业主的分配外）。

按照ASB的设想，损益表仍是反映一个企业最基本业绩信息的报表，它在内容和格式上没有多大变化，由突出企业财务业绩的最重要的数据组成，即：（1）持续经营活动成果；（2）非持续经营活动成果；（3）出售或中止一项经营活动的利得或损失、重组或重建成本、固定资产处置利得或损失；（4）非常项目；（5）特殊项目；（6）税款；（7）每股收益。而“全部已确认利得和损失表”起着第二业绩报表的作用，包括的内容更加广泛，那些同样反映企业的财务业绩但根据会计准则或法律要求直接进入准备的项目，都必须通过此表报告。FRS 3列示了“全部已确认利得和损失表”的格式，参见表9—3。

表9—3 **全部已确认利得和损失表** 单位：百万英镑

	1993年	1992年 重新表述
财务年度利润	29	7
财产重估未实现利得	4	6
商业投资上的未实现利得（损失）	(3)	7
	30	20
国外净投资上的外币折算差额	(2)	5
本年已确认利得与损失	28	25
以前年度调整	(10)	
全部已确认利得和损失	18	

资料来源 ASB，FRS 3，1992。

“全部已确认利得和损失表”以损益表最后一行的“净损益”开始，然后列示那些按照法律和会计准则的规定应予确认但绕过损益表直接列入准备的未实现利得和损失，得出全部已确认利得与损失。FRS 3规定，每一财务业绩项目只应在其发生当期报告一次。也就是说，一旦利得或损失已经在“全部已确认利得和损失表”中进行了确认，后续期间就不能仅仅因为这些金额实现了而在损益表再次加以确认。

FRS 3还要求提供“历史成本损益附注（note of historical cost profits and losses）”，披露严格按照历史成本原则和实现原则确认的历史成本损益。这需要作两项调整：

（1）前期已经在“全部已确认利得和损失表”中确认而在本期实现的利得；

（2）包括在本期损益表中的历史成本折旧费与按照重估价计算的折旧费之间的差额。

历史成本损益附注的格式见表9—4。

表9—4 **历史成本损益附注** 单位：百万英镑

	1993年	1992年 重新表述
税前正常活动的报告利润	45	13
已实现的以前年度财产重估价利得	9	10
历史成本折旧费与按照重估价计算的折旧费差额	5	4
税前正常活动的历史成本利润	59	27
扣除税款、少数权益、非常项目和股利之后的本年留存的历史成本利润	35	20

资料来源 ASB，FRS 3，1992。

9.3.2

美国 FASB 主张在收益表之外报告全面收益

1）全面收益概念的发展

全面收益（comprehensive income）并不是一个新概念。早在1980年，FASB就把全面收益作为财务报表的基本要素之一，并在FAC 3《企业财务报表的要素》中把它定义为："一个主体在某一期间与非业主方面进行交易或发生其他事项和情况所引起的权益（净资产）变动。"后来，FASB在FAC 5《企业财务报表中的确认和计量》中再一次指出："报告期的整套财务报表应当包括全面收益及其组成的报告。"但FASB一直未采取制定相应准则的行动。直到20世纪90年代，由于解决衍生金融工具会计问题的紧迫性，并受到英国FRS 3的启发，FASB才开始考虑制定关于全面收益的准则，并于1997年6月正式颁布了FAS 130《报告全面收益（Reporting Comprehensive Income）》。

FAS 130继续沿用了FAC 6所定义的全面收益概念，将全面收益划分为净收益（net income）和其他全面收益（other comprehensive income）两大类，保留了传统净收益的概念和构成，仍由持续经营收益、非持续经营收益、非常项目和会计原则变动的累计影响等四个部分组成，并且指出净收益这样的分类是有用的，已经得到了实务界的公认，虽然还可以有所改进，但目前看来没有必要。FAS 130的主要任务是解决那些绕过收益表直接在资产负债表业主权益中列报的项目（即其他全面收益）的报告问题。

2）报告全面收益的双报表格式和单报表格式

FAS 130鼓励企业按两种格式报告全面收益。第一种是双报表格式（two-statement format）（见表9—5—A和表9—5—B），即在传统收益表之外，单独设计一张新的基本报表——“全面收益表（statement of comprehensive income）”，与传统收益表共同反映企业全面的财务业绩。“全面收益表”以传统收益表的最后一行“净收益”作为其第一行，而以“全面收益总额”作为其最后一行。第二种是单一报表格式（one-statement format）（见表9—6），即将传统收益表与“全面收益表”合二为一，称为“收益与全面收益表（statement of income and comprehensive income）”。在此组合的报表中，传统收益表的最后一行“净收益”作为全面收益总额的小计部分。这一格式的优点在于不必编制新的报表，所有的全面收益项目均列示在同一张报表中，便于使用者获取和分析。但许多人认为，把净收益列为全面收益总额的小计部分，降低了净收益的重要性。

（1）双报表格式

表9—5—A **企业收益表**

200×年12月31日止的会计年度

收入	US $ 156 000
费用	(28 000)
其他利得和损失	6 000
出售证券利得	4 000
税前经营收益	US $ 138 000
所得税费用	(48 300)
计入非常项目和会计变更累计影响前的收益	US $ 89 700
非常项目（税后）	(24 500)
计入会计变更累计影响前的收益	US $ 65 200
会计变更累计影响（税后）	(5 400)
净收益	US $ 59 800
每股净收益	US $ 2. 38

表9—5—B **企业全面收益表**

200×年12月31日止的会计年度

净收益		US $ 59 800
其他全面收益（税后）		
外币折算调整		US $ 8 500
未实现的证券利得		
本期产生的未实现利得	US $ 16 400	
减：包括在净收益中的利得重分类调整*	(1 800)	14 600
最低退休金负债调整		(3 200)
其他全面收益		19 900
全面收益		US $ 79 700
每股全面收益		US $ 3. 19
每股净收益		US $ 2. 38

* 这是按全额法反映重分类调整。

（2）单一报表格式

表9—6　**企业收益与全面收益表**

200×年12月31日止的会计年度

收入		US $ 156 000
费用		(28 000)
其他利得和损失		6 000
出售证券利得		4 000
税前经营收益		US $ 138 000
所得税费用		(48 300)
计入非常项目和会计变更累计影响前的收益		US $ 89 700
非常项目（税后）		(24 500)
计入会计变更累计影响前的收益		US $ 65 200
会计变更累计影响（税后）		(5 400)
净收益		US $ 59 800
其他全面收益（税后）		
外币折算调整		US $ 8 500
未实现的证券利得		
本期产生的未实现利得	US $ 16 400	
减：包括在净收益中的利得重分类调整*	(1 800)	14 600
最低退休金负债调整		(3 200)
其他全面收益		19 900
全面收益		US $ 79 700
每股全面收益		US $ 3. 19
每股净收益		US $ 2. 38

* 这是按全额法反映重分类调整。

除了上述推荐使用的方法外，FAS 130 也允许企业在与构成整套财务报表同等重要的报表中报告全面收益及其组成。如果企业编制权益变动表并把它作为主要的报表，那么也可以通过权益变动表报告（见表9—7）。

3）报告全面收益的权益变动表格式

4）列报时必须符合的要求

不管选择哪一种方法报告全面收益，都必须符合以下要求：

（1）对其他全面收益项目进行适当分类

由于不同的会计准则所产生的其他全面收益项目在性质上往往是不同的，比如FAS 52《外币折算》形成的外币折算差额就不同于 FAS 87《雇主退休金的会计处理》形成的退休金负债调整，因此，宜于根据会计准则划分其他全面收益项目。

表 9—7 **企业权益变动表**

200×年 12 月 31 日止的会计年度

	总 额	全面收益	留存收益	累计其他全面收益	本期发行普通股	前期已投入资本
期初余额	US $ 863 000		US $ 68 000	US $ 45 000	US $ 250 000	US $ 500 000
全面收益						
净收益	59 800	US $ 59 800	59 800			
其他全面收益（税后）						
外币折算调整	8 500	8 500				
未实现的证券利得（扣除重分类调整）*	14 600	14 600				
最低退休金负债调整	（3 200）	（3 200）				
		19 900		19 900		
全面收益		US $ 79 700				
发行普通股	250 000				50 000	200 000
普通股股利	（10 000）		（10 000）	—	—	—
期末余额	US $ 1 182 700		US $ 117 800	US $ 64 900	US $ 300 000	US $ 700 000

* 这里是按净额法反映重分类调整，必须在报表附注中按全额法补充披露。

附注：

重分类额补充披露

本期产生的未实现利得	US $ 16 400
减：包括在净收益中的利得重分类调整	（1 800）
未实现的证券利得	US $ 14 600

（2）列示全面收益总额（total for comprehensive income）

全面收益总额是一个有用的计量，它可以显示企业期末的财务状况和当期所进行的全面财务活动之间的勾稽关系，从而提高财务报表的可理解性。另外，报告全面收益总额还可以向使用者提供据以比较不同企业财务业绩的标准。

（3）进行重分类调整（reclassification adjustment）

在实现时包括在净收益中的某些利得或损失可能在实现之前就已经确认为其他全面收益了，为了避免该利得或损失在全面收益中重复计算，必须在净收益与其他全面收益之间进行重分类调整，即将已经实现的利得或损失从其他全面收益中注销。FAS 130 对于重分类调整规定了两种反映方法：一种是全额反映法（gross display），即重分类调整与其他变动分开列示，通过两个总额（本期产生的其他全面收益总额与本期实现的包括在净收益中的相应项目总额）说明项目的总变化；另一种是净额反映法（net display），即重分类调整与其他变动一起列示，通过一个总额说明项目的总变化。最低退休金负债调整应采用净额法反映，除此之外的其他全面收益项目都可选用全额法或净额法反映，但如果采用净额法，那么还必须按全额法在报表附注中补充披露。FASB 认为，这样处理可以使得净收益与全面收益之间的关系清晰明了，有助于财务报表使用者对它们的理解。

9.3.3 IASC 借鉴英、美经验提出的两种列报方法

IASC 借鉴英国和美国的经验，在 1997 年 8 月发布的修订后的 IAS 1《财务报表的列报（Presentation of Financial Statements）》中，也提出了改革业绩报告的要求。IAS 1 认为，“两个资产负债表之间的企业权益变动反映该期间净资产或财富的增加或减少。除了与股东之间的交易如资本投入和股利分派引起的变动外，所有的其他权益变动都属于企业当期活动所产生的利得和损失”。而传统收益表中的净损益同资产负债表中期末、期初净资产变动（如果把由于同业主交易而引起的变化剔除）缺乏联系，因为某些未实现的利得和损失（如重估价盈亏和某些外币折算差额）绕过了收益表而直接确认在资产负债表中。考虑到全部利得和损失这一信息对使用者评估一个企业在两个资产负债表日之间财务状况的变动的重要性，IAS 1 要求财务报表中必须有一个独立的组成部分来突出显示企业的全部利得和损失，其中包括那些直接在权益中确认的项目。也就是说，IASC 意图通过引入一张新的基本财务报表，既把收益表和资产负债表联系起来，又可反映企业当期已确认的净财富的变化。

根据这个意图提出两种可用来列报已确认利得和损失的方法：一种是通过权益变动表列报；另一种是通过单独的“已确认利得和损失表”列报。IAS 1 在附录中列示了这两种表式。

1）在权益变动表中列报（见表 9—8）

2）单独编制“已确认利得和损失表”（见表 9—9）

9.3.4 G_{4+1}建议的财务业绩报告模式

1）1999 年 8 月，G_{4+1}发表了一份征求意见稿《报告财务业绩（Reporting Financial Performance）》。G_{4+1}认为，所有的财务报表使用者都需要关于某一主体全面的财务业绩信息，因为这些信息可以：

（1）帮助使用者评价该主体利用现有资源创造现金流量的能力，并判断该主体利用资源及可能利用其他资源的有效性；

（2）向使用者提供反馈信息，以便他们能够检查对过去期间财务业绩的评价，并修正他们的评价，以对未来期间的财务业绩作出预测。

表 9—8

XYZ 集团权益变动表

20×4 年 12 月 31 日止的会计年度

	股份资本	股份溢价	重估价准备	折算准备	累计利润	合计
20×2 年 12 月 31 日余额	×	×	×	(×)	×	×
会计政策变更					(×)	(×)
重新表述的余额	×	×	×	(×)	×	×
财产重估价盈余			×			×
投资重估价亏损			(×)			(×)
货币折算差额				(×)		(×)
未在收益表中确认的净利得和净损失			×	(×)		×
本期净利润					×	×
股利					(×)	(×)
发行股份资本	×	×				×
20×3 年 12 月 31 日余额	×	×	×	(×)	×	×
财产重估价亏损			(×)			(×)
投资重估价盈余			×			×
货币折算差额				(×)		(×)
未在收益表中确认的净利得和净损失			(×)	(×)		(×)
本期净利润					×	×
股利					(×)	(×)
发行股份资本	×	×				×
20×4 年 12 月 31 日余额	×	×	×	(×)	×	×

表 9—9

XYZ 集团已确认利得和损失表

20×4 年 12 月 31 日止的会计年度

	20×4 年	20×3 年
财产重估价盈余（亏损）	(×)	×
投资重估价盈余（亏损）	×	(×)
国外主体财务报表折算差额	(×)	(×)
未在收益表中确认的净利润	×	×
本期净利润	×	×
已确认利得和损失总额	×	×
会计政策变更的影响		(×)

2）现行财务业绩报告显然不能充分满足使用者的需求，因为它存在以下缺陷：

（1）财务业绩报表没有包括所有相关的项目。

例如，在许多国家，国外经营净投资上形成的外币折算调整额是直接在权益中进行确认的。虽然这些事项对净资产的影响是明确的，但其变化（即利得或损失）却没有在财务业绩中得到反映，因为这些财务业绩项目没有包括在收益表中，而是淹没在权益（准备）变动之中。

（2）财务业绩报表中包括不合适的项目。

例如，在一些国家，股利（已支付的或者准备支付的）作为本年利润的减项列示在收益表中（实际上，这是一些国家的法律所规定的）。股利是利润的分配，而不是一项财务业绩，应当排除在财务业绩报表之外。

（3）分类不适当。

商业环境的日益复杂使得传统的分类标准如"实现（realization）"已经不能成为划分财务业绩项目的充分依据了。根据资产的实现来决定财务业绩项目的报告，会导致管理当局操纵报告利润（尤其是对于流动性强的资产）。"实现"的作用可以在现金流量表中得到更好的体现，但现金流量信息只能提供有关流动性和过去已转化为现金（或现金等价物）的信息，而不是有关财务业绩的信息。

3）G_{4+1}总结和评价了英、美等国准则制定机构对财务业绩报告的改革，得出以下结论：

（1）所有已确认的财务业绩组成项目都必须在财务业绩报表中进行报告和描述，而不应当与业主投资和对业主的分配所引起的权益变动一起报告。将财务业绩项目与不代表财务业绩的项目区分开来报告，已成为国际发展的趋势。

（2）单个汇总的数据（如本期损益）不能够充分传递某一主体的财务业绩信息。为提供更有用的财务业绩信息，必须根据项目的不同性质加以适当分类。G_{4+1}认为，财务业绩应当划分三个主要部分报告：①经营（或销售）活动的结果；②理财及其他财务活动的结果；③其他利得和损失。

（3）由于在两张报表中报告财务业绩，有可能导致使用者对一张报表过于关注而忽视另一张报表（英国的实践就是这样），或者不合理地过于重视这两张报表之间的差别。因此，所有的财务业绩项目在单一的、扩展的财务业绩报表中报告比在两张报表中报告更为合适。

G_{4+1}建议的财务业绩报告模式见表9—10。

9.3.5

2008年IASB对全面收益表的两种格式的修订

2008年IASB修订了IAS 1《财务报表的列报》，对企业全面收益表的格式和内容都作了规定。该准则允许企业选用以下两种不同的格式来呈报全面收益：

表 9—10 **财务业绩表**

经营（销售）活动[①]		
收入	×	
销售成本	(×)	
其他费用	(×)	
经营收益		×
理财和其他筹资活动[②]		
债务利息	(×)	
金融工具上的利得和损失	×	
理财收益		×
税前经营和理财收益		×
所得税		(×)
税后经营和理财收益		×
其他利得和损失		
非持续性经营项目处置利润	×	
持续经营活动中出售财产利润	×	
长期资产重估价	×	
关于外币净投资的汇兑折算差额	×	
税前其他利得和损失	×	
来自其他利得和损失的所得税	(×)	
税后其他利得和损失		×
总额[③]（业主净投资和派得以外的权益增加或减少）		×

① 本表三个部分都可以进一步细分为持续业务、购并和终止业务，既可在本表中列示也可在附注中列示。

② 对于某些行业的主体，如银行和金融机构，该部分可以并入“经营/销售活动”。

③ 这里的“总额”可以用其他术语表示，如“全面收益”（美国）或“全部已确认利得和损失”（英国）。

（1）仅提供一份“全面收益表”来报告“总计全面收益（total comprehensive income）”。“本年度全面收益总计”由当期实现的损益和“其他全面收益（other comprehensive income）”[①] 构成。

（2）提供一份“收益表”来报告当期实现的损益，并用另一份报表（也叫“全面收益表”）显示“其他全面收益”。

表 9—11 至表 9—13 是 IAS 1 所推荐的报告全面收益的两种格式。

---

① “其他全面收益”可包含（但不仅有）：固定资产重估的利得和损失；依照 IAS 19《雇员福利》所确认的“确定收益型养老金”的精算利得和损失；对国外子公司的财务报表进行折算所确认的利得和损失；重新计量“可供出售”的金融资产所确认的利得和损失；现金流量套期（工具）的利得和损失的有效部分。

格式一

表9—11　XYZ集团——全面收益表

截至20×3年12月31日的会计年度

	$000	$000
销售收入	×	×
销售成本	(×)	(×)
净收益	×	×
其他运营收入	×	×
配送成本	(×)	(×)
管理费用	(×)	(×)
其他运营费用	(×)	(×)
经营利润	×	×
融资成本	(×)	(×)
占联营公司利润的份额	×	×
税前利润	×	×
所得税费用	(×)	(×)
本期利润	×	×
其他全面收益：		
外币报表折算确认的利得和损失	×	(×)
重新计量“可供出售”的金融资产所确认的利得和损失	×	(×)
现金流量套期（工具）的利得和损失的有效部分	×	(×)
固定资产重估的利得和损失	×	(×)
占联营公司其他全面收益的份额	×	(×)
“确定收益型养老金”的精算利得和损失	×	(×)
其他全面收益组成部分的所得税（总额）	(×)	(×)
税后其他全面收益	×	×
本年度全面收益总计	×	×
本期利润分配：		
——母公司股东	×	×
——非控制权股东	×	×
	×	×
本年度全面收益分配总计：		
——母公司股东	×	×
——非控制权股东	×	×
	×	×

格式二

表 9—12 **XYZ 集团——收益表**

截至 20×3 年 12 月 31 日的会计年度

	$ 000	$ 000
销售收入	×	×
销售成本	(×)	(×)
净收益	×	×
其他运营收入	×	×
配送成本	(×)	(×)
管理费用	(×)	(×)
其他运营费用	(×)	(×)
经营利润	×	×
融资成本	(×)	(×)
占联营公司利润的份额	×	×
税前利润	×	×
所得税费用	(×)	(×)
本期利润	×	×
本期利润分配:		
——母公司股东	×	×
——非控制权股东	×	×
	×	×

表 9—13 **XYZ 集团——全面收益表**

截至 20×3 年 12 月 31 日的会计年度

	$ 000	$ 000
本期利润（由表 9—12 转来）	×	×
其他全面收益:		
外币报表折算确认的利得和损失	×	(×)
重新计量“可供出售”的金融资产所确认的利得和损失	×	(×)
现金流量套期（工具）的利得和损失的有效部分	×	(×)
固定资产重估的利得和损失	×	(×)
占联营公司其他全面收益的份额	×	(×)
“确定收益型养老金”的精算利得和损失	×	(×)
其他全面收益组成部分的所得税（总额）①	(×)	(×)
本年度全面收益总计	×	×
本年度全面收益分配总计:		
——母公司股东	×	×
——非控制权股东	×	×
	×	×

① IAS 1 要求企业披露所得税对“其他全面收益”各组成部分的影响。准则允许两种披露方式：第一种是逐项披露所得税对各组成部分的影响，因此在报告中各组成部分以税后净值出现；第二种则是报告“其他全面收益”组成部分的税前值，以及所得税总额。IAS 1 强调：之所以要求披露各组成部分的所得税，是因为各组成部分的税率和企业经营活动适用的税率通常是极不相同的。

值得注意的是，与以前IAS 1的各个版本不同，在2008年修订的版本中，“分派给业主的股利”不在“收益表”或者“全面收益表”中反映，而是反映在“业主权益变动表”或者财务报表的附注中。IAS 1此举是为了分开披露因“业主投入变化”和“非业主投入变化”而导致的业主权益的变动。

9.3.6 财务业绩报告的发展趋向

纵观英国ASB、美国FASB、IASC和G_{4+1}关于财务业绩报告的改革，可以看出这些改革反映的一些共同的趋向：

（1）改革业绩报告的目标基本一致，都要求报告更全面、更有用的财务业绩信息，以满足使用者的投资、信贷及其他经济决策的需要。而要达到这一目标，单靠传统收益表（损益表）是无济于事的，因为许多对使用者决策有用的业绩信息绕过了收益表（损益表），直接报告在资产负债表中的权益部分，因此需要加以改革，扩大企业财务业绩报告的内容。

（2）改革业绩报告的思路基本相同，即在保留传统收益表（损益表）基本结构的前提下，通过增加所谓的“第四财务报表”或“第二收益表”，构成新的财务业绩报告体系。

（3）突破了实现原则的束缚，扩大了业绩报告的内容。以前，尽管按照某些会计准则或法律的规定，允许确认若干未实现的收益项目，但因受实现原则的限制，这些项目都不能在财务业绩报表中确认。现在，把绕过收益表（损益表）而在资产负债表中直接确认的未实现利得和损失集合在一张财务报表中，反映企业当期取得的全部财务业绩，使业绩报告能确实体现“总括收益”概念。

9.4 增值表：一种在西欧流行的报表

增值表始创于西欧，也流行于西欧。20世纪80年代，在前联邦德国和英国提供对外通用财务报表的企业中，约有半数以上编制增值表；法国、挪威、丹麦、意大利等国，也有一些企业编制增值表；而美国、日本、新加坡等国企业则基本上没有提供增值表。可以说，在国际范围内，增值表还没有奠定它作为对外通用财务报表中“第四报表”的地位，但不少国家的会计界已对增值表产生了浓厚的兴趣。

增值表还没有标准的表式，以下简示英国帝国化工公司编制的增值表的表式（见表9—14），表中的数字是任意假设的。可以看出，增值表实际上是一种反映社会责任和分配关系的报表，它由两部分组成，第一部分从销售收入中减去外购材料和劳务，得出增值额；第二部分将增值额分配给各有关方面，如雇员、政府、出资者、企业（作为内部积累重新投入企业）等。

表 9—14 **帝国化工公司增值表**

20×4 年度

	20×4 年度（百万英镑）		20×3 年度（百万英镑）		增减比例（%）
收益来源					
销售		7 358		6 581	+12
特许使用费和其他收益		99		82	+21
减：耗用的材料和劳务		5 272		4 551	+16
生产和销售活动所增加的价值		2 185		2 112	+3
来自联属企业和商业投资的净利润		39		52	−25
增值总额		2 224		2 164	+3
增值总额的分配					
雇员		1 444		1 362	+6
工资加上退休金、保险金和解职费	1 421		1 335		
利润分享奖金	23		27		
政府		67		88	−24
公司所得税	92		111		
减：减免	25		23		
出资者		283		287	−1
借款利息成本	146		142		
股东股利	115		113		
子公司的少数股权股利	22		32		
重新投入企业		430		427	+1
折旧和非常项目准备	400		354		
留存收益	30		73		
		2 224		2 164	

9.5 在财务报告中披露企业的社会责任

在财务报告中披露企业的社会责任，始于 20 世纪 60 年代。其背景是：西方发达国家在发展经济的同时，也暴露出工业化的弊端，较突出的是环境污染事故和职工伤亡事故时有发生，一味追求高额利润的企业不仅受到社会舆论的抨击，而且受到企业职工的抵制。这种情况产生了两方面的后果：社会对企业经营所造成的影响日益关注和企业管理当局在决策时不能不注意到企业的社会形象。这些变化体现在财务报告中，就是社会责任的披露。

9.5.1 社会责任披露的内容和方式

1）社会责任披露的内容

社会责任披露的发展还显得很不成熟。国与国之间、企业与企业之间不仅在披露的内容和程度上存在很大差别，就是对披露的方式也存在着不同的做法。有的企业在年度财务报告中披露社会责任信息，也有的企业另行编制单独的社会责任报告。即使是同样在年度财务报告中披露社会责任信息，不同的企业也有所不同，有的将信息放在财务报表中，有的放在财务报表附注中，还有的放在文字说明部分。社会责任披露的内容，差别就更大了。综合各国的实务，大致包括以下领域：（1）环境；（2）就业机会；（3）人事；（4）参与社区活动；（5）产品的性能和安全；（6）企业行为；（7）商业道德。绝大部分企业只是披露其中的部分内容。

2）社会责任披露的方式

对社会责任披露的另一争论是：对企业有关社会责任的投入和产出应该侧重定量反映还是定性披露。所谓投入，是指特定社会责任项目的实际举措，如控制空气污染装置、职工安全保护等；所谓产出，是指这些举措所产生的实际后果，如空气污染和职工工伤事故的减少程度等。在定性与定量的选择中，作出断然选择的企业不多，大部分企业都是采用某种形式的折中。常见的社会责任披露一般有以下三种方式：

（1）投入和产出都以文字的、定性的方式表示。

（2）投入以定量的、货币计量的方式（如费用、投资等）表示，而产出则以定性的、非货币计量的方式（如实物量、社会指标等）表示。

（3）投入和产出均以定量的、货币计量的方式表示。

以工伤事故的控制为例，可以按上述不同的方式表述如下：

（1）本公司在减少工伤事故方面投入可观的资金，改善了……安全保护设施，并且已经取得了显著的成功。

（2）本公司在一项旨在减少工伤事故的计划中花费了60万美元，从而使工伤事故发生率下降了54%。

（3）本公司在一项旨在减少工伤事故的计划中花费了60万美元，从而使工伤事故的善后处理和赔偿费以及其他费用和损失减少了98万美元。

9.5.2 法国等主要西方国家的实际做法

就主要西方国家来说，法国和荷兰采用的是非货币计量方式。法国的国营公司采用相当完备的账户来定期计量每项计划的实施所带来的产量增长的绝对额和相对额。1977 年 7 月，法国就通过了一项法令，要求所有职工人数达到或超过 300 人的企业都必须编制“社会资产负债表”。从 1984 年起，社会资产负债表必须列示 3 年的数据，并且要分别按各下属工厂和整个公司编制。法国的社会资产负债表分七个方面：（1）职工人数；（2）工资及福利成本；（3）健康和安全保护；（4）其他工作条件；（5）雇员培训；（6）行业联系；（7）雇员住房、交通等生活条件状况。这七类内容又进一步划分为若干个子项目，直到分解成非常具体的报表指标。

瑞典的社会（责任）报告对投入采用货币计量方式，对产出则采用实物量表示。德国也以货币计量表述投入量，对产出则采用对社会目标的实现程度进行评价的方式。美国则只有大型企业才在年度报告中以简短的文字披露社会责任的履行情况，但也有一些企业非常重视社会责任的披露。例如，美国一家著名的咨询集团 ABT 公司就采用复式簿记来归纳、计算年度净社会效益，并在财务报表中分别按公司、股东、雇员、客户、一般公众和社区来反映其社会效益。

9.5.3 国际组织在推动企业报告社会责任方面的努力

社会（责任）报告对跨国公司更为重要，其分公司、子公司、联营公司等所在的东道国政府和社会舆论，为了保护本国的环境和工人的劳动安全，都要求跨国公司下属的当地公司能充分披露其履行社会责任的信息。迄今为止，已有不少国际组织在确定社会责任披露的内容方面作了多种努力，其中较为突出的是联合国跨国公司中心、经济合作与发展组织及欧盟。

1）联合国跨国公司中心所属的国际会计与报告准则专家小组于 1982 年在《联合国跨国公司行为准则草案》中，对社会责任的披露提出了较为全面的建议。该草案建议在跨国公司的财务报告中包括以下非财务信息：

（1）公司的组织结构、对外及相互之间拥有业主权的百分比；

（2）各主体的主要活动；

（3）就业信息，包括平均职工人数；

（4）编制和合并报表时所用的会计政策；

（5）有关转让价格的政策。

而且，还要求对以上信息按地理区域和按行业作必要的分解。其中，第（3）项和第（5）项都与披露社会责任有关。

2）经济合作与发展组织在其《跨国公司指南》中提出了非财务信息披露的建议。与联合国的建议相对照，经济合作与发展组织的披露建议只是对披露每一地理区域平均职工人数的信息作了规定。

3）欧盟更进了一步，在要求披露平均职工人数之外还要求提供各类职工的年度人事成本。后来，欧盟又提出了一些扩大跨国公司披露的要求，包括披露经济与财务情况、生产和销售趋势、投资和生产计划、合理化方案、新工作方法的采用以及任何可能对职工利益产生重大影响的事项。

9.6 合并财务报表实务的重大改革趋向

企业合并和合并财务报表的编制，直到 20 世纪 80 年代还是国际差异最显著的问题之一，而且涉及诸多方面，如母公司对子公司控股权的界定；企业合并中购买法（purchase method）和权益结合法（pooling of interest method）的运用；购买法下确认的合并商誉，在合并财务报表中列报为无形资产，还是从合并权益中立即注销；合并商誉如确认为资产，应摊销还是不摊销；合并财务报表编制中应用母公司观还是主体观；实务中对集团内的公司间交易的抵销等等。这里不拟展开详细讨论，[①] 只是简略地说明主要国际差异的协调过程。

9.6.1 企业合并和合并财务报表实务的国际差异的协调化过程

1）20 世纪 70—80 年代美、英的合并财务报表实务与欧洲大陆国家间的显著差异和协调趋向

美国的第一个比较全面和完整的关于企业合并的会计准则，是当时美国的准则制定机构 AICPA 的 APB（会计原则委员会）在 1970 年发布的 APB 第 16 号意见书《企业合并》；[②] 最早的关于合并财务报表的准则是那时的准则制定机构 AICPA 的 CAP 在 1959 年发布的 ARB 51《合并财务报表》，1987 年 FASB 又发布了 FAS 94《合并所有多数股权子公司》，对 ARB 51 进行了部分修订，主要是将“经营活动与集团的经营活动有重大差别”的子公司可不予合并的规定改变为应该合并“所有”子公司，而不论其经营活动的差别。直至 90 年代中期，美国 FASB 先后对企业合并、无形资产和合并商誉、合并报表的编制的会计政策和程序等课题，发布了建议准则的征求意见稿，酝酿对企业合并和合并报表编制实务的重大改革，经过长达 10 年多的征求意见和对公布草案的修订，终于在 2001 年 6 月 30 日发布了 FAS 141《企业合并》和 FAS 142《商誉和无形资产》，取代了 APB 第 16 号意见书《企业合并》和 17 号意见书《无形资产》。但是，1995 年发布的准备取代 ARB 51 的建议准则《合并报表：政策与程序》的征求意见稿，仍面对着众多的评论和质疑，不得不于 1999 年 2 月又发布修订后的《合并报表：目的与政策》征求意见稿，继续

① 可参阅常勋：《财务会计四大难题》，3 版、4 版，第二篇“企业合并和合并财务报表”，上海，立信会计出版社，2006，2008。

② 早在 20 世纪 50 年代，当时美国的准则制定机构 AICPA 的 CAP（会计程序委员会）就在 ARB（会计研究公报）40（1950）和 ARB 43(《对第 1 至 42 号会计研究公报的重述和修订》，1953）的第 7 章中对企业合并制定了准则，APB 第 16 号意见书取代了以前发布的所有关于企业合并的准则。

征求意见，并决定暂时推迟对“程序”部分的准则制定工作。[①] 至今，关于“目的与政策”的准则仍未能出台。

英国关于企业合并和合并财务报表的准则有：当时的英国准则制定机构 ASC（会计标准委员会）于 1974 年发布的 SAP 1《联营公司会计》和 1978 年发布的 SAP 14《集团报表》；ASC 重组为 ASB（会计准则委员会）后，又于 1992 年发布了 FRS 2《子企业会计》，1994 年发布了 FRS 6《购买和权益结合》及 FRS 7《购买会计中的公允价值》，1997 年发布了 FRS 9《联营企业和合营企业》。英国的准则更类似于现行的国际会计准则。

应该说，以美英会计模式为一方的有关企业合并和合并财务报表的准则是相当完备的，其观点和要求也是基本相同的。但美国在世纪之交启动的重大改革，则已超前于英国的准则和国际会计准则。

概括起来，从 20 世纪 70 年代至世纪之交，企业合并和合并报表编制实务的主要特征有：

（1）控制股权的界定为持有被投资公司多数（50% 以上）股权，且以控制其财务和经营决策为目的。但在 20 世纪 90 年代，已趋向于认可法定控制权，即通过与其他投资者协议，掌握了多数股权；或是根据协议和文件，有权控制被投资企业的财务和经营决策，或有权任命董事会的多数成员，或在董事会会议上有权投多数票。

（2）对子公司的控制性股权投资采用权益法会计，并在此基础上编制集团的合并财务报表；对持股的目的在于影响被投资公司（联营公司）经营决策的股权投资，采用权益法会计；对不以控制或影响对方经营决策的股权投资，则采用成本法会计。对于以持股数量界定投资性质的规定已逐渐淡出。

（3）企业的合并可以采用购买方式和权益结合方式，相应地，在会计处理上采用购买法或权益结合法，但准则对采用权益结合法严格限制[②]。而且，在英国的实务中很少应用权益结合法。

（4）在购买法下确认的商誉，在合并资产负债表中列报为无形资产，并需摊销。但英国早期也允许立即在股东权益中注销商誉，现规定的摊销期为不超过 20 年（FRS 10《商誉和无形资产》，1998 年 12 月）；美国则对商誉的摊销曾应用无形资产的摊销期最长不超过 40 年的规定，前述的 FAS 142 已废止了摊销法，代之以测试商誉减值（至少每年度）的方法，即只有在商誉的账面金额超过其公允价值的期间，才将其减值部分确认为当年的费用。

（5）集团合并财务报表的编制依据母公司观。

（6）美国对合营企业只采用权益法会计，不采用比例合并法。

与此相对照，欧洲大陆国家关于企业合并和合并财务报表的会计处理，与美英模式虽有共同之处，但也有相当大的差别。

（1）基本相同。

① 以后的发展见 9. 6. 3。
② 如 APB 第 16 号意见书规定，必须同时符合 12 个条件，缺一不可。

（2）有差异。例如在20世纪70—80年代，对于子公司，德国只要求合并国内子公司的报表而不合并国外子公司的报表；意大利占优势的惯例是不合并，如果合并也只要求合并国内子公司的报表。

（3）有差异。欧洲大陆国家只允许采用购买法。①

（4）有差异。例如法国、荷兰等多数西欧国家，允许把商誉确认为无形资产而后摊销，也允许立即从股东权益中注销，而且，“注销”是流行的惯例，德国和西班牙等国则只允许从合并权益中注销。

（5）相同。

（6）对合营企业采用比例合并法，是西欧国家流行的惯例且源于法国等欧洲大陆国家。

2）欧盟的第7号指令（由当时的欧共体发布）的重大协调作用

1983年发布的涉及合并财务报表问题的第7号指令，旨在改变当时欧洲大陆国家缺乏关于企业合并和合并财务报表的准则的状况。我们在第5章论述“欧盟的新会计策略”时曾指出，根据欧洲委员会的分析，第7号指令中关于公司集团编制合并财务报表的规定与IAS一致。因此，只要其成员国接受第7号指令，就能结束当时欧洲各国在合并财务报表实务中的分歧，但是，也正因为与各国的惯例存在着诸多差异，而指令之实施必须通过各国的立法程序。因而在1983年之后的10多年中，遭遇到多种阻碍，直至1998年，其成员国包括法国和德国这两个大国才先后通过立法，接受了第7号指令。应该说，这对于协调美英与欧洲大陆两大会计模式在企业合并和合并财务报表方面的实务，起着决定性的作用。

3）相关的国际会计准则

在IASC全面重组以前执行的关于企业合并和合并财务报表的IASs有：IAS 22《企业合并》（1983年发布，1998年修订），IAS 27《合并财务报表和对子公司投资的会计处理》（1988年发布，1994年重编，2000年修订），IAS 28《对联营企业投资的会计处理》（1988年发布，1994年重编，2000年修订），IAS 31《合营中权益的财务报告》（1990年发布，2000年修订）。它们与美国改革前的准则和英国的现行准则类同，与英国的准则几乎是相对应的，值得一提的是：

（1）在控制股权的界定、权益法和成本法会计的运用、对企业合并中购买法和权益结合法的运用、合并商誉确认为无形资产而后摊销、主要依据母公司观编制合并财务报表等方面，均与美、英的准则相类同。

（2）对合营企业（共同控制实体），IASC肯定西欧流行的比例合并法，把它推荐为基准方法，但也将美国采用的权益法会计列为备选方法。此后，作为国际准则与美国准则《短期趋同项目》之一，在2005年12月的理事会会议上，已决定

---

① 其实，权益结合法只是美国较流行的会计惯例。据F. D. S. Choi和V. B. Bavishi在1982年发表的就32个重要会计方法的国际差异对美国、英国、日本、前联邦德国、法国、加拿大、瑞典、荷兰、瑞士、澳大利亚等10国的869家大型跨国工业企业1979年和1980年的年度报告进行调查研究的结果，关于合并财务报表，除美国外，其他9国流行的都是购买法。可参阅［美］Choi、Mueller：《国际会计》，2版，常勋、陆祖汶等译，72～77页，上海，立信会计图书用品社，1992。

在 IAS 31 中废除比例合并法。

（3）对于商誉的摊销期，由于 IAS 38《无形资产》（1998 年发布）中规定了无形资产按其使用寿命的最佳估计期限不超过 20 年，这比美国 APB 意见书第 17 号《无形资产》中规定的不超过 40 年缩短了一半，但 IAS 38 也规定，在极少数情况下，如果存在着令人信服的证据，证明该项无形资产的使用寿命长于 20 年，也可以不遵循 20 年的限制，而采用长于 20 年的特定期限。又如 8. 3. 12 及稍前所述，美国已于 2001 年改摊销商誉为计提减值损失。

9. 6. 2 提供集团合并财务报表的国际惯例

提供集团合并财务报表是国际流行的惯例，但也有差异。据 J. S. Arpan（阿尔潘）和 L. H. Radebaugh（拉德波夫）在《国际会计与多国公司（International Accounting and Multinational Enterprises)》（1985）一书引用当时普华会计师事务所于 1979 年发表的《会计原则和报告惯例的国际调查》中的资料，对以下各国和地区内的大多数公司提供集团报表的情况进行调查的结果见表 9—15。

【小资料 9—2】

表 9—15 **提供集团报表的大多数公司遵循的惯例**

只提供母公司报表	同时提供母公司报表和合并报表		只提供合并报表
西班牙	英国	澳大利亚	美国
巴西	前联邦德国	新西兰	加拿大
哥斯达黎加	法国	墨西哥	巴拿马
萨尔瓦多	爱尔兰	委内瑞拉	巴哈马
危地马拉	丹麦	特立尼达和多巴哥	百慕大
洪都拉斯	荷兰	牙买加	菲律宾
尼加拉瓜	挪威	多米尼加共和国	
泽西岛	瑞典	马拉维	
象牙海岸	日本	博茨瓦纳	
塞内加尔	中国香港	肯尼亚	
	新加坡	尼日利亚	
	韩国	赞比亚	
	马来西亚	津巴布韦	
	斐济	南非	

资料来源 常勋、陈箭深：《国际会计》，191 页，厦门，厦门大学出版社，1996。

从表9—15中可以看到，美国和加拿大等国的流行惯例是只提供合并报表；而西欧国家、日本和其他许多国家和地区的流行惯例是同时提供母公司报表和合并报表；西班牙、巴西等国的流行惯例则是只提供母公司报表，但20世纪90年代以来的情况已有改变，同时提供合并报表和母公司报表成为流行的惯例，西班牙、巴西的跨国大公司同时提供合并报表的例子已屡见不鲜。

合并报表的编制成为流行惯例的时间，各国也有较大的差别。合并财务报表在19世纪末和20世纪初首先出现于美国，第一份合并报表是由美国科尔顿石油托拉斯公司于1886年编制的，以后就逐渐发展为流行的惯例。20世纪30年代，合并报表开始在英国流行，而在多数西欧国家，则是第二次世界大战后的新事物。日本一直到1975年才制定要求编制合并报表的会计准则，并由大藏省于1976年以法令颁布。

9.6.3 企业合并和合并财务报表实务的改革趋向

如前所述，1995年10月，美国FASB发布了《合并财务报表：政策与程序》的建议准则的征求意见稿，由于在征求意见的过程中各方反应强烈，持批评和反对意见者不少，又在1999年2月发布了修订的《合并报表：目的与政策》征求意见稿，并预定于2000年第二季度发布正式准则，但未能如期实现；对“程序”部分的准则制定工作则决定暂时推迟。2004年8月，FASB又发布了《合并财务报表，包括子公司中非控制性股权的会计和报告》，建议准则先撇开关于合并财务报表的目标和政策的变革这一难题，着眼于与新的企业合并准则FAS 141相匹配以及早在1959年发布的ARB 51与嗣后发布的诸多相关准则间的不协调及明显地滞后于客观环境发展的现实，以有助于缓解一些需要协调解决的紧迫问题。2007年12月，FASB发行了FAS 160《合并财务报表中的非控制性股权——对ARB 51的修订》。

另一方面，IASC也在1998年年底启动了关于企业合并准则的重新制定工作，并把这一项目列入2000年工作计划，但因IASC进行全面重组而拖延。IASB于2002年4月成立后，在2003年12月发布的《改进国际会计准则》项目中，对IAS 27、IAS 28、IAS 31进行了改进，并更改了名称（参见6.5.2中的相关表述），在合并财务报表编制程序上作了重大变革：对母公司自身的单独财务报表改按成本法或公允价值法核算，在编制合并报表时才调整为权益基础，并与FASB紧密协作，启动了对企业合并和合并财务报表准则的重新制定工作，2004年3月，IASB发布了取代IAS 22的IFRS 3《企业合并》。

以下概述企业合并和合并财务报表实务的重大改革。①

① 2008年1月，IASB对IFRS 3和IAS 27进行了修订，其内容主要涉及“分阶段合并和部分合并”、“合并费用和或有合并成本”以及“部分出售合并企业股权或剥离业务”等三个方面，由于这些不涉及基本的改革趋向，故书中不予论述。

1）关于实现控制的合并政策

对 FASB1995 年和 1999 年两次征求意见稿的批评意见，一大部分集中在为实现控制的合并政策。在公开募股的股份有限公司特别是上市公司，股权十分分散，如何界定实质上的控制是一个棘手问题，征求意见稿的意图是要突破“持有 50% 以上股权的绝对控制和虽然不超过 50% 但具有法定控制权”的框框，对此，企业势必有不同意见。根据对 1995 年征求意见稿的评论，1999 年修订的征求意见稿表述的对股份公司实现控制的合并政策为：

（1）多数表决权。

（2）巨大的少数表决权，且不存在其他方或各方组成的团体具有重大的表决权（这样，就不限于一定要有与其他股东的协议或是公司章程规定等的法定依据）。①

（3）现在持有的可转换证券或其他权利，根据其持有者的选择即可进行转换，且转换或行使这一权利的预期利益大于其预期成本者（即具有潜在的控制能力）。②

还有一条是关于合并有限合伙组织的，所规定的条件是：

（4）控制主体是有限合伙的唯一普通合伙人，并且不存在具有解散该有限合伙或者撤换普通合伙人的现行能力的其他合伙人或联合组成的其他合伙人群体。

但对 1999 年的修订征求意见稿，仍然是意见纷纭，其中包括像美国财务经理协会这样的权威组织的保留意见；FASB 还特地组织力量，进行了实际案例调查，以评估这样的合并政策是否会导致对另一主体的控制情况的改变。由此可见，新准则征求意见稿所体现的突破，将对合并财务报表的实务带来何等深远的影响。

IASB 在改进后 IAS 27 对合并范围的界定，同样体现了对合并政策的变革，在多数控制权和法定控制权的基础上，对合并范围作了一定的放宽规定，相对地扩大了可豁免合并的范围，但也提高了豁免标准。③ 但与美国 FASB 正在进行的重大变革相比，它还没有向实质性控制权跨越。

2）从母公司观转向主体观

在 FASB 的 1995 年征求意见稿中，就提出把“非控制性股权”列为权益的单独组成部分，称之为“子公司中的非控制性股权”，以区别于应归属于“控制性股权”的权益，并且对子公司的账面资产都按购买日的公平市价计价，这实际上已从流行达半个世纪以上的按母公司观编制转向按主体观编制合并财务报表了。但关于在购并日按公允价值计量子公司账面资产的全部价值（而不仅限于被并购股权部分），则已见诸 IAS 27 和英国的 FRS 7。即使保留母公司观，也只是仍把非控制性股东权益列报于合并权益之外而已，但这恰恰是母公司观与主体观的本质差别。

应该说，IASB 已在改进后 IAS 27 中开创了采用主体观的先河。IASB 是从认为

① 括号内的文字是本书著者所作的解释，并非引录的原文。
② 括号内的文字是本书著者所作的解释，并非引录的原文。
③ 详细的论述可参阅常勋：《财务会计四大难题》，3 版、4 版，274 ~ 275 页，上海，立信会计出版社，2006、2008。

“少数股东权益”不符合负债的定义而符合业主权益的定义这一角度而作出这一变革的，并且把它描述为列报形式上的变革。我们认为，避开编制合并财务报表的目标和合并政策这个根本问题来提出其概念依据，不能认为是充分的。IASB的成员之一杉本在理事会上就提出了“应该首先对合并财务报表的目标等基础性问题进行讨论”的意见。

3）废止“权益结合法”

这是G_{4+1}集团在1998年创议的，IASC于1998年12月发布了讨论大纲对G_{4+1}集团起草的立场公告征求意见。废止权益结合法，对IASC和英国来说不是一件大事，因为除美国外，在世界范围内（包括英国）流行的惯例就只是“购买法”，只采用购买法将使美国与其他国家的惯例协调一致；对G_{4+1}的创议，FASB当时采取了积极响应的态度，FASB主席E. L. Jenkins就表示：“我们相信，购买法能使投资者对交易的原始成本和投资的事后业绩有一个较好的概念。”如前所述，在2001年6月30日发布的FAS 141《企业合并》中，美国已明确地废止了权益结合法。IASB在2004年3月发布的IFRS 3《企业合并》中，也废止了权益结合法。

然而，对于废止权益结合法，国际和美国会计界还是有反对意见的，它们主要认为，权益结合（换股）能突破现金支付能力的约束，创造出行业巨人。也有人提出，在吸收合并和创立合并中仍可采用权益结合法。对于在把被合并企业的净资产评估为公允价值后的“换股”，仍是权益结合法，还是购买法的延伸，或是“全新开始法（fresh-start method）”，也存在着不同的见解。

讨论题

9.1 你认为资产负债表在格式上的国际差异重大吗？为什么会存在这些差异？

9.2 以现金流量表取代财务状况变动表（营运资本基础）的背景是什么？

9.3 根据国际资本市场对上市者提供可比的财务报表的要求，你认为最有效和最能节省筹资成本的举措是什么？

9.4 为什么要对财务业绩报告进行改革？列报全面收益的重大意义何在？

9.5 你对列报全面收益的双报表格式、单一报表格式和权益变动表格式有何评论？

9.6 G_{4+1}集团建议的财务业绩表有何特点？你是否认为它优于IASC、美国FASB、英国ASB的构想？

9.7 你认为增值表能在世界范围内流行吗？能成为第四种或第五种基本财务报表吗？

9.8 报告社会责任是否能全部采用定量指标，并作为一种单独的基本报表？

9.9 你对实现控制的合并政策有何评述？

9.10 你认为在企业合并中废止“权益结合法”，在合并财务报表编制中废止“母公司观”会有什么后果？

练习题

9.1 利用第5章练习题5.1的数据，按美国和英国的惯例编制账户式资产负债表，并按照欧洲国家惯例编制营运资本式资产负债表。

9.2 从我国2006年2月发布的《企业会计准则》来看，在与国际会计准则趋同方面又有了哪些进展？

第 10 章 国际税务

学习目标
10.1 国际税务概述
10.2 各国税制比较
10.3 国际双重课税的避免
10.4 国际避税与反避税
10.5 国际税务计划
10.6 国际转移定价
讨论题
练习题

学习目标

掌握国际税务的基础知识，对理解跨国经营中的重大决策和重要会计问题是必不可少的。本章从各国税制比较、避免国际双重课税、国际避税与反避税、国际税务计划、国际转移定价等方面作了概括而扼要的介绍。读者可联系在税务和税务会计课程中学过的知识，深入领会在跨国经营中遇到的特殊问题，还需要深入理解跨国企业与其所在的母国和其海外经营所在的东道国在税务问题上的关系，以及跨国企业对此运用的相关策略。

国际税务与跨国经营的关系非常密切。除了外币交易和外币报表折算之外，可能没有一个因素会像国际税务那样对跨国经营有如此深刻的影响。投资决策、企业组织形式的选择、资金转移、资金融通，乃至转移定价等跨国经营的重大问题，无不与国际税务密切相关。一方面，作为跨国公司的财务主管，在设法谋求税负最小化和税后利润最大化的过程中，必须掌握国际税务方面的理论和实务，以提供对经营决策有用的信息；同时，由于各国税收制度的复杂多样，财务主管还要了解来源于境外收入的课税的特殊规定；再者，国际税务协议、一国的税法和相关法规的不断变化，就会对跨国税务计划系统产生复杂和广泛的影响，必须及时进行必要调整。另一方面，作为各国政府，采取什么样的税收政策，不但直接影响其财政收入，而且还影响到其能否在国际经济竞争中，尤其是在吸引和利用国际资本方面处于有利的地位。因此，不论是跨国公司，还是各国政府，从自身的利益出发，无不关心国际税务问题。

10.1 国际税务概述

10.1.1 国际税务的基本概念

国际税务（international taxation）是指两个或两个以上的国家，在凭借其税收管辖权对同一跨国纳税人的同一项所得征税时，所形成的各国政府与跨国纳税人之间的税收征纳关系，以及国家与国家之间的税收分配关系。

从形式上看，国际税务是一种税收分配活动。它涉及跨国纳税人向有关国家缴纳的各种税款，有关国家之间要进行不同形式的税款征收、税额减免以及签订税务协议等活动。但从本质上看，国际税务反映的是一种税收分配关系。首先，它反映了有关国家与跨国纳税人之间的分配关系；再者，它反映了国家与国家之间的税收权益分配关系。上述概念中所指的“国家”除了指一般意义上的国家之外，也包括那些不具备国家性质的税收管辖区，如我国香港、澳门地区以及百慕大、维尔京群岛等。

国际税务中涉及的纳税人是跨国纳税人。跨国纳税人是指从事跨国经营活动，并同时负有对两个或两个以上国家双重或多重纳税义务的自然人和法人。跨国自然人包括各种从事跨国经营和劳务活动的个人。跨国法人则是指从事跨国经营活动的各种公司、企业组织和团体。

需要指出的是，国际税务所涉及的内容，主要是公司所得税，而不是流转税或其他税种。流转税和关税一般只限制在一国国境之内，不会对发生于别国的商品流转额和进出口商品征收流转税和关税，具有明显的地域特征，不会发生跨国双重征税问题，所以不会成为国际税务所涉及的主要内容。而所得税则与流转税及关税有明显的区别，它没有严格的地域概念。所得可以随人（含法人）的流动而转移，这样，有的国家就根据所得的来源地在本国对他征税，而有的国家则根据他是本国的居民又对他征税，以致导致国际双重征税问题，再加上各国税制的差别，国际避税问题易于发生，这一切就需要国际间的协调和配合。因此，所得税便成为国际税务涉及的主要内容。有些学者甚至认为，国际税务问题实质上是跨国经营中的所得税问题。

10.1.2 国际税务的基本原则

跨国公司在世界各国投资，从事经营活动，其纳税负担是不同的，其根本原因是由于各国采用的税收原则不同。一般地说，从税收公平、税负均等的准绳出发，在国际税务中应体现“税额衡平”和“不偏不倚”两个基本原则。

1）“税额衡平原则（equity principle）”，是指处于相同情况下的纳税人应等额纳税。对于这一原则有两种理解：

（1）国内的税额衡平，即无论是国外获取的收益还是国内形成的收益都应按本国税法纳税。

（2）经营环境的税额衡平，即国外赚取的收益应和当地其他企业赚取的收益一样，按东道国的税法纳税。

2）“不偏不倚原则（neutrality principle）”，或译中立原则，是指纳税条件不应对经营决策产生影响，亦即无论是国内经营还是跨国经营，都会作出同样的决策。由于税额衡平原则的两种不同的理解，对于不偏不倚原则也有两种不同观点：

（1）国内的不偏不倚原则。税款抵减一类的优惠措施会鼓励企业向海外投资，因为国内企业所缴纳的当地税收并不能得到类似的优惠。只有消除对海外经营活动的税收优惠才能实现不偏不倚原则。根据这一观点，一国的跨国公司的国外子公司只不过是在海外经营的一家本国公司而已。

（2）经营环境的不偏不倚原则。这种观点认为，国外子公司的纳税负担必须和当地竞争对手所负担的一样。如果对国外收益课以国内税收，就会使跨国公司处于不利的境地，为了使跨国公司处于平等的竞争地位，应给予国内税收优惠。在这种观点下，一国的跨国公司的国外子公司被认作是本国居民所拥有的国外公司。

由此可见，无论是“税额衡平原则”还是“不偏不倚原则”，以上所述的两种观点不啻是“南辕北辙”。而事实上，绝大多数国家的税收政策都是上述两种观点折中的产物。

10.2 各国税制比较

跨国公司为了在复杂的国际税务环境中立于不败之地，就必须了解和熟悉各国税收制度。由于各国的政治、经济、社会和文化的背景不同，各国的税收制度不论在形式上，还是在内容上都有差别，各具特点。归纳起来，主要表现在税种的设置、所得税计征中对收入和费用的确认、税收征管制度以及税负的大小等。下面分别加以论述。

10.2.1 税种的设置

世界各国所设税种很多，因而跨国公司应向各国政府缴纳税款的名目也是多种多样的。归纳起来，按课税对象划分，可分为直接税和间接税两类。直接税是指直接依据收益额征收的税种，主要有公司所得税和资本利得税。间接税是按收益额以外的其他对象所计征的税种，常见的有周转税、增值税、过境税以及货物税等。

1）公司所得税（corporate income tax）

公司所得税属于直接税，是世界各国应用最多、最广泛的税种之一。世界各国公司所得税的根本差别体现在计税基础和税收征管制度两个方面。一方面，公司所得税计税基础即应税收益（taxable income）的确定的国际差别很大。一般来说，应税收益和会计收益（accounting income）之间存在着某种联系，但欧洲大陆国家，如法国和德国，只需对会计收益进行适当的调整，就可以得出应税收益，因为其会计准则基本上是以税法为导向的；而在美国和英国，应税收益的确定（税法要求）和会计收益的确定（会计准则要求）基本上是相背离的。会计收益本身的计量基础在各国之间也存在着很大的不同，体现于各国在收入和费用确认上的差异。另一方面，在税收征管制度上世界各国也存在差异，我们将在稍后论述。

在计税基础和税务征管制度方面的不同构成了各国在公司所得税上的差异，这些差异形成了若干重要的经济影响，诸如对股利政策、投资计划以及筹资方式的影响，同时还影响到国际转移定价和国际双重课税等重要问题。

2）扣缴税（withholding tax）

严格地讲，扣缴税并不是一个特定的税种，而是一种与公司所得税相联系的特殊的税收形式，它是东道国政府对外国投资者所获得的股利、利息和特许权使用费等计征的税种，在税收源头代扣代缴。例如，购买A国某公司债券的外国投资人，在假设扣缴税税率为15%的情况下，从该项投资的利息报酬中就只能获得85%，其余的15%则以扣缴税的形式缴纳给了A国政府。扣缴税开征的结果往往会阻碍长期投资资本的国际流动，所以常在双边税务协定中进行协调。各国所定的扣缴税税率差别很大，即使在一国之内，对不同的收入所征收的扣缴税税率也不尽相同。各国之间，往往在签订的双边税务协定中，相互同意降低对股利的扣缴税率，而且还经常同意相互免除对特许权使用费和利息的扣缴税。

【小资料 10—1】

美国的贸易伙伴国适用的扣缴税税率

美国对未签订双边税务协定的贸易伙伴国，相互征收的扣缴税税率，无论是对有价证券还是对持股收益、利息和特许权使用费，都规定为30%。对订有双边税务协定的贸易伙伴国，则在互惠的基础上降低了扣缴税税率，根据1996年的资料，美国与47个国家和地区订有双边税务协定，现选择其中的一些国家和地区，列示其扣缴税税率见表10—1。

表10—1　**美国与订有双边税务协定国家和地区的扣缴税税率表（%）**

国　别	有价证券收益	持股收益[①]（股利）	利息[②]	特许使用费[③]
澳大利亚	15	15	10	10
奥地利	15	5	0	0/10
比利时	15	5	0	0
加拿大	15	10	15	0/10
中国	10	10	10	10
捷克	15	5	0	10
丹麦	15	5	0	0
埃及	15	5	15	15
芬兰	15	5	0	0
法国	15	5	0	5
德国	15	5	0	0
希腊	30	30	0	0
匈牙利	15	5	0	0
冰岛	15	5	0	0
印度	25	15	15/10	20/15/10
印度尼西亚	15	15	15	15/10
爱尔兰	15	5	0	0
以色列	25	12.5/15	10/17.5	10/15
意大利	15	5/10	15	5/8/10
日本	15	10	10	10

续表

国　别	有价证券收益	持股收益①（股利）	利息②	特许使用费③
韩国	15	10	12	15/10
卢森堡	7.5/15	5	0	0
墨西哥	15/10	5	15/10	10
摩洛哥	15	10	15	10
荷兰	15	5	0	0
新西兰	15	15	10	10
挪威	15	15	0/10	0
巴基斯坦	30	15	30	0
菲律宾	25	20	15/10	15/25
波兰	15	5	0	0
葡萄牙	15	10	0/10	10/15
罗马尼亚	10	10	10	10/15
俄罗斯	10	5	0	0
斯洛伐克	15	5	0	10
西班牙	15	10	0/10	5/8/10
瑞典	15	5	0	0
瑞士	15	5	5	0
英国	15	5	0	0

①当投资公司持有被投资公司至少10%的外发有表决权的股票时，适用这些税率。

②债券利息以及由银行和保险公司支付的利息。外国纳税人可以免缴美国的扣缴税。

③在很多协定中，工业特许权使用费、影像版权特许权使用费和其他版权特许权使用费适用不同的扣缴税税率。

资料来源　Pricewaterhouse，Corporate Taxes：A Worldwide Summary. New York：Pricewaterhouse World Firm Services BV，Inc.，1996. 转引自［美］F. D. S. Choi、C. A. Frost、G. K. Meek：《国际会计学》，3版，周晓苏、方红星主译，常勋审校，478～479页，大连，东北财经大学出版社，2000。

3）周转税（turnover tax）

周转税属于间接税，它是按生产经营的某个或某几个环节的流转额计征的税种。各国在计征周转税时，计征的方式和对象有所不同。例如，加拿大在生产完成时计征，英国在商品批发时计征，美国在商品零售时计征，而德国则对所有的流转环节都予以计征。

4）增值税（value added tax，VAT）

增值税也是间接税，它是以产品或劳务在生产经营各环节中新增加的价值为对象所课征的一种税种。

各个国家的增值税的税率不尽相同，即使在同一国家，增值税税率也会因商品品种不同而异。例如，巴西为15%，智利为20%，丹麦为22%，法国为7%~33%，德国为6.5%~13%，爱尔兰为0~25%，意大利为2%~35%，韩国、墨西哥和马来西亚都为10%，英国为15%，挪威为20%，中国则为0~17%。

增值税的课征对象是增值额，计算各个经济主体增值额的一般公式为：

销售收入－耗用的外购货物及劳务＝折旧＋工薪及养老金、保险金等＋借款利息＋公司所得税＋股利＋留存收益

公式的左右方恒等，均表示增值额。根据上述公式，可得出增值税计算的三种方法，即累加法（additive method）、扣除法（subtractive method）以及扣税法（tax by tax method）。表10—2以20%的税率为例，说明如何用三种不同的方法计算增值税税额。

表10—2　**增值税的三种计算方法**

项　目	累加法	扣除法	扣税法
销售收入		58 000	58 000×20%＝11 600
耗用的外购货物及劳务		22 000	（20 000+2 000）×20%＝4 400
进货—存货变动		20 000	
劳务支出		2 000	
增值额		36 000	
折旧	4 600		
工薪及养老金、保险金等	18 000		
借款利息	1 200		
公司所得税	1 800		
股利	2 400		
留存收益	8 000		
增值额	36 000		
增值税税率	20%	20%	
增值税税额	7 200	7 200	7 200

从表10—2可以看出，三种方法计算出来的增值税税额是相同的，但扣税法计算较为简便，因此目前大多数国家均采用扣税法。

增值税的优点在于可以避免周转税可能导致的重复计征，因此在国际上越来越多的国家中推行，并且增值税制有逐步取代周转税制的趋势，但增值税制对具体的税收征管办法的要求，则更为周密和严格。

5）过境税（transit duty）

过境税是在国际贸易中为保护国内产品对进口货物的竞争能力而对过境产品征收的关税。增值税常常用来作为计算过境税的基础，对进口货物估征的税额一般要参照本国同样产品所纳的货物税和其他间接税。

10.2.2 所得税计征中对收入和费用的确认

如前所述，国际税务所涉及的主要是所得税的计征问题，所得税的计征以应税收益（应税所得）的确定为前提，而应税收益的确定又离不开收入和费用的确认。

1）应税收入的确认

跨国公司的应税收入来源，不外乎国内收入和来源于国外的收入，只有来源于国外的收入才与跨国公司的经营决策和国际税务有紧密的联系。来源于国外的收入一般有两个来源：国内公司向国外出售产品或提供劳务的收入；在国外注册的子公司（即国外子公司）和国外分支机构的收入。

按当前的国际惯例，通过产品或劳务出口而获得的收入，一经取得即可予以确认。各国对这类收入征税的差别在于：各国政府对这类收入的纳税制定了各种优惠政策，借以鼓励出口，提高出口产品在国际市场上的竞争能力。例如，美国对国外销售公司和国内的国际销售公司的收入给予递延纳税的优惠，而我国则对许多出口商品在出口环节的增值税实行零税率。

对国外子公司或国外的分支机构的收入课税存在两种不同做法，体现为两种不同的税收管辖权原则。一种是“属地原则（principle of territorial）”。这一原则认为，只有领土内产生的收益才是应税收益，而对产生于领土之外的收益，不论受益者是谁都不征税。依据属地原则建立的税收管辖权称为来源地管辖权（source jurisdiction），即一国有权对来源于本国境内的一切所得征税，而不论取得该项收入的是本国居民还是外国居民。阿根廷、中国香港、巴拿马、瑞士和委内瑞拉等国家和地区采用此法。另一种是“属人原则（principle of person）”。这一原则是以人（包括自然人和法人）的国籍和住所为标准，确定国家行使管辖权范围的原则。一国有权对本国居民或公民（一般为对居民）按照本国法律和政策实行管辖。依据属人原则建立的税收管辖权称为居民管辖权（resident jurisdiction）或公民管辖权，一国在行使居民（或公民）管辖权时，只考虑纳税人在本国的居民身份或本国国籍，不考虑收入发生或存在的地点是境内或境外，世界上多数国家的税收管辖权都同时兼用来源地管辖权和居民管辖权，也可以说它们奉行的税收管辖权原则是“全球原则（worldwide principle）”，即对居民（母公司）从国内和国外所获取的收益都应课税，如美国、英国、德国、荷兰、墨西哥、日本和中国。按照全球原则课税的直接后果是双重课税。正因为如此，实行“全球原则”的国家，通常会采用税收抵减和税务协定等方法，以避免国际双重课税问题。

需要指出的是，有些国家在对国外收益课税的规定中，还考虑了国外经营活动的组织形式。跨国公司可以根据国外经营活动的情况及课税的规定，选择有利于自己的组织形式，使企业可以从抵税及递延税款的权利中得到好处。

2）费用的确认

在各国的税收制度中，由于对同一费用采用不同的处理方法，从而造成各国纳税的差异。

一般地说，费用的确认对税负的影响有两个方面：一是某项支出是否能作为税前费用在计算应税收益时予以扣除；二是某项支出应在何时确认为费用。后者所涉及的主要是时间问题，一项支出越早确认为费用，对纳税者越有利，因此，必须对确认费用的时间作出明确的规定，否则，就会直接影响到各国的税收收入，此外，也会使法定税率与实际税率之间产生较大差异。

各国政府对费用的确认的不同认识，集中体现在资产使用寿命的规定上。对于同一项资产，不同国家所规定的摊销期限可能不同，这就造成在不同国家的企业税负不同。对企业来说，资产摊销期越短越有利。因此，有的国家政府为了鼓励和吸引国外投资者向本国投资经营，往往对某些资产作出特殊优惠规定。例如，英国规定厂房建筑的成本可在获取资产的当年一次转作费用，这种做法称为"第一年抵免"。此外，英国还对资产使用期限规定了有效幅度，各公司有权根据自身经营的具体情况来选择对自己最有利的资产使用期限。美国也有类似的优惠规定。例如，不动产可以在购置当年按购价的6%～10%的减税优惠，对某些固定资产可采用加速折旧法且不计残值。另外，美国还允许公司按后进先出法计算存货成本，从而在物价上涨期间增大销货成本、降低应税收益等等。

在费用确认方面，除确认时间不同对各国企业的税负产生影响外，费用的范围和内容也对各国企业的税负产生很大影响。对费用确认的研究最主要的意义在于了解各国法定税率与实际税率之间的差异，判断各国真实税负的大小。从这个意义上来说，通过简单地比较各国法定税率来评判某国税负的大小不是很科学的。

10.2.3 税收征管制度

各国在税收征管制度上也存在着很大差别。目前，各国流行的税收征管制度主要有古典制度、税率分割制度以及转嫁制度三种。

1）古典制度（classical system）

在古典制度下，公司所得税按单一的税率征收，分配给股东的股利不能从应税收益的计算中扣减，而且在股东收到这些股利时，还要全额纳税。采用这种制度的国家有澳大利亚、卢森堡、荷兰、新西兰、西班牙、瑞士和美国。除美国外，其他国家已趋向于采用税率分割制度或转嫁制度。我国现在采用的则是古典制度。

古典制度的应用会产生两个结果：其一，股利的"经济双重课税"，即对已分配的收益既要征收公司所得税，而后又要征收个人所得税。与对非股份公司已分配收益的纳税处理相比，双重课税是不公平的。其二，股利分配会发生偏向，由于收益总额和已分配收益都应纳税，因而股利分配越多，公司和股东负担的税款总额就越大。因此，古典制度必然会促使少分股利而多提留存收益。

【例题1】设某国的某公司当年收益为US＄200 000，公司所得税税率为35%，当年向股东分派了60%的股利，假设股东的个人所得税税率平均为30%，则在公司的收益上实际缴纳的所得税可计算如下：

公司收益	US＄200 000
减：公司所得税（35%）	70 000
公司净收益	US＄130 000
股利（60%）	US＄78 000
减：个人所得税（30%）	23 400
股东净收益	US＄54 600

该公司的收益US＄200 000缴纳的税款总额为：

公司所得税	US＄70 000
个人所得税	23 400
税款总额	US＄93 400

古典制度的上述两项缺点促成了其他税收征管制度的形成和发展，以减轻古典制度所造成的影响。

2）税率分割制度（tax-split system）

税率分割制度根据收益是否分配或留存而采用不同的税率来征税，即对已分配收益按低于对留存收益的税率征税。例如，在挪威，对已分配收益课税23%，对留存收益则课税50.8%；日本、德国也采用税率分割制度。税率分割制度由于对留存收益和已分配收益采取不同的税率课税，在一定程度上减少了双重课税的影响。

【例题2】沿用【例题1】的数据。但公司所得税税率改设为：对已分配收益课税20%，对留存收益课税50%，则在公司的收益上实际缴纳的所得税为：

公司收益	US＄200 000
减：公司所得税	
已分配收益US＄120 000（20%）	24 000
留存收益US＄80 000（50%）	40 000
公司净收益	US＄136 000
股利（60%）	US＄81 600
减：个人所得税（30%）	24 480

股东净收益	US＄57 120

该公司的收益 US＄200 000 缴纳的税款总额为：

公司所得税	US＄64 000
个人所得税	24 480
税款总额	US＄88 480

3）转嫁制度（transform system）

转嫁制度是指对公司收益按同一税率征税，但已纳税款中的部分可作为股东分得股利应纳个人所得税的抵减数，即将个人所得税转嫁给公司，通过公司所得税形式一并缴纳。转嫁制度经常用来减轻双重课税，但它只适用于本国纳税人，股东转嫁给公司的个人所得税由公司预缴，这就向政府即时提供了现金流入，它既可作为公司应缴所得税的抵减额，又可以作为股东派得股利应上缴个人所得税的抵减额。比利时、意大利、英国、法国等欧洲国家和加拿大都采用这种制度，德国也转向转嫁制度，欧盟正积极支持这种税制。

【例题 3】沿用【例题 1】的数据。但假设给予股东应派得股利以 25% 的抵减应缴个人所得税额（转嫁数）。公司收益上实际缴纳的所得税可计算如下：

公司收益	US＄200 000
减：公司所得税（35%）	70 000
公司净收益	US＄130 000
股利（60%）	US＄78 000
抵减额（25%）	US＄19 500
公司所得税（35%）	US＄70 000
减：已预缴的抵减额	19 500
实际缴纳的公司所得税	US＄50 500
股东派得股利	US＄78 000
加：抵减额（转嫁给公司缴纳的税款）	19 500
派得的实际股利总额	US＄97 500
个人所得税（30%）	US＄29 250
减：抵减额	19 500
实际缴纳的个人所得税	US＄9 750

该公司的收益 US＄200 000 缴纳的税款总额为：

公司所得税（35%） （US＄19 500+US＄50 500）	US＄70 000

个人所得税	9 750
税款总额	US $ 79 750

在以上的例题中，我们假设在三种税收征管制度中，税率基本不变。实际上，如果一国从一种征管制度转向另一种征管制度，为了适当保持国家的税收收入，会相应地调整所设计的税率，这是税收政策问题。还需要指出的是，转嫁制度对外国投资者是不利的，因为，如果政府想要得到与古典制度下相当的税收收入，就要提高税率，这样才能抵销本国纳税人享受的纳税抵减的影响。外国投资者由于不能享受税款抵减，就只能按较高的税率纳税。

10.2.4 决定税负的主要因素

各国税负上存在着很大的差别是一个显而易见的事实。决定各国税负大小的因素主要有税率、计税基础、税收征管制度以及社会间接成本等。

1）税率

税率的不同是造成各国实际税负差别的重要原因。根据1996年的资料，[①] 主要工业化国家的公司所得税税率如下：美国为35%；法国为33.3%；荷兰为35%；日本为37.7%；德国实施分割制度，已分配收益为30%，留存收益为45%。中国的企业所得税税率为30%，中国台湾的公司所得税税率则为25%。而在百慕大等“纯避税港”的地区则为零。值得注意的是，对各国政府规定的法定税率，往往不能作简单的比较，这是因为各国应税基础的不同，使得各国的法定税率和实际税负之间往往存在着较大的差别。因此，不同的税率仅仅反映了税负差别的一部分情况。

2）计税基础

所谓计税基础即应税收益。首先，世界各国对应税收益的定义存在着很大的分歧。其次，从前面的分析中可以看出，对于决定应税收益的应税收入的确定、费用的确认和分配，以及资产的计价等等，各国政府的政策也不尽相同。这意味着，即使在税率相同的国家，由于计税基础不同，实际税负也就随之不同。正是由于计税基础是造成法定税率与实际税负相偏离的又一个重要因素，因此，一般地说，跨国公司在投资时更注重各国实际税负而不是法定税率的高低。

3）税收征管制度

税收征管制度的差别主要体现在对股利的处理上。古典制度在相当程度上把公司和业主分开处理，因而导致对部分公司收益的双重课税。出于公平和效率上的考虑，税率分割制度和转嫁制度试图减缓这种情况。显然，采用不同税收征管制度必

① Pricewaterhouse, Corporate Taxes: A Worldwide Summary. New York: Pricewaterhouse World Firm Services BV, Inc., 1996.

然会对税负产生影响。另一方面，各国税收征管办法的严格程度与执行效率，对实际税负往往有很大的影响。

4）社会间接成本

所谓“社会间接成本”是指因社会服务的数量和质量不足而给跨国公司带来的额外负担。例如，运输、邮电、通讯、能源保障等公用服务方面的数量和质量不足，会给跨国公司带来较高的社会间接成本，从而增加公司的额外负担。各国所能提供的社会服务的不同也是造成实际税负差别的一个因素。

除了以上述及的四个因素以外，各国政府避免双重征税的方法和反避税方法的不同，也会对各国的税负产生不同程度的影响。

10.3 国际双重课税的避免

国际双重课税（international double taxation），是指两个或两个以上的国家基于各自的税收管辖权，对同一纳税人就同一征税对象在同一征税期间课征类似的税种。国际双重课税是国家之间税收管辖权冲突的结果。其消极影响主要表现在：加重了跨国纳税人的税负，影响国际间投资的积极性；影响有关国家之间的税收利益和经济利益；影响税负公平原则在国际上的贯彻和实现。因此，不论对发达国家还是发展中国家，消除国际双重课税是各国共同面临的一个问题。

10.3.1 避免国际双重课税的基本方法

避免国际双重课税的基本方法通常包括税款扣除、税款抵减、免税三种。

1）税款扣除（tax deductions）

税款扣除是指纳税人的居住国允许纳税人把境外收益向外国政府缴纳的税款，从应税所得（应税收益）中扣除，然后按扣除后的余额计算应征税额。据此，所得税税款的计算公式为：

居住国应征所得税税额=（公司的境内外所得-国外已纳税款）×居住国适用税率

从以上公式可以看出，在国外的已纳税款不是在一元抵减一元的基础上充抵国内税款，而是直接抵减应税收益，因此，税款扣除是一种减轻而不是完全消除国际双重课税的方法。但是，由于税款扣除在个别国家的运用范围往往不限于所得税，也可以用于其他间接税，因此，税款扣除也具有别的方法所不具有的优点。

2）税款抵减（tax credit）

税款抵减也直译为税款贷项，是指居住国对本国纳税人来自本国和外国的所得（收益）征税时，允许将其在国外已缴税款全额或部分地从本国应纳税款总额中抵减。此法是直接将已缴外国政府税款作为公司总部本国税款的扣除数，而不是抵减应税收益，这是与税款扣除法的主要区别。计算税款抵减法下所得税税款的公式为：

居住国应征所得税税额=全球总收益×居住国适用税率-已在国外缴纳的所得税

通常，居住国为了维护自己的利益，防止外国政府用高税率“挖走”本国的税收收入，往往规定税款抵减的数额应以国外所得按照本国税率计算的应纳税额为限，这个限度就是所谓“税款抵减限额（limit of tax credit）”。也就是说，当本国税率低于外国税率时，按抵减限额抵减本国应纳税款；当本国税率高于或等于外国税率时，按在国外已缴纳的税款抵减本国应纳税款。

需要指出的是，税款抵减如属于直接抵减，只适用于国外分支机构，而不适用于国外子公司。这是因为，子公司是与母公司分离的实体，子公司仅将股利汇交母公司，而母公司是将其收到已纳过税的股利并入自己的所得后，再向其所在国纳税。因此，纳税抵减额要按收到的股利间接地推算出来。这种方法称为间接抵减法。其计算公式如下：

母公司来自子公司所得=母公司派得股利÷（1-子公司所得税税率）

$$\text{母公司应承担国外子公司税额}=\text{母公司派得股利}\div\left(1-\text{子公司所得税税率}\right)\times\text{子公司所得税税率}$$

间接抵减限额=母公司来自子公司所得×母公司所在国税率

例如，某美国公司在国外的子公司获利 US＄200 000，当地的所得税税率为 30%，纳税后的净收益为 US＄140 000。子公司将分派的股利 US＄105 000 汇往美国母公司。如美国所得税税率为 35%，则已纳税的抵减数为：

母公司来自子公司所得=US＄105 000÷（1-30%）=US＄150 000

母公司应承担国外子公司税额=US＄150 000×30%=US＄45 000

间接抵减限额=US＄150 000×35%=US＄52 500

在本例中，母公司应承担的国外子公司税额未超过抵减限额，因此可按 US＄45 000全额抵减。如超过抵减限额，则超过限额的部分可前溯 2 年或后延 5 年，去冲抵这些年度不足限额的部分。

税款抵减比税款扣除能更好地消除国际双重课税问题，但税款抵减一般仅限于向国外政府缴纳的所得税（包括扣缴税），而不适用于增值税等间接税。

3）免税（tax exemption）

免税是指居住国政府对其纳税人在国外经营或投资所得的收入，已向外国政府征税的，在本国免予征税，本国政府只对来源于本国的收益征税。尽管免税可完全消除国际双重课税，但这种方法有严重的不足之处。由于居住国对跨国纳税人的国外收入不予征税，甚至不予考虑，这就可能为跨国纳税人所利用，进行国际避税和非法逃税；同时，采用免税法，也不利于这些国家组织财政收入，损害了居住国的利益；再者，采用免税法的国家实际上放弃了对本国居民境外所得的税收管辖权，使收益来源国独占了税收管辖权，而大多数国家是不愿意放弃这种权利的。因此，目前国际上采用免税法的国家和地区并不多，只限于那些实施属地原则的国家和地区。

10.3.2 国际税务协定

上述三种方法可在各国政府之间签订的税务协定中体现。国际税务协定是指两个或两个以上的主权国家，为协调相互之间一系列税收分配关系，通过谈判而签订的一种书面税收协议或条约。税务协定的主要目的是：协调税收管辖权，避免国际双重课税，减轻纳税人负担；协调各国税制差异，防止国际避税和非法逃税，并在发生税务纠纷或税务诉讼时起到评判标准的作用；协调各国利益关系，使各国在国际经济交往中获得平等地位，促进国际经济的发展。

为了避免国际双重课税，在各国之间所签订的税务协定中，应对有关的内容作明确的规定。税务协定的主要内容通常包括营业所得的确定、税率限制、各国对税款扣除和税款抵减的选择等等。

国际上的税务条约始见于1843年，当时比利时与法国签订了关于互换税收情报的双边协定。第二次世界大战以后，西方发达国家政府间的经济合作组织——经济合作与发展组织（OECD）当时的24个成员国于1963年发布了《关于对所得和财产避免双重征税协定范本》（以下简称《OECD范本》），并于1977年正式通过这个范本。该范本共有29款，包括了对一系列典型税务问题的示范性规定。《OECD范本》分别于1992年、1995年、1997年、2000年和2002年进行了修订。

《OECD范本》比较强调居民管辖权，而对收入来源地的管辖权有所限制，偏重于发达国家的利益，不能反映发展中国家的要求。联合国经济和社会理事会经过十多年努力，终于在1979年通过了《关于发达国家与发展中国家避免双重征税协定范本》（以下简称《联合国范本》），并于1980年正式公布。《OECD范本》和《联合国范本》在总体结构上相似，二者的主要区别在于：前者旨在促进OECD成员国签订双边税务协定，而后者则主要是促进发达国家和发展中国家之间签订双边税务协定，同时也促进了发展中国家相互签订双边税务协定。《联合国范本》在注重收入来源国税收管辖权的基础上，兼顾了缔约国双方的利益，因此该范本为发展中国家广泛接受。目前，国际间的税务协定，在很大程度上受《OECD范本》和《联合国范本》的影响及制约。联合国经社理事会分别于1999年和2001年对《联合国范本》进行了修订。从各国所签订的一系列双边税务协定来看，其结构及体系与两个范本基本上是一致的。

第二次世界大战结束以后，国与国之间缔结税务协定的活动十分活跃，而且日益扩大，截至2002年，全世界生效的避免双重征税协定超过了2 500个。英国是对外缔结全面性税务协定数目最多的国家，其次是法国、美国、德国、瑞典等国。相对而言，发展中国家缔约的要比发达国家少得多。我国在对外缔结税收协定方面则发展较快，至2006年，已先后同82个国家正式签订了双边税务协定，不仅包括主要的西方发达国家，也包括众多发展中国家。

目前，各国所签订的税务协定均属双边协定，至今尚未出现多边税务协定。为了解决跨国企业的税务问题，一些国家正谋求其他的税务合作形式。1979 年，加拿大、法国、前联邦德国、英国和美国的税务当局加入了一项协调对跨国公司纳税考核办法的协议，这种协议反映了避免国际双重课税领域的新动向。

10.4 国际避税与反避税

国际避税（international tax avoidance）是指跨国纳税人利用有关国际税制差异，采用某些公开而合法的手段，以减轻或消除某些纳税负担的行为。随着各国经济交往和人员交流的扩大，尤其是跨国公司的大量涌现，国际避税日益成为一个普遍而突出的问题。各国税制差异的客观存在，发展中国家为吸引外资推行的税收优惠，以及避税港提供的避税空间，使国际避税更加隐蔽、更加复杂。国际避税的大量存在，损害了有关国家的财政利益，产生跨国纳税人之间税负的不公平，妨碍了国际投资的正常进行。所有这一切，都引起了各国对这一问题的极大关注。经济合作和发展组织以及欧盟（其前身为欧共体）一直在研究国际反避税问题，《OECD 范本》和《联合国范本》也列入了不少反避税的条款。总之，国际避税与反避税是国际税务中一个越来越突出的问题。

10.4.1 “避税港”与国际避税

1）避税港的特征

“避税港（tax havens）”是以免征某些税收或压低税率的办法，为外国投资者提供不纳税或少纳税的国家或地区。根据 1987 年的《经济合作与发展组织报告书》，避税港应具备以下特征：

（1）对所得及全部资本或特定类型的资本完全不课税或只按低税率课税；

（2）保持严格的、高标准的银行秘密和企业秘密；

（3）不存在外汇管制；

（4）银行业务在其活动中占有相当重要的地位；

（5）具有完备的现代通信设备；

（6）在通常情况下，避税港不缔结税务协定，即使缔结，也有很多限制，如不向外国税务当局提供信息等等；

（7）法人的设立、经营、管理、改组等，均根据自由商法等的规定办理，而且手续简便；

（8）政治和经济比较安定，出入境自由；

（9）可以得到有能力的专家（如律师、会计师等）的服务，英语也较为普及。

根据避税港的定义和特征，避税港具体包括四类：

(1) 巴哈马群岛、百慕大群岛、凯曼群岛、瑙鲁、汤加等，这些地区不征所得税和一般财产税，故常被称为“纯避税港”；

(2) 英属维尔京群岛、海曼群岛、所罗门群岛、列支登斯坦、瑞士、爱尔兰等，这些地区一般以很低的税率征税；

(3) 中国香港、利比里亚、巴拿马等只对当地形成的收益征税，而对来自海外的收益免税；

(4) 卢森堡、荷属安第列斯、塞浦路斯等对国内一般公司征收正常的所得税，而对一些特定公司提供特殊的税收优惠。

2) 利用避税港避税的主要方式

利用避税港避税的主要方式有：

(1) 通过在避税港设立基地公司进行避税

跨国公司通过在避税港设立投资公司、无形资产保存公司、各种信箱公司以及服务公司等基地公司，利用其中介作用，将收入积聚在基地公司，以达到避税目的。例如，在避税港设立投资公司，将股票、债券等能带来收益的资产转移到在避税港设立的子公司，从而使这些资产带来的收益得以逃避在居住国应纳的税金。然后，又将其所得（收益）以子公司的名义进行证券投资或不动产投资，取得利息、股利或资本收益。为避免高税率课税，这些收益不汇回居住国而保留在子公司。

(2) 通过转移价格进行避税

跨国公司可以在避税港设立一个公司，通过这一公司将由低价或平价购买的货物以高价出售给另一联营企业或非联营企业，从中获取一笔额外利润，由于避税港无税或可以抵税，这笔利润将不纳税或少纳税，从而达到避税的目的。

形成国际避税港的原因很多，有经济、政治、财政上的原因，也有地理、历史上的原因。此外，对跨国公司利用避税港进行避税这种现象，有的国家限制，也有的国家允许甚至赞同。

10.4.2 国际反避税的一般方法

针对跨国纳税人利用国际避税港和其他方式的避税活动，各国政府采取了种种反避税措施，用以消除和制止国际避税行为。

各国所采取的反避税措施，从一国范围来看，主要是健全税务立法和加强税收管理；从国际范围来看，主要是加强政府间的双边或多边合作。这些反避税措施，归纳起来主要有以下几个方面。

1) 取消递延纳税

由于跨国纳税人利用有些国家关于递延纳税的规定进行避税，所以这些国家为堵塞这方面的漏洞，取消了递延纳税。例如，美国早在 1962 年就规定，凡是美国人控制的外国公司的收益，不论是否以股利形式汇回美国公司，一律不得递延纳税；如不汇回，美国税务当局可以要求外国公司按股份比例将收益分配给美国公司，并作为当年的所得汇总于所得总额中，向美国政府纳税。英国、德国、加拿大、比利时、日本、澳大利亚等国都作了类似的相应规定。

2）建立正常交易原则，加强对转移定价的管理

跨国母公司与子公司，总公司与分公司等相关联公司之间利用控制关系，广泛地采用转移定价方式转移利润，已成为国际避税中最严重的问题。为此，反避税的国家无不采取正常交易原则作为有关联的跨国企业之间进行内部交易的准则。例如，美国的税法明文规定，税务当局有权对跨国公司内部交易进行调查，并按正常交易的一些标准对交易进行调整。德国的税法也规定，如果税务当局发现有按低于适当的正常交易价格进行交易而造成纳税人所得（收益）减少的现象，税务当局可以对纳税人的所得向上调整，使其所得反映出按正常交易价格应达到的水平。

3）规定跨国纳税人负有延伸提供税务信息的义务

由于税收管辖权和国家主权的限制，一国税务当局一般不能直接到另一国去取得本国纳税人的有关纳税资料，也不能强制对方国家提供这方面的资料。这就需要加强双边合作，互通信息，或者规定跨国纳税人如实提供有关资料。例如，美国的税法针对本国跨国纳税人设计了多种表格，并要求纳税人如实填报，其中许多是针对跨国纳税人在国外的活动而设计的。

另外，一些国家为使税务当局在反避税中摆脱被动局面，将民事诉讼中的举证责任转移给跨国纳税人。当税务当局发现某跨国公司有避税嫌疑时，该纳税人必须提供充分的证据来证明自己的交易是正常的，否则，就认为有避税行为。举证责任的逆转，是延伸提供税收情报的进一步补充。

4）加强国际税务管理

在国际反避税中，加强税收立法是一个重要的方面，但同时也要加强国际税务管理。

（1）提高涉外税务人员的素质。税务人员应熟悉和掌握各种业务，不仅要熟悉税法，还要熟悉会计、统计、国际金融、国际贸易等有关知识。

（2）加强税务检查。提高征税的准确性和防止避税，只凭纳税人提供的情报是不够的，因此需要税务当局进行广泛调查，掌握第一手资料。

（3）签订双边或多边协定，加强各国税务部门的情报交流。例如，美国早在1984年就与17个国家根据协定交换了情报，收到外国有关纳税人在这些国家的情况的文件84万份，送往其他有关国家纳税人在美国的情况的文件50万份，有力地打击了跨国纳税人的国际避税活动。

（4）争取外国合作，削弱银行保密制度的屏障作用。大多数国家的政府都支持银行为其客户保密，但这一传统为避税者提供了庇护所。因此，有些国家规定，税务当局出于反避税和反非法逃税的需要，可以审查银行账目或必要的资料。例如，瑞士的税务部门在怀疑纳税人有逃税行为时，可以接触银行的账簿；美国在瑞

士也享有接触银行记录的特权。但是各国税务部门在接触银行记录方面仍面临着银行保密传统的壁垒，而在那些避税港国家，外国政府要接触银行记录更是困难重重。

10.5 国际税务计划

10.5.1 国际税务计划概述

企业经营的国际化使其面临的税务环境大大地复杂化了，各跨国公司纷纷聘请高级专门人才制订国际税务计划，因为国际税务计划是一个潜在利益十分丰厚的领域。所谓国际税务计划（international tax planning）是指跨国纳税人为在全球范围通过避税、减税或递延缴税等方式谋求税负最小化而编制的税务计划。国际税务计划的程序如图 10—1 所示。

前普华国际会计师事务所（Pricewaterhouse International）国际税务研究中心主任查理·T. 克劳福德曾把国际税收计划的作用归纳为如下 8 点：

（1）向国外转移资产，以减轻在居住国的税负；

（2）利用国外企业开办期的亏损冲减居住国税收；

（3）在不同国家采取各自有利的经营方式，从而少缴国外税收；

（4）利用税务协定和避税港的优惠，通过联营企业内部的资金流转，减轻国外的和居住国的税负；

（5）调整联营企业的收支结构，降低公司集团的总税负；

（6）安排联营企业购销活动的内部定价，以减少总税负；

（7）利用外国税款抵减，减少在居住国的税负；

（8）抽回国外的经营业务，以取得更大的纳税利益。

为了实现国际税务计划的目的，在制订国际税务计划时应主要考虑的问题有两个：一是以什么样的形式开展国外经营活动；二是在哪里开展国外经营活动。以下就这两个问题分别加以论述。

10.5.2 国外经营方式的选择

国外经营的方式一般有三种：出口产品或劳务、建立国外分支机构和建立国外子公司。

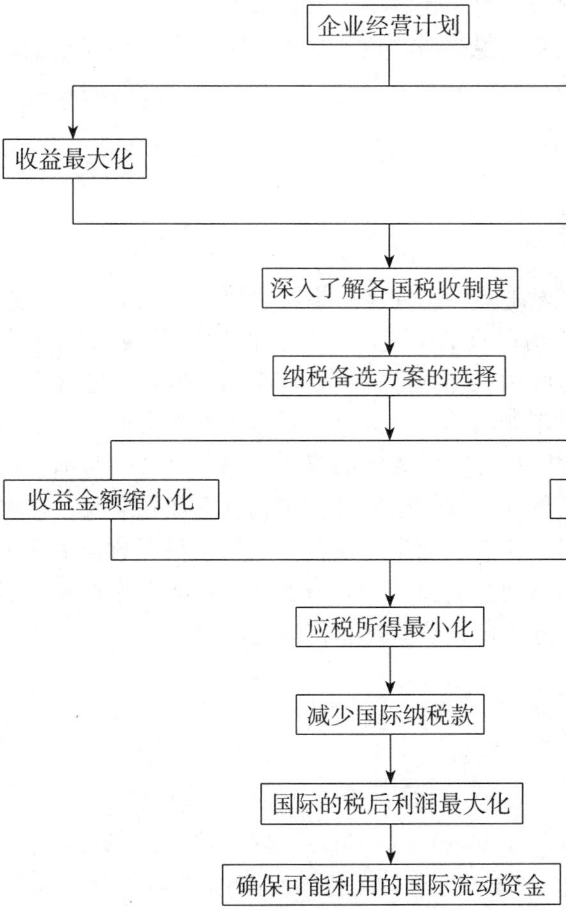

图 10—1　国际税务计划程序图

1）出口产品或劳务

在向国外出口产品或劳务时，企业应首先决定是由国内输出还是通过国外的子公司直接提供。企业通常应选择税收优惠较为丰厚的方案。例如，一家美国公司如果符合国内的国际销售公司的条件，则往往选择从美国本土向外销售的方案，以便利用出口免税的税收优惠。

2）建立国外分支机构

国外分支机构作为总公司在国外的延伸，其收益一般不予递延，因此处于亏损状态或在开办初期发生亏损的，可以冲减总公司的利润，从而减少应税收益（应税所得）。再者，大多数国家对国外分支机构汇回公司总部所在国的所得都不征扣缴税。因此，在国外分支机构开办初期，跨国公司都乐意采用这种形式，但是当国外经营转亏为盈后，由于不能享受税收递延的优惠，采用这种方式就不太有利。

3）设立国外子公司

由于国外子公司在国外的收益可递延至以股利形式汇回母公司时才纳税，因此，当国外子公司经营状况较好时采用这一方式比较有利。但是，国外子公司的亏损则不能转入母公司去抵减其应税收益。值得指出的是，在设立国外子公司时，是设立独资公司，抑或与当地企业合办合资公司，也是应予考虑的问题。

10. 5. 3 国外经营地点的选择

跨国公司在选择国外经营地点时，通常考虑的主要是外国的税收优惠、税率和国际税务协定三个因素。外国税收的减免税、税款扣除以及税款抵减等的优惠待遇，可以促使跨国公司向这些国家和地区投资，税率的高低在一定程度上反映了一个国家税负的轻重，当然，正如前述，跨国公司在考虑税率高低时，还要与收入和费用的确定结合起来；而国际税务协定规定的双边优惠，可帮助跨国公司选择最为有利的法律上的经营地点。例如，有的国家对支付利息不征扣缴税，在那里融资可以减少企业负担的税收成本；还有的国家对权利收入只按很低的税率征税，如将技术转让收入、版权收入等转移到这类国家，对跨国公司可能更为有利。当然，居住国与收入来源国有无缔结税务协定，这些优惠待遇是不同的。

10. 6 国际转移定价

国际转移定价（international transfer pricing）是指跨国公司管理当局从其总体经营战略目标出发，为谋求公司利润的最大化，在跨国关联企业（如母公司与子公司、子公司与子公司）之间购销产品或提供劳务时所确定的内部价格。这种价格通常不受市场供求关系变动的影响。

跨国公司经营活动的多国性质，大大提高了转移定价的重要性，也增加了转移定价的复杂性。首先，在跨国经营企业的总产量中，需要在公司内部以转移定价流转的部分大幅度增加。据统计，国际贸易总额中约有 40% 是由跨国公司内部的产品流转构成的。其次，在当前复杂的国际经济环境中，转移定价已从最初作为控制各责任中心或子公司的手段，发展到现在作为跨国经营企业实现其全球战略的重要策略。

国际转移定价适当与否，直接影响跨国公司以及各国政府的利益。一方面，就跨国公司而言，适当地利用转移定价，可以减轻纳税支出，包括减轻所得税、扣缴税或者关税等，从而改善公司的资金流动状况，此外，也可以增强母公司和子公司的竞争能力。但是，过分地利用转移定价，也有可能导致东道国政府的报复，或者会损害公司管理人员的责任心和进取心，削弱企业的竞争能力。另一方面，就各国政府而言，对跨国公司的转移定价管理过于松懈，可能严重影响本国的税收收入，但如果控制过严，又会损害这些国家的投资环境，影响国外投资者的投资。

随着国际环境的日趋复杂化，转移定价要受到更多因素的影响和制约。但无论怎样，跨国公司仍然能够在转移定价上做文章，使公司能适应不断变化着的环境特征以及在税务、竞争和风险等方面的复杂情况。

10.6.1 制定国际转移价格需要考虑的制约因素

影响国际转移价格的因素有很多，如所得税制的差别、关税壁垒、竞争、通货膨胀、外汇管制、政治风险等。各种因素在不同期间的重要性以及各种因素间的相互作用和影响都不尽相同，这给跨国公司转移定价决策带来了极大的困难。现简述这些需要考虑的因素。

1）税负

在税负因素中主要考虑的是所得税。各国所得税税率的不同使跨国公司通过人为地抬高或压低转移定价来减轻税负成为可能。具体地说，跨国公司可以通过以较高的转移定价输入产品，而以较低的转移定价输出产品的方式，把设在税率较高国家的子公司的利润转移出来，再用相反的方法把利润转移到税率较低的国家的子公司中去，从而减少应缴纳的所得税，增加整个跨国公司集团的税后利润。跨国公司利用转移定价转移收益、减轻税负对各国政府的影响是，使相关国家在税收利益方面的关系发生变化。一般地讲，由于跨国公司是将收入由税率较高的国家向税率较低的国家转移，而将费用由税率较低的国家向税率较高的国家转移，因此，税率较高国家的所得税收入将相应地减少，而税率较低国家的所得税收入则相应地增加。

在税负方面，除所得税之外，关税是跨国公司在转移定价决策时需要考虑的另一个重要因素。通常，在向关税较高的国家销售产品时，跨国公司倾向于压低价格；而向关税较低国家销售产品时，则倾向于抬高价格，以节省关税支出，增加整个跨国公司集团的利润。

由此可见，就税率而言，所得税与关税对转移定价的影响，其方向刚好相反。正因为如此，如果向所得税税率和关税税率都较高或者都较低的国家销售产品，则跨国公司在转移定价的问题上不得不权衡利弊，在所得税与关税之间作出取舍。

2）通货膨胀

持续的通货膨胀会使企业持有的货币性资产的购买力下降。跨国公司为了减少这种损失，通常将设在通货膨胀率较高的国家的子公司的货币性资产保持在最低限度。因此，跨国公司往往通过抬高向这些子公司提供产品的转移价格，或者压低这些子公司所提供的产品的转移价格，尽可能地将子公司的货币性资产转移至通货膨胀率较低的国家中去。

3）外汇管制

子公司东道国的货币能否自由地兑换成外汇，或者外汇兑换后能否自由地汇出国外，也是母公司非常关心的问题。许多国家对跨国公司在本国赚取的收益在汇出本国国境时施加了许多限制，或者课以相当重的税收。此外，许多国家出于改善本国国际收支状况的需要，有时会采取货币贬值的办法，使跨国公司的子公司遭受类似通货膨胀下的购买力损失。为了避免这种损失，跨国公司往往以抬高向这些子公司提供产品的转移价格，或者压低这些子公司所提供产品的转移价格，将现金转回母公司。

4）竞争

转移定价是跨国公司增强国外子公司竞争能力的重要手段。对于在国外新设立的子公司，跨国公司通常以低廉的转移价格向该子公司提供所需的商品，以扶持新设立的子公司，增强其市场竞争能力。同样，对于在竞争中处境不佳的子公司，跨国公司可以调低其输入产品的转移价格，同时抬高其输出产品的转移价格，人为地使子公司的盈利水平和财务状况得到改善，借以增强其竞争能力，削弱国外竞争对手的地位。

5）东道国政局的稳定性

东道国政治局势是否稳定，关系到跨国公司的合法权益是否有保障。在政局不稳定的国家里，跨国公司的经营活动将面临较高的风险。例如，跨国公司的财产有可能遭受被东道国政府剥夺的风险。为了避免这种可能的损失，跨国公司通常将这些子公司输入商品的转移价格抬高，或者压低这些子公司输出商品的转移价格，以便转移这些子公司的财产，使其可能遭受的风险降至最低限度。然而，值得指出的是，跨国公司利用转移价格转移财产的做法如不加以节制，有可能会加剧东道国政局的不稳定性，从而使其自身的利益受到更大的伤害。

10.6.2 转移定价的限制因素

国际转移定价及其实施，不仅对跨国公司，而且对跨国经营的东道国的社会、政治、经济等诸多方面都有广泛的影响。因此，跨国公司在定价时不能毫无顾忌。事实上，国际转移定价及其实施，受到诸多限制因素的制约。这些因素主要表现在以下两个方面。

1）跨国公司与东道国的关系

跨国公司转移定价及其实施，首先受到与东道国关系的制约。第一，跨国公司利用转移价格虽可达到减轻税负的目的，但同时也导致了各国税收利益的不平衡。例如，以压低的价格从所得税税率较高的国家向所得税税率较低的国家转移商品的结果，是使低税率国家的税收相对增加，而高税率国家的税收利益受到损害。如果税收利益受到损害的国家强行对跨国公司的转移价格加以调整，而另一国又对这一调整不予承认，那么，跨国公司就可能面临双重损失的风险。为了使转移价格被有关国家所承认，跨国公司就必须合理地制定转移价格，不能在人为地调节转移价格方面走得太远。第二，跨国公司为增强其国外子公司的竞争能力，以压低了的转移价格向其提供商品或劳务的行为，很容易引起东道国政府采取反倾销行动。反倾销行动最简便的方式之一是建立关税壁垒，课征惩罚性的高关税。此外，跨国公司压价销售的行为也可能招致东道国当地竞争对手的报复。无论是东道国政府的反倾销，还是当地竞争对手的报复，其结果往往是与跨国公司压价销售的初衷背道而驰的。

为了给东道国政府及竞争对手树立一个良好的形象，跨国公司在制定和利用转移价格时应格外谨慎，否则将使跨国公司的信誉遭到损害，而更不利于公司的长期经营。

2）对子公司业绩的正确评估

过度地利用转移价格，往往会扭曲对子公司的真实业绩的评估，而不真实的业绩评估不但会涣散管理人员的工作热情，而且将会损害员工的士气。此外，不合理的转移价格也会损害各子公司之间的利益均衡，影响各子公司之间的协调和互助，最后不利于整个跨国公司的协调发展。

综上所述，跨国公司在转移定价时，必须在全面考虑各种影响因素的基础上，从公司整体利益出发，对转移价格利弊得失作全面的权衡和取舍，最后确定出适合自身情况的转移价格。

10.6.3 国际转移定价的基本方法概述

转移价格并不是跨国公司的发明创造，而是企业组织分权化经营的结果。转移价格可以在小至一个企业内部的各利润中心之间制定，也可以扩展到在跨国公司母公司与子公司、子公司与子公司之间制定。为了达到整个企业分权经营的目的，企业必须合理运用转移定价的基本方法，归纳起来，基本方法可分为两类，即以市价为基础和以成本为基础。这两类方法各有优缺点，在实务中，企业往往是根据自身的特点加以选择和运用的。以下就转移定价的两类基本方法作简要的介绍。

1）以市价为基础

以市价为基础的定价方法，就是要使转移的商品或劳务按转移时外部市场通行的价格来定价，亦即以这些商品或劳务的买入公司愿意支付的价格作为公司间转移定价的基础。

采用以市价为基础的定价方法的优点主要表现在两个方面：一方面，采用这种定价方法在公司内部转移产品，实际上是将母公司所属各子公司视为完全独立经营的企业。这不仅能达到公司分权化经营的目的，还有利于发挥子公司的自主权，促使子公司管理人员充分利用市场，增强其适应市场的能力。同时，利用这种转移价格确定各公司的经营业绩也比较真实。另一方面，由于市场价格代表了无关联关系的买卖双方在公开竞争的市场上所愿达成的交易价格，排除了人为调节的因素，因此这种转移价格易于为东道国政府所接受。正是由于上述优点，目前大部分国家和许多国际组织，如经济合作与发展组织以及联合国等，都倾向于采用此法。

但采用市场价格也有一定的局限性。在实务中，选定一个公允的市场价格往往是很困难的。首先，很难找到一个完全竞争的市场，而只要是在不完全竞争的市场中，跨国公司就有能力操纵市场价格。其次，对跨国公司内部转移的半成品或零部件来说，很少有一个现成的中间市场，可借以获取可靠的市价资料。再次，商品或劳务的市场价格只有在信用条件、等级、产品质量、运输条件等方面确实相同时才具备较强的可比性，而上述条件往往是不相同的。最后，对于一些特殊行业，如电子、仪器等行业，产品成本中的研究和开发费用占了相当的比重，但其仿制者则可避免这类成本而以较便宜的价格出售其仿冒产品。因此，开发产品的跨国公司很难接受这种市场价格。

2）以成本为基础

以成本为基础的转让价格按其所包括的内容可分为三种类型：（1）全部成本；（2）全部成本加成；（3）变动成本加一个固定金额。其中，“成本”可以是实际成本，也可以是标准成本或预算成本。

采用以成本为基础的定价方法，可以克服按市价定价的局限性。首先，各公司的成本资料容易收集，所以这种方法简便易行；其次，这种方法还有助于各公司重视成本管理和成本数据的收集，避免在定价上的人为判断，有利于跨国公司内部之间的相互协作；最后，由于成本资料有据可依，也经得起各国税务当局的核查。

但是，以成本为基础的定价方法也有其局限性。

以全部成本为基础制定的转移价格，使转出产品的子公司或利润中心无任何利润。其结果是：一方面，既损害了转出产品子公司的积极性，又会使这些转出子公司不关心其自身对成本的控制和管理，因为无论转出产品的全部成本高低如何，转入产品的子公司原则上都得接受。另一方面，对于接受产品的子公司来说，不正常的、过高的成本无形中使其承担了一部分转出子公司因经营不善所造成的责任。此外，以变动成本加一个固定金额作为定价的基础，若这个固定金额等于边际利润，则与以全部成本为基础的价格相同。

尽管全部成本加成法可以克服上述两种方法的缺点，易于为转入子公司所采用，但成本如果是实际成本，据以确定的转移价格同样会使转入子公司承担那种由转出子公司造成的但自己又无法控制的责任。如改用标准成本或预算成本，这种情况虽可得到一定的改善，但成本基础仍难保证企业作出最佳决策。

除上述缺点之外，由于“成本”通常为历史成本，在通货膨胀剧烈的国家里，以成本为基础制定的转移价格将与现行市场价格远远地脱节。不难看出，以成本为基础的转移定价方法，忽视了市场竞争的要求和供求关系的影响。

以市价为基础和以成本为基础的定价方法各具所长和所短，两者孰优孰劣，难以判断。美国的一项调查表明，虽然有2/3的公司采用以某种成本为基础的转移定价形式，但其中有不少的公司同时又采用以市价为基础的定价方法。可见，任何一种单一的定价方法都难以满足跨国公司的需要。

3）转移定价方法的选择

跨国公司在选择转移定价方法时，应联系公司的经营目标、组织结构、生产规模、定价战略以及各国经济、文化背景等因素加以确定。

（1）以公司的组织结构为例，在高度分权经营的跨国公司中，各子公司在确定转移价格方面往往享有较大的自主权，子公司间的相互依赖程度相对较弱，在此情况下，子公司往往会选择以市价为基础的定价方法。但就跨国公司总体而言，选择以成本为基础的定价方法却有利于其总目标的实现。

（2）公司经营的规模和介入国际经营的程度也与定价方法密切相关。经营规模大的企业，可以通过垄断来控制市场，他们往往从整个公司的总目标出发，在转移定价时都倾向于以成本为基础。而小公司往往不能独立于市场，只能接受既定的市场价格。另外，公司介入国际经营程度不同，所受的国际环境影响也不同。在定价决策中，介入国际经营程度越深，所经受风险的范围也越广泛，因而只有将各种影响定价因素综合加以分析，才能作出合理的定价决策。

（3）各国的文化背景也是定价方法选择的一个重要决定因素。例如，美国、英国、法国、日本等国家的经理人员一般都偏向于以成本为基础的定价方法；加拿大、意大利等国家的经理人员则更倾向于以市价为基础的定价方法；而德国、比利时、瑞士、荷兰等国家的经理人员则无特定的倾向性。此外，不同的决策人员对上述各种影响转移价格的因素考虑的侧重点也有不同，有的看重所得税，有的看重子公司在东道国的财务形象，有的则重视东道国的通货膨胀因素等等。这一切均与决策者所受的文化影响密切相关。

跨国公司在全面考虑各种影响因素的基础上所确定的转移价格能否为子公司东道国和母公司所在国政府所接受，这个问题始终贯穿于国际转移定价的过程中。在实务中，大部分跨国公司倾向于以某种形式的成本作为转移定价的基础，各国政府部门却明显地倾向于以市价为基础。由于在取得市价和判断市价是否公允等方面存在着难以克服的障碍，限制了各国政府对转移价格进行全面和有效的检查和监督，各国政府对于市价的规定并不十分严格。因此，跨国公司在各国政府所规定的范围内，仍然能在转移定价上做文章。

讨论题

10.1 在国际税务中，对“税额衡平”和“不偏不倚”原则有哪两种理解？对此，你有何评论？

10.2 你对扣缴税的性质如何理解？

10.3 评述增值税计算的三种方法。

10.4 “国际税务问题实质上是跨国经营中的所得税问题。”你同意这种观点吗？试评论之。

10.5 何谓“属地原则”、“属人原则”和“全球原则”？假如世界各国都采用“属地原则”，你认为是否还会存在国际双重课税问题？另外，这种假想的影响如何？它可能吗？

10.6 在国际税务中，“税款抵减”起什么作用？对税款抵减的有效范围有什么限制？

10.7 请从跨国纳税人（跨国公司）的角度，简要说明：（1）古典制度；（2）税率分割制度；（3）转嫁制度这三种税收征管制度的优缺点。

10.8 “各国法定税率的差别是最明显的，但在决定公司的实际税负时的作用是很小的。”你同意这种观点吗？请评述之。

10.9 “跨国公司与单纯的国内企业相比具备固有的税务计划优势。”你同意这种观点吗？请评述之。

10.10 说明国内经营中的转移定价与国际经营中的转移定价的相同之处和不同之处。

10.11 请列举本章论述的影响关联公司间的转移定价问题的5个主要因素，并简要说明它们是怎样影响转移定价政策的。

练习题

10.1 设于美国的某公司200×年的收益为US＄300 000，公司所得税税率为30%，当年向股东分派了60%的股利，假定股东的个人所得税税率均为25%。试计算在古典制度下公司收益实际缴纳的所得税款总额。

10.2 沿用题10.1关于公司收益和分派股利及个人所得税税率的数据，现改设在税率分割制度下对已分配收益课征公司所得税20%，对留存收益则课税40%。试计算在公司的收益上实际缴纳的所得税款总额。

10.3 沿用题10.1的数据，现假设在转嫁制度下给予股东应派得股利以25%的抵减应缴个人所得税税额。试计算在公司的收益上实际缴纳的所得税款总额。

10.4 某美国公司在国外的子公司获利US＄100 000，设当地的所得税税率为40%，税后净收益为US＄60 000，子公司将分派的股利US＄42 000汇给美国母公司，设美国所得税税率为35%。试计算向美国缴纳所得税时可获得的税款抵减额，并说明为什么这样处理。

主要参考文献

1. C. W. Nobes, R. H. Parker (Eds.), Comparative International Accounting, 8th, 7th, 3rd Edition. London: Prentice Hall, Inc. , 2004, 2002, 1985.

2. Frederick D. S. Choi, Carol Ann Frost, Gary K. Meek, International Accounting, 4th, 3rd Edition. Englewood Cliffs, NJ: Prentice Hall, Inc. , 2002, 1999.

3. Frederick D. S. Choi, Gary K. Meek, International Accounting, 6th, 5th Edition. Englewood Cliffs, NJ: Prentice Hall, Inc. , 2008, 2004.

4. M. Zafar Iqbal, Trini U. Melcher, Amin A. Elmallah, International Accounting: A Global Perspective. South-Western College Publishing, 1997(影印版,大连,东北财经大学出版社,1998).

5. Frederick D. S. Choi, Gerhard G. Mueller, International Accounting, 2nd Edition. Englewood Cliffs, NJ: Prentice Hall, Inc. , 1984.

6. IAASB, " Handbook of International Auditing, Assurance, and Ethics Pronouncements", 2005, 2008.

7. G. G. Mueller, International Accounting. New York: Macmillan, 1967.

8. Paul H. Aron, " International Accounting and Financial Reporting", in Lee J. Seidler and D. R. Carmichael (Eds.), Accountants' Handbook. John Wiley & Sons, Inc. , 1981.

9. G. Hotstede, Culture's Consequences: International Differences in Work-Related Values. Beverly Hills, CA: Sage Publications, 1980.

10. H. Peter Holzer and Others, International Accounting. Harper & Row Publishers, Inc. , 1984.

11. Steve Lawrence, International Accounting. International Thomson Business Press, 1996(影印版,大连,东北财经大学出版社,1998).

12. Authur Levitt, " The Importance of High Quality Accounting Standards", Accounting Horizon, March 1998.

13. IASC, International Accounting Standards 2000, 2002; International Financial Reporting Standards 2004, 2007, 2008.

14. FASB, "Statements of Financial Accounting Concept" 1 ~ 7; "Statements of Financial Accounting Standard", especially, FAS 115 "Accounting for Certain Investments in Debt and Equity Securities", FAS 130 "Reporting Comprehensive Income", Norwalk, Connecticut, P. O. Box 5116.

15. David K. Eiteman, Arthur I. Stonehill, Donald R. Lessard, Multinational Business Finance, 4th Edition. Addison-Wesley Publishing Company, 1986.

16. [日]新井晴光:《日本会计》(日文版),东京,工商管理研究会、早稻田大学,1994。

17. 国际会计准则中文翻译审核专家组:《国际会计准则 2000》,北京,中国财政经济出版社,2000。

18. 国际会计准则中文翻译审核专家组:《国际会计准则 2002》,北京,中国财政经济出版社,2003。

19. 国际会计准则中文翻译审核专家组:《国际财务报告准则 2004》,北京,中国财政经济出版社,2005。

20. 国际会计准则中文翻译审核专家组:《国际财务报告准则 2008》,北京,中国财政经济出版社,2008。

21. 财政部会计准则委员会秘书处:《国际会计准则 2001 年合订本的变化》,载《会计研究》,2001(12)。

22. 葛家澍:《基本理论与会计准则问题研究》,北京,中国财政经济出版社,2000。

23. [美]Choi、Frost、Meek:《国际会计学》,3 版,周晓苏、方红星主译,常勋审校,大连,东北财经大学出版社,2000。

24. 常勋等:《国际会计》(《会计大典》第七卷),北京,中国财政经济出版社,1999。

25. 常勋:《国际会计》,5 版、6 版,厦门,厦门大学出版社,2006。

26. 常勋、陈箭深:《国际会计》,厦门,厦门大学出版社,1996。

27. 常勋:《财务会计四大难题》,2 版、3 版、4 版,上海,立信会计出版社,2005、2006、2008。

28. [美]Choi、Mueller:《国际会计》,2 版,常勋、陆祖汶等译,上海,立信会计图书用品社,1992。

29. 王松年:《国际会计前沿》,3 版,上海,上海财经大学出版社,2010。

30. 财政部会计司准则二处:《会计国际趋同及国外相关组织近期动态》,载《会计研究》,2004(11)~2008(12)。

31. 谢剑平:《期货与期权——金融工程入门》,北京,中国人民大学出版社,2004。

32. 朱青:《国际税收》,5 版,北京,中国人民大学出版社,2011。

33. 邓子基、唐腾翔:《国际税收导论》,北京,经济科学出版社,1988。